刑事訴訟法の構造

香城敏麿著作集 Ⅱ

刑事訴訟法の構造

香城敏麿著作集 II

信山社

はしがき

一　私は、一九六〇年四月に東京地方裁判所の判事補となり、一九六二年八月から八年間法務省刑事局に勤務したほかは、二〇〇〇年八月の定年まで裁判官の生活を送りました。翌年春から獨協大学法学部教授、今年春からは同大学法科大学院教授として研究者、教育者の仲間入りをさせていただきましたが、バックボーンは実務家です。

このたび信山社の格別の御好意で出版していただいた本論文集も、こうした実務家の生活をとおして日夜思索し、苦闘した結果とその経験を踏まえた論策を内容としています。古いものもありますが、一実務家の軌跡として御笑覧いただければ嬉しく思います。もとより、その過程で、学会、実務界、出版界等の先輩、同僚、知人から直接、間接に多くの援助を得ていることは申すまでもありません。ここにその一端を記して感謝の意を表することをお許しいただきたいと思います。

まず、御好意を受けるべきかどうか逡巡する私を励まし、出版にまで導いてくださった信山社の袖山貴社長には感謝の言葉もありません。編集、印刷等で親身にお世話になった稲葉文子氏を初めとするスタッフの方々にも厚くお礼を申し上げます。

東大刑事法研究会等で御指導くださった故小野清一郎先生、平野龍一先生、研究会や最高裁調査官室で御教示くださった団藤重光先生、伊藤正巳先生、誌上座談会等を通じて励ましてくださった故芦部信喜先生、法務省での勤務を勧め上司として薫陶してくださった高瀬礼二先生、最高裁調査官として勤務するきっかけを与えてくださった故石田和人外高裁長官、故村上朝一最高裁長官を初めとして、私に関わってくださった皆々様に心から感謝の意を捧げます。

また、これまで私が発表した論文等に対し御論評を賜った諸先生にお礼を申し上げますとともに、在官中のため御論評にお応えすることを控えていた御無礼をお詫びし、今後の研鑽をお誓いしたいと思います。

二　本論文集は、第一巻は「憲法解釈と法原理」、第二巻は「刑事訴訟法の構造」、第三巻は「刑法と行政刑法」と題し、別個の法領域を取り扱っていますが、私としては、法解釈、法理解の方法という共通した目標を追い求めてきたつもりです。その際、ロナルド・ドウォーキン教授が提唱して広く用いられるようになった法原理(プリンシプル)という用語を用いている場合がありますが、それは法領域の如何を問わず法の構造を明らかにするには明示黙示の基本的な法の根拠に立ち返り、その優劣関係を解明することによって可能となるという年来の理解と通じており、分析の共通用語としても優れているからです。

もとより、法原理の性質や内容は法領域によって異なります。憲法の場合は、規定の内容が抽象的であるばかりか、相互の優劣関係が外見上明瞭ではありません。そのため、憲法に内在する隠れた法原理を発見する作業が特に重要になると思われます。

これに対し、刑事訴訟法や刑法の場合には、憲法と比較しますと、規定の分析で法原理を発見することは容易ですが、それでも解釈においてこの点は重要な争点になります。例えば、刑事訴訟法において、強制処分法定主義、令状主義、訴因制度、当事者処分権主義等の重要な原則は、重畳的な法原理の総体ですから、それらを解きほぐして初めて全体の構造が明らかになると考えられます。刑法においても、罪刑法定主義、責任主義等の原則については伝統的にほぼ共通した理解がありますが、それでも細部にわたれば理解が分かれていますし、法益論、特に結果や危険が果たす限定機能については今日でも見解に差異が見られます。

私は、こうした基本問題を実務の具体例を通して及ばずながら追究してきました。以下には、各巻ごとにその概要を述べることにします。

三　本巻は、「刑事訴訟法の構造」を主題とし、総論的な三つの論稿に続き、原則的な法原理から順に序列をなして刑事訴訟法の構造を支えている法原理についての論稿を収め、刑事訴訟法の全体構造がうかがえるように努めてみました。第一巻の「憲法解釈と法原理」にも、黙秘権、裁判を受ける権利など刑事訴訟法に関する論稿を収めていますので、ご参照願えれば幸いです。私がこうした論稿において重視した点は、概略以下のとおりです。

㈠　刑事訴訟法については、その構造や原則に焦点を当てた優れた業績があります。私は、そうした業績に学びながら、それらの原則を法原理として序列化し、さらに、各法原理の内部の構造についても、それを支える下位の法原理を用いながら明らかにするよう努めてみました。強制処分法定主義、訴因制度、検察官処分権主義などを初めとする各論の検討は、その結果です。

㈡　日本国憲法に続いて制定された現行刑事訴訟法は、憲法に定められた適正手続条項の精神に基づき、旧刑事訴訟法を大きく変更しました。

もっとも重大な変更点は、多くの先人が指摘されるとおり、公平な裁判所の理念を重視し、当事者追行主義を採用した点であり、具体的には、検察官に関しては起訴状一本主義、検察官処分権主義を採用したこと、被告人に関しては弁護権、黙秘権、証人尋問権、証人喚問権を保障したことが重要だと考えます。

他方、刑事訴訟法は、アメリカ法のような徹底した当事者追行主義を採用せず、裁判所による補正的職権主義を残しました。このことにより、検察官が設定した訴因と証拠とにずれが生じたり、当事者の立証に不備があって実体的真実主義、特に消極的なそれとの乖離が生じたりする場合に、裁判所が適切なリードを行って不当な結果を避けることができ、大陸法的な伝統の利点が生かされたと思うのです。同様に、証拠法等についての日米の接近をみるとき、あらためて自分の目であるべき将来像を築く必要性を強く感じます。

近時、刑事訴訟法には改革の波が押し寄せています。これは、大きなチャンスですが、同時に大局的な見方を失わない理性が要請されるのではないでしょうか。

㈢　本巻の論稿は、具体性があるため、多くの注を必要としないと思います。

ただ、本論文集以外に刑事訴訟法の構造に関して発表した論稿のうちから、伊藤栄樹、亀山継夫、小林充、香城敏麿、佐々木史朗、増井清彦著者代表『註釈刑事訴訟法〔新版〕全七巻』（一九九六年—二〇〇〇年、立花書房）に掲載した註釈のいくつかを挙げることをお許し願います。

第一は、弁護権に関する二八九条の註釈（第四巻一二七ないし一六〇頁）、第二は、伝聞法則に関する三二〇条ないし三二八条の註釈（第五巻二七四ないし三七六頁）、第三は、控訴審に関する三九五条ないし四〇四条の註釈（第六巻二八二ないし三八一頁）、第四は、上告審に関する四〇五条ないし四〇九条の註釈（第六巻三八二ないし四四二頁）、第五は、被告人の在廷義務と法廷警察権に関する二八八条の註釈（第四巻九七ないし一二七頁）です。本巻の当該論稿を補完するものとして御参照願えれば幸いです。

二〇〇五年三月

香城敏麿

刑事訴訟法の構造　香城敏麿著作集 Ⅱ

目　次

はしがき

一　刑事訴訟法の法原理と判例

4　実体的真実主義

13

25

28

一一　決定と上訴

一二　法廷警察権

香城敏麿著作集 II

刑事訴訟法の構造

一　刑事訴訟法の法原理と判例

1 刑事訴訟法の構造の概要

一 はじめに

(1) 現行刑事訴訟法が施行されてから既に半世紀以上が経過し、再検討と改革の時期を迎えているが、今なおその基本的特徴についての論議が続いている。[1] それには、様々な理由があろうが、一つには、刑事訴訟法の特徴を分析する際に用いられる刑事訴訟法の基本原則(ないしは基本原理)の法的性質とそれらの相互関係について、論者の理解が異なっているためではないかと思われる。

そこで、ここでは、実体的真実主義、適正手続主義、当事者追行主義、職権審理主義など一般に承認されている基本原則を取り上げ、それらの法的性質と相互関係について検討することによって刑事訴訟法の構造を垣間みることとした。素描の域をでていないが、論議の整理のきっかけになれば幸いである。

(2) 取り上げた基本原則は、より根本的なものから、それを補正するものの順に並べてある。最初に刑罰権を取り上げているが、これはあまりにも当然なものであるとして、取り上げる必要性に疑問をもたれる向きもあろうが、刑事訴訟法の構造を明らかにするという趣旨からすると、ここから出発する必要があると考えたためである。

(3) 刑事訴訟法の基本原則の法的性質には、大別して二つのものがあると考えられる。第一は、刑事訴訟法において考慮されている基本的な政策上の利益である場合であり、第二は、刑事訴訟法の権利・権限の存否又は範囲を決定する際に法律の規定などと同様に法的根拠の一つとして用いることができる価値、つまりは法原理である場合である。以下で取り上げている基本原則のうち、当事者追行主義及び補正的職権審理主義(補正的職権主義)は、前者に属しており、いずれも刑事訴訟法を特徴づける基本原則であり、法原理をも含んでいるが、それ自体を根拠として刑事訴訟法上の法的判断を下すことができる明確な範囲と内容は備えていない。したがって、法的判断を下す際には、それを構成する証拠調べ請求権、訴因変更命令などの具体的法原理を根拠としなければならない。これに対し、刑罰権、実体的真実主義及び適正手続主義は、後者に属しており、それ自体を根拠として法的判断を下すことができる明確な範囲と内容を備えている。

（1）　松尾浩也＝井上正仁編・刑事訴訟法の争点〔第三版〕（ジュリスト増刊、二〇〇二年）所収の松尾浩也「刑事訴訟の課題」（四頁）、三井誠「刑事訴訟法の基本原理」（八頁）、田口守一「刑事訴訟法の基礎理論」（一〇頁）参照。

二　刑罰権

刑罰権は、国家が法秩序を維持するために当然に保有している国家権力の一部である。憲法は、そのような理解の下に刑罰権の存在については具体的な規定を置かず、刑罰権を行使する際の準則として具体的に規定する必要があるものとして、適正手続条項（三一条）、令状主義条項（三三条、三五条）などの規定を置いているものと解される。したがって、刑罰権は、憲法上の最も基本的な原則であるばかりか、憲法上の価値を具有し、権利・権限の根拠となり得る法原理であるというべきである。

三　実体的真実主義

(1)　実体的真実主義は、犯罪に関する真相の発見を重視するというものである。

この原則は、国が刑罰権を行使する際に最も基本的な目標として設定しているものであり、憲法が刑罰権に内在する不文の価値つまりは法原理として承認しているものとみるべきである。それは、単なる政策的な利益を表現したものでなく、例えば、決定的な証拠の開示を根拠づける場合においては、法的判断の根拠として援用することができる法原理であるとみるべきである。

また、国は、有罪についての立証責任を負っており、「疑わしきは被告人の利益に」という基本原則が存在すると広く理解されているが、この原則も、刑罰権に内在する不文の法原理として憲法が承認しているものとみることができる。

(2) 実体的真実主義には、有罪者を逃さずに処罰するという積極面と、無実の者を処罰しないという消極面とがあると説かれている。この分析は、実体的真実主義と適正手続主義との関係を説明する際などにおいて有用であるが、どちらの側面も、国家の刑罰権に内在する実体的真実主義の不可分の内容というべきである。積極的実体的真実主義は、時に必罰主義と呼ばれてマイナスのイメージを伴っているが、その側面も刑罰権の内容であることを承認する必要がある。

四 適正手続主義

(1) 実体的真実主義が唯一の価値つまりは法原理であるとすれば、例えばどのような捜査手段を用いても、結果として動かない真実が発見された場合には、それは正しい捜査であるということになるであろう。しかし、それでは処罰万能主義となり、処罰によって正義を実現しようとして他の正義を無視する結果になる。そこで、国にとって最も重要な刑罰権及び実体的真実主義を実現する場合であっても順守しなければならない条件を設ける必要がある。これが憲法の保障している刑事手続に関する基本的人権である。

適正手続主義とは、このようにして、刑事手続に関する基本的人権を尊重することを刑罰権行使の適法要件とするという原則と考えるべきである。

刑事訴訟法は、その目的規定(一条)において、「この法律は、刑事事件につき、公共の福祉の維持と個人の基本的人権の保障とを全うしつつ、事案の真相を明らかにし、刑罰法令を適正且つ迅速に適用実現することを目的とする」と規定し、正当にも、事案の真相を明らかにするという実体的真実主義が、刑罰法令を適正かつ迅速に適用実現することと並んで刑事訴訟法の本来の目的であることを明らかにするとともに、刑事事件に関する個人の基本的人権の保障を全うすること、つまりは実体的真実主義などが基本的人権と抵触するときは道を基本的人権に譲らなければならないことを明らかにしているのである。

(2)　適正手続主義の範囲については様々な理解があり得る。

最も広い理解は、憲法が定めている適正手続のほか、刑事訴訟法が定めている適正手続を含むという理解であろう。刑事手続において刑事訴訟法が定めている手続を順守すべきことは当然であり、それを順守しなければ違法と評価されることになる。しかし、刑事訴訟法の手続の中には、憲法的価値と直結しない政策的利益を擁護するために定めたものもある。これももちろん法原理ではあるが、政策的に改変が可能な価値であるから、当然に実体的真実主義に優越する法原理であるとはいえない。そこで、基本原則としての適正手続の範囲にこれを含めるのは、刑事訴訟法の構造を明らかにするという目的からすれば、相当ではない。

最も狭い適正手続の理解は、憲法三一条のいわゆる適正手続条項が定める適正手続を意味するという理解であろう。しかし、この規定は、その文言から明らかなように、法律の定める手続によらなければ刑罰権を行使することが許されないことを規定したものであって、憲法三二条から四〇条までに定める基本的人権を包含する総括的規定ではない。このことは、憲法三一条にいう法律の意義について、形式的な意味での法律では足りず、憲法上実質的に正当化し得る内容の法律を意味するという正当な理解を前提としても、変わることはない。

中間の適正手続の理解は、憲法三一条から四〇条までに定める基本的人権及び憲法が当然にその法原理性を認めているを解すべき見えない法原理を総括的に意味するという理解である。この理解が相当と考えられる。そのような法原理であるからこそ、国の刑罰権及び実体的真実主義に優越するものということができるからである。

(3) 適正手続主義が法原理であるか否かについても、検討しておく必要がある。

適正手続主義を無限定に用いるときは、適正手続主義という言葉のみでその具体的内容が明らかになるわけではないから、刑事訴訟法の特徴を表現したものにとどまるであろう。

しかし、適正手続主義を、前述したとおり、刑事手続に関する憲法の基本的人権を総括的に順守することを義務づける原則として促えれば、その具体的内容は明確であり、刑罰権、実体的真実主義に優越する法原理となる。

(4) 法原理には、周知のとおり、最も根本的な法原理から修正的、部分的、派生的な法原理までが存在し、それらは、優劣関係を保ちつつ重畳的な構造となっている。

法律の条文を例にとると明らかになるように、それらは原則を定めた規定から、除外規定や特別規定などへと重畳的な構造になっており、法律の全体を考察しなければ権利・権限の存否や範囲を確定することができない。憲法を基礎とする法原理も、これと同様の性質を帯びているのである。

この観点から刑罰権、実体的真実主義と適正手続主義との関係をみると、前者が基本的法原理であり、後者が修正的法原理である。いうまでもないこととは思うが、ここでいう基本的か修正的かの区別は、法原理相互の位置関係を示す表現であり、価値の優劣を示す表現ではない。優劣関係からいうと、修正的、例外的な法原理が基本的な法原理に優越し、適正手続主義は刑罰権、実体的真実主義に優越するのである。

五　当事者追行主義

(1) 当事者追行主義とは、検察官、被告人などの当事者が中心となって刑事訴訟を追行する原則をいう。

この原則は、固定的な内容をもつものではなく、特定の制度ごとに内容を異にするから、それ自体を法原理ということはできず、特定の制度を特徴づける表現にとどまる。したがって、法原理性を問題とするには、その原則を支える具体的な制度ないしは規定を援用する必要がある。

(2)　先に述べた適正手続主義は、旧刑事訴訟法が被疑者・被告人の権利を限定的にしか認めていなかったことを改め、被疑者・被告人に対し証人尋問権・証人喚問権・弁護人依頼権（憲法三七条）、黙秘権（三八条）などの基本的人権を保障し、国家が人を処罰する際にはそれらの基本的人権を侵害しないことを命じたものであって、直接には当事者追行主義の採用を迫るものではない。しかし、そのような基本的人権の保障は、被疑者・被告人を訴訟の対象者の立場から当事者の立場に高める条件を整備することになり、現行刑事訴訟法における当事者追行主義の採用に大きく寄与する結果となった。

特に、憲法が適正手続主義を構成する基本的人権として公平な裁判所の裁判を受ける権利（三七条一項）を保障したことは、当事者追行主義の採用を決定づけることになった。すなわち、旧刑事訴訟法の下では、裁判所が犯罪事実を明らかにする役割を担い、そのため職権審理主義を基本としていたが、このような裁判所の立場は憲法が予定する裁判所の公平な立場と矛盾することとなるため、現行刑事訴訟法は、訴訟の追行の主役を検察官と被告人・被疑者に委ね、裁判所は公平な判断者の立場に立つこととし、当事者追行主義が実現することになった。

こうした憲法の背景に加え、起訴の権限を裁判所以外の検察官などが行使する従前の原則つまりは弾劾主義が当事者追行主義を支えたことはいうまでもない。この原則は、被告人を起訴する者とその者の有罪・無罪を判断する者とを区別することが公正であるという考えに立つが、その考えに立つと自ずから起訴前の証拠収集つまり捜査は起訴の準備段階という性質を帯びることになり、捜査についても裁判所以外の捜査機関がその役割を担うことになる。さらに、自ずから、公判における立証活動の主体も裁判所以外の当事者に移り、裁判所は、公正な判断者の立場に向かうことになったのである。

(3) 当事者追行主義については、いくつかの型が考えられる。

その対極にある職権審理主義についてみると、最も徹底した型では、裁判所が主体となって、犯罪の証拠を収集し、犯人と考える者を起訴し、その者が有罪か否かを公判の証拠調べで明らかにし、判決を下すことになろうが、近代的な刑事訴訟法では、そこまで徹底した例はなく、捜査の主体を警察官・検察官などの捜査機関に委ね、かつ、被告人を起訴する機能を検察官などに委ねた上で、公判において訴訟を追行する機能についても検察官、被告人などに一定の役割を与えるという修正型を採用しているのが通常である。そのため、当事者追行主義という言葉は、欧米では公判段階に限定して用いるのが通常であるが、わが国では、旧刑事訴訟法の色彩をできる限り払拭するという学説の解釈的努力が支持され、捜査段階を含む全段階を特徴づける言葉として広く用いられるようになった。現行の刑事訴訟法は、この修正型のうち、主として公判、公訴及び捜査における訴訟追行の主体を当事者の双方又は一方に委ねるという形を採用しているものとみることができる。

(4) 公訴、公判段階における当事者追行主義の特徴的な表われは、検察官が審判対象を設定するという訴因制度と検察官・被告人が証拠調べ請求権を有するという制度である。特に、前者は、従前の職権審理主義を決定的に覆す重要な機能を果たしているのである。

次に取り上げる検察官処分権主義は、当事者追行主義の中でも最も徹底した制度である。

六　検察官処分権主義

(1) わが国においては、伝統的に、犯罪の処理は国家的な関心事であると考えられており、しかも、実体的真実主義を制約することに抵抗感が強かったため、審判対象を当事者が処分することは許されず、刑事訴訟法にはこのような制度は設けられていないと解されていた。しかし、検察官による訴因の設定は審判対象の設定にほかならず、設定した訴因外の事実は適法に処分されたものであるという理解が次第に広まり、わが国の刑事訴訟法においても、審判対象に関しては検察官処分権主義が採用されていると説かれるようになった。(2)

検察官処分権主義というのは、検察官は、ある犯罪事実の全部又は一部について、これを訴追するかしないかの裁量権をもち、裁判所は、検察官が訴追の対象とした犯罪事実の範囲内においてのみ審判を行う権限と義務を負うという法原理である。判例は実質上この法原理に基づいて訴因制度についての解釈を下しているものと考えられる。訴追をしないことについては起訴猶予制度(二四八条)と公訴取消制度(二五七条)があるので、検察官処分権主義という概念を用いなくても同じ結果が得られるかのようである。しかしながら、それらの制度からだけでは検察官による審判対象の専権的決定という高次の権限が当然に導き出されるわけではなく、それだからこそ一部起訴の適法性、裁判所による訴因外認定の適法性などの重要な論争が生じたのである。

(2)　判例は、さらに、訴因制度を超えて検察官処分権主義を前提とする判断を示した。すなわち、科刑上一罪の関係にある犯罪の一方が有罪、他方が無罪となり、被告人のみが控訴した場合には、控訴審裁判所は、第一審で無罪とされた部分を職権調査して誤りを発見し、有罪に変更することは許されないと判断したのである。

(3)　この処分権主義は、検察官が敢えて処罰をするまでもないと考える軽微な事案については処分を認めるという不処罰方向での検察官処分権主義であるが、例えば略式手続は、検察官が相当と認める限度で被告人の処分権(権利の放棄)を認めるものであって、広義の当事者処分権主義にほかならないのである。

(2)　検察官処分権主義を含む処分権主義については、研修二〇〇三年一〇月号に掲載した拙稿「刑事訴訟法における処分権主義」(本書***8***論文)でその一端を検討した。

七　補正的職権審理主義

(1)　現行刑事訴訟法は、当事者追行主義を原則としているが、裁判所には、訴因変更命令を発したり、職権で証拠調べを行ったりする審理追行権限が広く留保されている。しかし、その権限の行使は、解釈上も、実務上も、当事者の訴訟追行を補正する限度にとどまるべきであり、義務となるのは例外的な場合に限られるものとされている。

(2)　すなわち、まず裁判所は、審理の経過にかんがみ適当と認めるときは、検察官に対し訴因変更命令を出すことができるが(三一二条二項)、判例によると、それは原則として義務ではなく、命令に形成力もない。裁判所に変更命令を発する義務が一般的にあるのであれば、裁判所に訴因の範囲にとどまらず実体的な真実が何かを発見する義務とその義務を果たすための権限がなければならないが、刑事訴訟法にはそのための制度は用意されていない。のみならず、それは、検察官に対し訴因の形で審判対象を定める権限を与えている制度とも調和しないからである。また、裁判所が命令を発する権限も、広く認められているものではなく、命令を発することが裁判所の判断者の立場と調和する限度においてであるとみるべきである。

また、裁判所は、職権で証拠調べを行う権限を有しているが(二九八条二項)、判例によると、それは原則として義務ではない。義務であるというためには、証拠を発見する義務とそれを果たすための制度が備わっていなければならないのに、刑事訴訟法にはその用意がないからである。また、その権限は、裁判所の判断者の立場と調和する限度で行使すべきものと解される。

(3)　訴因変更命令を発することが裁判所の義務になり、あるいは職権証拠調べ又は釈明が義務となるのは、裁判所の心証と当事者の心証とが食い違っている可能性が高い場合であると考えられる。[3]

（3）　補正的職権主義については、拙稿「刑事訴訟における職権主義の機能」司法研修所論集・創立五十周年記念特集号・第三巻刑事編(一九九七年)一七七頁(本書**7**論文)で検討し、訴因制度については、「訴因制度の構造」判例時報一一三六号、一一三八号、一一二四〇号(訴因変更命令については特に一一二四〇号三頁以下)(本書**19**論文)で検討した。

八　捜査、公訴、公判における具体的な原則

(1)　以上の基本原則は、刑事訴訟法全体の構造に関わる原則であるが、そのほか捜査、公訴、公判の各段階について、より具体的な原則がある。それらは、いずれも権利・権限の根拠として用いうる法原理である。以下、ごく要点のみを指摘しておきたい。

(2)　捜査に関する重要な原則は、①事件単位の原則、②強制処分法定主義、③令状主義、④任意処分の相当性の原則である。

公訴に関する重要な原則は、①検察官起訴独占主義、②起訴便宜主義である。

公判の審理に関する重要な原則は、①公開主義、②口頭弁論主義、③直接審理主義、④口頭審理主義、⑤迅速な裁判の原則である。訴因、証拠法その他の公判の手続に関しても、もとより重要な原則が存在する。

(3)　こうした原則については、ここでは詳述しないが、次の二点だけを述べておきたい。

第一は、それらの法原理は、そのほとんどが憲法の定める刑事事件に関する基本的人権に由来するものであり、憲法論を抜きにしては解明ができないことである。

第二は、それらの法原理も重畳的な構造をもっており、相互の優劣関係で権利・権限の存否や範囲が決定されることである。例えば、逮捕に伴う場合についての令状主義の例外規定は、令状主義に優先する法原理である。また、付審判手続は、検察官起訴独占主義に優先する法原理である。

2　刑事訴訟法の展開と最高裁判例の役割

一　刑事訴訟法判例の動態

最高裁判例が刑事訴訟法の展開に果たしてきた役割を考察するには、まず、その動態に着目するのが適切であろう。そこで、以下、これを四つの視点から分析してみることとする。

1　判例の変遷

第1表は、公式の刑事判例集の一巻（昭和二二年）から三二巻（昭和五四年）までに登載された全判例とその中の刑事訴訟法判例（参照条文に刑事訴訟法又は関係規則の条文が掲げられているもの）の推移を時期別に数値化したものである。

これによると、刑事訴訟法判例は、旧法下の判例が中心を占めていた初期の三年間を考慮外として、昭和二五年からの一〇年間は年平均九二・二件、昭和三五年からの一〇年間は年平均二〇・二件、昭和四五年からの一〇年間は年平均一〇・五件であって、時期を追うごとに激減していることが分かる。この変化は、判例の登載基準が次第に厳格となったことを考慮に入れても、極めて特異なものといわなければならない。

他方、刑事判例中に占める刑事訴訟法判例の比率をみると、昭和二五年からの一〇年間では五一・七％であるのに対し、昭和三五年からと昭和四五年からの各一〇年間ではほぼ同率の三三・三％と三二・六％になっている。

右の二点を総合すると、刑事訴訟法に関する最高裁判例は、昭和三〇年代の中頃を境として、その様相を変えた

第１表　最高裁刑事訴訟法判例の推移

年度＼区分	全刑事判例の件数	刑事訴訟判例の件数	刑事訴訟法判例の比率
昭和22—24	件 563	件 349	% 62.0
25—34	1,785	922	51.7
35—44	607	202	33.3
45—54	322	105	32.6
計	件 3,277	件 1,579	% 48.2

（注）最高裁判所刑事判例集から算出。

ものといいうるであろう。すなわち、それは、当初、裁判実務に対して新憲法、新刑事訴訟法の下での基本路線を示すことを使命とし、刑事判例の主役の役割を果していたが、昭和三〇年代の中頃までにはほぼその使命を達し、以後、右路線の補強と修正にその重点を移したと解されるのである。実際、刑事訴訟法判例は、概ね年とともにその数を減じて昭和三八年には遂に七件となり、以後一〇件ないし二〇件に回復して平衡を保ちつつ、内容の面でも従来の判例を明示に又は実質上修正するものが多くなってくるのである。

2　判例の重点

最高裁は、刑事訴訟法上、憲法違反、判例違反を審査する義務を負うとともに、法令違反、量刑不当、事実誤認等を審査する裁量権を有している。この裁量権行使の動態はどのようなものであろうか。

第2表は、過去二〇年間における破棄判決を破棄理由別に数値化したものである。これによると、右の裁量権を行使した破棄判決が全体の七四・三%を占めており、その活発な行使をうかがわせている。

ことに、法令違反を理由とする破棄判決は、六二・〇%の高率に達しており、これに憲法違反、判例違反を理由とするものを加えると八七・七%となり、最高裁が法令違反の審査にかける熱意を浮き彫りにしている。加えて、**第1表**の刑事判例の大部分が上告棄却の裁判中に示された前記裁量権に基づ

第２表　通常上告事件における破棄判決件数

破棄理由／年度	憲法違反	判例違反	法令違反	量刑不当	事実誤認	その他	計
昭和34—43	件 21	件 39	件 155	件 8	件 16	件 4	件 243
44—53	11	36	103	3	17	3	173
計	件 32	件 75	件 258	件 11	件 33	件 7	件 416
（%）	(7.7)	(18.0)	(62.0)	(2.6)	(7.9)	(1.7)	(100.0)

（注）　昭和43年までは坂本武志・最高裁破棄判決概説、それ以降は判例時報に年度ごとに掲載された「刑事破棄判決の実情」から集計。

第３表　最高裁判断と原審判断との関係

最高裁判断の区分	件数	合計件数中の比率
原審判断を支持	件 57	% 57.6
原審判断を権利拡張方向に変更	28	28.3
原審判断を権利縮小方向に変更	4	4.0
原審判断なし	10	10.0
計	件 99	% 100.0

（注）　ジュリスト・刑事訴訟法判例百選（第三版）から算出。

く法律判断の判例であることを考えると、右の特徴は一層明確となる。

事実誤認を理由とする破棄判決の件数も、絶対数こそ比較的少ないものの、事柄の性質を考慮すれば注目すべき程度であって、最終審たる最高裁の厳しい目をうかがわせる。

これに対し、量刑不当による破棄判決の件数は、裁量範囲の広い事項であるのに、わずかであって、最高裁の審査権の発動が極めて例外的なものであることを示している。

3　判例の方向

最高裁判例は、刑事訴訟法の解釈内容においていかなる方向を示しているであろうか。

第3表は、ジュリスト・刑事訴訟法判例百選に選ばれた最高裁判例を対象として、原審の判断が維持されたか変更されたか、変更された場合には被疑者・被告人等の当事者の権利を拡張する方向に変更されたか否かを調査したものである。被疑者・被告人の利益と他の当事者の利益とが相反するときは前者を基準に区分してある。

この結果によると、最高裁が原審の判断を変更して当事者の権利を拡張する判断を示した場合が二八・三％に達していることが分かる。これは、刑法など実体法の判例の場合に比して著しく高い比率であって、最高裁が刑事訴訟法の重要な判断において被疑者・被告人等の当事者の権利を擁護し、これを拡張するのにいかに意を用いているかを示唆するものといえよう。

4　判例の柔軟性

最高裁刑訴法判例は、また、刑事訴訟法の解釈において、柔軟性を帯びているように思われる。

第一に、**第3表**から明らかなように、最高裁判例は、原審の判断との関係において合計三二・三％くい違った判断を示しており、しかもその大半は権利を拡張する方向のものである。これは最高裁の柔軟な思考態度の表われであるといってよいであろう。

第二に、最高裁は、大審院の判例や自らの先例をかなり変更している。前者の中には、無罪となった他事件の勾留日数を本刑に算入することを認めた判例(1)、略式命令謄本の送達前になされた正式裁判請求を適法とした判例(2)などがあり、後者の中には、控訴審が事実取調をせずに新たな事実を認定して破棄自判することは許されないとした判例(3)、控訴審が法律判断のみを変更して破棄自判してもよいとした判例(4)などがある。

第三に、最高裁は、屢々自らの先例を実質上修正又は変更する重要な判断を下している。累犯前科の証明方法(5)、証拠開示(6)、写真撮影(7)、迅速な裁判(8)、違法収集証拠の証拠能力に関するもの(9)はその代表例である。

二　最高裁判例による刑事訴訟法上の権利の拡張

最高裁が原審の判断又は従前の最高裁判例を変更して刑事訴訟法上の権利の拡張を図る場合、いかなる手法を用いているかを、定立された法原則の型に着目して考察してみることとしよう。

1　権利の内容・効果の拡張

最高裁判例によって定立される法原則の中で、最も多いものは、いうまでもなくそれが刑事訴訟法の権利の内容に本来含まれているとされるものである。しかし、厳密にいえば、これにはさらに二つの型がある。第一は、当該規定の解釈のみから拡張的な法原則が導き出される場合であり、第二は、当該規定に優先する一般的な法原理が刑事訴訟法又は憲法の中に存在していて、これと当該規定との総合的な解釈によって拡張的な法原則が導き出される場合である。後の型については後に**三1**で触れることとしよう。

以上のほか、刑事訴訟法上の権利のもたらす効果の面から拡張的な法原則が定立される場合もある。例えば、黙秘権の保障により、被告人は、その刑事裁判において供述を強要されないほか、民事裁判、行政裁判などにおいても将来の刑事裁判で不利益となる供述については強要されないのか、という問題を考えてみよう。黙秘権保障の歴史的起源からいえば、前者の限度にとどまることとなるが、それでは民事裁判等で強要された自白が将来の刑事裁判で証拠として利用されることになり、黙秘権を保障した意味が失われることになる。したがって、黙秘権を実効あるものとするため、その効果として、解釈上後者にまで保障を及ぼさなければならない。最高裁判例の中で、約束による自白(10)、偽計による自白(11)を不任意自白にあたるとしたものは、右の類型に近いといえるであろう。

2　救済手段の法原則による拡張

法令が一定の権利を付与しながら、それが侵害されたときの救済手段を講じていない場合、判例が法解釈によってこれにかわる法原則を定立する場合がある。

最高裁判例は、刑事事件が裁判所に係属している間に迅速な裁判の保障条項に反する事態が生じた場合には、判決で免訴の言渡をするのが相当である、と判示した(12)。この判例は、憲法三七条一項をプログラム規定と解していた従前の判例を改めて自力実効力をもつ規定と解したものと説かれることもあるが、それは正確ではないと思う。従前の判例も、被告人の迅速な裁判を受ける権利があること及びこの権利が侵害された場合に担当裁判官等の責任が生じるときがあることを肯定し、その限定で右規定を自力実効力のある規定としつつ、その効力が刑事裁判を打切る趣旨までも含まないと解していたのに対し、新判例は、その趣旨を含むものと解し、かつ、法令に欠けている免訴という救済手段を法解釈によって補充したのである。しかしながら、いずれにせよ、新判例が、最後の点で救済手段の法原則を定立したものであることは、明白である。

3　保障手段の法原則による拡張

権利の性質又は権利侵害の態様によっては、単に事後的に権利侵害を救済しただけでは権利の保護にとって不十分であり、事前にそのための手段を講じておく必要のある場合がある。通常この手段は立法によって定立されるが、判例によって定立されるときもないわけではない。

第三者没収に関する判例は(13)、「没収に関して当該所有者に対し、何ら告知、弁解、防禦の機会を与えることなく、その所有権を奪うことは、著しく不合理であって、憲法の容認しないところである」と判示したが、これは所有者の財産権の十全の保護のために事前の防禦の機会を与える必要のあることを解釈上の法原則として定立したものである。

4　予防手段の法原則による拡張

法原則の中には、将来の権利侵害を予防するための手段として定立されるものがある。

この例として、違法収集証拠物の証拠能力に関する判例[14]を挙げることができる。すなわち、これは、証拠物の押収等の手続に憲法三五条及びこれを受けた刑事訴訟法二一八条一項等の所期する令状主義の精神を没却するような重大な違法があり、これを証拠とすることが将来における違法な捜査の抑制の見地からして相当でないと認められる場合には、その証拠能力は否定されるべきである、と判示したのである。

5　準用・類推適用による拡張

最後に、規定の厳格な解釈からは肯定することができない場合に、その準用又は類推適用の形で訴訟当事者を救済し又はこれに権利を認めた一連の判例を指摘することができる。

その最初の判例は、職権調査に関する刑事訴訟法四一一条を特別抗告に準用したものである[15]。特別抗告については、同法四三三条においてその理由が憲法違反と判例違反に限定されており、他に職権調査に関する規定は置かれていないから、右の結論は、刑事訴訟法の明文によらずに権限を拡張したものとみるほかはないのである。

続いて、最高裁は、上訴権回復に関する刑事訴訟法三六二条以下の規定を高等裁判所の決定に対する異議申立に準用した[16]。異議申立は厳密な意味では上訴とはいえないから、この場合にも、規定の明示の範囲を超えて権利の拡張がなされたものというべきである。

高等裁判所の異議申立に関する刑訴法三八六条二項を上告棄却決定に対して準用した判例[17]、在監者の上訴申立に関する同法三六六条一項を判決訂正申立に準用した判例[18]及び同法二一条一項による忌避申立権を付審判請求事件の被疑者に認めた判例[19]も、この類型に属するものといいうるであろう。

三　刑事訴訟法判例における法原理の動因

最高裁の刑事訴訟法判例が柔軟性をもち、原審の判断又は最高裁の先例を屢々変更して権利の拡張を行ってきたのはなぜであろうか。また、その正当性はどこに求められるであろうか。これは、個々の判例に即して、権利の内容、法原則の性質など多角的な観点から考究すべき問題であるが、ここでは、刑事訴訟法の法規上の特質の面から次の二点を指摘しておきたいと思う。

1　一般的、高次の法原理の存在

刑事訴訟法の規定は、一定の訴訟目的に奉仕するための手続規定であって、段階的、重畳的構造をもち、個々の規定に優先する一般的、高次のいくつかの法原理を予定している。また、憲法上の諸権利と関連する部分も少なくない。これが最高裁刑事訴訟法判例の動的性質を支える最大の理由であるといってよいと思う。

まず、刑事訴訟法に内在する一般的法原理としては、いわゆる当事者主義の法原理を代表として挙げなければならない。有罪判決の見込みがある場合でも訴因変更を許可しなければならないとした判例[20]、訴因変更命令には形成力がないとした判例[21]、併合罪関係にある両訴因の間には公訴事実の同一性がないとした判例[22]、被告人のみ控訴の場合に一審判決の無罪部分を職権破棄することは許されないとした判例[23]など右の法原理が重要な役割を果したとみられる判例は多い。このほかにも、予断排除の原理を重視し、前審関与による除斥事由を拡張した判例[24]、必要的弁護制度の趣旨を重視して控訴趣意書の提出が可能な時期までに国選弁護人の選任を行うべきであるとした判例[25]は、同様の類型に属する。

次に、憲法上の法原理を重視して刑事訴訟法の権利を拡張した事例も多い。例えば、余罪についての接見指定の効果は被告人の弁護人に及ばないとした判例[26]は弁護権の保障を、捜査における写真撮影に限定を付した判例[27]は肖像権の保障を、控訴審で事実取調をせずに新たな事実で破棄自判をすることは許されないとした判例[28]は公開法廷により裁判を受ける権利の保障を、それぞれ重視したものにほかならない。

2 規則制定権の存在

憲法七七条は、最高裁に対し、訴訟に関する手続等についての規則制定権を付与している。この権限は、最高裁の創造的判例、ことに準用・類推適用により権利を拡張した判例に対し正当性を付与する根拠として、極めて重要と思われる。

すなわち、例えば、刑事訴訟法四三三条が特別抗告の理由を限定しているのは、最高裁の負担を増大させないようにとの配慮からであって、その権限を制限する趣旨のものではないから、最高裁が同法四一一条を特別抗告に準用する旨の規則を制定しても刑事訴訟法に抵触せず、したがってまた、最高裁が規則という法形式を通さずに具体的な裁判を通して同様の結論を導くことも許されるものというべきである。上告棄却決定に対する異議申立を認めた判例も、同様の見地からこれを是認することができるであろう。

この観点からみるときは、最高裁が、上訴権回復に関する刑事訴訟法三六二条以下の規定の準用を上訴に準ずる申立の場合に限定して、訴訟費用執行免除の申立に対しこれを否定し[29]、また、在監者の上訴申立に関する同法三六六条一項の準用についても上訴に準ずる申立の場合に限定して、控訴趣意書の提出[30]、付審判請求事件についての特別抗告の申立[31]、刑事補償請求事件についての特別抗告の申立[32]についていずれもこれを否定し、刑事訴訟法との抵触問題を慎重に避けていることが特に注目される。

(1) 最判昭和三〇・一二・二六刑集九巻一四号二九九六頁。
(2) 最決(大)昭和四〇・九・二九刑集一九巻六号七四九頁。
(3) 最判(大)昭和三一・七・一八刑集一〇巻七号一一四七頁。
(4) 最判(大)昭和四四・一〇・一五刑集二三巻一〇号一二三九頁。
(5) 最決(大)昭和三三・二・二六刑集一二巻二号三一六頁。
(6) 最決昭和四四・四・二五刑集二三巻四号二四八頁。
(7) 最判(大)昭和四四・一二・二四刑集二三巻一二号一六二五頁。
(8) 最判(大)昭和四七・一二・二〇刑集二六巻一〇号六三一頁。
(9) 最判昭和五三・九・七刑集三二巻六号一六七二頁。
(10) 最判昭和四一・七・一刑集二〇巻六号五三七頁。
(11) 最判(大)昭和四五・一一・二五刑集二四巻一二号一六七〇頁。
(12) 最判(大)昭和四七・一二・二〇刑集二六巻一〇号六三一頁。
(13) 最判(大)昭和三七・一一・二八刑集一六巻一一号一五九三頁。
(14) 最判昭和五三・九・七刑集三二巻六号一六七二頁。
(15) 最決昭和二六・四・一三刑集五巻五号九〇二頁、同昭和三一・八・二二刑集一〇巻八号一二七三頁、同昭和三六・五・九刑集一五巻五号七七一頁、同(大)昭和三七・二・一四刑集一六巻二号八五頁。
(16) 最決昭和二六・一〇・六刑集五巻一一号二一七七頁。この結論は、最決昭和四二・九・一九裁判集刑事一六四号五四五頁により、最高裁の上告棄却決定に対する異議申立にも採用された。
(17) 最決(大)昭和三〇・二・二三刑集九巻二号三七二頁。
(18) 最決昭和四一・四・二七刑集二〇巻四号三三二頁。
(19) 最決昭和四四・四・二五刑集二三巻四号二四八頁。
(20) 最判昭和四二・八・三一刑集二一巻七号八七九頁。
(21) 最判(大)昭和四〇・四・二八刑集一九巻三号二七〇頁。
(22) 最判昭和三三・二・二一刑集一二巻二号二八八頁。

(23) 最決(大)昭和四六・三・二四刑集二五巻二号二九三頁。
(24) 最判(大)昭和四一・七・二〇刑集二〇巻六号六七七頁。
(25) 最決昭和四七・九・二六刑集二六巻七号四三一頁。
(26) 最決昭和四一・七・二六刑集二〇巻六号七二八頁。
(27) 注(7)参照。
(28) 注(3)参照。
(29) 最決昭和五四・七・二刑集三三巻五号三九七頁。
(30) 最決昭和二九・九・一一刑集八巻九号一四九〇頁。
(31) 最決昭和四三・一〇・三一刑集二二巻一〇号九五五頁。
(32) 最決昭和四九・七・一八刑集二八巻五号二五七頁。

3 刑事訴訟法判例の機能

一 判例の機能

裁判所は、事件を審判するにあたり、常に実体法、手続法その他の法を肯定的又は否定的に適用し、そのことを通して法律的判断を示すことになるが、このうち事件において実際に適用された法又は適用されるべきであった法についての法律的判断を判例と呼ぶことができる（参考文献①②参照）。判例は、具体的規定の解釈として示されることが多いが、時にはこれを超える創造的、立法的な法として示されることもある。ここでは、前者による判例の機能を解釈的機能、後者による判例の機能を創造的機能と呼んでおこう。さらに、判例は、法の現状を示すことにより、自ずから立法や学説に対し、現状への再検討を促す機能を果たすことになる。これを判例の現状再検討の機能と呼んでおこう。

刑事訴訟法の判例も、当然こうした三つの機能を果たしているが、その果たし方には他の法分野の判例とかなり大きな違いがあるように思われる。以下、刑事訴訟法判例の解釈的機能及び創造的機能を通じて認められる全体的な特徴を観察した上、正統性を巡り論議の多い創造的機能についてやや立ち入った検討を試み、今後の展望を兼ねて現状再検討の機能について触れておきたい。

二 判例の特徴

最高裁の刑事訴訟法判例を全体的に観察すると、刑法判例等と比較して、柔軟性、権利擁護性及び法創造性において顕著であり、一言で要約すれば動的性質を帯びていることを指摘することができる（参考文献③④⑤参照）。

1　先ず柔軟性について見ると、先例としての役割が大きい最高裁判例の中に、原審の判断を変更したものが極めて多く、大審院の判例又は最高裁自身の判例を変更ないしは修正したものも数多いことが目につく。大審院判例を変更したものには、例えば無罪となった他事件の勾留日数を本刑に算入することを認めた判例、略式命令謄本の送達前にされた正式裁判請求を適法と認めた判例がある。最高裁自身の判例を明示的に変更したものには、例えば控訴審が事実取調をせずに新たな事実を認定して破棄自判することは許されないとした判例があり、最高裁自身の判例を実質上修正したものには、証拠開示、写真撮影、迅速な裁判、再審、違法収集証拠排除に関する判例を始めとして重要なものが多い。その他、**三**で指摘する法創造性を特徴づける判例も、判例の柔軟性を示す典型例である。

2　次に権利擁護性について見ると、最高裁判例の中には、原審の判断等を変更して被疑者、被告人の権利を擁護する判断を示したものが極めて多いことが注目される。従前の判例の変更又は修正を伴う前記判例のうち、正式裁判請求、写真撮影の判例以外のものは、権利を擁護する判例である。その他、**三**に挙げる法創造性を特徴づける判例のほとんども、同様の判例である。

3　法創造性に進むと、刑事訴訟法判例の最大の特徴はこの点にあるということができるが、その内容は正統性の問題を含めて**三**で検討することにしたい。

4　以上のような刑事訴訟法判例の動的性質については、夙に指導的な学者によってさまざまに指摘されてきた。手近な『刑事訴訟法判例百選』の編者のはしがきを見ても、基本図式は「立法の沈黙、判例の奮闘」であり、「立法がピラミッドのように沈黙するとき、判例はスフィンクスさながらに奮い起つ」と総括され（松尾浩也・第四版）、「旧法下にはとても想像しえなかったような多彩な判例の展開」があり、「広い意味の法形成過程において、立法にもまさるとも劣らぬ大きな役割を果たしてき」たとされるとともに、その理由として、違憲審査権により場合によっては法律を超えた判断が積極的に試みられるようになったこと、旧法からの連続面と憲法に由来する非連続面とを併有する現行法のもとでは判例による具体的解決機能に大きな期待がよせられざるをえなかったこと、法律改正の動きがほとんどなかったために法の形成発展を実務の自己改造力に頼らざるをえなかったことが指摘されてきた(田宮裕・第三版)。

三　判例の法創造的機能

裁判は、法の名において判断を下すものであるから、常に法的な正統性を備えていなければならないが、とりわけ法創造的機能を果たすときにはそのことについて説得を尽くす必要性が大きい。重要な判例が下されると、立法論ではないかという批判とまだ不徹底であるという批判とが同時に起こることも稀ではないが、それは判例の正統性についての評価が分かれるからである。ただ、個々の判例中にその点について十分な判示がされているとは限らないので、私見の立場から創造的判例(ここでは広く、当該規定の内容上の解釈から直ちに法原理が導き出されている解釈的判例を除き、それ以外の拡張的解釈を用いた判例を対象とする)につき、それぞれの正統性の根拠に即して類型化をしてみたい。

1　第一の類型は、当該規定の拡張的解釈により創造的権利が保障された判例である。これには少なくとも次のような型がある。

一は、実効的効果手段の法原則により創造的権利が保障された型である。例えば、黙秘権の保障により、被告人は、その刑事裁判において供述を強要されないばかりではなく、行政、民事その他の手続においても供述を強要されないのかという問題があるが、判例は、実質上刑事責任追及のための資料の収集に直接に結びつく作用を一般的に有する行政手続にも黙秘権の保障が及ぶと判示した。これは、問題の手続規定が文面違憲となる場合を判示したものであって、それ以外にも、民事裁判等で黙秘権を主張したのに供述を強要された場合には適用違憲となることを当然予定した判示であると解される。黙秘権保障の歴史的起源からいえば刑事裁判でのみ保障される権利ではあるが、それでは他の手続で強制された供述によって処罰されることになり、黙秘権を保障したことの実効性が失われるからである。

二は、救済手段の法原則により創造的権利が保障された型である。判例は、刑事裁判が裁判所に係属中に迅速な裁判の保障に反する事態が生じた場合には刑事訴訟法に救済規定はないが免訴の判決をするのが相当であると判示した。これは、法令に欠けている救済手段を解釈で補った例である。

三は、保護手段の法原則により創造的権利が保障された型である。判例は、第三者没収につき、当該所有者に告知防御の機会を与えずに没収で所有権を奪うのは違憲であり、あらかじめその機会を与えるべきであると判示した。これは、所有権については単に事後的に権利侵害を救済しただけでは権利の保護に十分でなく、事前に保護手段を講じておくべきであるとし、当時の立法に欠けていた手段を解釈で補ったものである。

四は、予防手段の法原則により創造的権利を保障した型である。判例は、違法収集証拠につき、収集過程に令状主義の精神を没却するような重大な違法があり、これを証拠とすることが将来における違法な捜査を抑制する見地からして相当でないと認められるときは、その証拠能力は否定されるべきであると判示した。違法に収集された証拠であるため、これを用いれば誤判のおそれがあるという場合であれば証拠能力を否定することは容易であるが、将来の権利侵害を予防するために証拠能力を否定することを認めた点で、画期的であったが、反面で正統性の論議を呼ぶことになった。

2　第二の類型は、当該規定に優先する一般的な法原理が刑事訴訟法又は憲法の中に存在しており、これと当該規定との総合的な解釈によって創造的権利が保障された判例である。

一は、刑事訴訟法、憲法等に内在する高次の法原理を根拠として創造的権利が保障された型である。刑事訴訟法の規定は、一定の訴訟目的に奉仕するための手続規定であって、段階的、重畳的な構造をもち、個々の規定に優先する高次の法原理をも含んでいるから、こうした手法が可能となるのである。この手法によった例は多く、当事者主義を根拠として訴因変更命令の形成力を否定し、控訴審の職権破棄権限を限定し、必要的弁護制度を根拠として控訴審の国選弁護人選任時期を早めた判例は、その中の数例にすぎない。憲法の法原理を根拠としたものにも、肖像権により捜査上の写真撮影に限定を付し、公開の法廷で裁判を受ける権利により新たな事実取調をしない破棄自判を違法とした判例など例が少なくない。

二は、憲法七七条の規則制定権を根拠として判例の形で実質上創造的権利が立法されたと解される型である。例えば、判例は、刑訴法四一一条の職権調査を特別抗告に準用したが、これは明文がないのに権限を拡張したものであって、最高裁の規則制定権を根拠とするものと解すべきである。その他の類似事例も多い。

3　第三の類型は、個別的利益考量により当該規定の適用を限定し、制約される権利を擁護した判例である。例えば、判例は、報道機関の取材結果の差押につき、その可否を決するには適正迅速な捜査を遂げるための必要性と報道機関の報道の自由が妨げられる程度を比較考量すべきであると判示した。差押拒絶権が適用されない場合には立法上一般には差押の権限を優越させたものと解されているが、それによりバランスを失する事態も予想されることから、個別的利益考量による権利の再調和を認めたのである。この手法は、かなり広範に用いられるようになっているが、妥当範囲についてはなお検討の余地がある。

四　判例の現状再検討の機能

最後に判例の現状再検討の機能について言及しておきたい。

1　「判例の奮闘」によって学説は大いに発展し、判例に再刺激を与え続けてきた。さらに、「判例の奮闘」について警鐘を鳴らす学説も現われるに至っている。再び『刑事訴訟法判例百選』の編者のはしがきを援用すると、「例えば基本的な価値選択を伴い、波及性の大きい問題など、そのような専ら個別の、特殊な事案の文脈の下で行なわれる解決には必ずしも適さないものもある」こと、「個別的・断片的問題解決の累積の結果、刑事手続を規律すべき法の内容が極めて複雑なものとなってしまうおそれがある」こと、目まぐるしく変化する状況に対応するため判例がある部分では「かなりに無理をも重ね」て補ってきたものの限度があることが指摘され、「立法と判例の適切な役割分担」について真摯な省察を加え、「制度そのものの見直しや更新」を現実化して行くことが新世紀に向けての課題であると提唱されている（井上正仁・第六版、第七版。なお参考文献③参照）。

2　他方、立法は、これまで長く沈黙を守ってきた。これが判例への全面的信頼を意味するのか、過信を意味するのか、消極的信頼を意味するのかについては論議があろうが、重要判例が出た折にも国会の反応がほとんどなかったことは不幸であり、少なくとも立法の欠如を示唆する判例に対しては国会の対応が不可欠であったというべきであろう。もっとも、刑事訴訟法は手段法であり、しかも、「ここのところをこうするならば、こちらはこうしなければならない、あちらも変えるならいいが、あちらはそのままでこちらを変えては困る、といった相互の連関がある」から（平野龍一・刑訴法判例百選〔第一版〕）、あまりにも性急な立法の対応が刑事訴訟法判例との整合性を崩す危険もある。近時議員立法を含む立法化の動きが活発となったのは、望ましいことと思われるが、刑事訴訟法のように裁判官、検察官、弁護人等の専門家を名宛人とする基本法については、それらの者の裁量に委ねて運用を見極めるべき場合もあってしかるべきである。そのためにも、判例の側で明確に刑事訴訟法の現状を示し、立法との協働により国民のための法形成に寄与する努力が一層必要となるであろう。

〈**参考文献**〉

引用の文献のほか
① 中野次雄編・判例とその読み方（有斐閣、一九八六年）
② 注釈刑事訴訟法（新版）六巻四〇八頁以下（立花書房、一九九八年）
③ 亀山継夫「刑事訴訟法における判例と立法の役割」刑訴法の争点（第二版）（一九九一年）
④ 香城敏麿「刑事訴訟法の展開と最高裁判例の役割」別冊判タ七号（一九八〇年）（本書***2***論文）
⑤ 香城敏麿「刑事裁判と英米法」ジュリ六〇〇号（一九七五年）（本書***5***論文）

二　実体的真実主義

4 裁判と事実認定

一 はじめに

今春司法研修所に入られた五七期司法修習生の皆さんにお話をする機会が与えられ、大変うれしく思っております。

裁判は、手続法や実体法に事実を適用して進行するものですから、正確な裁判には正確な事実認定が不可欠です。とりわけ、有罪、無罪を決定するための事実認定は、その重要性をいくら強調しても強調しすぎることはありませんので、本日は、主としてこの問題を取り上げたいと思います。

もっとも、そう申しますと、法廷で取り調べられた証拠に基づいて裁判所がどのように事実認定をするのが正当かを検討すること、つまりは心証形成の仕方の問題と受け取られるでしょう。皆さんが、司法研修所や実務地で、具体的な事件をとおして指導教官のもとで心証形成の仕方を中心に勉強されるのも、主としてこの問題です。

ところが、事実認定の問題は、こうした平面にとどまらない大きな広がりを持っていますし、その広がりは心証形成にも重大な関連を持っているのです。それにもかかわらず、そうした広がりについては心証形成ほどには関心が集まっていないように思われます。そこで、ここでは、心証形成の問題を中心としながらも、正しい事実認定を目指すにはどのような条件を充たすことが必要かという観点から、やや問題の対象を広げてお話をしてみたいと思います。

なお、事実認定を適正なものとするための具体的な方策につきましては、近年、実務に即した優れた研究が随分と集積していますので、ぜひ参酌してください(ごく最近でも、裁判官の経験を十分に生かした木谷明「事実認定適正化の方策」広瀬健二・多田辰也編・田宮裕博士追悼論集 上巻一三三頁(平成一三年　信山社)が発表されています)。

二　事実認定の手順

正しい事実認定をするには、まず、その手順を合理化することが必要だと思います。もちろん審理手続が適正であったという大前提でのことですが、これには次のようないくつかの手順が役立つのではないかと思います。

1　刑罰規定の分析

最初に、刑罰規定の要件とその要件を充たすための事実が何かを明らかにする必要があると思います。

事実認定と刑罰規定とは、手続と実体という別個のものと思われがちですが、実務を経験すればすぐ理解ができるように、刑罰規定についての正確な理解がなければ、正確な証拠調べも事実認定も不可能です。とりわけ難しい事件には刑罰規定の理解がかかわっていることが多いのです。このことはまた、控訴や上告の事件に触れればすぐ実感することでして、一審判決に対する不服の実体が事実認定なのか法令の解釈適用なのかが明確でない事例は多いのです。

事実認定が法令の要件に該当する事実の認定であることからしますと、これはむしろ当然のことでして、犯人か否かといった純粋な事実認定を別にしますと、事実認定は法令の解釈適用を事実の面から見たものだといっても過言ではないと思います。つまり、法令の多くは、その要件事実が証拠から直ちに導かれるものではなく、解釈によって明らかになる法令の中間命題の事実が証拠から導かれることをとおして適用されるものだからです。抽象度の高い背任、過失犯などの各論の規定や共犯、故意、正当防衛などの総論の規定をめぐって争いになる場合など、実務の場面を想起すればこの間の事情は容易に理解ができると思います。

控訴審や上告審において事実認定を理由に破棄された先例については、ここでは具体例を挙げませんが、判例集でご覧になれば、いかに法令解釈の分れが事実認定と不可分に結びついているかに驚かれるかもしれません。

事実の面に即して法令を分析することは、起訴状を見るだけでも相当程度に可能ですし、日ごろから研究しておくこともできるでしょう。何が立証の対象事実かが明らかにならなければ、立証の重点をどこに置くかが明らかにならず、そのため審理は遅延しがちです。難しい事件に立ち向かう場合には、ぜひ最初にこの点に挑戦してみてください。

2　捜査経過と時系列事実の検討

次に、事実認定にあたって一般的に役に立つと思われますのは、捜査経過と時系列事実を検討することです。

まず、捜査経過についてみますと、これを明らかにすることはすべての証拠の証明力を確かめる上で重要ですが、とりわけ自白の任意性を確かめるには不可欠です。捜査機関が犯罪の発生を知ってから被告人を犯人と特定して起訴にいたるまでの捜査の流れが明らかになれば、各証拠が収集された端緒が明らかになって、その信用性を検討する手がかりが得られます。特に、被告人が捜査段階のある時点から自白を始めた場合には、その時点までに得られていた証拠がどのようなものだったのか、それらの証拠のどれが自白に導くのに役立ったのかを知ることによって、自白の任意性や信用性を確かめる有力な手がかりが得られるのです。自白の任意性、信用性を検討するため取調検察官を証人尋問しましたところ、警察を含めた捜査の経過が生き生きと再現され、被告人が否認から自白に転じた事情が具体的に明らかにされたため、被告人が争うのを止めたことを何度か経験しています。練達した捜査官にとってはこれは当然のことかもしれませんが、少なくとも争いが予想される事件については、警察段階から組織として捜査経過を正確に記録し、必要に応じて説明する体制を整えておくことが必要ですし、義務でもあると思うのです。当然説明ができるはずの捜査の経過を説得的に説明できないようでは、その間に得られた証拠が疑問視されることにもなるでしょう。ぜひこの点については、内部的なルールでも作って真剣に取り組んで欲しいと願っています。なお、捜査経過を明らかにする場合、不合理な否認や弁解と思われるものや、公判で利用ができないような証拠でも、何らかの形で記録しておいて欲しいと思います。その時々で信用できない証拠と考えられたものでも、後で何らかの意味で役に立つことがあるものです。

時系列に事実を整理する作業は、証拠関係が複雑な事件では不可欠でしょう。特に、被告人が犯人かどうかが争いになる事件では、動かしがたい状況の推移と被告人の行動を対比し、これを基に証拠関係から推論が可能な仮説を立てて逐一検討することが有益だと思います。もっとも、こうした作業は常識かもしれませんのでこれ以上は触れません。

3　決め手となる証拠の検討

㈠　有罪、無罪が激しく争われる事件にはいくつかの類型がありますが、その一つは、事件の帰趨を決めるような決め手の証拠（ないしは核になる証拠）の信用性が争点になる場合です。

決め手の証拠には、鑑定、物証等の非供述証拠のこともあれば、共犯・被害者・参考人の供述又は被告人の自白のような供述証拠のこともあります。また、それらによって証明される事実としては、犯行などの積極事実もあれば、アリバイなどの消極事実もあります。

㈡　有罪に結びつく決め手の証拠は、決定的な証明力をもつだけに、その信用性に払いがたい疑いが生じたときには、有罪の決め手を欠くことになり、有罪とすることに合理的な疑いがあると判断される傾向が強いといえます。

最高裁がこれまで事実誤認又はその疑いがあることを理由として有罪判決を破棄した事案の中には、この類型が相当含まれています。主な場合を指摘しておきますと、第一は、その証拠と客観的証拠との整合性やその証拠自体の内容的整合性などからみて、これを有罪の決め手とすることが危険と考えられる場合であり、第二は、もし捜査あるいは公判でもっと適切な措置が採られていたとすれば、決め手とされる証拠の価値を減殺する事情が判明したかも知れないと考えられる場合であり、第三は、被疑者又は被告人の自白の任意性又は信用性を判断するにあたり、第一、第二の観点からみて任意性又は信用性を認めるのに疑問があるため、これを決め手とすることが危険と考えられる場合であり、第四は、無罪に結びつく証拠についての捜査・立証が不十分であるため、その存在を否定しがたい事情がうかがわれる場合です。具体例はここで指摘しませんが、判例集にあたればすぐ理解ができるでしょう。注目していただきたいのは、今指摘したような事情は、裏からみれば広い意味での審理不尽を理由として合理的な疑いを認めたという点です。この点については後にあらためて検討することにします。

(三) 他方、有罪に結びつく有力な証拠が存在しても、その証拠の連鎖を断ち切るような強力な無罪証拠がある場合には、それが決め手となり、合理的な疑いを拭い去れないとして無罪が言渡されることがあります。こうした事案では、逆に、決め手とみえた証拠による疑いが晴れることになると、強い有罪証拠が揃うことになります。私が随分前に陪席として関与し、一審の無罪判決を控訴審で有罪判決に変更した事案ですが、判例集に登載されたものですし、その間の事情を理解していただくのに参考になると思われますので、ここで概略を紹介することをお許しいただきたいと思います(判例時報九三八号一二五頁)。

この事件は、被告人が知人から預かった六〇万円を自由に使うため知人を殺害して死体を雑木林に埋めて遺棄したという起訴事案でした。この雑木林で頭部が白骨化した知人の死体が発見されたことから捜査が開始され、警察は状況証拠から被告人を犯人と判断して任意出頭を求めたところ、最初は弁解していたものの、その日のうちに自白をし、捜査段階では自白を続けました。ところが、公判になりますと、被告人は全面的に争い、六〇万円を預かったのは事実であるが殺していないし、自白したのは金を返していないので否認しても駄目だと思ったことや、取調官から「一〇年位の刑だろうし、仮出獄もある」といわれて心象をよくしてもらった方が得策だと考えたからであると主張して信用性を争ったのです。そのため、一審では詳細な証拠調べが行われ、多数の状況証拠が取り調べられました。

一審判決は、被告人を無罪としました。その理由として、被告人と事件とを結びつける直接証拠としては自白しかないので、合理的な疑いを超えた証明があったというためには自白の信用性、真実性が合理的な疑いがないほどに認められなければならないとした上、被告人の公判での供述には不合理と思われる部分があるし、捜査段階での自白には迫真性や客観的事実と符合する部分があるので、被告人が犯人ではないかと疑われる点があることは否定できないが、すべての物的証拠や状況証拠を吟味しても自白の信用性、真実性に疑いを差し挟む余地があるとしたのです。

この事件には、有罪と結びつく状況証拠がかなりありました。

第一に、被害者から預かった金の処理です。被害者は、すし屋の経営者ですが、昭和四六年一〇月一七日から閉店状態になり、姿を見せなくなりました。その前に被告人は、被害者から、金融業をしている被告人の義理の叔父に金を預けて運用したいので口利きをして欲しいと頼まれて自分の自動車の中で金を預かったのです。その日が、検察官によると被害者が失踪した日の前日の一六日であり、被告人の公判供述によると一四日であるということで、重要な争点になったのですが、この点は後で述べることにして、被告人は、一八日に六〇万円のうちの四〇万円を自分名義の新しい銀行口座に預けたり、引き出したりしていますが、叔父には何度も会っているのに被害者から頼まれていることを話していません。

第二に、被害者の首に巻きつけられていた紐が極めて特徴のあるもので、被告人方で使用されていたと推認されるものでした。それは、ニットの紐と別の布の紐を双方の両端同士で結んで大きな輪にし、二つの結び目を重ねた状態で二つ折りにし、さらに布紐の方の先端から約一〇センチの部分を二つ折りのまま結んで小さな輪が作られていて、全体で約八〇センチのものだったのです。このニットの紐は、あるレストランで用いていたウエートレスの制服の附属ベルトと同じ種類のものでした。このレストランでは、一、二シーズンでこの制服の使用を止め、欲しい店員に持ち帰らせており、被告人の妻もその店でウエートレスをしていて、制服と附属のベルトを持ち帰っていたのです。また、被告人方では輪の形にした紐を物干し竿の支えに使ったことがあり、少なくとも一時はもらってきたニットの紐をそれに使っていたというのです。ここまでは争いがありませんでしたが、問題は持ち帰ったのが一着だったのか、それ以上だったのかであり、被告人の妻の供述によると、一時はニットの紐を物干し竿の支えに使っていたけれども、汚くなったので別の紐と取替え、ニットの部分は四つに切って座布団の四隅に縫いつけたというのです。そして、その座布団は確かにあったのですが、ニットの紐は格別汚れも破損や伸びもなく、レストランに残っていたベルトとほとんど変わっていなかったのです。

第三に、被告人は、同じ年の八月四日に車検を受けて車体全体の塗り替えをしていた自動車を事件後に処分し、新しい自動車に買い換えています。

こうした状況証拠を中心とする証拠とこれに沿う被告人の捜査段階の自白を併せると、被告人の犯行には合理的な疑いを超えた証明がついていると通常判断されると思われるのですが、一審判決がなお合理的な疑いがあると判断したのは、おそらく次の点が決め手となったものと解されます。

それは、検察官が第一審で第四の状況証拠あるいは有罪の決め手の一つとして証明しようとした事実でして、被告人が被害者から金を受け取ってから叔父を訪ねたものの不在で会えなかったため、近くの喫茶店に立ち寄った際の状況が女性店主の供述によって明らかにされたことです。これによりますと、被害者が失踪する前日つまりは一六日の夜九時頃の閉店間際に被害者と連れの被告人と思われる二人が店に立ち寄り、カウンターで話をしていたが、会話の中で被告人が「今日は駄目だったけれど明日は何とかなるやろう」と言っていたというのです。店主によりますと、コーヒー二つとサンドイッチ二つというその店としては極めて珍しい組み合わせの注文をしたので印象が深く、それが一〇日位前の記憶であるというので、警察官が一月分から一一月分までの店の注文伝票を一枚ずつ調べてみたところ、そのような記載のある伝票は一二四三九番の一枚だけで、一〇月一六日の伝票つづりに含まれていたのです。これは有力な有罪証拠ですが、実は一審判決ではこれが無罪の決め手になったのです。というのは、同女の警察官に対する供述からは、当日の伝票は一二一八四番から一二四四三番までの二六〇枚であることがうかがわれるのに、同女の一審公判での証言では一日の客数は五〇人から六〇人というのであるから、伝票の押収過程をそのまま信じて日を一六日と特定することは許されず、被害者が郵便局から金を下ろした一四日である可能性があり、被告人が一四日に金を受け取ったという公判供述の信用性も否定できないと判断したのです。

そして、このことを基礎として前述の状況証拠を再検討すると、第一の預かった金を処分した点は、被害者が失踪したことを奇貨として金を使ったのが真相かもしれない、第二のニットのベルトの点は、同じ制服は四〇〇着位販売されているので、被告人以外の第三者がこのベルトを入手した可能性も否定できないというふうに有罪の状況証拠の価値が低下し、ひいては被告人の捜査段階の自白の信用性にも疑いが生じ、結局有罪とするには合理的な疑いがあるとされたわけです。

ところが、控訴審の検察官立証により事情は三転しました。喫茶店の店主の証言によりますと、伝票には五桁の一連番号が記載されているものの、一〇〇枚つづりになっているため、一冊を使い終わって次に移るときに必ずしも番号順の冊子を取り出すわけではなく、任意の冊子を取り出して使用していたため、上三桁の番号が月日順になっているとは限らないというのです。したがって、一六日の伝票が一二一八四番から一二四四三番になっていても、合計枚数が番号を引き算した二六〇枚ではなく、一二一八四番からから一二二〇〇番までの一七枚と一二四〇一番から一二四四三番までの四三枚の合計六〇枚であり、そのうち書き損じが二枚あったため合計五八枚になって、店主の供述と一致するのです。また、このような計算ミスが生じたのは、店主から事情を聞いて調書を作成中の警察官が急用で他の警察官と交替し、連絡ミスが重なったためであることが判明しました。

この事件では捜査も一審公判も充実していました。しかし、最後の点についての捜査や証明にあたって、今述べたような手違いがあったことが検察官にも裁判所にも判明せず、そのため有罪の決め手ともいうべき証拠が無罪の決め手となってしまい、疑わしきは被告人の利益にという大原則により、例えばニットのベルトを極めて特殊な形状に第三者が作り変えて犯行に用いたというかなり苦しい可能性をも否定し切れなかったものと思われます。

4　論　証

㈠　有罪、無罪が激しく争われる別の類型は、有罪、無罪のいずれの結論も考えられないわけではない証拠関係にあり、そのいずれが真実と認められるかが争点である場合です。決め手になる証拠がある場合でもない場合でも、最終的には証拠関係全体の総合的な検討に入るわけですので、その手順が大切です。それは、結局は、論証の手順であるというに尽きるのではないかと思います。

もっとも、論証といっただけでは失望されるかもしれませんので、実務で一般的に行われている手順をいくつか紹介しますと、まず、確実な証拠から認定できる事実関係を固め、これを基礎として不確実な証拠の信用性を判断するという手順が挙げられます。これは、全体としての事実認定をする場合にも、個々の証拠の信用性、特に供述証拠の信用性を検討する際にも不可欠だと思います。

例えば、かりに被告人の捜査段階の自白があっても、自白をひとまずおいて、他の動かしがたい証拠から浮かび上がる状況を明らかにし、これを基礎として信用性に争いがある証拠や自白の証拠価値を判断するのです。この手順は、実は被告人が公判で自白している場合にも行われていることです。自白を信用して事実認定をした後、被告人が全体又は部分的に否認に転じたため、自白に十分な裏づけがなかったという事案もあるのです。証人の供述についても同様の用心が必要でしょう。

㈡　次に、供述証拠の信用性を検討するために実務で一般的に行われていることに触れておきます。

供述の信用性を確かめるには、それと比較対照ができる客観的な状況や他の供述者の供述があれば一番望ましいのですが、そうした証拠に乏しい場合もあります。そうした場合には、供述自体のもつ自然さや説得力がものをいうことになりますが、人にはできるだけ裁判所に供述を真実なものと受け取って欲しいという気持ちがあるため、たとえ偽証をするときでも、自分が体験したり、動かない状況にみえたりしたことを織り交ぜて供述する場合が多いのです。そのため、微妙な点で不自然さがでて反対尋問で信用性が揺らぐことにもなるのです。供述者の中には、頭がよすぎて関係者が何を考えているかをすぐ察知できるため、かえって先回りの供述で信用性が失われることもあります。

被告人との特別な関係からあからさまな偽証をするような場合がありますが、そのような場合には偽証をするだけの理由が明らかになることが多いですし、時には被告人に聞かせることに主眼があるため信用されないことを承知で偽証をすることもありますので、かえって信用性の判断がつき易いようです。

判断が難しいのは、誠実な供述者の供述が思い違いである場合をどのようにして見分けるかです。こういう思い違いは、私たちの日常生活でも稀ではありませんから、日が経って供述する場合には特に注意する必要があります。公判で自信を持って供述した後、検察官から捜査段階の供述との食い違いを指摘されて思い違いであったと供述を変更することも実務上稀ではありません。捜査段階で供述が取られていますと、記憶を呼び戻すことができますので、大事に至らないですむことも多いのですが、そうでないと、公判で確かめるすべがない場合が起こり得ます。そして、その供述が決め手になるような場合には、わずかの疑念でも、無罪とする方が公平であると考えられることがあります。

㈢　こうした作業を行いながら、証拠全体からどのような事実を認定すべきかの判断に至るわけですが、その最終判断にあたっては、証拠関係から推認される状況をできる限り多角的に仮説として立て、動かしがたい事実と対比しながらその優劣を比較検討することが実務の一般的なやり方だと思います。

皆さんが裁判所の実務修習で難しい事件の合議を聞かれる機会があればその一端を知りうるでしょうが、裁判所では、この合議で、あらゆる角度から仮説を立て、その成否、優劣を全体の証拠関係から検討するのです。その際、先にお話ししました手順、例えば捜査経過、客観的状況、その相互関係、個別証拠の内容的検討等を動員するのですが、特に重要なことは、各仮説に重大な難点はないか、難点のない仮説であっても事柄の推移として可能性が低い仮説はないか、最も可能性が高い仮説についてなお疑問視すべき点はないかを検証する過程です。

そして、一応の結論が出た後、それを文章化し、説得力のある論証ができているか、結論を維持するための説明に誇張はないか、逆に反対の結論を否定する説明に不足はないかという角度から検討を加えるのです。裁判所によってやり方は違うでしょうが、私が裁判長を勤めた場合には判決案を何度も陪席裁判官に回して皆で手を入れることにしていました。

㈣　以上のような過程を論証と呼びましたが、それは事実認定が、あり得る反論を視野にいれているか、その反論に耐えられるかという論理的な説得作業だと考えるからです。

事実認定の過程は、特殊なものではなく、他の論理的な判断作用と共通するものであって、自然科学の論証とも本質的には共通するのではないかと推察しています。

現に、自然科学や社会科学の専門家と法律や事実認定の話をしてみますと、あらゆる角度から鋭い疑問や提言が出されることが多いのです。もとより、分野ごとに、どの程度の水準で論証がついたとするかなど違う点があるのは当然ですが。

事実認定の作業は、また、法律論の作業と本質的に同じではないかと思います。法律解釈に分れがある場合、可能な仮説を立てた上、法体系の全体からみて、それぞれの仮説に難点はないかを検証し、もっとも説得的な解釈を論証していくわけですから、その作業は、判断資料に違いがあるだけで、事実認定の作業と同質だと思います。また、刑事裁判の事実認定は、民事裁判の事実認定とも本質的に異ならないと思いますが、この点は、練達な民事の先輩裁判官による説得的な労作を参照してください（蓑田速夫『裁判と事実認定』平成八年、近代文藝社）。

5　合理的な疑いを超えた証明の成否の検討

㈠　有罪と認定するためには合理的な疑いを超えた程度の証明が必要であることについては、異論がありません。そして、わが国の検察官は、公判でその証明が可能であると合理的に判断できる程度の証拠を収集して初めて起訴をするのが通例ですし、現に大多数の事件は裁判所でもその証明がついたと判断しています。ですから、裁判所で有罪と認定するに足りる証明がついているか否かが争われることが多いのは、前述のように、一つは、有罪を推定させる有力な証拠がある一方、その推論の連鎖に合理的な疑いを生じさせる証拠が現れた場合であり、他は、証拠の分析の結果、有罪を推認させる仮説と無罪を推認させる仮説とが共に成り立ち、後の仮説が否定されなければ合理的な疑いがあるといわざるを得ない場合と考えられます。そのほか、事実認定の基礎とすべき証拠が他にも存在する可能性がある場合もありますが、その点は次の第三で別に触れることにしましょう。そこで、ここでは、他の箇所で触れないいくつかの問題に触れるだけにします。

(二) 第一は、証明水準の時代による変化についてです。

合理的な疑いを超えた証明という証明水準は、収集が期待できる証拠の質、量等の要因によって異なってくると思います。

例えば、DNAの分析が開発されていなかった時代では、血液型の分析が決め手とされることがありました。今日でも、血液型が違うことによって合理的な疑いが生じることには差異がありませんが、血液型が同じであることを有罪証拠の決め手に用いるには、さらにDNAの分析が必要とされるでしょうし、特にそれが可能であり、事件の性質等の事情から当然そうすることが期待されたのに捜査の手違いなどから行われていない場合には、決め手にはならないと判断されるでしょう。そのように、何が合理的な判断であり、何が合理的な疑いかは、時代等によって異なりうるのです。

同様のことは、事実認定のあらゆる過程について問題になり得ます。決め手となる証拠が血液型以外の鑑定、検証、目撃証言、物証、自白等のいずれであっても、当然その信用性を確保し、後の批判に耐えうるように措置しておくべき場合があるでしょう。そして、重要な点は、書面化などの措置が必要でしょうし、少なくとも後の公判で疑念が生じたときには、後追いの説明ではなく、たしかにこうであったと納得させるだけの説明をする準備があってしかるべきだと思います。

そして、捜査の過程等で当然行っておくべき措置が欠けている場合には、そこから生じる負担は捜査機関つまりは国が負うことになるでしょう。また、捜査機関に要請される措置は、時代を追うごとに重くなり、その結果として、証明の水準は、高くなりつつあるように思われます。

(三) 第二は、証明水準と個人差との関係です。

合理的な疑いを超えた証明がついているか否か、ないしは、合理的な疑いがあるか否かの判断については、判断者の主観に委ねられるべきものであるという見解と、もっと客観的なものであるべきだという見解があります。最終的には判断者の主観的判断で決するほかはありませんが、その判断に至るまでには他の判断の可能性と相互の優劣を力の及ぶ限り考えることは当然の義務だと思います。そのため、裁判官は、合議で可能な選択肢を探り、その優劣を納得のいくまで検討しているのです。その検討は、判決にも反映することが多いのですが、判決にどの程度書くかはいろいろの事情で異なります。ですから、判決に書かれていないから検討が不足しているとはいえません。上訴では結論的な判断の当否を証拠から直接争えることになっているのです。皆さんは、実務修習でこのような点にも注目してみてください（この点については、「控訴審における事実誤認の審査」松尾浩也先生古稀祝賀論文集(下巻)六二一頁で検討したことがあります)。

もっとも、あらゆる検討を尽くした場合でも、判断が分かれる場合はありうるでしょう。事実認定の難しい事件では、審級によって判断が異なることも稀ではありませんが、その理由がこの程度では無罪とすべきだ、この程度に達すれば有罪とすべきだという決断の違いに帰着することもあるでしょう。最後は裁判官の良心の問題に帰着するという見解は、こうした限界的事例では、正しいと思います。

㈣　第三は、事実認定と訴訟当事者との関係です。

証拠が証明水準を充たしているか否かというぎりぎりの状況にならないように工夫することができれば、それにこしたことはありません。

それには、捜査官の努力と誠実性が大切だと思います。警察官調書を見ていて、一見無駄とも思われるような点まで念を押しながら被告人の言い分を記録していて、その誠実性に感服したことがあります。検察官の役割の重要性は、いくら強調してもし過ぎることはないと思います。その力量、注意力、誠実性によって事件の帰趨が決まることは稀ではないのです。被告人の自白が決め手となる重大な失火事件、放火事件などにおいて、被告人がその行動を淡々と語りつつも、認識や心理状態が心のひだに触れるまでに再現している調書に接して、敬服したことがあります。弁護人も、おそらく感服したのでしょう、あまり争わなかったと記憶します。

公判段階で証拠の検討が十分に多角的、正確に行われるためには、弁護人の批判的協力が特に重要です。被告人の立場から鋭く証拠の信用性を分析して説得力のある主張をすることは、事実認定にとって必要不可欠ですし、弁護人の義務でもあると思います。また、それは裁判の質を高めるものです。弁護人を目指す方が裁判所や検察庁で実務修習をする意味は、別の立場からこうした弁護人の役割の重要性を体得することにもあると思います。

㈤　第四は、今後実施が予定されている裁判員制度との関係です。

裁判員制度では、一般人の健全な良識や直感が生かされることが期待されるわけですが、争いのある事件特に証拠関係の全体から事実を推認するほかない事件においては、可能な仮説を広く立てて相互の優劣を分析することが必要ですから、誠実な態度で広く他の可能性にも注意を払った上、良識を発揮してもらえるよう工夫が必要でしょう。その際、職業裁判官の力量が重要で、今以上にそれが試されることになるでしょう。

三　必要かつ上質な証拠の確保

正しい事実認定をするには、事実認定に必要であり、しかも上質な証拠を確保しなければなりません。

事実認定にとって必要な証拠を確保するという点は、法廷で取り調べた証拠のみで事実認定を行っただけでは不十分な場合があるのではないかという角度から検討する方が理解しやすいでしょう。つまり、この問題は、取調べた証拠以外に取調べるべき証拠があったのではないかという観点から、現に判決に示された事実認定があるべき事実認定とは異なる可能性があることを問題とする場合なのです。事実誤認が問題となった多くの判決において、審理不尽ひいては事実誤認又はその疑いがあるとされているのは、そのためなのです。

他方、事実認定にとって上質な証拠を確保するという点は、審理不尽とならないためばかりではなく、より正確な事実認定を行うために必要です。

この両者は、事実認定にとって共通する目的つまりは正確な事実認定という目的にとって共通する条件ですから、ここでまとめて捜査から検討することとします。

1　自白の任意性を確保するための工夫

(一)　最初は、任意性のある自白をどのようにして確保し、それを立証するかについてです。任意性のない自白は証拠能力がありませんからもちろん証拠として用いることはできません。そのため証拠調べの前に任意性の有無を決定するわけですが、さらに事実認定に用いる際にも全体の証拠関係に照らして再確認することがその信用性や他の証拠の信用性を判断する上でも有効です。

わが国の実務は、皆さんもよくご存知のとおり、自白をめぐる事情を総合的に判断して任意性の有無を判断するという方法を基本として採用していますが、アメリカでは、この総合判断説が一九六六年のミランダ判決によって大きく修正され、被疑者がミランダ原則の告知を受けた後に任意の意思で弁護人の選任立会権や黙秘権を放棄して自白をしたことが証明されて初めて自白の証拠能力が肯定されることになりました。この修正は、身柄拘束にはそれ自体に圧力が内在していて事後的に任意な自白であったか否かを判断することが容易でないため、自白をめぐる全事情を考慮して任意性を判断するというそれまでの方法のみでは黙秘権が十全に保障されない危険があるという認識に立ち、捜査機関も裁判所も順守しやすい具体的な取調べ基準つまりはミランダ原則を定め、捜査機関がこれを順守しないで自白を得たときは証拠能力を否定すべきものとされました(「ミランダ原則をめぐる判例と立法の役割」

現代刑事法二〇〇二年一二月号で簡単にこの点に触れてみました)。

アメリカでミランダ判決のような解決策が採られたことには、連邦制であること、捜査機関・捜査方法の実情その他多くの要因が関連していますし、その解決策には副作用が伴います。また、他の選択肢もあり得ます。ですから、直ちにミランダ原則のようなものをわが国に導入すべきであるとはいえませんが、刑事法について大改革が進行中のこの機会に、より明確で適正な基準の導入を真剣に研究する必要があることは確かだと思います。

(二) そこで、この機会に、関係すると思われる点をいくつか述べてみたいと思います。

第一は、逮捕勾留中の被疑者の取調べは強制処分か任意処分かです。逮捕勾留は、取調べを直接の目的として認められているものではありませんから、逮捕勾留された被疑者にその効果として当然にいわゆる取調べ受忍義務を負わせることはできません。しかし、被疑者の取調べは、捜査にとって極めて重要なことですし、被疑者がした自白その他の不利益事実の承認は、任意性がある限り証拠能力をもちます。そこで、刑事訴訟法は一九八条一項但書を置き、明文で被疑者に取調べ受忍義務を課したものと考えます。そうすると、その義務は、法によって課せられた特別の義務ということになりますから、その義務があることを前提とした取調べは、強制処分というべきです。取調べ受忍義務があるとしながら、供述すること自体が任意であることを理由として、取調べを任意処分であるとする見解がありますが、私は妥当ではないと考えます。そう考えますと、余罪の取調べは、被疑者の同意のもとで行うのが原則であり、別件逮捕の問題の多くも理論上は解消するでしょう。

第二は、被疑者の要求があれば取調べに弁護人の立会を認める制度は、直ちには実現しないでしょうが、逮捕された被疑者を取り調べる前に被疑者の要求があれば弁護人と面接することを原則とする制度は、実現可能ではないかと思います。私は、かねがね弁護士会の事業の中でも当番弁護士制度を高く評価していますが、それは司法全体を健全化し、事実認定過程にとっても有益であると考えるからです。公設弁護人制度が実現すれば、この面接は一層容易になるでしょう。

第三は、勾留の期間を今のように原則一〇日、二〇日とせずに、罪の重さに応じて例えば二日、五日、七日、一〇日というように細分化し、軽い罪については延長を認めず、その間に起訴ができなければ釈放する制度を設けることです。多くの国ではこのような制度があるのですから、わが国でもぜひ考慮して欲しいと思います。自白の任意性問題や別件逮捕問題はこうした制度をつうじても大幅に改善されると思います。もっとも、捜査が困難になり、治安の乱れが危惧されるという反論が予想されますが、治安の確保は身柄拘束期間を長くして確保すべきではないでしょう。

2　争点の早期の明確化

㈠　公判で充実した証拠を確保するには、証拠調べの対象になる争点を正確に定めなければなりません。そのために現行刑事訴訟法が用意した最も重要な法的手段は、訴因制度です。訴因制度が採用された結果、検察官は、立証の範囲を訴因にしぼることができますし、被告人も、その範囲内で事実を争えば足りることになり、予想しない事実を認定される不安から解消されることになりました。

㈡　しかし、訴因だけでは現実の争点が常に明らかになるとは限りません。当事者及び裁判所の立証に向けた態度によって争点が変わり得るからです。

まず、検察官についてみますと、同じ訴因であっても、それをどのような証拠関係から立証しようとするかによって現実の争点は変わります。特に、決め手になる証拠があるのか、それは被告人の自白か、被害者の供述か、物的証拠か、状況証拠かなどによって争点が変わります。この証拠関係は、通常は、冒頭陳述と証拠申請によって大筋が明らかにされますので、その記載は、適切な事実認定の第一歩です。

被告人と弁護人の態度も重要です。訴因を立証する責任は、もちろん検察官にありますが、証拠の確実性に関する現在の起訴基準が相当高いことを考えますと、検察官には一応の立証責任を果たすだけの証拠はあるのが通常ですから、被告人側で可能な反対主張と立証をしなければ、時に誤った事実認定になる危険があります。その意味で、当事者追行主義は、権利であると同時に義務でもあると思います。

(三) そのため、裁判所は、現行刑事訴訟法の施行直後から、事前準備で争点を早く明確にして証拠調べをそこに集中することに意を用いてきました。今日では、弁護人の協力を得て随分と事前準備が充実するようになりましたが、一部の弁護人は、裁判所に予断を与えるという理由や立証責任は検察官にあるので弁護人は協力する必要はないという理由から事前準備に消極的なようです。弁護人ばかりか、裁判官の中にも、予断排除の原則から、あまり争点に深入りすべきでないという人がいないわけではありません。私は、在官中から、正確な立証活動に資するために当事者の同意の下で争点を明らかにすることは、予断排除の原則に触れないばかりか、裁判所の責務であるという意見を述べてきました。証拠を直接目にしたり、不必要に実体を詮索したりすることは、その原則上避けなければなりませんが、右の限度であれば予断を与える行為とはいえず、裁判官も避けるべきではないと思います。事前準備で争点をあまり早く明らかにするのは不利なので後にしたいという弁護人もおられました。それが本当に被告人の利益なのであれば強いて弁護人に態度を明らかにして欲しいとは申しませんが、公判が始まれば早晩態度を明らかにせざるを得ないのですし、私の実務経験からしますと、争点を明らかにして検察官に十分な証拠の提出を促し、その不備を突くほうが有効であったように思います。

3　証拠開示の活性化

証拠開示の活性化も重要です。あまり活性化すると証拠の合間をぬって不当な弁解が生じかねないという危惧があるかもしれませんが、重要な被告人の抗弁については一定時期までの開示を義務づけるという歯止めもあります。

私の経験から申しますと、被告人に有利な証拠が開示されずに実際に不利益を受けたという事件には遭遇したことがありません。控訴審でもよく証拠開示が問題になりますが、立会の検察官はすべて自主的に開示をしておりましたし、その結果被告人から新しい有利な証拠が提出されたこともほとんどなかったと記憶します。ただ、検察官の手元に未開示の証拠があると、自分の目で確かめれば被告人に有利なものが見つかるかもしれないと弁護人が考えるのも自然ですから、適当な時期、遅くとも控訴審では開示することが望ましいと思います。開示により、後の再審請求などの機会が減ることになりますし、何よりも裁判の公正感が増すことになります。

4　不用押収物の早期還付

証拠開示の問題の大きな部分を占めるものに、押収物の閲覧問題があります。大きな事件になりますと、トラックに積むほどの証拠物が押収されることが稀ではありません。ところが、控訴審になってもほとんどの証拠物が裁判所に提出されずに検察庁に保管されている場合があるのです。

こうした不都合を避けるため、刑訴規則一七八条の一一が設けられ、「検察官は、控訴の提起後は、その事件に関し押収している物について、被告人及び弁護人が訴訟の準備をするにあたりなるべくその物を利用することができるようにするため、法第二百二十二条第一項の規定により準用される法第百二十三条（押収物の還付、仮還付）の規定の活用を考慮しなければならない。」と規定しているのです。

5　裁判官による心証開示と職権証拠調べの工夫

㈠　争点の明確化と充実した審理については、裁判官の責任が大きいと思います。それは、裁判官の心証が当事者の立証活動に大きな影響を及ぼすためです。

第一に問題になるのは、既に勉強をなさっているでしょうが、訴因と争点とが一致しない場合です。この点については、よど号ハイジャック事件の最高裁判例(昭和五八年一二月一三日判決・刑集三七巻一〇号一五八一頁)が大変参考になります。この事件の訴因では、三月一二日から三月一四日までの三日間ハイジャックの事前共謀をして実行した旨が記載されていました。しかし、第一審では、最初の日である一二日の謀議については、検察官は特段の立証をせず、そのため被告人・弁護人は何も防御活動をせず、検察官は最終的にはこの事実の存在を主張しなかったのです。その結果、第一審判決は、一三日と一四日に謀議をしたと認定しました。ところが、控訴審では、謀議をした日の違いについて注意を喚起しないまま、最初の謀議は一二日に行われ、一三日と一四日にも続けて謀議が行われたと認定しました。

最高裁は、この点を問題視した弁護人の主張を認め、「原審が、第一審判決の認めた一三日夜の第一次協議の存在に疑問をもち、右協議が現実には一二日夜に行われたとの事実を認定しようとするのであれば、少なくとも、一二日の協議の存否の点を控訴審における争点として顕在化させたうえで十分の審理を遂げる必要があると解されるのであって、このような措置をとることなく、一三日夜の第一次協議に関する被告人のアリバイの成立を認めながら、卒然として、右第一次協議の日を一二日夜であると認めてこれに対する被告人の関与を肯定した原審の訴訟手続は、本件事案の性質、審理の経過等にかんがみると、被告人に対し不意打ちを与え、その防禦権を不当に侵害するものであって違法である」と判示しました。

控訴審が認定した一二日の謀議も訴因の中に含まれていますから、訴因外認定の問題はありません。しかし、第一審では、現実にはその日に謀議があったとは考えられておらず、当事者もその点について十分に証拠を提出していたとは考えられないのですから、そのような不十分な証拠で事実を認定することは審理不尽であり、事実認定を誤るおそれがあることになります。

裁判所の心証は、必ずしも当事者には通じていないのですから、裁判所としては必要に応じてそれを当事者に示唆して、審理を尽くさせるべきです。

(二)　裁判所の心証と当事者の予測とが食い違うため生じる問題は、このほか訴因変更命令の義務性や職権証拠調べの義務性としても現れますが、ここでは省略します（私の見解は、「刑事訴訟における職権主義の機能」司法研修所論集創立五十周年記念特集号第三巻刑事編一七七頁（本書**7**論文）で述べたことがあります）。

ただ、当事者からの証拠調請求を厳選し、証人尋問などで質問を簡潔にするという実務との関係で一言しておきます。このような実務は、無駄のない証拠調べを行うためには必要なことですが、当事者がこれで十分裁判所が納得してくれると思って残りの証拠を申請しなかったのに、裁判所が証拠不十分と判断したとすれば、審理不尽になる危険があります。裁判所はこのような危険があると思われるときは、当事者に対しこの争点の証拠はこれですべてかと確かめることも必要です。重要な争点については、役立つ証拠を一応申請した上、裁判所が当事者の意見を聞きながら選択して証拠調べを施行することもあってよいと思います。

裁判所が証拠調べ請求を却下するのは、明白に重複であるか、関連性がないかのどちらかの場合ですから、そのことを説明して進行を図れば裁判所の心証と当事者の予測が食い違う事態は避けられるでしょう。

ちなみに、勉強済みかもしれませんが、アメリカでは当事者主義が徹底していて、例えば裁判官が証人尋問の過程で補充尋問をしたくても、禁止されています。これは、はなはだ不便で、わが国の法制の方が柔軟で、よいと思います。それだけに裁判官の責任も重いわけで、被告人の無実を確かめるため敢えて被告人に厳しい質問を投げかけることもあるのです。なお、アメリカでも証人に対し裁判官の質問を認める法制が一部で始まっていますし、さらに陪審員から疑問を正す方策も立法化が進んでいます。その方向は、これからますます加速するのではないかと推測します。

6　被告人質問の工夫

上質な証拠の確保についてここで特に力説したいのは、弁護人による主張立証活動の一層の充実です。近時、若手弁護人の刑事事件への熱心な取り組みには、目を見張るものがあります。これは、刑事司法を向上させる大きな力です。それだけに一層の質の向上を目指して欲しいと念じています。

ここでは被告人質問に絞って一言したいと思います。わが国では被告人の証人適格を認めていませんが、アメリカ等ではこれを認めています。アメリカでは今でもこの制度がよいのかどうかについて論争が行われていますが、わが国では恐らく今の制度の変更は少なくとも当分は考えられないでしょう。そのことを前提にお話しするのですが、被告人の無罪を信じる場合には被告人質問は最も重要な手段だと思います。被告人が公判で無罪を主張する場合にも、その気持ちはさまざまではないかと思います。中には、圧倒的に不利な証拠があるのに、それを具体的に反論しようとはせずに自分の世界を語るだけで満足しているように見える場合もあります。また、犯罪に問われるにせよ、冒頭陳述の記述とは違う自分のその時の気持や状況を理解して欲しいと考えて否認する場合もあります。例えば、取り込み詐欺で起訴された被告人が控訴審まで争い、昔からの取引先から代金を支払う意思がないのに品物を買うはずはないと述べるような場合でも、支払う能力がない状況下で事情を隠して取引先から大量の品物を買えば、やはり詐欺罪に問われるのだと分かると、それなら止むを得ないと納得することがあります。

問題は本格的に争う場合ですが、具体的な状況をできれば捜査段階で調書に記載してもらうか、遅くとも公判の初めまでに明らかにするよう努力をする必要があるのではないでしょうか。検察官の手持ち証拠を見て対応する必要はあるでしょうが、あまり反撃を遅らせると説得力が減少することも考慮すべきではないかと思います。もちろん、事件の立証責任は検察官にあります。しかし、その立証を減殺できなければ有罪になるのは被告人です。特に、対面した被害者等がいる場合であるのに、実際にはこうだったのではないかと被害者証人等に迫り、その証言を一角でも崩すことができないようでは、無実の主張は色あせて見えます。より正確な事実認定を実現するため、被告人にも、弁護人にも、ぜひその主張を論証して見せるという説得力と事実に裏付けられた迫力を発揮して欲しいと思います。

四　おわりに

刑事裁判についてこんな言葉があります。「犯人はすべて処罰されるべきである。ただし、それは、そうすることが適正であるといえる場合においてである。」というのです。

事実認定をめぐっては、今後、実務でも立法でも一層の工夫が加えられていくことでしょうし、そうされるべきです。そして、その際、常に念頭に置くべきことは、陳腐なことながら、正確な事実認定と適正な事実認定とをいかに調和的に達成するかについて国民の理性的な合意を得ることだと思います。

事実認定にはこれを会得すれば足りるという妙案はないと思います。しかし、個々の事件を誠実に処理し、悩み、反省する気持ちがあればわずかずつでも進歩があるのではないかと思います。私の話は、ごく当たり前のことと思われたかもしれませんが、何かの折にその一片でも思い出していただければ幸いです。御清聴ありがとうございました。

（本稿は、平成一五年六月二三日司法研修所において五七期司法修習生に対して行った「裁判と事実認定」と題する講演の草稿に若干の加筆をしたものである。）

三　適正手続主義

5　刑事裁判と英米法

一　はじめに

ペンシルヴェニァ大学のダマシュカ教授は、大陸法と英米法の各刑事手続を比較した労作において、前者は統一的な判断の確保に価値の中心を置く階層型の刑事手続であるのに対し、後者は個別的な正義の実現に価値の中心を置く同格型の刑事手続であると分析した。(1) 大陸法の求める統一的な判断は、法令により解釈の枠を厳格に定めることを通して一層確実にこれを獲得することができるのに対し、英米法の求める具体的妥当性のある判断は、法令による解釈の枠を緩やかなものとして自由な解釈を許すことにより初めてこれを期待することができる。英米法の特徴とされる創造的な法解釈は、こうした価値観と法構造に根拠をもつものと考えられるのである。

大陸法の土壌に英米法の制度を移植したわが国の刑事手続においては、どこまで英米法流の創造的な法解釈があてはまるであろうか。以下、このテーマを、最高裁の判例がどこまで英米法的な解釈方法を採り入れてきたか、憲法に移植された米法的諸制度に対し判例がどのような解釈を与えてきたか、また、どのような点において判例と米法の解釈との間に顕著な差異が生じているか、という三つの角度から検討することとしたい。

(1)　M. Damaška, Structures of Authority and Comparative Criminal Procedure, 84 Yale L. J. 480 (1975).

二　解釈方法における英米法的色彩

英米の刑事手続法は、主として被告人の権利とこれに対応する裁判所の義務を規定したものであり、この義務に違背しない限り裁判所の裁量を禁ずるものではなく、しかも原則的な枠を定めるにとどめている点で、柔らかな構造をもっている。さらに、裁判所は、かなり広範な内在的権限を有するものと解されているほか、規則制定権という立法権限をも広く付与されている。したがって、裁判所が法原則を創造する余地は大きく、実際にも立法的な解釈が示されることが稀ではない。

これに対し大陸の刑事手続法は、被告人の権利とこれに対応する裁判所の義務を定めているばかりではなく、裁判所の権限を画する細かな規定をも含み、その裁量の余地を狭く限定し、しかも原則と例外とをもれなく定めている点で、固い構造をもっている。さらに、裁判所の具体的権限は立法によって付与されるものと解されており、内在的権限をもたず、規則制定権限も限定的にしか認められていない。その結果、法解釈により創造的な法原則を定立する余地はすくなく、具体的妥当性の追究は主として立法府の立法上の責務と解されることとなる。

わが国の刑事手続法が、規則制定権を有している点などで英米法的な特徴を加味してはいるが、その骨格において大陸法的な性格をもつものであることは、明らかであろう。それにもかかわらず、最高裁は、その法解釈にあたり、しばしば英米法の特徴とみられる創造的な解釈方法を採用しているように思われる。立法的解釈方法、内在権的解釈方法、権利実効的解釈方法及び個別的利益考量論とに分けて、具体的にその内容を考察してみよう。

㈠　立法的解釈方法　憲法七七条は、訴訟に関する手続等につき最高裁に対し規則制定権を付与し、また、憲法八一条は、裁判所に対し違憲審査権を付与して、裁判所による立法的活動への途を開いたが、その後の判例は、法解釈の分野においても立法的色彩をもつ方法を採用するに至った。

その最初の例として、特別抗告につき刑訴法四一一条の準用を認めた判例を指摘することができよう(2)。同法四三三条は憲法違反と判例違反を理由とする場合に限り最高裁に特別抗告をすることを認めているが、最高裁は、法令違反又は事実誤認がある場合にも職権により誤りを是正することができるものと解したのである。同条は、最高裁の負担を増大させないようにとの配慮から特別抗告の理由を制限したにとどまり、その権限を限定する趣旨のものではないから、規則により四一一条を準用することができることはいうまでもない。そうとすれば、最高裁が、規則という法形式によらずに、具体的な裁判において同様の結論を導くことも、許されるものというべきである。「最高裁判所が正義を維持するために発動する職権破棄権は本件のような場合には当然にこれを保有する」と判示されているが、その実質は、法制度の創出であり、立法的解釈であった。

上告棄却決定に対し刑訴法四一四条、三八六条二項による異議の申立を認めた判例も、立法的解釈方法を採用した例とみることができる。(3)同法三八六条二項の立法趣旨は、控訴審の決定に対して最高裁への抗告を許すことはその負担を増大させるので適当でないというものであるから、これを上告審に準用することは、その趣旨に反し、通常の解釈としては認めがたい。しかしながら、最高裁が、上告棄却決定の内容に誤りがあることを発見した場合にも判決の訂正の制度に準ずる取扱いをする実際上の必要があるとの認識に立ち、同条の準用という形をかりて決定の訂正の制度を創設することは、上述した最高裁の憲法上の地位からして、許されるものというべきである。(4)

在監者による判決訂正申立書の提出に刑訴法三六六条一項の準用を認めた判例(5)及び付審判請求事件の被疑者に刑訴法二一条一項による忌避申立権を認めた判例(6)も、立法的解釈の方法を採用したものと解することによりその意義が一層明らかになるであろう。

㈡　内在権的解釈方法　　司法に内在する権限を重視した創造的解釈も、立法的解釈とならび、英米法的色彩の強い方法である。

この典型的な例として、訴訟指揮権に基づく証拠開示命令を許容した判例を挙げることができる。従前の判例が、公判前の全面開示命令についてではあるが、「現行の法規には、検察官の証拠開示義務や弁護人の証拠閲覧権を認めた規定がない」との理由でこれを違法としたのに対し、この判例は、証拠調の段階における特定の証人尋問調書の開示命令につき、「裁判所は、その訴訟上の地位にかんがみ、法規の明文ないし訴訟の基本構造に違背しないかぎり、適切な裁量により公正な訴訟指揮を行ない、訴訟の合目的的進行をはかるべき権限と職責を有するものであるから、本件のように証拠調の段階に入つた後、弁護人から、具体的必要性を示して、一定の証拠を弁護人に閲覧させるよう検察官に命ぜられたい旨の申出がなされた場合、事案の性質、審理の状況、閲覧を求める証拠の種類および内容、閲覧の時期、程度および方法、その他諸般の事情を勘案し、その閲覧が被告人の防禦のため特に重要であり、かつこれにより罪証隠滅、証人威迫等の弊害を招来するおそれがなく、相当と認めるときは、その訴訟指揮権に基づき、検察官に対し、その所持する証拠を弁護人に閲覧させるよう命ずることができるものと解すべきである。」と判示し、一審の開示命令を支持した原判決を是認したのである。(7) これは、訴訟指揮権の公正な行使という訴訟法的根拠づけをしてはいるが、一般的な訴訟指揮権から具体的な開示命令の権限を導き出した点で、単純な訴訟法的解釈方法を超え、司法に内在する権限を重視した内在権的解釈方法によったものと評すべきものである。(8)

㈢　権利実効的解釈方法　　権利が与えられていても、それが侵害された場合の有効な救済手段がないときには、権利は実質的なものとはいえない。また、権利の性質によっては、これを十分に擁護するための有効な保護手段が必要とされる場合がある。権利を実効あるものとするためのこのような法原則を定立することは、英米法的解釈方法の大きな特徴であり、次のようなわが国の判例にもこれと共通する方法を認めることができる。

まず、憲法三七条一項の迅速な裁判の保障規定に自力実効性を与えた高田事件判例を挙げるべきであろう。(9)「個々の刑事事件について、現実に右の保障に明らかに反し、審理の著しい遅延の結果、迅速な裁判をうける被告人の権利が害せられたと認められる異常な事態が生じた場合には、これに対処すべき具体的規定がなくても、もはや当該被告人に対する手続の続行を許さず、その審理を打ち切るという非常救済手段がとられるべきことをも認めている趣旨の規定であると解する。」と判示し、他の救済手段をもってしては回復することのできない権利の侵害があることを免訴とする際の重要な根拠としたのである。

権利の保護手段の必要性を重視したものに、第三者の所有物を没収する場合の手続に関する判例がある。[10]「没収に関して当該所有者に対し、何ら告知、弁解、防禦の機会を与えることなく、その所有権を奪うことは、著しく不合理であって、憲法の容認しないところである」と説明されているが、その実質的根拠は、所有者の財産権を十分に保護するためには事前に防禦の機会を与える必要があることに求められるであろう。

同じく権利の保護手段の必要性を重視した判例に、偽計による自白の証拠能力を否定したものが挙げられる。[11]「もしも偽計によって被疑者が心理的強制を受け、その結果虚偽の自白が誘発されるおそれのある場合には、右の自白はその任意性に疑いがあるものとして、証拠能力を否定すべきであ」るというのであって、偽計による取調べから生じた自白の任意性に疑をなげかけることにより不任意な自白の排除という法目的を遺憾なく達成しようとする意図に出たことを明らかに知ることができるのである。

㈣　個別的利益考量論　具体的妥当性の確保は、英米法の重視する解釈目標である。もっとも法規の明文ないし訴訟の基本構造に反する解釈が許されないことはもちろんであり、立法による利益考量(文面上の利益考量 facial balancing の一種である)の結論に反する解釈が許されないこともいうまでもない。しかしながら、立法により利益考量の結論が示されている場合であっても、なおかつ具体的な状況において対立する利益を調整する必要が感じられるときがある。個別的利益考量論(ad hoc balancing)は、判例が、こうした状況のうちのあるものにつき、法規との牴触を避けつつ具体的妥当性を追求する際に用いる解釈方法にほかならない。法創造の性格の強い上述した諸判例の解釈においてしばしば個別的利益考量論が援用されているのも、同様の配慮に出たものということができる。[12]

報道機関の取材フィルムに対する提出命令の限度について下された博多駅事件の判例を取り上げてみよう。[13]かつて最高裁は、新聞記者の取材源についての証言拒否権の有無を取り扱った石井記者事件の判例において、「国民中の或種特定の人につき、その特種の使命、地位等を考慮して特別の保障権利を与うべきか否かは立法に任せられたところであつて、憲法二一条の問題ではない。」と判示してこれを否定した。(14) 証言拒否権は、特に一定の利益を擁護するため真実発見という重大な利益を譲歩する場合であるから、立法により許容されている限度を超え、これを認めることは困難であり、米連邦最高裁も、同様の考えから判例による記者のプリヴィレッヂの創設を否定しているのである。(15) しかしながら、拒否権が認められていないからといってその利益を無視してよいものではなく、立法の意図に反しない限度においてこれを尊重すべきことは、むしろ当然である。判例が、「報道機関の取材フイルムに対する提出命令が許容されるか否かは、審判の対象とされている犯罪の性質、態様、軽重および取材したものの証拠としての価値、公正な刑事裁判を実現するにあたつての必要性の有無を考慮するとともに、これによつて報道機関の取材の自由が妨げられる程度、これが報道の自由に及ぼす影響の度合その他諸般の事情を比較衡量して決せられるべきであり、これを刑事裁判の証拠として使用することがやむを得ないと認められる場合でも、それによつて受ける報道機関の不利益が必要な限度をこえないように配慮されなければならない。」旨を判示したのは、この趣旨を示したものと解される。

犯罪捜査のため容ぼう等の写真撮影が許容される限度について、「現に犯罪が行なわれもしくは行なわれたのち間がないと認められる場合であつて、証拠保全の必要性および緊急性があり、その撮影が一般的に許容される限度をこえない相当な方法をもつて行なわれるときは、撮影される本人の同意がなく、また裁判官の令状がなくても、憲法一三条、三五条に違反しない」と判示した事例(16)も、どのような場合の写真撮影が強制捜査となるのかについての解釈上の問題を残してはいるが、右と同様の解釈方法を採用した点で正当なものということができよう。

準抗告による不服申立を受けた裁判所が差押の必要性の有無につき審査することができるとし、「犯罪の態様、軽重、差押物の証拠としての価値、重要性、差押物が隠滅毀損されるおそれの有無、差押によつて受ける被差押者の不利益の程度その他諸般の事情に照らし明らかに差押の必要がないと認められるときにまで、差押を是認しなければならない理由はない。」と判示した判例[17]も、同一の類型に含めることができる[18]。

(2) 最決(二小)昭和二六・四・一三刑集五巻五号九〇二頁、同昭和三一・八・二二刑集一〇巻八号一二七三頁、最決(三小)昭和三六・五・九刑集一五巻五号七七一頁、最決(大)昭和三七・二・一四刑集一六巻二号八五頁。
(3) 最決(大)昭和三〇・二・二三刑集九巻二号三七二頁。
(4) 最決(一小)昭和五〇・七・一〇(判例時報七八四号一一七頁)の団藤重光裁判官の補足意見はこのことを明言される。
(5) 最決(三小)昭和四一・四・二七刑集二〇巻四号三三二頁。
(6) 最決(一小)昭和四四・九・一一刑集二三巻九号一一〇〇頁。
(7) 最決(二小)昭和四四・四・二五刑集二三巻四号二四八頁。
(8) 固有の訴訟指揮権限を強調した初期の見解に佐伯千仭「刑事訴訟における証拠の開示」立命館法学二九・三〇合併号(昭三四)、平場安治「検察官手持証拠の開示を命じた大阪地裁の命令」判例時報二〇七号、二〇八号(昭三四、三五)がある。
(9) 最判(大)昭和四七・一二・二〇刑集二六巻一〇号六三一頁。
(10) 最判(大)昭和三七・一一・二八刑集一六巻一一号一五九三頁。
(11) 最判(大)昭和四五・一一・二五刑集二四巻一二号一六七〇頁。
(12) 近時の利益考量論については憲法解釈中心の次の文献を参照。Note, The First Amendment Overbreadth Doctrine, 87 Harv. L. Rev. 844, 865 et seq. (1970); B. DuVal, Jr., Free Communication of Ideas and the Quest For Truth, 41 Geo. Wash. L. Rev. 161, 172 et seq. (1972). 伊藤正己「憲法解釈における利益考量論」法学教室〈第二期〉第1号(昭四八)。なお、C. Fried, Two Concepts of Interests, 76 Harv. L. Rev. 755 (1963)をも参照。
(13) 最判(大)昭和四四・一一・二六刑集二三巻一一号一四九〇頁。
(14) 最判(大)昭和二七・八・六刑集六巻八号九七四頁。
(15) Branzburg v. Hayes, 408 U.S. 665 (1972). 町野朔「新聞記者の拒絶特権—アメリカと日本の問題—」一九七四年アメリカ法二八三頁参照。
(16) 最判(大)昭和四四・一二・二四刑集二三巻一二号一六二五頁。
(17) 最決(三小)昭和四四・三・一八刑集二三巻三号一五三頁。
(18) このほか、尊属殺重罰規定を違憲とした最判(大)昭和四八・四・四刑集二七巻三号二六五頁とこれに関する鈴木義男「尊属

殺違憲判決の周辺」警察研究四四巻六号（昭四八）を参照。

三　法制度に対する日米両国の解釈の接近

最高裁の判例は、米法を母法とする憲法上の諸制度に対し、大綱において米連邦最高裁の判例と歩調を並べる解釈を示してきた。このことは、歴史的伝統を異にする土壌への法制度の移植であり、また当初から重要な規定上の差異もあり、さらに三〇年間に双方に大きな判例上の変遷があったことを考慮するときは、極めて注目に価するものと思われる。主要な憲法上の権利につき、両国の判例をひいて、その状況を概観してみることとしたい(19)。

㈠　逮捕と令状主義　憲法三三条は、現行犯のみを令状主義の例外としている。これは、米法においては、重罪を犯したと疑うに足りる相当の理由があるときは捜査官が令状によらないで逮捕することができるのと比較し、捜査に対する極めて厳しい制約であるが、刑訴法二一〇条が緊急逮捕を法定し、判例がこれを合憲と認めたことにより(20)、両国における法制はかなり接近したものになったということができる。

㈡　捜索差押と令状主義　憲法三五条は、三三条により逮捕する場合を除き、捜索差押につき令状主義を採用し、修正四条が「合理的な」捜索差押を令状主義の例外としているのと比較して、より厳格な立場をとった。しかしながら、連邦最高裁の判例は、逮捕に伴う捜索差押を被逮捕者の身体及びその直接の支配下にある場所においてのみ行うことができると解し(21)、また実務上、差押物の特定についてはわが国よりかなり制限的な解釈がとられている(22)。これに対し、わが国の判例は、逮捕の現場における捜索差押は令状主義の例外であるから立法政策によりその要件を定めることができると解し(23)、また、差押対象物の特定の要件をやや緩やかに解しているほか(24)、刑訴法により、被告人（被疑者）の身体・物・住居等については捜索の「必要があるとき」にこれを行いうるものとされ、逮捕の際の被疑者の身体・物・住居等については当然に捜索する必要があるものとされている。その結果として、両者の法制は、大差のないものとなっているように思われる。もっとも、連邦最高裁は、周知のとおり、修正四条(一四条)に違反して収集された証拠につき違法収集排除法則を採用し、わが法制ときわだった対立を示しているが、後述するとおり、それは修正四条(一四条)の権利の内容として認められているものではない。

㈢　弁護人依頼権　憲法三四条前段は、抑留拘禁されている被疑者は直ちに弁護人依頼権を与えられると規定し、三七条三項は、被告人はいかなる場合にも資格を有する弁護人を依頼することができ、被告人が自らこれを依頼することができないときは国でこれを附すると規定している。これは、米国に先んじた規定であったが、連邦最高裁は、修正六条、一四条のもとで、まず重罪の被告人が貧困により弁護人を依頼することができないときは国選弁護人を選任する権利を有するとし、ついで軽罪その他の軽微な罪であっても弁護人選任権を放棄しない限り国選弁護人を附さないで拘禁刑を言い渡すことができないとして、日本法に接近する解釈を示した。[25] 予備審問の段階が州の刑事手続において重大なものであるときにはその手続においても国選弁護人の選任を求める権利があるとした点では、一歩追い越したといえるであろう。[26] 実質的な弁護権の内容については、若干の点で差異はあるが、この領域の判例の発展は、日米両国においてなお将来の問題として残されている。[27]

㈣　証人審問権　憲法三七条二項前段は、被告人に対しすべての証人に対して審問する機会を十分に与えられると規定している。修正六条(一四条)の規定も同旨である。

最高裁は、つとに右の規定に関し、喚問した証人につき反対尋問の機会を十分に与えなければならないという趣旨であり、その機会を与えれば公判外の供述を証拠とすることができる旨を規定しても違憲ではないと判示し、同条項は伝聞法則を規定したものであるとの通説を斥けた。[28] 最近の連邦最高裁も、この後段と同じ見解をとり、証人に対し反対尋問の機会を与えさえすれば、公判の供述と相反する公判外の供述を証拠とする旨を規定しても、証人尋問権の保障に反しないと判示し、伝統的な伝聞法則の例外にあたらない場合でも憲法上は許容されることがある旨を明らかにした。[29]

公判で反対尋問する機会が与えられない場合については、最高裁は、「現にやむを得ない事由」があるときは右の機会を与えずに公判外の供述を証拠としても違憲ではないとして刑訴法三二一条一項後段を合憲と判断した。[30] これに対し、連邦最高裁は、いまだ流動的な段階にはあるが、検察官が証人を出頭させるための誠実な努力をした場合であって、かつ、証人審問権の行使にかわりうるような公判外の供述の際の反対尋問その他の保証があるときには、公判外の供述を証拠とすることができるものとし、伝統的に伝聞法則の例外とされている場合でも証人審問権の見地から証拠能力が否定されることがあると解している。[31]

㈤　証人喚問権　　憲法三七条二項後段は、被告人に対し公費で自己のために強制的手続により証人を求める権利を与えており、修正六条(一四条)も、同様の権利を保障している。しかしながら、今日までのところ、日米両国とも、この権利に関する判例法を十分に発展させていない。[32]

㈥　在廷権　　判例上、修正六条(一四条)の証人審問権は、審理中法廷に立ち会う権利をも重要な内容として含み、かつ、その権利は被告人の明示の意思表示によっても放棄が認められないものと解釈されていた。わが憲法三七条二項前段が、同様の趣旨を含むかどうかについては、最高裁の判例はないが、すくなくとも証人尋問の段階についてはこれを肯定すべきことは明らかであると思われる。それにもかかわらず、大陸法の伝統にしたがいわが刑訴法二八五条、二八六条、三四一条は、意思表示又は行動により在廷権の放棄があると認められるような場合につき、被告人が在廷しないままで審理を進めることを許容しており、この点の日米両国の法制には重要な相違があった。しかしながら、近年、連邦最高裁も、法廷内の不当な言動により審理を妨害する被告人は在廷権を失い裁判官もこれを退廷させて審理を進めることができる旨を判示するに至り、日本法に接近した。[33] そして、この判例は、ニューヨーク州の新刑訴法に立法としてとり入れられるなど、すでに定着したものとみることができる。[34]

㈦　迅速な裁判　憲法三七条一項は、被告人に対し迅速な裁判を受ける権利を保障し、修正六条(一四条)も、同様の権利を規定している。最高裁は、前述のとおり、この権利につき画期的な判断を示し、連邦最高裁も、遅延の期間、その理由、審理促進に対する被告人の態度、遅延により被告人が受ける不利益の四点を比較考慮して権利の侵害の有無を確定し、侵害があったと認められるときには、再起訴を許さない公訴棄却により被告人を救済すべきであると判示している。(35)

㈧　自白と黙秘権　憲法三八条一項は、黙秘権を保障し、同条二項は、強制、拷問若しくは脅迫による自白又は不当に長く抑留若しくは拘禁された後の自白の排除を規定する。刑訴法三一九条は、その他任意にされたものでない疑のある自白の排除を規定する。最高裁の判例は、これらの規定を任意性に疑のある自白を排除する趣旨のものと解し、不任意のおそれの強い状況のもとでの自白、例えば手錠を施して取調中の自白、糧食差入禁止中の自白、起訴猶予の約束の後の自白、偽計に陥れた後の自白につき、これらの状況と自白との間に因果関係がないことが明らかなときを除き、任意性に疑があるとした。(36)不当に長い抑留又は拘禁については、期間が相当長期にわたることのほかにその必要性が認められないことを主要な認定基準とし、(37)逮捕その他の拘禁の根拠が違法であっても、それは任意性判断の資料となるにとどまり、当然にその間の自白の証拠能力を失わせるものではないとした。(38)黙秘権を定める修正五条(一四条)のもとでの自白法則も、任意性のない自白を排除することにねらいがあり、連邦最高裁は、全体の状況が物理的又は心理的に自白を強制するような性質をもつ場合には被疑者の心理に立ち入るまでもなく不任意な自白であると認定し、肉体的、精神的欠陥の存在などの状況があるにとどまる場合には被疑者の心理状態にまで立ち入って任意性を判断している。(39)違法な逮捕による自白は、逮捕と自白との因果関係が認められる限り、証拠能力が否定されるものと解されているが、この点については判例はまだ固まっていない。(40)同最高裁は、また、予備質問のためのマジストレイトへの被疑者の引致を法令に違反して不当に遅らせた場合には、その間の自白を証拠として許容しない旨の、マクナブ・マロリー法則を樹立したが、それは憲法上の原則ではなく連邦下級裁に対する司法監督権に基づくものであり、実際にも州はこれに従っていない。しかも、一九六八年の連邦法により、裁判官が任意と認めた自白については証明力を陪審に判断させるべきであり、逮捕後六時間以内の自白は引致の遅延だけで証拠能力を否定してはならないと規定された(41)。著名なミランダ原則も、後述するとおり、憲法上の原則ではなく、黙秘権を保護するために裁判所が定立した法原則である。

(九)　法定手続　最高裁は、憲法三一条の法定手続につき長らく沈黙を守ってきたが(42)、ごく最近、法文の明確性に関して判示した(43)。連邦最高裁の最近の判例を批判的に摂取したことがうかがわれる(44)。

(19)　この点についてはすでに平野龍一「捜査と人権」日本国憲法体系第七巻(昭四〇)、B・J・ジョージ「刑事司法における人権」法曹時報二三巻九号ないし一一号、二四巻一号(昭四七、四八)、同「比較法的見地から見た日本の刑事訴訟法」ジュリスト五五一号(昭四九)、団藤重光「刑事裁判と人権」公法研究三五号(昭四八)、田宮裕「刑事訴訟法の展開と英米法の影響」ジュリスト五五一号(昭四九)がある。

(20)　最判(大)昭和三〇・一二・一四刑集九巻一三号二七六〇頁。

(21)　Chimel v. California, 395 U.S. 752 (1969).

(22)　但し、プレインヴューの原則により、一旦適法に捜索を開示した後は他の罪の証拠の差押も許容される。捜索差押に関する最近の文献として次を参照。A. Amsterdam, Perspectives on the Fourth Amendment, 58 Minn. L. Rev. 349 (1974); L. Weinreb, Generalities of the Fourth Amendment, 42 U. Chi. L. Rev. 47 (1974); J. Israel, Legislative Regulations of Searches and Seizures: The Michigan Proposals, 73 Mich. L. Rev. 221 (1974).

(23)　最判(大)昭和三六・六・七刑集一五巻六号九一五頁。

(24)　最決(大)昭和三三・七・二九刑集一二巻一二号二七七六頁。

(25)　Gideon v. Wainwright, 372 U.S. 335 (1963); Argersinger v. Hamlin, 407 U.S. 25 (1972).

(26)　Coleman v. Alabama, 399 U.S. 1 (1970).

(27)　J. Grans, The Right to Consel: Collateral Issues Affecting Due Process, 54 Minn. L. Rev. 1175 (1970); A. Alschuler, the Defense Attorney's Role in Plea Bargaining, 84 Yale L. J. 1179 (1975) を参照。

（28） 最判(大)昭和二四・五・一八刑集三巻六号七八九頁、最決(大)昭和二五・一〇・四刑集四巻一〇号一八六六頁、最判(三小)昭和三〇・一一・二九刑集九巻一二号二五二四頁。

（29） California v. Green, 399 U. S. 149(1970).

（30） 最判(大)昭和二七・四・九刑集六巻四号五八四頁。

（31） Pointer v. Texas, 380 U. S. 400(1965); Barber v. Page, 390 U. S. 719(1968); Bruton v. Alabama, 391 U. S. 123(1968). Note, Confrontation and the Hearsay Rule, 75 Yale L. J. 1434(1966); The Supreme Court, 1967 Term, 82 Harv. L. Rev. 63, 236(1968); D. Davenport, The Confrontation Clause and the Co-conspirator Exception in Criminal Prosecutions: A Functional Analysis, 85 Harv. L. Rev. 1378(1972); E. Cleary et al, McCormick on Evidence 2nd Ed. §§ 252-253(1972); Chambers v. Mississippi, 93 U. S. 1038(1973)を参照。

（32） 但し、証言拒否権、証拠開示などとの関連で今後の論議の発展が不可避と思われる。P. Western, the Compulsory Process Clause, 73 Mich. L. Rev. 71(1974)を参照。

（33） Illinois v. Allen, 397 U. S. 337(1970).

（34） この問題に関する新しい文献は多い。例えば、American Bar Association. Standards Relating to the Function of the Trial Judge 6. 1-7. 5(Approved Draft, 1972); N. Dorsen & L. Friedman, Disorder in the Court(1973)を参照。

（35） Barker v. Wingo, 407 U. S. 514(1972); Strunk v. United States, 412 U. S. 434(1973); Moore v. Arizona, 414 U. S. 25(1973). この利益考量の手法については、D. Rudstein, The Right to a Speedy Trial: Barker v. Wingo in the Lower Courts, 1975 U. Ill. L. F. 11を参照。

（36） 最判(二小)昭和三八・九・一三刑集一七巻八号一七〇三頁〔手錠〕、同昭和三二・五・三一刑集一一巻五号一五七九頁〔差入禁止〕、同昭和四一・七・一刑集二〇巻六号五三七頁〔起訴猶予〕、最判(大)昭和四五・一一・二五刑集二四巻一二号一六七〇頁〔偽計〕、同昭和二三・六・二三刑集二巻七号七一五頁〔因果関係〕。なお、任意性のない自白の排除は、虚偽の排除のほかにもいくつかの利益に奉仕するから、判例の立場を虚偽排除説とみるのは相当でないように思われる。

（37） 最判(大)昭和二三・七・一九刑集二巻八号九四四頁、同昭和二四・一一・二刑集三巻一一号一七三二頁、同昭和二七・五・一四刑集六巻五号七六九頁。

（38） 最判(大)昭和二三・一二・一刑集二巻一三号一六七九頁。但し、最決(一小)昭和五〇・六・一二判例時報七七九号一二四頁の団藤重光裁判官の補足意見は反対。

（39） McCormick's Handbook on Evidence, supra §§ 147-150.

（40）　Wong Sun v. United States, 371 U.S. 471 (1963). McCormick's Handbook on Evidence, supra § 156 を参照。
（41）　McNabb v. United States, 318 U.S. 332 (1942); Mallory v. United States, 354 U.S. 449 (1957); 18 U.S.C.A. § 3501 (c). McCormick's Handbook on Evidence, supra § 155 を参照。
（42）　法定手続条項については特に田中英夫「憲法三一条―いわゆる適法手続条項―」日本国憲法体系第八巻参照。
（43）　最判（大）昭和五〇・九・一〇。
（44）　近時の判例で無効としなかったCameron v. Johnson, 390 U.S. 611 (1968); Colten v. Commonwealth of Kentucky, 407 U.S. 104 (1972); Grayned v. City of Rockford, 408 U.S. 104 (1972); Broadrick v. Oklahoma, 413 U.S. 601 (1973); Parker v. Levy, 94 S.Ct. 2547 (1974)、無効としたCoates v. Cincinnati, 402 U.S. 611 (1971); Smith v. Goguen, 49 S.Ct. 1247 (1974) を参照。

四　日米における解釈上の差異

法解釈の領域において日本法と米法とが顕著に相違しているのは、権利の内容に関してではなく、権利を実効あるものとするための創造的な法原則の定立に関してである。

裁判所が定立する法原則には、大別して四つの種類があるように思われる。第一は、権利の内容（その一部としての保護手段及び救済手段を含む）を明らかにする法原則、第二は、権利侵害を救済するための手段についての法原則、第三は、権利侵害を事前に防止するための手段についての法原則、第四は、将来の権利侵害を予防するための手段についての法原則がこれである。これらのうち、第二ないし第四、特に第三と第四の法原則は、立法的色彩が強く、大陸法においては解釈によりこれを定立することに慎重である。最高裁が、証拠開示につき訴訟法的解釈を用い、第一の法原則としてこれを定立し、また、第二ないしは第一の類型に属する立法的解釈をとった事例において、その対象を規則制定権限をもって説明できる限度にとどめているのは、十分に理解することができるのである。これに対し、米連邦最高裁は、いわゆるミランダ原則として第三の法原則を定立し、また、違法収集証拠排除法則として第四の法原則を定立して、わが国の判例ときわだった対照を示している。そこで、次にこの代表的な二つの法原則をとりあげてそのすぐれて米法的な特徴を検討してみることとしたい。

㈠　ミランダ原則　ミランダ判決[45]は、修正六条(一四条)の黙秘権が警察署で尋問を受ける際の被疑者の主要な保護条項となることを初めて認めたうえ、その供述が任意にされたものかどうかという基準にかえて、尋問の初めに供述をするか否かの自由な選択を確保しうるような適切な保障を与えたかどうかという基準を定立し、これを実効あるものとするための客観的な保護条件として、いわゆるミランダ原則を定立した。尋問前に被疑者に対し、黙秘権のあること、供述は不利に使用されること、私選又は貧困の場合国選の弁護人の出席を求めることができることを告知しなければならず、被疑者が任意に、事情を知ったうえ、知的にこれらの権利を放棄した場合のほかはこの原則に反する証拠は公判で使用することが許されないというものである。これは、判決自体が認めるように、任意性の基準を超える点で黙秘権の内容をなすものではなく、黙秘権の侵害を事前に防止するために裁判所が政策的に定立した大胆な法原則であったため、大きな反響を呼び、連邦最高裁も、近時、この原則のみに違反した場合の供述は、被告人の公判の供述を弾劾するために使用することができるし[46]、この供述を手がかりとして派生的に得た第三者の供述も排除されないものと判示し[47]、これを限定した。

㈡　違法収集証拠排除法則　この法則は、周知のとおり、修正四条(一四条)に違反する捜索押収等により得られた証拠及びその派生的証拠の公判における使用を禁止するというものである。その目的は、これらの証拠の使用を禁止することにより、将来の違法な警察活動を抑止し、修正四条(一四条)等の保障を一般的に実効あるものとすることにあり、したがって、右の法則は、侵害を受けた個人の憲法上の権利を明らかにしたものではなく、その抑止効果を通じて権利一般を守るために裁判所が創設した原則と解されているのである[48]。そのため、連邦最高裁は、最近、証拠の排除により得られる抑止効果より実体的真実発見の利益が上まわるときは排除法則は適用されないことを示唆して、大陪審手続へのこの法則の適用を否定し[49]、またミランダ原則に違背する供述を手がかりとして得た第三者の供述にこれを適用することを拒否した。[50]このような見解に対し、反対意見は、裁判所の公正さの確保、すなわち捜査官の違法活動に裁判所が加担することを避け、かつ違法活動から国が利益を受けることのないようにして国民の信頼を維持することにあると主張し、また学説の中には、排除法則は個人的なデュープロセスの権利であると主張するものもあるが、いずれも少数にとどまっている。[51]

以上のように、今日、ミランダ原則に対しても、排除法則に対しても、再検討の動きがみられるが、大陸法的な見方からすれば、このようなドラスティックな法原則が裁判所の法解釈により創造されること自体が極めて特異なものと感じられるに違いない。わが国の最高裁の立場も、米国の判例の立場とはほど遠い。このような差異の生ずる理由を、いわゆるデュープロセスと実体的真実主義という両法制の価値観の相違から説明するのがわが国の有力説であり、[52]実際その見解に相当の根拠があることは否定しがたいが、同時に、こうした価値観の背後に両法制の構造的な差異と両国における社会的実情の差異が存在していることをも看過することはできないと考える。

上述したとおり、大陸法的基盤を有するわが国の法制においては、法規から完全に自由な法原則を定立することは困難であり、現に最高裁は、常にその創造的な解釈の基礎に法規の根拠を求めてきたのである。したがって、政策的な性格をもつ右のような法原則の定立に慎重であることは、むしろ当然である。大陸法の場合、しばしば、単に被告人の権利としてではなく、裁判所の固有の義務として、一定の手続が定められている。必要的弁護の規定がその典型的な例である。これは、一種の文化規範であり、大陸法的なデュープロセスといってもさしつかえないと思われる。そして、そのことの反面として、規定から自由な解釈を行う余地が小さいものとなるのも、やむをえないことというほかかない。

他方、利益考量に基づく政策的な法原則については、社会の現実的な諸条件によりその採否や内容が大きく左右されることもまた当然である。連邦と州の二元国家で、法制度も複雑であり、人種問題など困難な問題をかかえる米国において、統一的に権利を実現させるためにドラスティックな手段を採用する傾向が強くなることも、十分に納得がいくところである。これに対し、わが国のように、単一の裁判制度、検察制度、警察制度を備え、国家機関の廉潔性に対する信頼度が高く、かつ国家機関による内部的コントロールの可能性の大きい国家の場合には、利益考量の仕方に異なるものがあっても、不思議ではない。

もとより、わが国において違法収集証拠の排除法則などが全く妥当しないと主張しようとするわけではない。問題の解決は、今後の課題として残されている。憲法上の権利からそれを基礎づける余地もあろうし、権利の保護のためにこうした法原則を一定の程度で採用する可能性もないとはいえないであろう。ただ、何らかの形でこうした法原則を定立する場合であっても、最高裁が用いるであろう解釈方法や内容には、米国の判例のそれとは自ずから異なるものがあり、その機械的な導入でないことは、確かなように思われるのである。[53]

(45) Miranda v. Arizona, 384 U.S. 436 (1966). なお、ミランダ原則の意味については、本著作集Ⅰ『憲法解釈の法理』所収の***13***論文「ミランダ原則をめぐる判例と立法の役割」でも触れた。
(46) Harris v. New York, 401 U.S. 222 (1971).
(47) Michigan v. Tucker, 94 S. Ct. 2357 (1974).
(48) United States v. Calandra, 94 S. Ct. 613 (1974); Michigan v. Tucker, supra.
(49) United States v. Calandra, supra.
(50) Michigan v. Tucker, supra.
(51) 最近の文献のうち、違法捜査抑止説に立つJ. Kaplan, The Limits of the Exclusionary Rule, 26 Stan. L. Rev. 1027 (1974)、裁判所の公正を強調するNote, Judicial Integrity and Judicial Review, 20 UCLA L. Rev. 1129 (1973)、被告人に排除権のあることを主張するT. Schrock & R. Welsh, Up from Carandra: The Exclusionary Rule as a Constitutional Requirement, 59 Minn. L. Rev. 251 (1974)、排除法則の抑止力に関する実証的研究のCritique, On the Limitations of Empirical Evaluations of the Exclusionary Rule, 69 N. W. L. Rev. 740 (1974) が注目される。
(52) H. Packer, The Limits of the Criminal Sanction p.149 et seq. (1968), 平野龍一・刑事訴訟法(昭三三)、松尾浩也・刑事訴訟

の原理(昭四九)、田宮裕・捜査の構造(昭四六)、同・刑事訴訟とデュー・プロセス(昭四七)参照。

(53) 松尾・前掲六七頁以下は、多角的な思考の必要性を強調される。なお、M. Damaška, Evidentiary Barriers to Conviction and Two Models of Criminal Procedure, 121 U. Penn. L. Rev. 506(1973)、青柳文雄「英米型審理と大陸型審理」法曹時報二七巻六号、七号(昭五〇)を参照。

五　おわりに

近時、刑事手続における英米法と大陸法との接近が多くの論者によって指摘されている。米国においても、例えば、法律により解釈を限定する傾向が強まっているし、量刑の統一を図るための上訴制度の整備が叫ばれており、さらに内在的権限の代表とされる裁判所侮辱権限も立法や判例を通して大きく制約されつつある。英国の刑事手続法の大陸法化は、周知のところであろう。他方、独法など大陸法においても、当事者主義的な英米法制度の摂取には顕著なものがあるように見受けられる。これらは、歴史的伝統を異にしつつも、それぞれの国が、より合理的で適正な手続を立法を通して追求している努力の結果であるとみることができよう。わが国においては、刑事立法に特別の困難を伴うためか、裁判所の法解釈に対して過大な要求が向けられているように思われるが、このような傾向は、立法と司法との健全な機能の分担にとって好ましいことではない。司法界におけるコンセンサス獲得への努力と立法による果敢な問題解決こそが望まれるのである。

法制度の運用、特に公判の運営に関しても、英米法制の実際的、効率的な運営に学ぶべき点が多い。集中審理に関する提言と実施は、わが国の現実を直視したこの方向での貴重な試みであったが[54]、今後一層こうした点に注意が向けられることが期待される。

(54) 岸盛一＝横川敏雄・事実審理(昭三五)、刑事裁判実務研究会・集中審理(昭三九)を参照。

6 刑事裁判の活性化のために

一 はじめに

当番弁護士制度は、今年(平成四年)一〇月一日から全国の弁護士会で行われるようになりましたが、この制度に先鞭をつけ、かつ、実績を示すことによって制度の全国的な普及に指導的役割を果たされましたのは、大分県弁護士会でございました。私は、まずもって大分県弁護士会のご功績に対し、深く敬意を表しますとともに、今後のご発展を心から祈念したいと思います。また、その二周年を記念する本日の会にお招きいただき、お話をする機会を与えられましたことは、誠に光栄でございます。

刑事裁判が適正に行われますことは、言うまでもなく、社会秩序を維持するための不可欠な条件でございます。また、国民にとってもっとも基本的な法的価値の一つでございます。従いまして、裁判官、検察官、弁護人など刑事裁判に直接携わるものが、その適正化に努力をすることはもとより、国民全体がこれに関心を寄せ、国会を通じて、一層の適正化を図るために立法的措置を採るなどの努力をすることが極めて重要と考えられます。最近、刑事裁判への国民的な関心が高まり、立法論を含めた幅広い議論が行われておりますことは、その意味で、誠に歓迎すべきことと思います。

本日の演題を「刑事裁判の活性化のために」といたしましたのも、そのような努力を刑事裁判の担い手の側から表現したものにほかなりません。

ところで、適正な刑事裁判とは何かということは大変難しい問題でございます。それは、必ずしも鼎立することのない三つの基本的な価値を同時に追求する必要があるからであります。

一つは、真実を発見するということであります。つまり真実を発見し、犯人を確実に捕えて処罰する、そしてまた、逆に無実の者は絶対に処罰をしない、こういう価値が追求されます。

次に、そういう価値を追求すると同時に、被疑者その他の者の人権を損なわない、こういう価値も追求しなければなりません。

さらに、国民が刑事裁判の担い手に対し全幅の信頼を置く、という信頼感を確保しなければなりません。

この三つは、刑事裁判を支える上での不可欠の条件でございますが、常に必ずしも鼎立するわけではございません。早い話が、重大な犯罪が発生いたしますと、マスコミを含めて、国民は、捜査官に対して徹底した捜査をして、真相を解明することを求めます。そのため捜査官は、強制的な力も用いざるを得ませんし、不眠不休の努力も必要になります。場合によっては人権侵害と批判されるような事態も起こって参ります。また、犯人を発見したとして、起訴をしましても、最終的に有罪が獲得されない場合があります。そんな場合に、国民の側は、〝冤罪者を出した〟といった批判をすることもございます。こういったことで、三つの価値はなかなか微妙な関係にあるわけであります。しかし、もちろんそれぞれの価値は追求されなければなりませんし、裁判に携わる者あるいは立法をする者は、その三つの関係を微妙に調整するよう努力する必要があります。

今日、刑事裁判の活性化を求める動きは三つの分野において行われているように思います。

第一は、捜査、公判手続の運用について改革を加える必要がないかという点であります。第二は、それらの手続について立法上改善を加える点がないかという点でございます。第三は、それらの手続にもっと国民の参加を認めるべきかどうかという点でございます。

こうした問題は、三つの価値を追求しながら検討しなければなりませんので、理論上の絶対的な調和点というのは望めないことでございまして、その国の実情あるいは国民の法意識に照らして適正な選択を行うほかありません。結局は、国民がどのような価値をどの程度に重視するかということによって決まるわけでございます。

そこで、本日は、時間の許す範囲で、その選択にあたって特に考慮を要すると思われますいくつかの論点について述べたいと思います。

二　運用による刑事裁判

最初は、運用上の活性化の問題でございます。これについては四点を申し上げます。

(1)　第一は、起訴厳選主義の問題でございます。我が国の刑事手続の特色の一つに、有罪判決が確実に見込まれる証拠がある場合に限って起訴を行うという起訴厳選主義が採られているということがございます。そのために起訴された事件の九九％以上が裁判所で有罪と認められております。東大総長をなさいました平野先生は、このような現象から、刑事裁判が捜査の追認にとどまることになり、刑事裁判の活性化を阻害して問題のある事件を見過ごしてしまう危険を生じさせているばかりか、捜査官に捜査を完全なものにしようという意識を過度に生じさせて捜査の手続を過度に糾問的なものにしてしまう危険がある、と警告をなさいました。

先年来日いたしましたアメリカのある裁判官に伺ったことですが、自分の扱っている事件の三、四割は無罪になるというのであります。そこで私は、被告人、弁護人、検察官あるいは被疑者などから不満が出ないのですかと聞いてみましたところ、それはないと言うのです。被告人、弁護人は、無罪になって非常にハッピーである。検察官も、無罪にしたのは裁判官で、自分ではないから自分に責任はないし、しかも起訴しますと被害者の顔を立てたことになるので、被害者からも一向苦情は出ない、ということでございます。

しかし、例えば、日本でこういう起訴の仕方をいたしますと、まず弁護人は黙っていないように思います。マスコミもまた、捜査官は少したるんでいるのではないかと、きっと非難するでしょう。無罪の後、国家賠償の訴訟も多発すると思われます。人を被告人の座に据えるには、確実に有罪とするだけの証拠が必要だというのが、現在の日本の多数意見のように思われるのでございます。ただ、あまりにも確実な証拠の収集を期待しますと、平野先生が心配されますように、捜査手続が糾問的になる危険がございます。日本人はとかく完全主義者ですので、三つの価値をその時々で独自に追求するということがございます。つまり犯罪が発生すれば完全な究明を求める、捜査に問題が起これはその問題の根絶を求める、こういったことで、完全主義者の国民を常に満足させるということはなかなか難しいことでございます。従って、例えば無罪に終っても冤罪だといって一方的に捜査機関を責めるということではなく、ある程度は無罪が出るような起訴も我慢をするという気持ちも、あるいは必要なのではないかと思うわけであります。

ともあれ、問題の解決の比重は、どうしても弁護人の活動に掛かってくるものと思われます。率直に申しまして、刑事弁護は民事弁護に比べまして弁護人の層が薄く、その質も比較的低いように思われます。それは刑事弁護は有力な弁護士を引き付けるだけの経済的な魅力に乏しいということもございましょう。しかし、それ以上に、刑事弁護の場合には検察官に立証責任が課されておりますために、民事弁護と違って自分の主張の正当性を説得するまでの必要がなく、受け身の立場で批判をするという姿勢で満足することになりがちであったためではないかと思われます。加えて九九％以上が有罪の証拠が収集されていて、反証の意欲がそがれるという難しさもあるように思われるのであります。

私は、控訴審や上告審の審理にかなり長く関係いたしましたが、控訴趣意書や上告趣意書を拝見しまして、よくここまでお書きになったなと感服するものも多数ありました。しかしその反面、被告人の運命がかかっている刑事責任の場で、どうしてもっと迫力のある主張ができないのかというもどかしさを感じた経験も多々あることを告白せざるを得ません。

当番弁護士制度は、こうした状況に変更を迫るものではないかと思います。まず、逮捕・勾留されて被疑者に対し早い段階で援助の手を差し伸べ、落ち着いた気持ちで取調べに臨むことを可能にいたしました。これは刑事裁判の公正観を一段と高めるものです。そればかりか、初期の段階における被疑者の立場をいわば証拠化することによって、捜査段階における自白等の供述の任意性や信用性の審査を容易にする点でも利点があります。さらに、弁護士会全体に刑事弁護への関心が高まり、刑事裁判に強い弁護士が増えることによって、刑事弁護の質が一層高まり、刑事裁判が力強いものになることが期待されます。

裁判、特に刑事裁判に携わる者には強い正義感が要請されます。主張すべき理由のある事件につきましては、徹底した主張をする必要がございます。また、本当に理由のある主張であれば、それが裁判所で認められないはずはないと思います。私たち裁判官は、常に合議で仕事をしております。そして本当に理由のあることなら、合議を尽くせば必ず自分の主張が認められること、理由があると思っていた主張が通らないときには、自分の主張にひ弱なところがあるということを経験上知っております。弁護人の主張についても同様ではないでしょうか。

(2)　犯罪事実の認定の点でも、弁護人の果たす役割は大変大きいと思います。昭和五五年から平成元年までの一〇年間に、最高裁が事実誤認を事由に破棄し、あるいは違法とした事件は一八件ございます。その全てをご紹介する余裕はございませんので、注目される一点のみを申し上げてみたいと思います。

それは「審理不尽」を理由とする破棄の点でございます。審理不尽とは何かということは、ご専門の皆様にとっては自明のことかと思いますけれども、私はこの点について、かつて、昭和五八年一二月一八日の第三小法廷の判決が、よど号ハイジャック事件について判示したところが大変参考になるように思うのであります。

この事件の訴因は、三月一二日から一四日までの三日間にハイジャックを共謀したというものでございました。

ところが、一審では三月一三日と一四日に共謀が行われたか否かが実際上争点となり、そうであったと認定されたわけです。しかし、控訴審は何も追加の取調べをせずに、実は、その前の一二日に共謀が行われた、それが一三日、一四日と続いていたのだというふうに認定いたしました。最高裁はこういう認定を違法といたしました。一二日の共謀も訴因に含まれていますから、訴因外の認定ではございません。しかし、訴因の中に記載されている事実であっても、こういう事実認定はできない、違法であると言ったわけであります。なぜかと言うと、争点となっていない一二日の点について何も調べずに事実の認定をすることは、防禦権を奪い、違法であると言うわけであります。

つまり、争点になっております場合には、弁護側も反証を尽くすでありましょう。したがって、証拠があるときはそれを提出するはずです。その上で初めて事実認定は正確になるわけですが、争点になっていない場合には、弁護人はその点について反証をする必要を感じないわけであります。こうして、それが審理不尽、つまりは事実誤認にあたると判示されたわけでございます。

当事者主義は、検察官と被告人の双方に事実を争う機会を与えることに主眼がございます。したがって、機会を与えたのに敢えて争わなかったときは、不利を被ることを前提にしているわけですが、我が国の法律においては職権主義が背景となっております上、完全主義、結果主義を求める風土がありますので、こうした状況の下では、十分に争った上での事実認定でなければ信頼されないという傾向が一層強いと思います。その意味で事実認定に対する信頼性は、捜査の充実・適正とともに、弁護人の活躍にかかっているところが大きいように思います。

上訴審で事実誤認又は審理不尽で破棄された事件について、弁護人の活動にもっと尽くすべきところはなかったかどうかについて、ぜひ再検討を行うことが必要ではないかと思うのでございます。

(3)　さらに、自白の任意性、信用性に疑問があるとして破棄された事件についても検討を加える必要があるように思います。

任意性については、今後、特に捜査官に特段の立証上の工夫を期待したいと思っておりますが、ここでは、任意になされた信用性のない自白という類型があることについて、一言触れておきたいと思います。

これにも二つのタイプがあるように思います。一つは、否認をし難いまでに捜査機関に有罪証拠を集められているという場合であって、特に不利な事実などを殊更に隠したり偽ったりして自白をするというケースでございます。もう一つは、身柄の拘束に伴う苦痛とか不利益などから逃れるために、任意性がないとまでは言えない状況であるけれども、捜査官に合わせて信用性のない自白をするという型でございます。この二つの型を区別することができない場合がある、そこに問題があるように思います。

検察官といたしましては、任意性が問題になる場合に、まず調書に被告人の署名があること、あるいは捜査官に暴行、脅迫等がなかったという、いわば類型的な証言で任意性の立証が尽くされているという立場を原則として採ります。自白は自分に不利な供述でございますから、任意に自白をしたことが認められれば、それだけで原則として信用して良いというのが刑事訴訟法の自白についての建前であると思われるからです。

そうなりますと、検察官の立場もうなずけるわけでありますが、もし任意に信用性のない自白をする、特に、第二型の自白があり得るといたしますと、今のような立証ではなく、更に自白をするに至った経緯を詳しく立証し、本当に信頼のできる自白であることを確証した上で、証拠とすることが必要だと思います。

また、自白の供述過程が明らかになりますと、その信用性も自ずから明らかになりますので、ここでもまた、弁護人の活躍に期待するところが本当に大きいのではないかと思っております。

(4) 四点目に、解釈の分野に入りたいと思います。

刑事裁判には、被疑者を発見して犯罪事実を認定するという必要上、どうしても逮捕・勾留をはじめ、取調べ、あるいは押収といったような人権を制約する性質を含む捜査手段が不可欠になります。どこまで捜査のために人権の制約が許されるかということは、第一義的には憲法や法律が定めることでありますが、個々の具体的な場合に即して、常に細かな準則を定めているわけではございません。そのために解釈によって人権の保障と真実の発見の調和を図る必要が起こるわけでございます。

最高裁判所は、その発足当時から、他の法領域に比べまして刑事裁判の分野においては、格段にこうした人権の擁護に努め、時には創造的、立法的と思われるような判例を生み出して、被疑者、被告人の権利の擁護に積極的な立場を採ってきたというふうに私は考えます。特に、訴因制度あるいは手続過程についてその傾向が顕著なように思われます。これにはいくつかの類型があるように思われます。

第一は、刑事訴訟法の具体的な規定に優越する憲法あるいは刑事訴訟法の一般的な法原理（プリンシプル）を根拠として、刑事訴訟法の規定に明示されていない原理を肯定した場合でございます。例えば、刑事訴訟法に内在しております当事者処分権主義を根拠といたしまして、訴因変更命令の形成力を否定したり、上訴審の職権調査権限を否定した判例、あるいは直接主義、公開裁判の原則を根拠として、控訴審において事実を取り調べずに新しい事実を認定することを違法とした判例などがその典型的な例でございます。立証過程についても、証拠開示命令について重要な判例があることは、ご承知のとおりでございます。

第二は、パー・セ・ルール（法適用準則）でございます。例えば、初期の判例ですが、手錠をかけたままの取調べには任意性がないと推定するという最高裁の判例がございますが、これは手錠をかけていたという客観的な事実から、反証のない限り任意性を否定するという推定の法適用準則を定めたものと考えられます。そのことによって任意性の審査が非常に容易になるわけであります。同じことは、起訴猶予にすると約束したことによって自白をした場合には、任意性に疑いがあるものと推定するという判例もございます。また、更に進んで、偽計によって被疑者が心理的強制を受け、その結果、虚偽の自白が誘発される恐れのある場合には、偽計によって獲得された自白は任意性がないものとして証拠能力を否定すべきであるという有名な判例がございますが、これは単なる推定法則を超えて、みなし法則をパー・セ・ルールの形で判示したものだと思うわけでございます。

このようなパー・セ・ルールは、抽象的な内容の法規を具体的な中間命題に置き換えて法適用を確実容易にするために用いられるものでありまして、同時に法規の順守を確実容易にするという予防準則の役割をも果たすものであります。刑事裁判のように事実の認定について高い水準の立証を期待されているものについては、こういう解釈準則をできるかぎり発見していくことが必要ではないかと思われるわけでございます。

第三は、憲法上の権利でございましても、権利侵害に対する救済手段（レメディ）が定められていない場合がございます。その典型的な例が、迅速な裁判の権利に反する訴訟が行われた場合の救済でございます。刑事訴訟法は、迅速な裁判の権利が侵害された場合の救済方法について全く沈黙を守っているわけでございますが、最高裁判所は、刑事訴訟法に具体的な規定がなくても、迅速な裁判の規定に違反した場合には、免訴でもって救済を図るべきだという判断をいたしました。例えば国会がこの最高裁判所の判例に迅速に対応し、公訴棄却とするとか、無罪放免とするとか、既判力を認めることにするとか、あるレメディの方策を採択いたしますと、この免訴にするという最高裁判所の判決の効果はなくなる、つまり、それは法創造的な法準則であって、他の規定がない場合のレメディを定めたものであると思うわけでございます。

第四は、憲法上の権利に対する将来の侵害行為を予防するために、その手段として定める準則でございます。違法収集証拠排除法則がその適例でございます。違法収集証拠排除法則というのを一言で申しますと、令状主義の精神を没却するような重大な捜査上の違法がある場合には、それによって獲得された証拠を、将来、違法な捜査が行われないようにするための担保として、証拠として使えないようにする。そういう証拠が使えなければ、違法な捜査によってこれを獲得しても意味がないので、結局は違法捜査が押さえられるというアイデアから出た考え方でございますが、こういう予防法則としての準則にまで踏み切ったわけでございます。

第五に、最高裁判所が憲法上の規則制定権を根拠として、相当広範な法創造活動をしているように思います。例えば、刑事訴訟法四一一条の上告の規定を特別抗告とか上訴権回復について準用しております。あるいは、上告申立て権のない者によって選任された弁護人の上訴権に関する判例、こういうものもあるわけでございます。

このように、訴因制度及び手続面については、最高裁判所は、相当広い範囲で刑事訴訟法のいわば間隙を埋めるための解釈上の努力を払っております。これは言うまでもなく、弁護人の活動に誘発され、下級審の努力の積み重ねの上で出てきたことでございまして、解釈の限界という点から言いますと、現在の刑事訴訟法の解釈はかなり限度に近いところまで柔軟な解釈になっていると思うわけでございます。

三　立法による刑事裁判の活性化

次に、立法による刑事裁判の活性化という点について考えてみたいと思います。

(1)　裁判手続には広く言って手続面と立証面の二つがあるわけでございますが、訴因制度を含む手続面については、最高裁判所を中心とする判例の解釈上の努力がかなり著しいのに対し、立証過程については、比較的法創造的な判例は乏しいように思います。明らかに法創造的な解釈だと思われますのは、違法収集排除法則の一例であるように思われます。それでは、なぜ立証過程についての判例が他の刑事訴訟法の手続分野に比較して積極的ではないのでしょうか。

第一は、刑事訴訟法自体、捜査その他の立証過程につきましては、確実な証拠資料の収集、利用、つまり確実に証拠資料を集めてこれを利用するということを最も重要な価値と見て、そのための周到な規定を置いていることが挙げられます。法創造的解釈の余地がその分野においては乏しくなるわけです。

罪証隠滅の虞れという一般的要件が勾留その他の刑事訴訟法の規定の中で随所に使われているということもその一例でございますが、ここでは伝聞証拠の例外を定めました刑事訴訟法三二一条に触れておきたいと思います。

我が国の刑事裁判の特徴の一つとして、起訴するに足りるだけの証拠を収集するため、捜査官が身柄拘束中の被疑者を取り調べて調書を作成することを認める、いわば拘束取調許容主義が採られ、これと関連いたしまして、被疑者、参考人の検察官調書にかなり広く証拠能力が認められているということが指摘できると思います。

これについては、刑事訴訟法の忠実な解釈ではないという主張がございます。しかし、私はクールに刑事訴訟法を読んだとき、やはり刑事訴訟法の立場を反映したものではないかというふうに考えております。そのことを前提として、必要な立法論を展開する方が実務家としてのあるべき立場ではないかと考えております。つまり一九八条、三二二条によりますと、捜査官は被疑者の調書を録取し、これに被疑者の署名押印を得て、内容に誤りがないことを認証させ、それが自白であるときには、任意性のあることを条件として、当然に証拠能力のあるものとされているわけです。

また、参考人の調書についても同様で、三〇〇条、三二一条によりますと、公判での証言と調書の内容が食い違って、調書の方を信用することができるという状況がある場合、又は公判での証言が得られない場合には、調書に証拠能力を認めるという立場を採っています。

これは、早い時期に証拠を調書の形で固めることが正しい事実認定に役立つという考え方であったと思われるのであります。

最高裁判所は、古くからこの点について見解を明らかにしておりますが、この見解は、アメリカ合衆国最高裁の最近の判例の立場と非常に似通ったものになっているということで興味を引くところでございます。つまり、アメリカでは、「証人尋問が可能であるのに、証言に代えて従前の証言を証拠とすることは許されない。しかし、証人尋問がたとえ可能であっても、従前の供述に現在の証言から得られない証拠価値が含まれているときには証拠としてよい」というふうに解されております。

例えば、目撃者が犯行現場を目撃して「ああ、Aさんだ」とか、そういう言葉を発したという目撃当時の発声、あるいは共犯者が共謀したときの供述などは、現在の公判で証言させるだけでは賄えない、かけがえのない証拠であるという点において、証拠能力が認められております。

また、証人尋問が不可能である場合には、従前の供述でも証言が無いよりはましであるという立場から、信用性の保障がある限り、証拠能力が認められておるわけでございます。

これは、日本の立場と完全には一致しておりません。しかし、その基本的な考え方において、古くからの最高裁判所の考え方と軌を一にする見解であるように思うのでございます。つまり、伝聞法則を採るのは、勿論信用性のある供述を証拠にしたいということではございますが、伝聞を完全に排除することによって、逆に真実の立証がつきかねる場合があるわけでございます。そして、公判前の犯行時に近い段階において、例えば目撃供述、共謀の供述があると、それは現在の証拠とは別の証拠価値を持ってくるというわけでございます。

こういうことでございますので、私は、現在の最高裁判所の解釈を覆し、法の本当の精神は別のところにあると説得していくことは、率直に言ってかなり難しいことではないかと思います。甚だ実務家として僭越なものの言い方かも知れませんが、私は基本的なものの考え方としては、その解釈をむしろ前提にしておいて、そこにもし問題があるとすれば、もちろん、運用上、解釈の努力は続けながらも、本当にその立場が不当であるとすれば、最終的には立法的な解決にまつべきだというふうに考えております。

(2)　立証過程について創造的な判例がなかなか出づらい第二の理由は、刑事訴訟法の具体的な規定に優越しております憲法あるいは刑事訴訟法の一般的な法原理(プリンシプル)が見出し難い、あるいはその法原理から導き出し得るような原理が限定されているということでございます。

手続過程の場合は、例えば、当事者主義とか当事者処分権主義とかいろいろな手続上の法原理、これは別に、刑事訴訟法にそういう法原理があるということを明文で書いているわけではございませんが、それぞれの規定を貫き、個々の規定を上回る力強い法原理というものが存在しているわけでございます。その法原理に照らして、個々の解釈をいわば補充していくということがし易いわけでございますが、立証過程においては、真実を発見するということに当然のことながら第一義的な価値が置かれますために、真実発見を上回る修正原理を導くことも、真実発見に仕える修正原理を導くことも非常に難しいということでございます。もっとも例がないわけではございません。前者の例は、違法収集証拠排除法則の裁判であり、後者の例は証拠開示の判例でございます。

ここでは証拠開示に限定して申しますと、これは訴訟指揮権を根拠としてその結論を導き出したという解釈が有力でございます。そのこと自体は私は間違ってはいないと思いますが、刑事訴訟法の訴訟指揮権を根拠としてなぜ証拠開示を命ずる権限が導き出せるのかという説明について、いくらか足りない点があるのではないかというふうに考えます。そして、私が見ますところ、その説明としては、非常に荒っぽい言い方ではございますが、正しく事実を認定する、そしてその価値は単なる政策的利益を超えて求められるべき法原理である、そして、裁判所は正しい事実認定に資することが確実であるという手段は、特別の制約原理がない限り、事実認定権限の内容として行使することができるのだというのが終局的な一つの説明ではないかと思うわけでございます。

判例は、ご承知のとおり、まず、冒頭手続に入らない段階で無差別な証拠開示を認めるのは違法であるといたしましたが、これはその段階で証拠を開示すると、有罪証拠の間をくぐり抜ける反証を可能にするわけでございまして、そのことによって、かえって正しい事実認定を阻害するからでございます。したがって、特別の根拠規定のない限り、そういう段階での開示は差し控えるべきだと、こういう趣旨であるように思うわけでございます。

また、判例は、検察官が申請した証人の採用決定前にその証人の反対尋問のために必要であるという理由で、検察官に対して供述調書の閲覧を命じることも、たとえ閲覧の時期を主尋問終了後、反対尋問前と限定した場合でも、防御の建前上原則として必要とは言えない。そしてまた証人威迫等の弊害も否定することができないから、違法としたわけでございます。

これは、被告人に有利な正しい事実認定をするためには、主尋問の終了後に具体的な事情に照らして開示を考慮すれば足りる、逆にまた、被告人に不利な正しい事実認定をするためにも、主尋問の終了後に開示を考慮すれば足りると、こういう趣旨であるように思うのでございます。

こう申しますと、証拠開示についていかにも消極的な見解を述べたかのように受け取られるかも知れませんが、私はそのつもりはございません。本当に正しい事実認定のために、その証拠開示が必要であれば、裁判所を十分説得することができるように思うのでございます。そしてまたそのことを超えて、一般的な証拠開示義務を肯定するには立法をまつべきである、こう考えるのが実務家の立場としては正しいのではないかと思うわけです。

四　国民の参加による刑事裁判の活性化

国民の参加による刑事裁判の活性化の点についても触れておきたいと思います。

国民の司法参加の類型には、二つのタイプがあるように思います。その一は、調停制度に代表される国民参加です。日本の裁判制度の中では、大正一一年から借地借家の調停制度が開始され、その後発展の一途をたどって今年で七〇周年を迎えたわけでございます。その後、昭和二四年に家事についても装いを新たに家事調停制度が行われるようになりました。また今年からは、借地借家の賃料についても調停前置制度が始まるということで、調停制度はその閲した歴史的な長さにおいても、またその広がりにおいても国民の裁判制度に深く根付いております。勿論、これは民事訴訟については任意的な事前の手続でございますし、家事の関係については手続全体が非訟手続でございまして、権利義務関係を確定する本来の裁判手続とは違っております。しかし、いずれにせよ、そのアイディアの基本にありますのは、国民の参加によって裁判所の活動をより適正なものにしようという考え方であろうと思うのでございます。つまり、職業的な裁判官の考え方の中に、隣人としての国民の叡智を注入していくということによって、当事者の合意、納得に導くことができるのではないか、そのことによって司法制度は確固たるものになるのではないかという考え方であろうと思います。

これに対して、いま一つの国民の参加のタイプがあるように思われます。それは、国民から選挙で選ばれていない職業裁判官による裁判よりは、国民の代表による裁判の方が、その手続の民主的な性質において優れている。従って、その判断に信頼を置くことができるという民主的な手続を重視する考え方でございます。実は、この考え方は陪審制、参審制の考え方につながるわけでございます。我が国のこれまでの考え方は、刑事については職業裁判官による認定に期待をする、民事、家事の分野については手続を大幅に非訟化するとともに国民の健全な常識を注入していこうということでございました。これに対して陪審制、参審制を刑事手続についても導入するという考え方は、職業裁判官による判断は、あるいは安定的な判断かも知れませんが、それよりも、国民が参加することによって国民が自らの手で運命を決めるという民主的な手続に価値の重点を置くということであるように思うわけでございます。このどちらがよいのか、これは究極的には国民が選択することでございます。

先にも触れましたが、アメリカのベテラン裁判官がおいでになったときに、陪審のこともいろいろ聞いてみたわけですが、陪審制というのは、言ってみれば非常に気が楽だと、特に重要な事件になったときに、その責任を自分が一身に負って決めるということは、社会的な反響も大きいし、非常に苦痛なことだ。それを陪審によって決めてもらう、つまり国民の代表者ということで決めてもらうことにより、正直なところ非常にホッとすることがあると、こういうことを言っておりました。冗談めかした話でしたが、これもまた、あるいは一面の真理を表わしているのかも知れません。

また、よく言われることですが、プロの裁判官等に聞きますと、本当に自分が罪を犯している場合には、職業裁判官の裁判を選択せずに陪審制にかけてみる、しかし、本当に無実であれば職業裁判官の裁判を選択するというようなことを言う方もかなりおられるようです。

私は、必ずしも陪審裁判の認定の方が間違いの危険性が高く、職業裁判官の方が正確な事実認定をするなどということを申し上げるつもりはございませんが、職業裁判官よりも国民の代表による裁判の方が正確な事実認定を期待できると考えて制度を運用する場合には、時として期待が裏切られることがありはしないかと思うわけであります。むしろ陪審制・参審制の方策を選ぶ時には、職業裁判官による、仮に正しいかも知れない判断よりは、国民の代表つまりは自分たちの仲間がした判断の方が、自分の運命を託するに足りると、こういう割り切りが必要ではないかと思うわけであります。

この問題は、結局、どちらが正しいとか、理論上妥当かという問題ではないように思います。三つのそれぞれの価値をどの程度に調和させるのが国民にとって一番望ましいか、司法に対する信頼を増すゆえんかということを熟慮した上で決定すべき事柄であるように思うわけであります。そして、是非こういう議論を、我々法曹人ばかりではなく、マスコミを含めた国民各層が真剣に受け止めて、当否を検討し、正しい選択をしていただきたいと心から念じているものでございます。

五　おわりに

締め括りとして、私が体験いたしました一つのエピソードを紹介してみたいと思います。

日本の刑事法学をリードしておられます大学者で、現在弁護人としても活躍されておられる方を含めて、日本の指導的な弁護士さんが十数人集まった飲み会に加わる機会がございました。私は最高裁判所に昭和四八年から五三年まで最高裁調査官として勤めたことがございます。その後も、去年の春まで上席調査官ということで二度目のお勤めをしたのですが、前に調査官を拝命しておりましたとき、公安労働事件と称される事件が非常に多うございました。最初に担当させていただきましたのが猿払事件という、公務員の政治的行為を規制することが憲法二一条に違反していないかということが争われました裁判の調査でした。最後に担当させていただきましたのが名古屋中郵事件という公務員の争議権に関する事件でございました。それらの事件の判例解説を、少し私見を交えて書きましたところから、その後その種の裁判について、私の解説に対する批評が、いろいろ弁護人の方からなされました。それは、それぞれに貴重なご意見だと思っていつも読んでいるわけですが、たまたま飲み会に集まりました弁護士さんの中に組合の顧問が多く、その解説が話題になりました。中には、自分も気が付かない考え方でよかったと言ってくれる弁護士さんもおりましたが、弁護士さんの中に、学生時代からの親しい友達がいて、お前のような者がいるから裁判が大分悪くなったんだと手厳しい批判を言ったりして、酒を飲みながらギャーギャー論議をやっておりました。それを聞いておられました大刑事学者である弁護士先生が、私の友達の弁護士を制止されまして、「君、弁護士としてそういう物の言い方を裁判官に対してするのはいけない。本当に自分の意見が正しく裁判官の考え方が誤っているのなら、それを説得すべきではないか。理論上それを克服しようとすべきだ。克服できない場合に、結論だけとらえて相手を非難するのはよくない。」と、こういうふうにたしなめられたわけでございます。私はそのときハッといたしました。その先生は、私が調査に関与いたしましたその最高裁判所判例に対して常々厳しい批評をしておられる方でございまして、最高裁判所の判例が正しいというようなことを思っておられないに違いありませんが、しかし、弁護人の立場、あるいは学者の立場として相手方の結論に対する非難のみをすべきではない、本当に自分の立場に自信があるならばそれを説得すべきだし、できなければならない。もし説得ができないならば、自分の側の努力が足りないのだと思って努力をすべきだと、こういうことを後輩の弁護士に諭されたのではないかと思ったわけでございます。その言葉を聞きまして、これこそが学者、弁護士そしてまた法曹一般の根性であり、精神ではないかと思ったわけでございます。

私どもは、検察官、弁護士、裁判官と、立場をそれぞれ分けて仕事をしております。しかし、それは裁判の本質上やむを得ないことであり、また立場をそれぞれ異にして主張し、立証し、説得することが真実の発見、正しい法の解釈に資するゆえんだという叡智に基づく制度だと思うわけであります。それは、相手方に対する深い信頼の上に立って相手方を説得し尽くすという努力、そういう厳しい試練を我々法曹に課している制度ではないかと思うわけであります。

大分県弁護士会が、今度の当番弁護士制度を契機として、そういう法曹の理念に立って、刑事裁判制度を抜本的に改革しようという努力をされていることに対して、重ねて深い敬意を表しますとともに、私ども法曹は、裁判官を含めてその精神を貴重なものとして、今後、刑事裁判が本当に国民のためになるように渾身の努力を重ねていきたいと思っている次第でございます。

また、重ねて、本日、ご専門の皆様方の前で講演する機会を与えられましたことを光栄に存じますとともに、今後の日弁連を含む全国の当番弁護士制度のご発展を心から祈念したいと思います。

大変蕪雑な話でございましたが、ご清聴ありがとうございました。

（本稿は、平成四年一一月一四日大分県弁護士会において行なった当番弁護士制度発足一周年記念講演の速記録である。）

四　当事者追行主義と補正的職権主義

7　刑事訴訟における職権主義の機能

一　概　要

1　職権主義を論じる意義

刑事訴訟において審理を主宰して判決を下すのは裁判所であるから、刑事訴訟の根底に職権主義が横たわっていることは当然である。したがって、その意味での職権主義を論じることは、刑事訴訟を一般的に論じることに帰するので、格別の意義はないともいえるであろう。しかし、職権主義には、このような一般的な職権主義のほかに、当事者主義を補完する意味での職権主義がある。現行の刑事訴訟法の下において職権主義の機能が関心を集め、その限界と義務性が論じられるようになったのは、当事者主義が広範に採用された結果、これを補完するものとしての職権主義が新たな問題として浮かび上がったからにほかならない。ここでの職権主義の問題は、裏返しされた当事者主義の問題なのである。

この問題は、当然のことながら現行の刑事訴訟法の制定直後から盛んに論じられるようになったが[1]、近時では当事者主義が定着したためか具体的な論点に関心が移り、一般的に論じられることが少なくなったように見受けられる。しかしながら、この問題は、刑事訴訟法の運用と解釈の基礎となるものであり、その整合性のある処理は、具体的な論点の処理にとっても欠かすことができないものと考えられる。本稿においてあえてこの古い問題を取り上げたのは、そのような関心からである。

2　当事者主義の権利の機能

当事者主義は、当事者に権限又は権利（以下単に権利ということがある）を与えて訴訟の進行を図ることが適正な訴訟の実現にとって望ましいという立法判断に基づいている。その権利が具体的にいかなる機能を期待されているかは、権利の目的と性質の両面から考察する必要があるであろう。

㈠　そこで、まず当事者主義の権利の性質についてみると、その効力の強弱に応じて次の二つに区分することができる。

第一は、裁判所に代わって当事者に処分権を与える当事者処分権主義を内容とする場合であって、訴因の選択、証拠に対する同意、上訴の申立の権利がその代表であるが、検察官が上訴を申立てないことに伴い上訴裁判所の職権調査権限が制約される場合もその一部とみることができる。

第二は、当事者に非処分権的な権利を与える場合であって、証拠申請、証拠に対する意見陳述、上訴理由の主張、各種の申立の権利がその代表である。

㈡　次に当事者主義の権利の目的についてみると、訴訟の段階に応じて次の三つに区分することができる。

第一は、審判の対象を設定することを目的としている場合であって、検察官による訴因の選択、被告人の答弁の権利がその代表である。訴因の選択については、検察官に対し処分権限を与えているが、被告人の答弁については、アレインメントの制度を採用しておらず、被告人に対し処分権限を与えていない。しかし、被告人の答弁は、訴訟の進展を決定づけるものであって、事実を認める場合はもとより、否認する場合でも争点を限定することによって、処分権限の行使に準じる機能を果たすものである。このように、当事者主義は、審判の対象を設定することに関しては最も徹底しており、当事者の責任も重いことになる。

第二は、立証その他の訴訟追行活動を目的としている場合であって、証拠申請、証拠に対する意見陳述、異議申立、各種の中立の権利がその代表である。これらの権利の中には、証拠とすることの同意（刑訴法三二六条）のように当事者に処分権限を与えているものもあるが、一般には、そこまでの効力はなく、各当事者がその発意で正当な利益を追求することが適正な訴訟の実現に資するという見地から保障されているものである。このように、当事者主義は、訴訟追行活動に関しても第一の場合に準じて徹底しており、その意味で当事者の責任は大きいことになる。

第三は、上訴における審査の対象を設定することを目的としている場合であって、上訴の申立、上訴理由の主張がその代表である。そのうち、上訴の申立をするか否かについては、当事者に処分権限が与えられているが、それにも限界があり、一方当事者の上訴の申立によって訴訟は上訴審に移行することになる。ただ、検察官が上訴の申立をしないことにより、被告人に不利に原判決を職権破棄することが許されなくなる場合があり、そこにも検察官の処分権限が認められていることになる。他方、上訴理由の主張については、処分権限は認められていないが、主張した以外の事項については裁判所の義務的調査を求め得ないことになる点で、ここでも当事者に相当の責任が課されているとみるべきである。

3　職権の機能

当事者が権利を適切に行使しなければ、当事者主義の期待する目的が達成されないことになる。しかも、刑事訴訟においては、正確な事実認定と法適用の確保が必須であるから、裁判所が職権を行使して当事者の不十分な権利行使を補完する必要があり、現に立法において広範にその途が講じられている。職権主義に期待されているこうした機能を分析するには、あらかじめ職権の性質と目的について考察しておく必要があるであろう。

㈠　職権の性質は、次の二つの観点からこれを区別することができる。

第一は、権限の強弱の観点であって、職権は、権限の強いものと弱いものとの二つの種類に区分される。前者は、当事者の権利に優越する効力をもつ職権であり、後者は、そのような効力をもたず、単に当事者の権利の適切な行使を促す効力しかもたない職権である。前者は優越的(又は拘束的)職権、後者は勧告的職権と呼ぶことができるであろう。

第二は、権限行使の義務性の有無の観点であって、職権は、その行使が裁量的なものと義務的なものとの二つの種類に区分される。

第一の優越的(拘束的)職権及び勧告的職権の区分は、法が当事者主義の権利にどの程度の優越性(拘束性)を認めているかによって決定されることであり、第二の裁量的職権と義務的職権との区分は、法が職権を行使しないことにより生じ得る事態の重要性と危険性をどの程度とみているかによって決定されることであって、相互に対応する関係にはない。むしろ、これらの権限の区分は、当事者主義の権利の機能との間に深い関係があると考えられるのである。

(二)　次に職権の目的についてみると、当事者主義の権利に関して区分した三つの段階に対応し、職権主義にも三つの段階を区分することができる。

第一は、当事者主義の第一の段階である審判対象を設定する権利に対応するものである。訴因の選択に関して検察官に処分権を与えた結果として、裁判所による職権主義は大幅に後退し、その権限はこの処分権を補完するために必要な限度で、かつ、原則として勧告的職権の限度で認められるにとどまることになる。そして、職権主義によることが義務となるのは、さらに限定され、当事者主義を補完するために必要不可欠な場合に限られることになる。

第二は、当事者主義の第二の段階である訴訟追行活動の権利に対応するものである。当事者に訴訟追行上の権利を与えた結果として、裁判所が職権主義を発揮する機会は大幅に減少するが、訴訟追行が正しい事実認定を行うという本質的な価値にかかわるものであるところから、裁判所に拘束的権限を含む権限が広範に留保されている。しかし、その権限を行使することが義務となる場合は、必ずしも第一の権限に比して広いわけではなく、基本的にはそれと統一的な原理で決定されるものと考えられる。

第三は、当事者主義の第三の段階である上訴の権利に対応するものである。この場合には、裁判所に最終的な判断権があり、しかも、可能な限り適正な判決を確保することが裁判所の使命なのであるから、当事者が主張を怠った場合でも、職権により、しかも、拘束的な効力をもつ判断を下す権限が裁判所に留保されている。しかし、その権限を行使することが義務となるか否かは、訴訟構造全体の見地から決定されることであって、第一、第二の場合に比して広いものではなく、基本的にはそれと統一的な原理に支配されていると考えられるのである。

㈢ 本稿の展開

本稿では、以下、当事者主義の三つの段階に応じて職権主義の内容がどのように変わるかを各代表例を中心に考察し、その総括として当事者主義を補完する職権主義において最も重視されるべき原理が何かを探った上、今後の刑事訴訟の運用を展望したいと思う。

（1） 団藤重光「職権主義と当事者主義」刑事法講座第五巻、岸盛一「職権主義と当事者主義」刑事法実務講座一巻、平野龍一・刑事訴訟法二頁以下など。

二 訴因と職権主義

1 訴因に関する検察官処分権主義と訴因変更命令の関係

訴因によって審判の対象を設定することは、検察官の権限であり、裁判所が検察官に代わってこれを設定することは、付審判の場合のほかは予定されていない。すなわち、訴因に関しては検察官処分権主義が採用されているのである。もっとも、裁判所には訴因変更命令の権限が与えられているが（刑訴法三一二条二項）、この権限は、裁判所の心証とこれについての検察官の見通しが食い違うために検察官の訴因変更（同条一項）が適正に行われず、新訴因による訴追の機会が失われることを防止するためのものであり、裁判所の訴追意思を貫徹させるための手段ではない。(2)

2　訴因変更命令の義務

㈠　訴因変更命令を発することは裁判所の権限であるが、それを発することが裁判所の義務となり、命じないことが違法となる場合もあると考えられる。

検察官が訴因の変更を考慮するのは、従前の訴因を維持していては有罪の判決を期待できないが、新訴因に変更すればそれが期待でき、そうすることが望ましく、かつ、訴因の変更が許されると解している場合である。検察官がこのような場合であることを認識していれば、自ら訴因を変更するであろう。しかしながら、検察官が従前の訴因を維持していても当然有罪の判決が期待できると誤解している場合、又は訴因の変更が許されないと誤解している場合には、検察官は自らは訴因を変更しないであろう。訴因変更命令を発することが義務となるか否かは、この二つの場合に関して検討すれば足りると思う。

㈡　検察官が従前の訴因で当然有罪の判決が期待できると誤解していたとしても、新訴因で訴追する意思をもたないと認められれば、裁判所は、従前の訴因で無罪を言い渡せば足りる。これに対し、検察官が新訴因で訴追する意思をもちながら、右のような誤解をしているとすれば、裁判所は、そのような状況にあることを検察官に知らせて、訴追の機会を失わせないようにすべきであろう。

通常、検察官は、公訴の専門家として、立証の程度を熟知し、現在の訴因で有罪を得られるか否かを適切に判断しているはずであるし、あらかじめ予備的に訴因を追加しておくこともできる。したがって、訴因変更を考慮しなければならないすべての場合に裁判所が検察官に対してその必要性を示唆する義務があると解すべきではなく、検察官が訴因変更の必要性に気付けば当然新訴因に変更すると予想される場合に限りその義務があると解するのが相当であろう。

現在の訴因より処罰対象を縮小する縮小認定の場合には、縮小された訴因が予備的に掲げられていると解されるので、その訴因で訴追する意思がないと認められる例外的な場合のほかは、訴因変更をしないままで縮小認定をすることができる。また、現在の訴因より処罰対象を拡大する拡大認定の場合には、現在の訴因を構成する際に拡大した訴因とすることができないと誤解していたような例外的な場合のほかは、検察官において縮小した訴因で訴追する意思であったと認められるので、訴因変更を検察官に示唆する必要はない。これに対して、現在の訴因とは別の処罰対象を認定する競合認定の場合(例えば、窃盗を盗品故買と認定する場合)には、訴因変更の必要性を検察官に示唆する義務をより広く認めるのが相当であろう。

最高裁判例は、まず競合認定の場合について訴因変更を示唆する義務を認めた(昭和四三年一一月二六日決定・刑集二二巻一二号一三五二頁)。すなわち、当初の訴因は殺人であるが、重過失致死が認められる場合につき、「本件のように、起訴状に記載された殺人の訴因についてはその犯意に関する証明が充分でないため無罪とするほかなくても、審理の経過にかんがみ、これを重過失致死の訴因に変更すれば有罪であることが証拠上明らかであり、しかも、その罪が重過失によって人命を奪うという相当重大なものであるような場合には、例外的に、検察官に対し、訴因変更手続を促しまたはこれを命ずべき義務があるものと解するのが相当である」と判示した。殺人が無罪であれば当然重過失致死で訴追すると考えられる場合であるから、この判示は相当であったというべきであろう。

最高裁判例は、次に拡大認定の場合について訴因変更を示唆する義務を認めた(昭和五八年九月六日判決・刑集三七巻七号九三〇頁)。この事件では、当初の訴因は事前共謀に基づく一箇所における第一の犯行と現場共謀に基づく別の箇所における第二の犯行が別罪として構成されていた。審理の結果、第二の現場共謀は認められないが、第一の犯行と第二の犯行は同一の事前共謀に基づく一罪である疑いがでてきたので、裁判長は、訴因の変更をするかどうかについて求釈明をしたが、検察官は従前の主張を変える意思がない旨を釈明したため、第一審裁判所は、第二の訴因を無罪とした。このような場合につき、最高裁判例は、「第一審において被告人らが無罪とされた公訴事実が警察官一名に対する傷害致死を含む重大な罪にかかるものであり、また、同事実に関する現場共謀の訴因を事前共謀の訴因に変更することにより同事実につき被告人らに対し共謀共同正犯としての罪責を問いうる余地がある場合であっても、検察官が、約八年半に及ぶ第一審の審理の全過程を通じ一貫して右公訴事実はいわゆる現場共謀に基づく犯行であって右現場共謀に先立つ事前共謀に基づく犯行とは別個のものであるとの主張をしていたのみならず、審理の最終段階における裁判長の求釈明に対しても従前の主張を変更する意思はない旨明確かつ断定的な釈明をしていたこと、第一審における被告人らの防禦活動は検察官の右主張を前提としてなされたことなど判示の事情があるときは、第一審裁判所としては、検察官に対し右のような求釈明によって事実上訴因変更を促したことによりその訴訟法上の義務を尽くしたものというべきであり、さらに進んで、検察官に対し、訴因変更を命じ又はこれを積極的に促すべき義務を有するものではない」と判示した。検察官は、二箇所の犯行が一罪であって全体を一個の訴因として構成することができると知れば、いつでも訴因をそのように拡大することができたはずであるから、裁判所は、そのように変更することが可能であることを検察官に示唆すれば足りる。検察官が、その示唆にこたえて訴因を変更するかどうかは、立証の難易、共犯者の処罰の均衡その他の事情に基づく検察官の裁量により決せられることであり、示唆を受けたのに検察官が訴因を変更しなかったときは、検察官に訴追の意思がなかったことが明らかであるから、裁判所にはそれ以上に訴因変更を促し又は命ずる義務はないというべきである。

㈢　訴因変更が可能であることについて検察官に誤解がある場合に関して検討しよう。

このような誤解は通常は表面に表れることはないが、釈明その他の意見陳述の過程で明らかになることもある。もし、検察官がこのような誤解に陥っていることを知れば、裁判所は、訴訟の主宰者として、当然その誤解を解き、訴因変更が可能であることを示唆する義務を負うであろう。

㈣　以上を通じて、裁判所が負う義務は、検察官に訴因変更の機会を与え、新訴因による訴追の意思を確認することにあるから、訴因変更命令の形をとる必要はなく、訴因変更を促し又は訴因変更の意思を問うことをもって足りるものというべきである。

3　訴因変更命令の効力

訴因変更命令の効力については二つの問題がある。

第一は、その命令には直ちに訴因変更の効果が生じる力すなわち形成力があるか否かである。最高裁判例(昭和四〇年四月二八日大法廷判決・刑集一九巻三号二七〇頁)は、これを否定し、「検察官が裁判所の訴因変更命令に従わないのに、裁判所の訴因変更命令により訴因が変更されたものとすることは、裁判所に直接訴因を動かす権限を認めることになり、かくては、訴因の変更を検察官の権限としている刑訴法の基本的構造に反する」と明快に判示している。

第二は、検察官は命令に従う義務があるか否かである。通常義務があると説かれているが、その命令が検察官の訴因変更の権限を補完して適切に行使させるためのものであり、訴追の機会を逸しないようにするためのものであることを考えると、無限定に義務を肯定するのは妥当でなく、命令を受けたのに新訴因で訴追する必要がないと判断する場合のほかは従うべき解除条件付きの義務であると解するのが相当である。

以上のことは、訴因を補正すべきことを命ずる命令についても妥当するであろう。

（2）　訴因については「訴因制度の構造(上)(中)(下)」判例時報一二三六号、一二三八号、一二四〇号（本書**19**論文）で、特にここでの問題については一二四〇号三頁以下で検討したことがある。

三　証拠調と職権主義

1　証拠調の原則と職権証拠調の権限

検察官、被告人又は弁護人は、証拠調を請求することができる（刑訴法二九八条一項）。検察官は、まず、事件の審判に必要と認めるすべての証拠の取調を請求しなければならない（刑訴規則一九三条一項）。被告人又は弁護人は、検察官の請求が終わった後、事件の審判に必要と認める証拠の取調を請求することができる（同条二項）。裁判所は、必要と認めるときは、職権で証拠調をすることができる（刑訴法二九八条二項）。

これらの規定は、原則として、証拠調を請求するのは当事者の義務であって、裁判所の義務ではないことを定めたものと理解されている。最高裁判例（昭和三三年二月一三日判決・刑集一二巻二号二一八頁）も、裁判所は、職権で証拠調をする権限をもつが、「原則として、職権で証拠調をしなければならない義務又は検察官に対して立証を促さなければならない義務があるものということはできない」と判示している。

問題は、いかなる例外的な場合にそれらの義務があると解すべきかである。

2　職権証拠調の義務

㈠　職権証拠調又は釈明の義務が問題となるのは、訴因の変更について検討したのと同様に、裁判所の心証と当事者の心証とが食い違っている可能性が高い場合である。この心証の食い違いは、大別して次の三つの事例において生じ、それぞれに一定の範囲で裁判所の義務が生じると考えられる。

(二)　裁判所の心証と当事者の心証とが食い違う第一の事例は、事件の争点(問題点)の理解をめぐって生じる。

この点を明らかにした最高裁判例(昭和五八年一二月一三日判決・刑集三七巻一〇号一五八一頁)をみよう。被告人は、三月一二日から三月一四日までの三日間よど号ハイジャックの事前共謀をしたという訴因で共同正犯として起訴された。第一審は、一三日と一四日に謀議をしたと認定して有罪とした。控訴審は、被告に対し謀議日の違いについて注意喚起をしないまま、最初の謀議は一二日であり、一三日と一四日にも続けて行われたと認定した。最高裁判例は、一二日に謀議をしたという事実は、第一審の検察官も最終的には主張せず、第一審では検察官の特段の立証も行われず、その結果として被告人・弁護人は何らの防御活動もしていなかったと指摘した上、「原審が、第一審判決の認めた一三日夜の第一次協議の存在に疑問をもち、右協議が現実には一二日夜に行われたとの事実を認定しようとするのであれば、少なくとも、一二日の協議の存否の点を控訴審における争点として顕在化させたうえで十分の審理を遂げる必要があると解されるのであって、このような措置をとることなく、一三日夜の第一次協議に関する被告人のアリバイの成立を認めながら、率然として、右第一次協議の日を一二日夜であると認めてこれに対する被告人の関与を肯定した原審の訴訟手続は、本件事案の性質、審理の経過等にかんがみると、被告人に対し不意打ちを与え、その防禦権を不当に侵害するものであって違法である」と判示した。

控訴審が認定した一二日の謀議も訴因の中には含まれているから、訴因外認定の問題はない。しかし、第一審では現実にはその日に謀議があったとは考えられておらず、当事者もその点について十分に証拠を提出していたとは考えられない。したがって、そのような不十分な証拠で事実を認定することは審理不尽であり、事実認定を誤るおそれがある。

当事者が事実認定上の争点と考えているものと、裁判所がそう考えているものとが食い違う場合には、裁判所としては、そのことを当事者に示唆して証拠申請を促し、審理を尽くさせるべきである。

㈢　裁判所の心証と当事者の心証とが食い違う第二の事例は、立証の十分性ないしは必要性をめぐって生じる。被告人は、無罪を立証する責任を負っていないから、検察官の立証が不十分であると考えれば、積極的に無罪立証をする必要はなく、ただ、第一審において立証をしておかないと、控訴審においては原則として立証をする権利がないため、できる限り第一審において立証を尽くすべき負担を負っているにとどまる。したがって、裁判所は、被告人の立証などにより、合理的な疑いまでは生じていないものの、ある程度の疑いが生じており、かつ、それまでの証拠調の結果などに照らして無罪に結び付く追加証拠がある可能性が高いと考えるときは、被告人に対し追加立証を促し、場合によっては職権で証拠調をするなどして審理を尽くす義務があるというべきであろう。

これに対し、検察官は、事件を立証する責任を負っている。また、かりに検察官の立証が不十分であっても、無罪とすれば足り、そうしてもそれまでの証拠を前提とする限りは事実誤認はないことになる。したがって、裁判所は、検察官の立証が不十分であるときでも、原則として、検察官に対して追加立証を促す必要はないというべきであろう。もっとも、検察官は、不必要な重複立証を避けるため、必要十分と考える範囲に立証を絞ることがあり、裁判所も、そうすることが一般に望ましいと考えている。そのため、検察官は、他に証拠がありながら、十分に立証ができたと考えて立証を打ち切ることがある。そのような場合にあたると考えられるときには、裁判所は、検察官に追加証拠の有無を確かめ、あるいは追加立証を促すべき義務があるというべきであろう。

㈣　裁判所の心証と当事者の心証とが食い違う第三の事例は、当事者が不注意で証拠調請求を怠っている場合である。

このような事例に関する最高裁判例(昭和三三年二月一三日判決・刑集一二巻二号二一八頁)を検討してみよう。この事件の第一審では、七名の共犯者の審理が併合されたり、分離されたりして判決が言い渡されたが、一部の被告人について共犯者又は必要的共犯者の供述調書の申請が遺脱し、これが無罪に結び付いた可能性があった。最高裁判例は、「わが刑事訴訟法上裁判所は、原則として、職権で証拠調をしなければならない義務又は検察官に対して立証を促がさなければならない義務があるものということはできない」と判示しつつも、「本件のように被告事件と被告人の共犯者又は必要的共犯の関係に立つ他の共同被告人に対する事件とがしばしば併合又は分離されながら同一裁判所の審理を受けた上、他の事件につき有罪の判決を言い渡され、その有罪判決の証拠となった判示多数の供述調書が他の被告事件の証拠として提出されたが、検察官の不注意によって被告事件に対してはこれを証拠として提出することを遺脱したことが明白なような場合には、裁判所は少なくとも検察官に対しその提出を促がす義務があるものと解するを相当とする。従って、被告事件につきかかる立証を促がすことなく、直ちに公訴事実を認めるに足る十分な証拠がないとして無罪を言い渡したときは、審理不尽に基づく理由の不備又は事実の誤認があって、その不備又は誤認が判決に影響を及ぼすことが明らかである」と判示した。

供述調書を取り調べれば有罪になる可能性が高く、検察官が不注意で証拠調の請求をしないことを知りつつ無罪の判決をするのは、審理不尽というほかないであろう。

四　上訴と職権主義

1　上訴裁判所における職権調査の権限と職権破棄の権限

控訴裁判所は、控訴趣意書に包含された控訴理由の事項については、これを調査しなければならず(刑訴法三九二条一項)、控訴趣意書に包含されない事項であっても、控訴理由の事項に関しては調査することができる(同条二項)。また、控訴裁判所は、控訴理由にあたる事由があるときは、その事由が控訴趣意書で主張されていた場合であっても、職権調査によって発見した場合であっても、第一審判決を破棄しなければならない(三九七条一項)。このように、控訴裁判所の職権調査の権限も職権破棄の権限も、極めて広範である。

上告裁判所についても、控訴裁判所の職権調査及び事実の取調の権限についての規定が準用されている（四一四条）。また、上告裁判所は、上告趣意書で主張されている上告理由（四〇五条）の事由がない場合であっても、控訴理由と同様の事実誤認、法令違反等の事由があり、かつ、控訴審判決を破棄しなければ著しく正義に反すると認めるときは、控訴審判決を破棄することができる（四一一条）。このように、上告裁判所の職権調査の権限も職権破棄の権限も、極めて広範である。

2　控訴裁判所における職権調査の義務と職権破棄の義務

(一)　控訴裁判所が、控訴趣意書で主張された事項を調査する過程などにおいて、控訴趣意書で主張されている以外の破棄事由を発見した場合には、控訴裁判所に、第一審判決を破棄する権限があるばかりではなく、そうする義務もあり、破棄しなければ上告裁判所において控訴審判決が破棄されることがあるというべきであろう。

(二)　これに対し、客観的には第一審判決に控訴趣意書で主張されていない破棄事由があったのに、控訴裁判所がこれを発見することができなかった場合には、控訴裁判所に破棄義務があったということはできず、したがって、破棄義務違反があったとして上告裁判所が控訴審判決を破棄することはできないであろう。しかし、このようなときでも、常に又は一定の場合に控訴裁判所に職権調査義務があったとすれば、その義務違反を理由に上告裁判所が控訴審判決を破棄することができることになる。これが控訴裁判所の職権調査義務の問題にほかならない(3)。

最高裁判例は、一貫して、刑訴法三九二条二項の規定は任意的職権調査の規定であって、控訴裁判所に職権調査義務を課したものではないと判示している（昭和二五年五月一八日決定・刑集四巻五号八二六頁、昭和二五年一一月一六日決定・刑集四巻一一号二三二三頁など）。他方、最高裁判例は、第一審判決の破棄事由となる瑕疵を控訴裁判所が看過した場合において、これを是正しなければ著しく正義に反すると認めたときは、常に刑訴法四一一条の職権破棄の規定を適用し、第一審判決及び控訴審判決を共に破棄してきた（第一審判決が行為時法を適用して罰金一〇〇〇円以下で処断すべきところを裁判時法を適用して一万円を科した場合についての昭和二六年七月二〇日判決・刑集五巻八号一六〇四頁、第一審の簡易裁判所が裁判所法三三条二項の制限に違反して懲役刑で処断した場合についての昭和三〇年一二月二〇日判決・刑集九巻一四号二九〇六頁、第一審判決が執行猶予に保護観察を付し得ない事例であるのに付した場合についての昭和三二年一一月一日判決・刑集一一巻一二号三〇三七頁、第一審判決が公職の候補者にあたらないのに立候補届出前の者に公職選挙法二二一条三項を適用した場合についての昭和三五年一二月二三日判決・刑集一四巻一四号二二一一頁、第一審判決が単に確定申告書を提出しなかっただけでは成立しない所得税逋脱罪の成立を認めた場合についての昭和三八年二月一二日判決・刑集一七巻三号一八三頁、第一審判決が訴訟詐欺罪が成立しない事例において成立を認めた場合についての昭和四五年三月二六日判決・刑集二四巻三号五五頁など）。

このような最高裁判例については、首尾一貫しておらず、実質的には重大な第一審判決の瑕疵に関して控訴裁判所に職権調査義務を認めていると理解すべきであるという見解が有力である。しかし、後に検討するとおり、最高裁判例は、控訴裁判所に職権調査義務違反がない場合であっても、第一審判決の瑕疵を是正せずにこれを維持したときには、客観的違法があるとしてこれを上告裁判所が職権破棄することを刑訴法四一一条が認めているという解釈に基づいているものと理解される。

もっとも、通説的な見解がとるとおり、控訴趣意書に包含された事項の調査に伴い当然に明らかになるような第一審判決の瑕疵については、控訴裁判所に職権調査義務があると解することはできるであろう。

3　上告裁判所における職権調査の義務と職権破棄の義務

㈠　上告裁判所は、上告趣意書で主張された事項を調査する過程などにおいて、刑訴法四一一条に規定されている職権破棄事由を発見した場合には、控訴審判決(及び必要に応じて第一審判決も併せて)を破棄する権限を有するばかりでなく、そうする義務もあると解すべきであろう。

(二)　また、上告裁判所は、上告趣意書に包含された事項の調査に伴い当然に明らかになるような控訴裁判所の瑕疵については、職権でこれを調査する義務があると解すべきであろう。しかし、それを超えて一般的に上告裁判所に職権調査義務があると解すべきではなく、最高裁判例もこれを否定している(昭和三〇年九月二九日判決・刑集九巻一〇号二一〇二頁)。

ここで、第一審判決の瑕疵を看過した控訴審判決を破棄した前記最高裁判例を検討しよう。上告裁判所は、直接には控訴審判決を審査の対象とするものであるから、そこに瑕疵がない場合には破棄することができないはずである。ここに控訴裁判所に職権調査義務を認めるという学説的努力の出発点があった。しかし、控訴裁判所に職権調査義務違反その他の義務違反がない場合であっても、瑕疵のある第一審判決を維持している控訴審判決には、客観的な違法があり、上告裁判所によって職権破棄される瑕疵がある。そして、刑訴法四一一条は、このような場合についても当然上告裁判所に対し職権破棄の権限を与えて正しい判決を実現することを認めた規定と解されるのである。

上告裁判所が第一審判決に瑕疵があることを知りながら上告を棄却するほかなく、判決確定後の非常上告又は再審の請求を待たなければ瑕疵を是正することができないと解するのは、逆立ちした議論である。未確定のうちに瑕疵に気付けばその段階で是正を図るのは当然である。

また、控訴裁判所が職権で第一審判決を破棄する場合にも、第一審裁判所に職権証拠調義務違反その他の違法があったことを理由とする必要はない。このことは、再審請求事由、刑の廃止・変更又は大赦があった場合(刑訴法三八三条)には当然のこととして学説上承認されているが、控訴審の新たな事実調査で第一審判決に事実誤認があることが判明したような場合でも同様である。もちろん、控訴裁判所が第一審判決を破棄する場合には、そこに破棄事由となる瑕疵があることを理由とするのであるから、上告裁判所が第一審判決の瑕疵を是正するために控訴審判決をも破棄するのと違いはあるが、前者の場合でも、第一審裁判所の義務違反を正すわけではなく、客観的に誤っている第一審判決を正すのであって、後者の場合と本質的な違いはない。

（3） この問題についての従来の論議は千葉裕「控訴審の職権調査義務」中野次雄判事還暦祝賀・刑事裁判の課題、原田國男・大コンメンタール刑事訴訟法六巻三三二頁以下参照

五　職権主義の各審級における機能

1　第一審の場合

㈠　第一審は、正確な事実認定が生命である。そして、正確な事実認定を行うには、事件の真の争点を明らかにし、その点を中心に当事者に十分な立証活動をさせることが必要である。裁判所は、そのためにこそ職権を行使すべきであり、そうすることが義務となるようなときには躊躇すべきではない。

㈡　事件の争点は、検察官が選択した訴因によって大枠が決定される。しかし、審理が進むにつれ、その大枠を変更しなければならないことがある。多くの場合には、検察官は、訴訟の進行に対応して適切に訴因変更手続を行うが、時には裁判所の心証と違った心証を抱くため、あるいは不注意で、当然行わなければならない訴因変更手続を行わないことがある。裁判所は、このような状況にあることに気付いたときは、検察官に対し示唆をし、あるいは訴因変更命令を発することが必要であり、かつ、そうする義務があるというべきである。

争点は、被告人及び弁護人の冒頭手続における意見陳述によって、訴因の中の特定部分に限定されることになる。この段階は、真の争点に証拠調を集中し、正確に事実認定を行うために必要不可欠であるばかりか、被告人のため

になる審理を行うためにも必要不可欠であると考えられる。意味のない部分にまで事実の争点を広げることにより、重要な事実立証又は情状立証がおろそかになり、被告人に不利益な結果を招くおそれがあるからである。他方、事実に争点がありながら、安易に情状立証に終始し、そのため後に事実誤認が問題になる事例もある。控訴審の弁護人が新たな目で検討し、重大な問題を発見する場合も稀ではないのである。第一審裁判所としても、当然のことながら、被告人の応訴態度が真の争点を反映しているか否かに注意を払い、必要な釈明等を怠らないようにすべきであろう。

当事者が争点と考えるものと裁判所が真の争点と考えるものとが違う事例は、かなり多いように思われる。それは、証拠評価の違いから当事者の心証と裁判所の心証が違う場合にも生じるが、より多くは、刑罰規定を適用するための立証必要事項が何かについての理解が違うことから生じる場合である。裁判所は、そのような状況にあることを知ったときは、裁判所が重要と考える争点を当事者に示唆し、立証活動に欠けることがないように配慮すべきである。

㈢　裁判所が争点を明らかにして証拠調を進めるならば、職権証拠調を行う必要は大幅に減少すると思われる。残るのは、当事者が立証を尽くしていると感じているのに裁判所がなお不十分と考える場合と当事者が不注意で必要な立証を怠っている場合であるが、このような場合においても、裁判所は、当事者に適切な示唆をすることでほとんどの事態を解決することができると思われる。

2　控訴審の場合

控訴審においては、当事者主義が後退し、職権主義が前面に出るといわれることがあるが、これは必ずしも正確な考察とはいえないように思われる。すなわち、控訴審において職権審査が広く行われるのは、控訴審を原則として事後審としたことの結果であるが、事後審そのものは、当事者主義か職権主義かという観点とは別の観点から決定されることであり、事後審が当事者主義で続審が職権主義というわけではない。

むしろ、当事者には控訴の申立について処分権が与えられており、当事者が主張した控訴理由については裁判所の調査が義務とされているのであるから、控訴審においても事後審査を行うについて依然として当事者主義が基本的な原理とされているものというべきである。

もっとも、当事者は、例外的な場合のほかは、拘束的な証拠調を請求する権利を与えられていないのに対し、裁判所は、職権で証拠調をする広範な権限を与えられている(刑訴法三九三条)。また、裁判所は、職権で調査をし、破棄理由を発見すれば原判決を破棄する広範な権限を与えられている。これは、一見、控訴審における職権主義支配の証左のようである。しかし、正しい判決を下すことは、第一審においても、控訴審においても、裁判所の固有の権限であり、そこに当事者主義が働く余地はない。そして、第一審判決に瑕疵があることを知りつつ、控訴審がこれを是正できないとすれば、瑕疵のある判決の確定を座視することになる。これは、司法権を担う裁判所にとって耐え難いことである。したがって、控訴審が原判決の瑕疵を是正するための権限を与えられているのは、当然のことであって、これをもって当事者主義と対比される意味での職権主義の支配というのは妥当でないであろう。

3 上告審の場合

上告審においては、上告理由が一層限られており、当事者の活動の余地も一層狭い。しかし、それでも上告を行うか否かについては当事者に処分権が与えられており、主張した上告理由の調査は裁判所の義務とされているから、その基底には当事者主義がある。

もっとも、上告審では、控訴審より幾分要件は限られているものの、職権で原判決の瑕疵を是正する権限を与えられている。それればかりか、控訴審判決自体に直接の瑕疵がない場合でも、瑕疵のある第一審判決を維持した客観的な違法があるときは、第一審判決と控訴審判決を共に破棄する権限が与えられている。これは判決の確定前の瑕疵を発見したときは、最終審裁判所としてこれを是正し、正しい判決の維持を期するという司法権の本質に根ざす権限と解すべきであろう。ちなみに、上告審の職権破棄は、控訴審のように判決に影響を及ぼす瑕疵があるだけでは足りず、破棄しなければ著しく正義に反する場合に限られているが、これは破棄しなくても著しく正義に反することにはならない瑕疵については、その旨の判断を示すことにより第一審又は控訴審の判決を部分的に修正する権限を認めたものであって、権限が限定されているのではなく、拡大されているとみるべきである。

六　当事者主義と職権主義の理念と現実

1　当事者主義と職権主義の理念

現行の刑事訴訟法の下では、訴訟の対象の選択から上訴の提起に至るまで、当事者に広範な権利と責任が与えられている。もちろん、訴訟を指揮して適正な判決を下す責任は裁判所にあるから、裁判所には当事者の活動を補完する権限は留保されており、必要とする限りこれを行使することが可能である。また、裁判所には一定の限度で当事者の活動を補完すべき義務もあるが、その範囲は、当事者がその活動が不十分であることに気付いておらず、これを放置すれば適正な審判の実現に支障が生じると認められる場合に限られるのであって、裁判所も認識することができなかった場合にまで及ぶものではないと解される。

そうとすれば、当事者主義が十分に機能し、職権主義が機能しなくても適正な審判が実現することが刑事訴訟法の理念ということができるであろう。そして、刑事訴訟法施行五〇年の経験を経て、この当事者主義の理念は、相当浸透したとみることが許されよう。

2　当事者主義と職権主義の現実

しかし、現実の実務には、なおこの理念から遠い事例が多いように思われる。近時刑事訴訟の活性化の必要性が叫ばれているが、(4)その背景にはこのような当事者主義の現状が横たわっているように思われるのである。そこで、以下、これまで検討したところを前提として、例示的に当事者主義と職権主義の現実の問題点に触れ、今後について述べてみたいと思う。(5)

第一に、今日では常識化していることかもしれないが、当事者主義の成否の鍵は弁護人の手にあると考えられる。それだけに弁護人に期待するところが大きいが、弁護人の個人差があまりにもあり、敬服を禁じ得ない弁護活動をされる多くの弁護人がある反面、問題と思われる弁護活動に疑問をもたない弁護人もあるのが偽らざる実感である。弁護士業務の実際からして多くの弁護人に刑事実務に精通することを求めるのは過大であろうが、ごく基本的な事項の順守を求めることは許されるであろう。あえて一点だけを述べるとすれば、主張をすることで任務が終わったと考えず、これを資料に基づいて説得することを励行してほしいと思う。例えば、控訴趣意書においてさえ、原審の記録からは到底引き出すことができない主張が展開されることもまれではないのである。

第二に、事件の争点をできる限り早期に発見して対応することに一層の努力が必要ではないであろうか。捜査の初期から被疑者の弁解をよく聞いて証拠でその理由の有無を確かめることは、捜査の常道であろうが、時として一定の見通しに依存しすぎたのではないかと感ぜられる事案もある。どの事件についても、弁解録取書のように簡単なものではなく、被疑者の弁解を具体的かつ詳細に聞き取って資料化し、これに対する対応も記録しておくことが必要と思われる。第一審の弁護人の場合には、事件の浮動的な性格からして、ある程度不確定な答弁でやむを得ないときもあろうが、努めて争点の早期の確定を目指し、充実した立証活動に精力を注いでほしいものである。この点については、裁判所の努力の必要が大きい。事前準備はもとより常時争点を中心とした審理に格段の意を用いるべきであろう。

第三に、事件の個性に応じて裁判所の対応を一層柔軟なものにする必要があると思う。必要と認めるときは、訴訟指揮など固有の職権主義の権限はもとより、当事者主義を補完する職権主義の権限をも躊躇することなく行使し、適正な審判の実現に努めるべきであろう。

第四に、立法の活性化である。刑事訴訟の分野では、最高裁判所を中心としてかなり柔軟な解釈、運用が図られ、創造的な法原理もつくられてきたが、それにも限界がある。国民の英知に基づく立法により刑事訴訟の改革を行う余地は、なお残されているように思われる。

（4）　平野龍一「現行刑事訴訟の診断」団藤重光博士古稀祝賀論文集四巻、松尾浩也「適正な刑事裁判について」司法研修所論集八〇号、井上正仁「刑事裁判に対する提言」司法研修所論集八五号など。

（5）　この点については「刑事裁判の活性化のために」大分県弁護士会・当番弁護士四周年記念講演録（本書**6**論文）でやや詳細に考察したことがある。

五　当事者処分権主義

8 刑事訴訟法における処分権主義

一 刑事訴訟法分析の視点

刑事訴訟法の特徴を分析する際に用いられる視点にはさまざまなものがあり、代表的なものだけでも、①適正手続主義と実体的真実主義とがどのような関係に置かれているか、②当事者追行主義と職権追行主義(職権主義)とがどのような関係に置かれているか、③国民が刑事訴訟に参加することができる場面と態様はどのようになっているか、④いかなる主体にいかなる態様の処分権主義が許容されているか、⑤いかなる主体にいかなる裁量権が与えられているか、⑥刑事訴訟法による刑事手続的犯罪処理のほかにいかなる態様での非刑事手続処理(ディヴァージョン)が許容されているか、⑦刑事訴訟法の立法、解釈、運用上の特異点は何か、などを挙げることができる。

本稿では、このうち近年までさほど注目されてこなかった④の処分権主義という視点を取り上げ、それが刑事訴訟法の全体において占める役割について若干の考察を試みたい。

二 現行の刑事訴訟法における処分権主義の概要

(1) 処分権主義は、民事訴訟法において中心的な役割を演じており、訴えの提起、審判対象・範囲の設定、訴訟の終了が当事者の意思に委ねられている。そして、そのことは、私的紛争の解決を目的とする民事訴訟法においては当然のことであって、処分権主義は、私的自治の原則を民事訴訟法に反映させたものであると理解されているのである(なお、処分権主義という用語は、広義として、審判対象自体の処分のほか、責問権の放棄のように、権利・権限を放棄することが許される場合を含めて用いることがあり、これも分析の道具としては極めて有用であるが、本稿では狭義の処分権主義を対象として検討を進めることとする)。

刑事訴訟法においては、我が国の場合には、犯罪の処理が国家的な関心事であり、しかも、実体的真実主義が基本原理であるという考えが強かったため、かつては、私人である被告人はもとよりのこと、国家機関である検察官であっても、自らの裁量で審判の対象を処分することは原則として許されていないと解されていた。

ところが、検察官による訴因の設定は審判対象の設定にほかならないという理解が次第に広まり、我が国の刑事訴訟法においても、検察官を主体とする検察官処分権主義の限度では処分権主義が採用されていると説かれるようになった(1)(2)。

さらに、立法上の課題としてではあるが、検察官処分権主義の範囲を拡大して刑事免責制度、被告人・被疑者との司法取引(検察官との合意)に及ばせることの是非が大きな関心を集め、被告人、裁判所、被害者等を主体とする処分権主義についても、アレインメント、宣告猶予制度、和解による不訴追などの採用が論議の対象とされるようになった。

(2)　現行の刑事訴訟法が採用している検察官処分権主義について、その範囲をみておこう。

検察官処分権主義というのは、検察官は、ある犯罪事実の全部又は一部について、これを訴追するかしないかの裁量権を持ち、裁判所は、検察官が訴追の対象とした犯罪事実め範囲内においてのみ審判を行う権限と義務を有している、という法原理である。ここに法原理という用語を用いたのは、それが権利・権限の存否・範囲を決定する際に条文などと同様に法的根拠の一つとして用いることができるものであって、単なる政策的な利益の提言ではないことを示すためである。

訴追をしないことについては起訴猶予制度(二四八条)と公訴取消制度(二五七条)があるので、検察官処分権主義という別の概念を用いなくても同じ効果が得られるかにみえるが、それらからではやはり検察官による審判対象の専権的決定という高次の権限が当然に導き出されるわけではなく、だからこそ一部起訴の適法性、裁判所による訴因外認定の適法性、訴因変更命令の形成力など刑事訴訟法をめぐる戦後の重要な論争が生じたのである。

訴因制度においては検察官処分権主義が不可欠な役割を果たしていること、判例でもこれを前提として訴因制度の解釈が行われてきたものと考えられること、そして、それは法原理として十分に肯認されるものであることについては、ここでは詳言せず、次に進むことにしよう。

(3)　判例は、訴因制度についてばかりでなく、それを超えて検察官処分権主義を前提としたと思われる判断を示している。すなわち、判例は、いわゆる「新島ミサイル事件」において、科刑上一罪の関係にある犯罪の一方が有罪、他方が無罪となり、被告人のみが控訴した場合には、控訴審裁判所は、無罪とされた部分を職権調査して誤りを発見し、有罪に変更することは許されないと判断したのである(最高裁大法廷昭和四六年三月二四日決定・刑集二五巻二号二九三頁)。これは検察官処分権主義を根拠とすることによって、最もよく理解することができる。

検察官は、第一審判決が事実誤認又は法令適用の誤りによって科刑上一罪の一方を無罪としたことを認識した場合でも、その判決を維持してそれ以上の処罰を差し控えてよいと考えるときは、控訴をしないことができる。そこで、検察官が控訴をせず、被告人のみが控訴した場合に、控訴審裁判所が職権調査によって誤りがある部分を有罪に変更することができるものとすれば、検察官に処罰意思がない部分についてまで裁判所が自ら処罰を行うことになり、検察官処分権主義に反することになるからである。

(4)　現行の刑事訴訟法は、検察官以外の主体による処分権主義については、親告罪制度などのわずかな例外を除くと、これを認めていない。

すなわち、被告人処分権主義、被害者処分権主義、裁判所処分権主義は、原則として法原理とは認められていないのである。

三　現行の処分権主義の政策的背景

(1)　それでは、現在の処分権主義についての政策的背景について、まず、検察官処分権主義から考えてみよう。これは、検察官処分権主義の持つ三つの判断の側面に即して考える必要がある。

第一の側面は、検察官が敢えて訴追をするまでの必要がないと考える軽微な事案については、これを尊重することとしても不当ではないという判断である。これは、不処罰の方向では処分権主義を認めるという我が国の刑事訴訟法の特徴の表われであるが、同時に検察官が組織的に権限を行使する公的な機関であることに信頼を寄せるという公的機関尊重主義の表われでもある。

第二の側面は、いかなる犯罪を訴追の対象とするかについては、専ら検察官の選択に委ねるべきであって、裁判所の関与を予定する制度は妥当ではないという判断である。この判断は、旧刑事訴訟法のもとで行われていたように、裁判所が職権で訴追の対象を決定することとするためには、裁判所が捜査の機能を果たす必要があるが、それは妥当ではないという判断を含むものであって、実体的真実主義を一部後退させても捜査公訴段階における当事者追行主義を徹底することによって、裁判所の公正な判断者としての立場を維持することを意図したものと考えられる。また、そうしても、裁判所に訴因変更命令の権限が留保されていれば、大きな不公正は避けられるという判断が基礎にあったものと考えられる。

第三の側面は、いかなる犯罪を訴追の対象にするかについては、国家機関である検察官に委ねるのが妥当であり、私人の意思に委ねるべきではないという伝統的な判断である。

結局、現在の検察官処分権主義は、処罰するまでの必要がない犯罪を処分することについては、刑罰権の謙抑的行使という伝統的に支持されている思想に沿っており、検察官の判断に委ねて差し支えなく、裁判所その他の主体の関与は必要がないという決断に基づくものと理解することができる。

(2)　次に、現在の刑事訴訟法が以上の限度でしか検察官処分権主義を認めず、また、検察官以外の主体に対しては処分権主義を認めていないことについて、その政策的背景をみてみよう。

ここでは概括的に述べるにとどめるが、次のようないくつかの背景が複合的に影響しているものと思われる。

第一は、憲法上の障害である。例えば、被告人によるアレインメントの制度は、今日では憲法上の権利の放棄を根拠として合憲とする見解が一般的と思われるが、刑事訴訟法の制定当時は違憲論が有力であったため、その政策的妥当性について徹底した論議が行われないまま採用が見送られたようである。

第二は、不公平になるおそれのある処分権主義ないしは統一的な結果を乱すおそれのある処分権主義については、その採用に消極的な立場を採るという思想である。我が国の司法制度においては、一般に統一的処理の理念が強く意識されているが、ここでも、例えば、刑事免責制度や被疑者・被告人との合意による司法取引の制度については、検察官処分権主義の一環ではあるが、こうした思想から、その採用に抵抗感が強いようである。同様に、かつて議論のあった裁判所による宣告猶予の制度は、この観点からも、その採用に異論があった。

第三は、実体的真実主義に反するおそれのある処分権主義については、その採用に消極的な立場を採るという思想である。例えば、アレインメント制度や検察官と被疑者・被告人との合意による司法取引の制度については、こうした思想からも、その採用に抵抗感が強いようである。

第四は、裁判の権威を損なうおそれのある処分権主義については、その採用に消極的な立場を採るという思想である。上訴の段階においては公訴の取消が認められないことや、裁判所による宣告猶予の制度が採用されていないことは、その表われである。

第五は、公的性格が強い刑事裁判については、重要な決定は国家機関が行うべきであって、私人がその決定に関与することには慎重であるべきであるという思想である。そのため、親告罪の告訴以外に私人が刑事事件の処分に関与する余地はほとんどなかった。

四　処分権主義の将来

(1)　こうした処分権主義に対する現行刑事訴訟法の立場は、今後、再検討を迫られることになると思われる。現在の検察官処分権主義についても、既に被害者の側から、その考えをもっと反映する訴追制度を考えるべきであるという意見が強まっており、周知のとおり、検察審査会制度の見直しを中心に制度改革が進行中である。また、裁判所が公平な判断者の立場を損なわないことの重要性については異論がないが、刑事事件の全体的な公平性・妥当性を維持するために宣告猶予制度その他の形の裁判所処分権主義を考慮すべきであるという意見は、真剣に受け取る必要があろう。

また、現在の検察官処分権主義の範囲を拡大すべきであるという意見も多い。その一は、犯罪の国際化や集団化に対処するため、刑事免責制度を導入すべきではないかという意見である。ロッキード事件最高裁判決(平成七年二月二二日・刑集四九巻二号四六五頁)は、証人が外国にいるため事実上処罰ができない場合であっても、その証人に免責を与えて国内の被告人を処罰することは、法律の根拠規定なしには許されない旨判示したが、少なくとも一定のルールを定めた上での免責であれば憲法その他の障害はないというべきである。その二は、検察官と被疑者・被告人との間の合意(司法取引)によって事件を終結させる途を開くべきではないかという意見である。このような途は、略式命令手続で実質上実現しているのであって、アレインメント制度などと整合性を保ち、必要とすれば裁判所の関与を条件とする制度であれば、実現は不可能ではないと思われる。

(2)　さらに、検察官以外の主体による処分権主義の創設については、再検討を迫られる点が多いであろう。例示すれば、その一は、不訴追事件と訴追事件との公平を保つための制度である。公訴権濫用論が根強く主張されていることからも明らかなように、両事件の間に生じ得る不公平を調整するため、何らかの制度を作る必要があるのではなかろうか。その二は、起訴後の事情の変化を裁判に反映させる制度である。示談が成立したことなどの被害者側の事情の変化又は裁判の過程で明らかになった事情を考慮して公訴棄却や宣告猶予を行い得る制度を設けることも、十分考慮に値するであろう。その三は、親告罪以外でも、一定の限度で被害者側の意思を公訴の要件に取り入れることである。今でも、起訴猶予とする際には被害者の意思を重視しているが、財産犯や軽微な身体犯などについては、これを法的な要件に取り入れて起訴、不起訴の処理の公平性を高めることが重要であろう。

五　自白・黙秘権放棄と検察官処分権主義

(1)　処分権主義がもっとも盛行しているのは、アメリカであり、そのためか、処分権主義をめぐる論議も盛んである。ここでは、その一端として、自白つまりは黙秘権放棄をめぐる興味のある論争を紹介しておきたい。

この論争の主題は、黙秘権が無辜《むこ》の被疑者・被告人に有利に働いているのか、逆に罪を犯している被疑者・被告人に有利に働いているかであった。前の立場に立つ論者（無辜論者と呼んでおく）[3]は、ゲーム理論分析の手法で「黙秘権は無辜の者を助ける」と題する論文を発表したのに対し、後の立場に立つ論者（罪人論者と呼んでおく）[4]は、連邦検察官を勤めていた経験と現実の分析から「黙秘権は罪人のみを助ける」と題する論文を発表して無辜論者を批判し、現実の社会では司法取引の存在こそが自白を引き出す最大の誘引であると指摘したのである。

大部の論文なので骨子を述べると、無辜論者によると、「合理的な罪人は、公判で無罪を勝ち取るために捜査では黙秘し、公判でも黙秘権があるため虚偽のアリバイを主張せずに黙秘することになり、陪審員も、そのことを知っているため無辜の者のアリバイ主張を信用することになる結果、黙秘権は無辜の者を助けることになる」というのである。これに対し、罪人論者によると、「重罪の捜査で自白をする者は八〇〜九〇パーセントに達しているが、それは公判に賭けるよりも、有罪答弁、免責その他の司法取引で決着をつける方が有利であることを知っていて、それを期待しているからである。重罪で公判にかかる者は六パーセント程度にすぎないので、公判にかかる被告人のみを対象として黙秘権の効用を検討するのは妥当でないばかりか、罪人のうち、自白をすることのコストが大きすぎると考え、アリバイを捏造してでも不起訴や無罪を勝ち取れると考える者は、無辜を装ってそうするのであるから、黙秘権があるおかげで無辜の者の証言が信用されて無罪となるという推論は、現実を知らない謬論である」というのである。

　ここで両論を比較検討する余裕はない。ただ、アメリカにおいて、各種の司法取引が刑事訴訟全体の動向を左右していること、自白の問題が司法取引と切り離せない関係にあること、我が国で処分権主義の拡張を考える場合にも、こうしたシステム全体の関連を正確に把握し、予測しなければならないことを示唆してくれる点では、有益な論争であったと考える。

（1）　上田信太郎「検察官処分権主義」三井誠・町野朔・曽根威彦・中森喜彦・吉岡一男・西田典之編『刑事法辞典』（信山社、二〇〇三年）二一三頁参照。

（2）　拙稿「訴因制度の構造」判例時報一二三六号一一頁、一二三八号三頁、一二四〇号三頁（一九八七年）（本書**19**論文）では、訴因制度を支える四つの法原理からその構造を分析し、中心を占める法原理が検察官処分権主義であると指摘した（特に一二三八号三頁以下）。この指摘は、検察官処分権主義という用語とともに、例えば田宮裕『日本の刑事訴追』（有斐閣、一九九八年）三一六頁以下、三二六頁以下などにおいて好意的に受け入れていただいた。

（3）　Daniel J. Seidmann & Alex Stein, The Right to Silence Helps the Innocent: A Game-Theoretic Analysis of the Fifth Amendment Privilege, 114 Harv. L. Rev. 430 (2000).

（4）　Stephanos Bibas, The Right to Remain Silent helps Only the Guilty, 88 Iowa L. Tev. 421 (2003).

9　控訴審の職権調査権限に関する最高裁新島ミサイル事件判例

〔決　定〕

最高裁昭和四六年三月二四日大法廷決定(昭和四一年(あ)第二一〇一号住居侵入、暴力行為等処罰に関する法律違反、傷害被告事件)、刑集二五巻二号二九三頁、判時六二七号六頁

一　事件の概要と経過

第一審判決は、住居侵入、暴力行為等処罰法一条違反、傷害の訴因のうち、包括一罪の関係にある暴力行為等処罰法一条違反の一部及びこれと観念的競合の関係にある傷害について証明不十分により無罪とし、他は有罪とした。検察官は、控訴しなかったが、被告人は、有罪部分も犯罪を構成しないとして控訴した。控訴審判決は、この控訴は理由がないとするとともに、職権調査によると無罪部分は事実誤認であるとし、全部について有罪を言い渡した。被告人は、右の職権調査は違法であるとして上告した。

二　本決定の判示

「現行刑訴法においては、いわゆる当事者主義が基本原則とされ、職権主義はその補充的、後見的なものとされているのである。当事者主義の現われとして、現行法は訴因制度をとり、検察官が公訴を提起するには、公訴事実を記載した起訴状を裁判所に提出しなければならず、公訴事実は訴因を明示してこれを記載しなければならないこととし、この訴因につき、当事者の攻撃防禦なさしめるものとしている。裁判所は、右の訴因が実体にそぐわない

とみられる場合であっても、原則としては訴因変更を促がし或いはこれを命ずべき義務を負うものではなく（当裁判所昭和三〇年(あ)第三三七六号同三三年五月二〇日第三小法廷判決・刑集一二巻七号一四一六頁参照）、反面、検察官が訴因変更を請求した場合には、従来の訴因について有罪の言渡をなし得る場合であっても、その訴因変更を許さなければならず（昭和四二年(あ)第一九一号同年八月三一日第一小法廷判決・刑集二一巻七号八七九頁参照）、また、訴因変更を要する場合にこれを変更しないで訴因と異なる事実を認定し有罪とすることはできないのである。このように、審判の対象設定を原則として当事者の手に委ね、被告人に対する不意打を防止し、当事者の公正な訴訟活動を期待した第一審の訴訟構造のうえに立って、刑訴法はさらに控訴審の性格を原則として事後審たるべきものとしている。すなわち、控訴審は、第一審と同じ立場で事件そのものを審理するのではなく、前記のような当事者の訴訟活動を基礎として形成された第一審判決を対象とし、これに事後的な審査を加えるべきものなのである。そして、その事後審査も当事者の申し立てた控訴趣意を中心としてこれをなすのが建前であって、職権調査はあくまで補充的なものとして理解されなければならない。けだし、前記の第一審における当事者主義と職権主義との関係は、控訴審においても同様に考えられるべきだからである。

これを本件についてみるに、本件公訴事実中第一審判決において有罪とされた部分と無罪とされた部分とは牽連犯ないし包括一罪を構成するものであるにしても、その各部分は、それぞれ一個の犯罪構成要件を充足し得るものであり、訴因としても独立し得たものなのである。そして、右のうち無罪とされた部分については、被告人から不服を申し立てる利益がなく、検察官からの控訴申立もないのであるから、当事者間においては攻防の対象からはずされたものとみることができる。このような部分について、それが理論上は控訴審に移審係属しているからといって、事後審たる控訴審が職権により調査を加え有罪の自判をすることは、被告人控訴だけの場合刑訴法四〇二条により第一審判決の刑より重い刑を言い渡されないことが被告人に保障されているとはいっても、被告人に対し不意打を与えることであるから、前記のような現行刑事訴訟の基本構造、ことに現行控訴審の性格にかんがみるときは、職権の発動として許される限度をこえたものであって、違法なものといわなければならない。」

三　解　説

1　本決定は、科刑上一罪の関係にある訴因の一部が無罪とされて被告人のみが控訴した場合、控訴審が無罪部分を職権調査して有罪に変更することは許されないと明確に判示しつつも、その法的意味と根拠については解釈上の余地を残す判示にとどめている。そのため、この点について、大別して三つの解釈が生じた。

第一説は、科刑上一罪の一部が無罪とされその部分について控訴がない場合には、併合罪の一部が無罪とされて控訴がない場合と同様、無罪部分が第一審で確定し、控訴審に移審しないため、これにつき職権調査をする余地がないことになると解し、その根拠として一部上訴を認めている刑訴法三五七条を援用する（千葉裕・最判解昭和四六年度八七頁、平出禾・専修法学論集一六号四九頁、庭山英雄・公判法大系Ⅳ一一五頁）。しかしながら、このように解すると、一事不再理の効力も科刑上一罪中の無罪部分にしか及ばないことになり、刑訴法の基本原則に反するばかりか、被告人が控訴しなかった場合、職権調査により有罪部分を無罪に変更することも許されないことになり、実際上の妥当性をも欠く（横井大三・刑訴法判例ノート(6)二六四頁、田口守一・刑事裁判の拘束力三一六頁以下）。

そこで、第二説は、無罪部分も移審はするが、この部分については第一審の判断に一部確定力（拘束力）が生じるため、控訴審はこの部分を変更することができず、職権調査をすることもできないことになると解し（田口・前掲）、あるいは、無罪部分も形式的には移審するが、実質的には移審しないので、控訴審は職権調査をすることが許されないことになると解する（佐々木史朗・刑事訴訟法判例百選〈第三版〉二二六頁、朝岡智幸・判タ三四八号四三頁）。しかしながら、このように解すると、判決宣告手続が無効であったり、裁判所の構成に違法があったために判決を破棄すべき場合にまで無罪の判断に拘束力を認めることとなるばかりか、根拠とされた当事者主義の原則との関連性が十分に説明されない難点が残る。

第三説は、本決定が説くような当事者主義の原則により控訴審の職権調査権限（刑訴法三九二条二項）が制約を受け、その権限を行使することが許されないことになると解する（平野龍一・裁判と上訴一七一頁以下、小林充・註釈刑事訴訟法四巻一九一頁以下）。この説を基本としつつ本決定の根拠を再構成すると、次のようになろう。すなわち、訴因制度は、検察官に処罰意思がない事実についてまで、裁判所が職権で審判をするのは妥当でないという法原理を採用し、審判の対象設定についての検察官処分権主義を認めた制度である。この主義は、控訴についても一定の制約（刑訴法二五七条等）の下で認められており、検察官は、第一審判決が事実認定又は法令適用を誤って科刑上一罪の一部を無罪としたことを認識した場合でも、その判決を維持し処罰を差し控えてよいと考えるときは、控訴しないことが許される。この場合、もし控訴審が職権調査により右の部分を有罪に変更することができるものとすれば、検察官に処罰意思がない部分についてまで裁判所が自ら処罰することになり、右の検察官の権限を侵す結果となる。また、本来職権調査は、当事者が主張すべきであるのにしなかった瑕疵を裁判所が後見的な立場で代わって取り上げて審査する趣旨のものであるから（中野次雄・総判研刑事訴訟法⒄二四頁）、検察官が主張を差し控える権限をもつ前記無罪部分の瑕疵を裁判所が後見的に取り上げて審査することは許されないものというべきである。結局、本決定は、当事者主義の一内容をなす検察官処分権主義が控訴についても認められているとの理解に立つものであり、十分な正当性を有していると考えられるのである。

2　もっとも、本決定に対しては、相関連する三つの理由からの有力な反対説があるので、以下これを検討することを通して本決定の正当性を更に考究することとしよう。

反対説の理由の第一は、移審しながら審判の対象外となる部分が生じるというのは矛盾であること、第二は、当事者主義は実体的真実主義に奉仕する限度で存在するものであって、当事者主義が実体的真実主義を制約するような解釈、運用は正当でないこと(以上、横井・前掲、青柳文雄・判評一五一号三二頁。本決定における三裁判官の反対意見も同旨であった)、第三は、第一審判決の法令適用の誤りについてまで控訴審が職権調査で是正することが許されないと解するのは(大信実業事件に対する最一小判昭和四七・三・九刑集二六巻二号一〇二頁はそう解した)、裁判所にとって本質的な法令適用の権限まで制約する結果となること(中武靖夫・注解刑事訴訟法(下)一四二頁)である。

しかしながら、これらの批判は、職権調査の禁止される範囲を訴因制度の下で検察官に処分権限が認められている処罰対象事実の範囲に限定し、訴因として主張し又は主張しない裁量権が検察官に対し付与されている場合において当該訴因による不処罰を控訴によって争わないときに初めて職権調査が許されないことになると解すれば、克服することができると思う。すなわち、例えば判決宣告手続が無効であるため判決を破棄すべき場合には、第一審判決の無罪部分を維持する旨の検察官の意思に拘束される理由はなく、あらためてその部分についても審判することができるのであるから、無罪部分の移審を認める実質上の利益はある。また、訴因制度の下で検察官に処分権限の認められている範囲内においてはもともと実体的真実主義は後退しているのであるから、控訴審に限って実体的真実主義を貫徹させる必要もないであろう。さらに、第一審判決中の法令適用の誤りを職権調査によって是正することができないのは、法令適用の権限が制約される結果ではなく、無罪部分を自ら処罰することが許されないためその必要性が失われる結果であり、かつ、その限度にとどまるのであるから、裁判所の専権に属する法令解釈適用の権限が損われるわけでもない。

3　以上の考察を前提として、裁判所の職権調査が禁止される範囲をまとめておこう。

第一に、その範囲は、検察官が訴因をまとめるにあたり処分権限を有している事実に限られる。したがって、職権調査の禁止は、併合罪、科刑上一罪、包括一罪の各一部分については全面的に及ぶが、単純一罪については、無罪又は縮小認定した場合に限られ、法令解釈のみの変更で有罪とする場合や両立しない事実に認定を変更して有罪とする場合には及ばず、この場合には職権調査が許される（東京高判昭和六〇・一・二一高刑集三八巻一号一頁は、右と同じ見解を示した。なお、大阪高判昭和五八・一二・二二刑月一五巻一一・一二号一二一〇頁も、被告人のみが控訴した場合、第一審判決の縮小認定した逋脱法人税額以上に控訴審が職権で認定することができないと判示した）。

第二に、右の範囲は、第一審判決が処罰対象外とした事実であって検察官が控訴で争わないものに限定されるが、その範囲内では、職権調査が全面的に禁止される。したがって、検察官のみが無罪部分を控訴で争い、被告人が控訴しない場合に、有罪部分を職権調査して無罪としたり、被告人が有罪の一部分のみを控訴で争い、検察官が控訴しない場合に、他の有罪部分を職権調査して無罪とすることは許される。その反面、検察官が控訴した場合であっても、右の範囲内の事実について争わないときにはその部分の職権調査は禁止される（仙台高判昭和五七・五・二五高刑集三五巻一号六六頁は、この立場を明らかにした）。

第三に、右の範囲は、検察官に処分権限のない判決部分には及ばない。したがって、判決宣告手続の無効を理由として破棄する場合には、争いのない無罪部分についても審判すべきである。他面、他の事実の瑕疵を理由として破棄し自判又は差戻をするときには、争いのない事実についての第一審判決の判断を維持すべきである（但し、控訴審が検察官控訴の事件において第一審判決を全部破棄差戻してしまった場合には、差戻審は全体について審判するほかはない。ポポロ事件についての最一小判昭和四八・三・二二刑集二七巻二号一六七頁参照）。

第四に、上告審の職権調査についても当然本判決は妥当する（前記大信実業事件判決はこれを明言した）。

〈参考文献〉

千葉裕・刑事訴訟法の争点二六〇頁
筑間正泰・刑事訴訟法の理論と実務（別冊判例タイムズ七号）三六三頁

真野英一・判例タイムズ二四六号四六頁
小野慶二「控訴審の審判における当事者主義」
団藤重光博士古稀祝賀論文集四巻二五九頁
後藤昭・昭和六〇年度重要判例解説(ジュリスト八六二号)一八九頁
佐々木史朗・刑事訴訟法判例百選〈第三版〉二二六頁

六　強制処分法定主義と令状主義

10　強制処分法定主義、令状主義、任意処分の構造骨子

一　概　要

(1)　憲法の令状主義

憲法は、逮捕等の重大な強制処分について、その要件を定めている。

すなわち、憲法三三条は、現行犯逮捕以外の逮捕を行う場合には、司法官憲（裁判所又は裁判官）が発し、かつ、理由となっている犯罪を明示する令状によらなければならない旨を定め、憲法三五条は、逮捕に際して行う場合を除き、住居、書類、所持品について侵入、捜索、押収を行う場合には、司法官憲が正当な理由に基づいて発し、かつ、捜索場所と押収物を明示した令状によらなければならない旨を定めている。逮捕等を行う場合に司法官憲が発する正当な理由に基づく令状によらなければならないというこの原則は、令状主義と呼ばれている。

また、憲法三四条は、抑留、拘禁を行う場合には、理由を直ちに告げられ、かつ、直ちに弁護人に依頼する権利を与えられなければならず、拘禁を行う場合にも、正当な理由を必要とし、要求があれば公開の法廷でその理由を開示しなければならない旨を定めている。異論のない理解によると、抑留は、刑事訴訟法が定めている逮捕のような短期間の拘束であり、拘禁は、刑事訴訟法が定めている勾留のようなそれより長期に及ぶ拘束である。

このように、憲法は、逮捕等の重大な強制処分については、「正当な理由」が存在するという実体的な要件を共通する要件として定め、さらに、それらの強制処分のうち、拘禁については理由の開示、その他については司法官憲が発した令状によるという手続要件を定めているのである。

以下においては、憲法三三条ないし三五条が定める原則を、広く令状主義と呼ぶこととする。

(2)　強制処分法定主義

強制処分法定主義とは、刑事事件の裁判又は捜査において許される強制処分は憲法又は法律がそれを許す旨を規定している場合に限るという原則をいう。

この原則は、憲法が前提とする法治主義の原則、すなわち人の権利を制約する場合には憲法又は法律の根拠を要するという原則の刑事事件に対する適用であると理解される。そうすると、強制処分法定主義にいう強制処分とは、基本的には、憲法又は法律の根拠がなければ許されない処分ということになる。

刑事訴訟法には、捜査に関し、「強制の処分は、この法律に特別の定めがある場合でなければ、これをすることができない」という規定が置かれている（一九七条一項但し書）。この規定は、裁判、捜査を通じて妥当する強制処分法定主義を捜査について特に明記したものであるが、そのように明記したのは、第一に、「捜査については、その目的を達成するために必要な取調をすることができる」という原則規定が置かれていて（一九七条一項本文）、この規定により一定の強制処分も許されるという解釈が生じる余地があるため、明文でその余地を排除し、第二に、行政上の強制処分ないしは強制措置は別として、捜査として行う強制処分は、刑事訴訟法に定めがある場合でなければ許されないことを明らかにするためと理解される。いわゆる通信傍受法によって許される電気通信の傍受を行なう強制の処分について、刑事訴訟法が「別に法律で定めるところによる」と規定して刑事訴訟法の内容に取り込んでいるのは（二二二条の二）、第二の理由からである。

強制処分のうち逮捕等の重要なものについては、上記(1)のとおり、憲法に定めがあり、かつ、憲法にそれが許される場合の要件も定められている。

(3) 任意処分の相当性

任意処分は、刑事訴訟法上の特別の根拠規定を必要とする処分つまりは強制処分には当たらず、裁判所又は捜査機関の一般的な職務権限規定を根拠として行いうる処分をいうと解されている。

任意処分は、かつては、そのような性質の処分であれば、裁判所又は捜査機関が必要とする限り、原則として適法にこれを行うことができると解されていた。しかし、このような解釈は、一方では、状況により特別の根拠規定がなくても許される場合のある処分を任意処分と解し、強制処分の範囲を限定する方向に導き、他方では、状況により特別の根拠規定がなければ許されない場合のある処分を強制処分と解し、強制処分の範囲を拡大する方向に導いた。

最高裁判例(昭和五一年三月一六日決定・刑集三〇巻二号一八七頁)は、このような解釈方法を採らず、任意処分の性質を帯びる処分であるという判断と、具体的状況の下でその処分を行うことの適法性の判断を分け、任意処分の性質を帯びる処分であっても、その適法性は、具体的状況の下でこれを行うことの必要性、緊急性等と処分の相手方が受ける不利益とを考量して相当と認められる限度でのみ肯定されるという、二段階の判断方法を採用し、任意処分に限定を付した。

(4) 三つの法原理の相互関係

令状主義、強制処分法定主義、任意処分の相当性という三つの法原理は、それぞれを支える下位の法原理で構築される独自の構造を持つとともに、相互に深い関連性がある。そして、三つの法原理の中心に憲法が定める令状主義があり、これが指導原理となって他の二つの法原理の内容の多くが導かれるものと考えられる。

以下においては、そうした観点から、順次これら三つの法原理の構造の骨子を明らかにしていきたい。

二　令状主義

(1)　令状主義の機能

令状主義は、単に、逮捕等の重要な強制処分を行うには令状の発付を必要として強制処分を厳格な規制の下に置くという機能を果たすだけではなく、以下に述べるように、強制処分の全体にわたって重要な機能を果たすと考えられる。

(2)　住居、書類、所持品

住居、書類、所持品は、侵入、捜索又は押収を受ける場所として予定されていると同時に、押収を受ける対象物として予定されていると解される。住居のほか、人の身体が捜索の対象場所とされ、その一部(例えば、血液や尿)が押収の対象物とされるのは、所持品という文言があるからである。

住居、書類、所持品が掲げられているのは、たとえそうした人の特別な支配領域であっても、国の刑罰権が優越する場合のあることを前提とし、優越する場合の要件を令状主義として明示する趣旨と考えられる。したがって、それらは重要な例示であり、例えば住居以外の建物、土地等において捜索を行なう場合でも、人の支配を認めるべき領域であれば、令状主義の適用があると解すべきである。

(3)　侵入、捜索、押収

侵入、捜索、押収という文言は、人の特別な支配領域に対する実力による介入行為の態様を表現するものとして用いられている。

しかし、それは、刑罰権の実現のためには人の特別な支配領域の中にも実力で物理的に介入することをも許容することを意味するにとどまり、その介入を物理的な行為に限定する趣旨に解すべきではない。周知のとおり、アメリカの連邦最高裁は、盗聴行為に関し、かつては物理的に居宅へ侵入する手段を用いた場合にのみ第四修正が適用されるとした解釈を改め、居宅外での盗聴にもそれが適用されると解したが、わが国においても同様に解すべきである。

憲法には押収という文言が用いられているが、それは例えば居宅内での検証という強制処分を対象外とする趣旨に解すべきではない。それは、物の占有を奪う押収という強制処分ですら刑罰権を実現するためには許容される場合があることを明示する趣旨であって、押収に至らない物の状態の認識つまりは検証も当然に押収の一部として予定されており、それが押収と同様に人の特別な支配を排除して行なわれるものであれば、当然に令状主義の対象となるというべきである。

このように解すると、捜査等が著しく制約されて不当であるとする見解もあろうが、それは当たらない。もし、捜索、押収等の文言を限定的に解すれば、むしろ、居宅外での通信の傍聴等は令状主義の条項で許容する介入行為の対象外になり、法律でもそれを許容することはできないことになろう。

(4) 令状主義と他の強制処分との関係

令状主義には、刑罰権に基づく国の特別な権限を認めるという積極面と同時に、特別に定めた権限については、その範囲に限定するという消極面がある。

今後、電話の傍受以外にも強制処分を認める法律ができるかもしれないが、その許容範囲は令状主義との関係でも検討を要することになろう。

(5) 令状主義と任意処分との関係

令状主義と任意処分との関係を考える場合にも、令状主義の積極面と消極面を考慮する必要があると考える。

すなわち、令状主義は、人の特別な支配領域に対する特別な態様での介入行為を規制しているのであるから、その態様に至らない介入は、状況のいかんによって任意処分として許容しても、令状主義に反することにはならない。反面、その処分は、状況により行き過ぎた刑罰権の行使となることがある。判例が、強制処分に当たらない行為であっても、その状況での必要性、緊急性等との関係で相当と認められる限度で任意処分が適法になると解したのは、そのためと理解される。

また、そのような限定的な介入行為は、これを法律によって一律又は一定要件で強制処分として許容することもできないわけではない。

(6)　令状主義と行政上の強制措置との関係

憲法は、行政上の強制措置を刑罰権のための強制処分のように明文で定めてはおらず、法治主義の原則その他の一般原則に委ねている。しかし、令状主義の積極面、すなわち刑罰権の実現という国の最高順位の価値を実現するために一定限度で特定の強制処分を認めていることを考慮すると、令状主義には行政上の強制措置に対しても一定の規制的機能を果たすと思われる。

判例は、国税反則調査のための強制措置に関し、それが将来の刑事事件の証拠収集に結びつく場合には、犯罪捜査としての性質をも帯びるため、それを行政上の措置としてのみ取り扱うことはできず、令状主義の適用を受けると解したが、それは正当な解釈であったというべきである。

警察官職務執行法による職務質問等は、犯罪認知の端緒となったり、逮捕のきっかけとなったりして犯罪捜査の機能を果たす場合が多い。そのため、これを任意処分として取り扱うべきか否か、その適法性の限界をどう判断すべきかが論議の対象になっている。同法の措置は、犯罪捜査のために許される処分の範囲を超えた部分を含んでおり、性質上は行政警察の分野に属すると考えられるが、犯罪捜査としての機能を果たす限りでは、捜査の観点から任意処分として許される場合か否かを検討すべきものと考えられる。

(7) 正当な理由

強制処分を行う際には、共通の要件として、「正当な理由」が必要である。この要件は、抑留、拘禁については、特定の犯罪が認められることと、それが対象者によって犯されたと認められることを意味し、捜索、押収については、特定の犯罪が認められることと、押収する物が特定の場所に存在すると認められることを意味する。

この点は、広く強制処分の問題を検討する際に重要になる。

(8) 令状主義に関する日米比較

わが国の憲法における令状主義の条項は、アメリカ合衆国憲法第四修正に由来すると理解されている。しかし、その条項は、規定の構成も内容もかなりわが国の憲法の条項と異なっているので、日米の令状主義をめぐる判例や論争を比較する際には、その違いに留意する必要があると考えられる。ここでは、以下の三点だけを指摘しておきたい(1)。

第一点は、第四修正では、「身体、住居、書類及び所持品につき不合理な捜索、押収を受けることのない権利」を保障した前段と正当な理由の存在など令状の要件を定めた後段とに分かれており、不合理な捜索、押収でなければ令状によらないで捜索、押収をすることも許容する構成になっていることである。

そのため、例えば、身体の押収である逮捕は、伝統的に、正当な理由があれば時間の余裕がある場合でも無令状で行われており、判例もそれを合理的なものと解してきた。現に大多数の逮捕が無令状であることは、周知のとおりである。

さらに、逮捕のほかにも、緊急を要する状況がある場合を初めとして、令状によらない捜索、押収を合理的なものと解すべき状況は起こりうる。そこで、判例上、多数の令状主義の例外が肯定される結果となり、混迷状況とも評される事態となっていることは、これまた周知のとおりである。もっとも、原則として令状によることとすべきであるという意見も根強く、実際にも、逮捕のため第三者宅で被疑者を捜索するときには、逮捕状を取っているときでも別に捜索令状を必要とすると判断し、日本の刑事訴訟法と同様に逮捕状があれば被逮捕者の捜索令状を要しないと規定していたニューヨーク州の刑事訴訟法を違憲としている（Payton v. New York, 445 U. S. 573（1980））。

わが国の憲法の令状主義の規定は、文言上、現行犯逮捕以外の逮捕については令状によらなければならないとしているため、早くから緊急逮捕を認める刑事訴訟法の規定が合憲か否かが争われてきた。今日では合憲説がほとんどであるが、憲法との関係でどのように理解すべきかについては意見が分かれているので、ここで触れると、憲法は、第四修正とは異なり、緊急事態等の処理を状況との相関関係で利益考量（相当性の判断）によって行うという構成を採っておらず、価値考量によって一律に規定している。これは、憲法が、令状の発付を求めることが可能な通常の場合を想定したためであり、令状の発付を求める間がない緊急事態等については法律に規制を委ねた趣旨と理解するのが妥当と思われる。

すなわち、憲法の規定は、第四修正を参酌して設けられたものであるが、第四修正の下では、緊急事態等の特別な状況の下では令状によるという原則ではなくて相当性の有無によるという原則が採られている。そして、逮捕は、前述のとおり、正当な理由の存在を条件として無令状で許されることとしなければあらゆる事態に対応できないことから、緊急事態でなくても許されるとするのが相当であると解されているし、捜索押収も、緊急事態の下では正当な理由その他の理由との相関関係において無令状で行うことが可能と解されているのである。

第二点は、第四修正が不合理な捜索、押収等を禁止する前段と令状の要件を定めた後段に分かれていること、その条項が第一四修正を通して州にも適用されるという判例の解釈、及び連邦制という国家の構造とが関連し、合衆国最高裁の判例により第四修正の内容ないしは機能が拡大されたことである。

拡大の範囲は、①個人の住居等における平穏の保護からプライヴァシー領域一般の保護への拡大、②令状主義を支配する機能から強制処分一般を規制する機能への拡大、③刑事事件を規制する機能から行政調査を含む国の強制権限を規制する機能への拡大にまで及んでいる。

わが国の場合、こうしたアメリカの動向を参酌する際には、両国の憲法の構成上の差異を十分考慮する必要があると思われる。

第三点は、第二点の拡大に伴い、第四修正の解釈の重心が、価値考量から利益考量へと移行したことである。このような重心の移行は、第四修正の構成とこれに伴うその適用範囲の拡大がもたらした必然的結果であるから、わが国でこれと同様の途をたどるのは正当ではなく、あくまでも価値考量を基本とし、利益考量は憲法がそれが許容していると解される領域にとどめるのが正当と思う。

三　強制処分法定主義

(1)　概　要

強制処分法定主義については、検討すべき点が多いが、ここでは、憲法の令状主義との関係における法定が許される限界、強制処分と任意処分との区別、強制処分における被疑事実・公訴事実の機能の三点に絞って検討する。その際、強制処分には、令状主義の対象とされている逮捕等を含めている場合がある。

(2)　憲法の令状主義との関係における強制処分法定の限界

憲法の令状主義には、既に述べたとおり、刑罰権に基づく国の特別な権限を認めるという積極面と同時に、特別に定めた権限については、その範囲に限定するという消極面がある。この関係から、強制処分を法定する際に限界となるところに触れてみたい。

第一点は、憲法が令状主義として定めている場合の例外を法律で定めることの合憲性である。

緊急逮捕については既に検討したので、捜索、押収について検討すると、緊急事態において問題になるのは、逮捕に伴う場合の捜索・押収と令状による捜索、押収の際に発見された他事件の証拠の押収であろう。前者は、憲法に例外として定められているので、後者についてみると、アメリカではプレイン・ヴューの例外として許されているが、これは第四修正前段の合理性条項に基づいているのであるから、わが国で直ちに同様の解釈をすることはできない。しかし、その証拠は、事前に令状の発付を求めることができない物であり、これを保全すべき緊急事態が存在するのであるから、旧刑事訴訟法の規定のようにその証拠物を仮押収し、後に令状の発付を求める緊急押収制度を定めることは、違憲ではなく、むしろ相当と考える。

第二点は、憲法の令状主義の要件を緩和した強制処分を法定することが可能か否かである。

これは、令状主義の要件のすべてが令状主義の消極面となるのかという問題であるが、それらの要件は、憲法が強制処分を許すための要件として定めたものと解すべきであるから、すでに述べた緊急事態等の場合を除き、その要件を緩和する要件を法律で定めることは許されないと解すべきであり、現在する危険の予防や排除は、行政警察上の措置によって処理するのが相当と思う。

(3)　強制処分と任意処分との区別

強制処分と任意処分との区別はどこにあるのか。判例は、有形力の行使が直ちに強制処分となるわけではないとし、捜査行為としての強制処分につき、「個人の意思を制圧し、身体、住居、財産等に制約を加えて強制的に捜査目的を実現する行為など、特別の根拠規定がなければ許容することが相当でない行為」であると判示した(前掲最高裁昭和五一年三月一六日決定)。これは、裁判上の強制処分についても妥当する。この区別に関して問題となる主要な点は次のとおりである。

第一点は、憲法の令状主義の対象とされている行為と法律で定める強制処分との関係である。

論点は、憲法の令状主義の要件のうち、逮捕、侵入、捜索、押収という行為の要件は、それらの行為を内容とする強制処分のそれにほかならず、それに至らない行為は任意処分に当たるのかである。

前述したとおり、それらの行為は、特に個人の支配領域に対する侵害の程度が著しいため、許容される場合を限定したものと解される。したがって、逮捕又は侵入・捜索・押収のいずれにも達しない程度の行為は、憲法上、必ずしも常に特別の根拠規定を要するものとは考えられていないと解される。その意味で、それは原則として任意処分である。しかし、任意処分であっても、状況との相関関係で許される場合があるにとどまり、いかなる場合でも許されるわけではないから、法律が一定の要件の下でそれを強制処分として法定することは可能である。

第二点は、法律で定めなければ許されない強制処分の範囲いかんである。

法律で定めなければおよそ許されない処分が強制処分とされているのであるから、強制処分は、具体的な状況によって許されたり、許されなかったりするような処分は予定されておらず、それは任意処分として予定されていると考えられる。その意味で、強制処分と任意処分との区別は、価値考量の問題である。

もっとも、法律がなければ許されない状況を利益状況に応じて類型化し、確認的又は一部創設的に法律で強制処分として許すことは可能であるから、その意味では、強制処分と任意処分との区別は相対化しうる概念であるが、そうした立法がない限り、上記の強制処分に当たらない処分は、任意処分として処理するのが相当である。だからこそ、任意処分に当たるからといって、常に許されることにはならず、具体的な状況に応じた利益考量によって適否が判断されることになるのである。

第三点は、行政上の強制措置を法定する場合の可否の基準は刑事事件における強制処分の場合とは異なりうることである。そして、行政上の強制措置が憲法上許される場合には、その措置が採られた結果として得られた証拠は、原則として刑事事件においても用いることができる。

(4)　強制処分における被疑事実・公訴事実の機能

憲法の令状主義の規定においては、逮捕その他の強制処分を行う際の共通の要件として「正当な理由」が定められている。これは、強制処分を行うには被疑事実・公訴事実を根拠としなければならないことを意味するから、憲法上、いわゆる事件単位の原則が定められていることになる。

もっとも、特定の被疑事実・公訴事実で逮捕、勾留をした場合でも、その事実上の効果が他の被疑事実・公訴事実にも及ぶことを重視し、刑事訴訟法上、逮捕、勾留は人単位で行われるものと解すべきであるとする見解がある。しかし、憲法では、身柄拘束は正当な理由が認められた事実によって初めて許されているのであるから、いまだそれが認められていない事実に身柄拘束の法的効果を及ぼすことは許されないというべきである。人単位説は、不当な二重逮捕、二重勾留又は不当な再逮捕、再勾留を排除するための工夫であるが、それらが不当となるのは、刑事訴訟法が定めている身柄拘束の一回性の原則に反すると解されるからであるから、その狙いは、身柄拘束の一回性の原則の内容を適正に確定することを通して解決するのが正当と思われる。

なお、特定の被疑事実で勾留された被疑者を他の公訴事実で起訴した場合、被疑事実と公訴事実との間に公訴事実の同一性があれば、刑事訴訟法二八〇条の趣旨からあらためて勾留状を発付する手続を要しないと解する見解もあるが、それは相当ではなく、事実が同一と認められる場合のほかは、公訴事実について正当な理由の有無や勾留の必要性を審査してあらためて勾留状を発付すべきである。

四　任意処分の相当性

(1)　概　要

任意処分の意義やその正当性の判断方法については、すでに一応は触れた。そこで、ここでは、任意処分の正当性の判断方法について若干の付言をし、行政警察の権限との関係に触れるにとどめたい。

(2)　任意処分の相当性

強制処分は、法律上の特別な根拠規定がなければ許されない処分であると解される。そうすると、強制処分に当たるか否かは、処分の性質つまりは処分を行う側の利益と処分を受ける側の利益を一般的に考量することによって決すべきことになる。この作業は、価値考量にほかならない。

強制処分をこのように理解すると、任意処分は、強制処分には当たらない処分であり、法律上の特別な根拠規定がなくても許される場合があることを予定した処分であることになる。また、任意処分は、捜査機関又は裁判所が持つ一般的な権限からみて正当と考えられる場合に行うことができると解すべきことになる。

この正当性の判断は、個別事情に応じて異なるものであるから、特別の法律の定めがなければ、個別的な利益考量により行うことになる。また、その利益考量は、一般的には、その処分を行う必要性があるか否かを中心に行うべきであるが、処分によって失われる利益があることを考えると、処分の必要性は、相手方に受忍を求めても不当ではない程度に実質的なものであり、かつ、その時点で行うことが相当と認められる程度に緊急性があることを要するものと考えるべきであろう。

前掲最高裁判例(昭和五一年三月一六日決定)は、この点につき、任意処分(当該事案では強制に至らない有形力の行使)であっても、「何らかの法益を侵害し又は侵害するおそれがあるのであるから、状況のいかんを問わず常に許容されるものと解するのは相当でなく、必要性、緊急性なども考慮したうえ、具体的状況のもとで相当と認められる限度において許容されるものと解すべきである」と判示している。その趣旨は以上のとおりであると私は理解する。

なお、任意処分についても、状況を類型化して法的規制を加えることが可能であり、そうする方が望ましい場合もあろう。

(3)　行政警察の権限と任意処分との関係

行政警察の権限は、捜査のための権限と比較し、より強いものもあるが、一般にはより弱い。それは、行政警察の権限は、生命、身体、財産等に対する危険の予防、排除のために認められているものであり、時には居宅の平穏にも優越することがあるが、通常は捜査の権限ほどには個人の権利等に優越することを主張できないと解されるからである。例えば、居宅内で殺人が行われる危険が切迫しているときには、令状などを要せずに、それを防止したり、被害者を救助したりするため居宅内にも立入ることが許されるべきであり、現に許されているが(警察官職務執行法六条)、それは、捜査の必要性、重要性より一層高い必要性、重要性が認められるからである。その反面、捜査のように広く逮捕、捜索、押収などの強制措置を採ることが許されていないのは、一般にそれを認めるだけの必要性、重要性が認められないからである。

こうした捜査と行政警察とでは、目的も手段も異なるが、一方の権限を行使することにより他方の目的も達せられるという相互関係がある場合があり、行政警察の権限を行使した結果として証拠の収集という捜査目的が達せられることがある。これは、行政警察は、犯罪の予防、制止という捜査の過程と競合するを内容を含んでいる結果であるから、当然のことであり、したがって、捜査において行政警察の結果を用いることは違法ではない。ただ、捜査について特に義務づけられている事項、例えば黙秘権の告知等を履行する必要があることはいうまでもない。

五　今後の検討課題

(1)　概　　要

本稿で取り扱ったテーマについては、すでに多くの判例や研究が集積し、大筋がみえるようになったが、なお検討し、修正を加えるべき点も少なくないように思う。そこで、以下、検討の方法論に関係する課題を二つだけ指摘しておくことにしたい。

(2) 緊急事態等における強制処分の根拠法

憲法の逮捕に関する条項と刑事訴訟法の緊急逮捕との関係については、既述したが、捜索、押収に関しても、緊急捜索押収の問題がある。既述したブレイン・ヴューの問題もその一つであるが、他にも、例えば通行中の自動車内に証拠があることを示す正当な理由があり、令状を得るまでに証拠が失われる場合であっても、今の刑事訴訟法では令状によらない緊急捜索押収を行うことはできない。

また、写真撮影、録音等の手段は、一定類型のものは強制処分となり、あるいは一定の状況では相当性のない任意処分となり、これを許すには特別の根拠規定を要すると解すべきであるが、緊急事態等の場合についてもこれに対処する刑事訴訟法の規定はない。

さらに、いわゆるおとり捜査についても、解釈上一定の限度で適法とされているが、これを適正に規制し、現場の判断を誤らせないための法制はまだない。供述証拠を得るための手段については、刑集免責等の検討課題は多い。

こうした緊急状況その他の非定型的な問題を適切に処理するため、今後、具体的な論議を重ねることが必要と思われる。

(3) 証拠の収集に結びつく行政警察権限の根拠法

(2)で述べた緊急状況その他の非定型的な問題を処理するために現在しばしば用いられているのは、警察官職務執行法による職務質問等の手段を通して証拠を収集するという手法である。

こうした行政警察の措置は、生命、身体、財産等に対する現在の危険を予防又は排除するためのものであって、犯罪による危険に対しても用いうるため、犯罪捜査を補完する機能を営んでいる。しかし、それには一定の限界がある。

すなわち、その手段は、強制処分と同様に強制力を用いうる場合と、任意処分と同様に任意の手段にとどめるべき場合とを含んでいるが、後者の職務質問の規定（二条）がかなり限定的であり、所持品検査や検問などの多様な手段に十分に対応しうるものになっておらず、むしろ警察の一般的な権限や義務からみて正当化できる場合をも限定する機能を果たしている。そのため、判例は、所持品検査や検問などについて、職務質問や警察法の規定を手がかりにして行為の適法性を探っているが、これにも限度がある。その結果、行政警察の機能にも、捜査の適正さにも、問題を残した事例がある。

こうした状況に対処するためには、二つの途があると思われる。第一は、警察官職務執行法等に適切な具体的措置の規定を補充することであり、第二は、警察官の行政警察権限の一般的規定を設けることであり、第三は、解釈でその一般的権限を肯定することである。

第三の途について一言すると、警察官職務執行法の犯罪の予防・制止（五条）と立入り（六条）の規定は、強制処分と同様に法律の具体的根拠規定を必要とする措置の規定であるから、こうした措置を解釈で補うことは妥当でない。しかし、その他の任意的措置については、一般的ないしは基本的な権限が肯定されれば、その範囲内で利益考量により相当性が認められれば許されると考えられるし、憲法上の障害もないと考えられる。現に、判例は、時には警察法一条の任務規定を引き、時には職務質問の規定に内在する警察の権限を引きながら、警察官の職務の適法性を判断しているが、こうした解釈の方法は、結局は警察官の職務権限として当然に認められるものがあることを前提としているのである。

（1）　井上正仁「令状主義の形成過程」司法研修所論集九九号二〇〇頁（一九九七年）は、この問題に新しい視点を提供している。

11　強制処分の意義と任意処分の限界に関する最高裁判例

〔決　定〕

昭和五一年三月一六日最高裁第三小法廷決定（昭和五〇年(あ)第一四六号道路交通法違反、公務執行妨害被告事件）、刑集三〇巻二号一八七頁

〔判示事項〕

一　任意捜査において許容される有形力の行使の限度

二　任意捜査において許容される限度内の有形力の行使と認められた事例

〔決定要旨〕

一　任意捜査における有形力の行使は、強制手段、すなわち個人の意思を制圧し、身体、住居、財産等に制約を加えて強制的に捜査目的を実現する行為など特別の根拠規定がなければ許容することが相当でない手段にわたらない限り、必要性、緊急性などをも考慮したうえ、具体的状況のもとで相当と認められる限度において許容される。

二　警察官が、酒酔い運転の罪の疑いが濃厚な被疑者をその同意を得て警察署に任意同行し、同人の父を呼び呼気検査に応じるよう説得を続けるうちに、母が警察署に来ればこれに応じる旨を述べたので、連絡を被疑者の父に依頼して母の来署を待っていたところ、被疑者が急に退室しようとしたため、その左斜め前に立ち、両手でその左手首を摑んだ行為（判文参照）は、任意捜査において許容される限度内の有形力の行使である。

一　事件の経過

1　本件は、道路交通法違反、公務執行妨害被告事件である。

道路交通法違反の公訴事実は、次のとおりである。「被告人は、昭和四八年八月三一日午前四時一〇分頃、岐阜市東栄町二丁目一三番地付近路上において、酒気を帯びアルコールの影響により正常な運転ができないおそれがある状態で、軽四輪貨物自動車を運転したものである。」

公務執行妨害の公訴事実は、次のとおりである。「被告人は、昭和四八年八月三一日午前六時ころ、岐阜市美江寺町二丁目一五番地岐阜中警察署通信指令室において、岐阜県警察本部広域機動警察隊中濃方面隊勤務巡査A（当時三一年）、同B（当時三一年）の両名から、道路交通法違反の被疑者として取調べを受けていたところ、酒酔い運転についての呼気検査を求められた際、職務遂行中の右A巡査の左肩や制服の襟首を右手で掴んで引っ張り、左肩章を引きちぎったうえ、右手拳で同巡査の顔面を一回殴打するなどの暴行を加え、もって同巡査の職務の執行を妨害したものである。」

2　右の事件が起るまでの経緯は、本最高裁決定が要約して示しているところの原判決の認定によると、次のとおりである。「㈠　被告人は、昭和四八年八月三一日午前四時一〇分ころ、岐阜市東栄町二丁目一三番地先路上で、酒酔い運転のうえ、道路端に置かれたコンクリート製のごみ箱などに自車を衝突させる物損事故を起し、間もなくパトロールカーで事故現場に到着したA、Bの両巡査から、運転免許証の提示とアルコール保有量検査のための風船への呼気の吹き込みを求められたが、いずれも拒否したので、両巡査は、道路交通法違反の被疑者として取調べるために被告人をパトロールカーで岐阜中警察署へ任意同行し、午前四時三〇分ころ同署に到着した、㈡　被告人は、当日午前一時ころから午前四時ころまでの間にビール大びん一本、日本酒五合ないし六合位を飲酒した後、軽四輪自動車を運転して帰宅の途中に事故を起したもので、その際顔は赤くて酒のにおいが強く、身体がふらつき、言葉も乱暴で、外見上酒に酔っていることがうかがわれた、㈢　被告人は、両巡査から警察署内の通信指令室で取調べを受け、運転免許証の提示要求にはすぐに応じたが、呼気検査については、道路交通法の規定に基づくものであることを告げられたうえ再三説得されてもこれに応じず、午前五時三〇分ころ被告人の父が両巡査の要請で来署して説得したものの聞き入れず、かえって反抗的態度に出たため、父は、説得をあきらめ、母が来れば警察の要求に従う旨の被告人の返答を得て、自宅に呼びにもどった、㈣　両巡査は、なおも説得をしながら、被告人の母の到着を待っていたが、午前六時ころになり、被告人からマッチを貸してほしいといわれて断わったとき、被告人が「マッチを取ってくる。」といいながら急に椅子から立ち上がって出入口の方へ小走りに行きかけたので、A巡査は、被告人が逃げ去るのではないかと思い、被告人の左斜め前に近寄り、「風船をやってからでいいではないか。」といって両手で被告人の左手首を摑んだところ、被告人は、すぐさま同巡査の両手を振り払い、その左肩や制服の襟首を右手で摑んで引っ張り、左肩章を引きちぎったうえ、右手拳で顔面を一回殴打し、同巡査は、その間、両手を前に出して止めようとしていたが、被告人がなおも暴れるので、これを制止しながら、B巡査と二人でこれを元の椅子に腰かけさせ、その直後公務執行妨害罪の現行犯人として逮捕した、㈤　被告人がA巡査の両手を振り払った後に加えた一連の暴行は、同巡査から手首を摑まれたことに対する反撃というよりは、新たな攻撃というべきものであった、㈥　被告人が頑強に呼気検査を拒否したのは、過去二回にわたり同種事犯で取調べを受けた際の経験などから、時間を引き延して体内に残留するアルコール量の減少を図るためであった、というのである。」

3　一審判決は、A巡査による右の制止行為は、任意捜査の限界を超え、実質上被告人を逮捕するのと同様の効果を得ようとする強制力の行使であって、違法であるから、公務執行妨害罪にいう公務にあたらないうえ、被告人にとっては急迫不正の侵害であるから、これに対し被告人が右の暴行を加えたことは、行動の自由を実現するためにしたやむをえないものというべきであり、正当防衛として暴行罪も成立しない、と判示した。そして、道路交通法違反については、公訴事実どおりに認定し、被告人を罰金五万円に処した。

4　原判決は、一審判決が公務執行妨害の点を無罪としたのは誤りであるとした。すなわち、A巡査が被告人の左斜め前に立ち、両手でその左手首を摑んだ行為は、その程度もさほど強いものではなかったから、本件による捜査の必要性、緊急性に照らすときは、呼気検査の拒否に対し翻意を促すための説得手段として客観的に相当と認められる実力行使というべきであり、また、その直後にA巡査がとった行動は、被告人の粗暴な振舞を制止するためのものと認められるので、同巡査のこれらの行動は、被告人を逮捕するのと同様の効果を得ようとする強制力の行使にあたるということはできず、かつ、被告人が同巡査の両手を振り払った後に加えた暴行は、反撃ではなくて新たな攻撃と認めるべきであるから、被告人の暴行はすべてこれを正当防衛と評価することができない、というのである。そして、一審判決を破棄し、被告人を懲役四月に処した。

5　弁護人の上告趣意は、右の原判示について憲法三三条違反、刑訴法一九八条一項違反、事実誤認を主張し、一審判決の判断が正しいと述べた。

二　最高裁決定の判旨

違憲をいう点は実質は単なる法令違反の主張であり、他の点も適法な上告理由にあたらないとしたうえ、職権により、下記のとおり、原判決が公務執行妨害の成立を認めたのは正当として支持することができると判示した。

「原判決の事実認定のもとにおいて法律上問題となるのは、出入口の方へ向った被告人の左斜め前に立ち、両手でその左手首を摑んだA巡査の行為が、任意捜査において許容されるものかどうか、である。

捜査において強制手段を用いることは、法律の根拠規定がある場合に限り許容されるものである。しかしながら、ここにいう強制手段とは、有形力の行使を伴う手段を意味するものではなく、個人の意思を制圧し、身体、住居、財産等に制約を加えて強制的に捜査目的を実現する行為など、特別の根拠規定がなければ許容することが相当でない手段を意味するものであって、右の程度に至らない有形力の行使は、任意捜査においても許容される場合があるといわなければならない。ただ、強制手段にあたらない有形力の行使であっても、何らかの法益を侵害し又は侵害するおそれがあるのであるから、状況のいかんを問わず常に許容されるものと解するのは相当でなく、必要性、緊急性などをも考慮したうえ、具体的状況のもとで相当と認められる限度において許容されるものと解すべきである。

これを本件についてみると、A巡査の前記行為は、呼気検査に応じるよう被告人を説得するために行われたものであり、その程度もさほど強いものではないというのであるから、これをもって性質上当然に逮捕その他の強制手段にあたるものと判断することはできない。また、右の行為は、酒酔い運転の罪の疑いが濃厚な被告人をその同意を得て警察署に任意同行して、被告人の父を呼び呼気検査に応じるよう説得をつづけるうちに、被告人の母が警察署に来ればこれに応じる旨を述べたのでその連絡を被告人の父に依頼して母の来署を待っていたところ、被告人が急に退室しようとしたため、さらに説得のためにとられた抑制の措置であって、その程度もさほど強いものではないというのであるから、これをもって捜査活動として許容される範囲を超えた不相当な行為ということはできず、公務の適法性を否定することができない。したがって、原判決が、右の行為を含めてA巡査の公務の適法性を肯定し、被告人につき公務執行妨害罪の成立を認めたのは、正当というべきである。」

三　説　明

本決定は、任意捜査において許容される有形力行使の限度について一般的な判示をした最初の最高裁判例である。そして、その判旨は、強制捜査と任意捜査との区別の問題と任意捜査内において許容される有形力行使の限度の問題とを明確に分けたうえ、各捜査の意義と任意捜査における有形力行使の許容基準を明らかにした点で、具体的事例の解決を超えた重要な先例的価値を有し、かつ、職務質問、所持品検査などの行政手段の許容基準についても示唆するところが大きいと考えられる。そこで、以下、判示事項別にではなく、強制捜査と任意捜査との区別及び任意捜査における有形力行使の限度の二点に分けて本決定の意義を探ることとしたい。

1　任意捜査と強制捜査との区別

1　刑訴法一九七条一項は、「捜査については、その目的を達するため必要な取調をすることができる。但し、強制の処分は、この法律に特別の定のある場合でなければ、これをすることができない。」と規定している。この本文による捜査が任意捜査、但書による捜査が強制捜査と通称されていることは、あらためて説明するまでもないであろう。ところが、これらそれぞれの意義については、必ずしも共通の理解が存しておらず、そのため盗聴、写真撮影、ポリグラフなど個個具体的な捜査方法の適否が問題となるたびに、華華しい見解の対立が生じてきた。

本件における一審、原審、最高裁の各判断の分れも、右の点の理解の相違に起因するところが大きい。すなわち、一審判決は、明確な判示こそないが、およそ個人の行動の自由を制約する捜査は強制捜査であって、特別の法律上の根拠を必要とし、任意捜査としてこれを行うことは許されないとの見解に立ち、加藤巡査の行為は被告人の行動の自由を制約する強制捜査を法律の根拠に基づかずに行ったものであるから、違法な強制力の行使とみるほかはないと解したようである。これに対し、二審判決は、具体的捜査の必要性、緊急性に即して客観的に相当と認められる程度の実力行使は強制にはあたらず、任意捜査として許されるとの見解に立ち、本件の場合呼気検査に代わる有効適切な捜査方法はなく、被告人が呼気検査を拒否して立去れば捜査上著しい支障をきたすおそれがあったし、被告人が出入口の方に行こうとし、捜査の支障が急迫しており、かつ、実力行使の程度もさほど強いものではなかったので、客観的に相当な実力行使と認めるべきであると判示した。最高裁決定は、前述のとおり、強制捜査と任意捜査との区別の問題と任意捜査において許容される有形力行使の限界の問題とを明確に分けたうえ、捜査官の行う行為が強制捜査に属するか任意捜査に属するかは、一定の意味内容をもった強制手段にあたるか否かという当該行為の一般的性質によって決すべきであり、かつ、本件行為は右の強制手段にはあたらないとし、ついでそれが任意捜査として許容される限度の有形力の行使であるか否かの検討に進んでいるのである。

2　強制捜査と任意捜査とをどう区別するかは、刑訴法一九七条一項但書にいう「強制の処分」の意義をどう理解するかの問題にほかならない。しかしながら、その背後には、同条項本文の法的性質をどう理解するかの問題があり、その点についての明示又は黙示の判断が「強制の処分」の意義の理解を深く規定しているように思われる。すなわち、「必要な取調をすることができる」と定める同条項本文の規定を、「現行犯人は、何人でも、逮捕状なくしてこれを逮捕することができる」と定める刑訴法二一三条などと同様の意味における、具体的権限の付与規定と解するときは、右条項但書にいう「強制の処分」にあたらない捜査方法であれば、特段の事情のない限り、すべて任意捜査の権限として積極的に認められていることになる。そして、このような見解に基づいたうえで、「強制の処分」を直接的な強制力又は法的義務の賦課と解する通説に従うときは、直接的な強制力に至らない有形力の行使あるいは直接的な強制力とは性質を異にする盗聴、写真撮影などの捜査方法が無限定に許容されるという不当な結論に達することになる。

刑訴法一九七条一項本文の規定を具体的権限付与規定と解しながら、右のような不当な結論を避けるには、大別して三つの方途がある。第一は、「強制の処分」の範囲を前記の通説よりも拡大し、かつ、その処分は刑訴法に定めがないから任意捜査としては許容されないと解するものである。本件一審判決は、およそ有形力の行使は「強制の処分」に含まれると解して、この立場をとったようである。第二は、一方では、「強制の処分」の範囲を前記の通説よりも拡大し、他方では、刑訴法に定めがない処分であっても、令状主義の要請に反せず、かつ、具体的な状況に相応する範囲内では許容されると解するものである。(1) 第三は、「強制の処分」の範囲を前記の通説と同様に解しつつ、「強制の処分」と任意の処分との間に、強制でも任意でもない中間的な処分の存在を認め、この中間的処分は、任意捜査においても、社会通念上妥当な限度で許容されると解するものである。(2)

刑訴法が逮捕、押収などの直接強制処分についてのみ特別規定を設けているのは、その程度の処分の場合に特別規定が必要であるとの立場に立つものであって、右の程度に至らない有形力行使をいっさい否定する趣旨とは解されない。したがって、その点で第一の方途には疑問がある。また、第二の方途は、ねらいは正当であり、実際上の結論も本件最高裁決定の結論とほぼ一致すると思われるが、刑訴法に明文の規定がない場合にまで「強制の処分」の権限を認める点で、同法一九七条一項但書の文言と調和せず、疑問がある。さらに、第三の方途も、本件最高裁決定と実質上は同じ結論を示すものであるが、刑訴法一九七条一項本文の規定を具体的権限付与規定と解する限りは、中間的処分の行使について状況に応じた条件を付することが困難である点で、疑問がある。

そこで、刑訴法一九七条一項本文の法的性質に立ち帰り、これを具体的権限の付与規定と解することの当否を再検討するのに、等しく権限付与規定といっても、「警察官は、……司法警察職員として職務を行う」と定める同法一八九条一項又は「検察官は、必要と認めるときは、自ら犯罪を捜査することができる」と定める同法一九一条一項のように抽象性の高い権限を付与するものと、前記引用の現行犯逮捕の規定のように具体的な権限を付与するものとがある。そして、前者は、警察官、検察官が捜査をする職務権限を有し、その活動が違法とならないことを明らかにするにとどまり、具体的な捜査方法は後者のような規定にこれを委ねているのである。問題の刑訴法一九一条一項本文も、捜査については必要な取調を行う抽象的権限のあることを明らかにした規定であるにとどまり、具体的捜査方法をとる権限を定めたものではないと解される。いいかえると、同条項の重点は但書にあり、その本文はむしろ確認的なものとみるのが相当であって、ここから直ちに特定の捜査方法の権限を導くことは許されないのである。

このように解するならば、「強制の処分」にあたらない処分が任意捜査において当然に許されるわけではなく、その許容範囲は別個に検討すべきことになるので、「強制の処分」の範囲を拡大したり、中間的処分を認めることもまた必要でないことになる。

3　それでは、「強制の処分」とは何であろうか。それは、概括的には、特別の根拠規定（場合によっては令状）がなければおよそ許されない捜査方法、つまりは抽象的な捜査根拠規定に基づいては捜査の必要性などの具体的状況がどうであっても許されない捜査方法であって、内容からいうと、個人の意思を制圧して、一般には個人の身体、財産等に対する違法な侵害とされる行為を強制的に実現する捜査方法であるといってよいであろう。一般には違法とされる行為であるからこそ特別の根拠規定が必要となるのであって、この点こそが「強制の処分」を決定するメルクマールであると考えられるのである。そして、右のような行為にあたるかどうかは、個人の意思に反してすることの許されないような性質の行為か否か、強制という要素が加わっている行為か否かという二つの観点から判断するのが相当と思われる。強制処分と通称されている、逮捕、勾留、押収、捜索、検証などの行為は、右のいずれの点からいっても、当然に「強制の処分」と認めることができる。これに対し、写真撮影は、望遠レンズによる居宅内の私生活の撮影のように個人の意思に反してすることが許されないという意味で強制捜査となる場合と、刑訴法二一八条による身柄拘束中の撮影のように積極的に受忍義務を課したり直接強制を加える点で強制捜査となる場合とがある。(3)

本最高裁決定が、「捜査において強制手段を用いることは、法律の根拠規定がある場合に限り許容されるものである」と判示したうえ、「ここにいう強制手段とは、有形力の行使を伴う手段を意味するものではなく、個人の意思を制圧し、身体、住居、財産等に制約を加えて強制的に捜査目的を実現する行為など、特別の根拠規定がなければ許容することが相当でない手段を意味する」と判示するのは、以上のような趣旨のものと解される。

右の「強制の処分」は、刑訴法における逮捕、押収などの強制処分及び受忍義務を課する場合よりも範囲が広く、上記のように、特定の状況における写真撮影など法律上類型化されていない捜査方法をも含んでいる。しかしながら、他方、写真撮影のようにプライバシーなどの個人の権利に関連する捜査行為を、一律に強制処分と解しているものでもない。本件二審判決の判断も、「実力行使が当該事案における捜査の必要性、緊急性に即して客観的に相当と認められるか否か」によって強制力の行使にあたるか否かが決まるとする点で、最高裁決定の判断とは異なっている。

「強制の処分」の該当性の判断において基礎とすべき事情と任意捜査手段の相当性の判断において基礎とすべき事情との区別は、かりに捜査の必要性、緊急性など具体的状況が付け加わっても、特別の根拠規定がない限り、その手段を許容することが相当でないような類型的事情が前者であり、それ以外の場合において手段の許容性に関連する具体的状況が後者であるといってよい。その意味で、右の二つの判断は、質的な差であると同時に、量的な差でもある。

4　従来の最高裁判例をみると、「強制の処分」の意義について一般的な判示をしたものはないが、昭和二九年七月一五日第一小法廷決定(刑集八巻七号一一三七頁)は、有形力の行使を直ちに強制の手段とみることはできないと明言し、本決定と同じ立場をとっている。すなわち、警察官が、犯罪捜査のための職務質問の目的で、逃走した者を約一三〇メートル追いかけ、その腕に手をかけたという事案について、右決定は、停止のためにその跡を追いかけたことについて、「これを目して強制又は強制的手段であるとは到底考えられない」とした原判示、及び停止行為について、「逮捕と停止行為とは明らかにその観念を異にし、逮捕は被逮捕者の意思如何に拘らず或る程度の時間的拘束を含む観念であるのに対し、停止行為は停止のための一時的行為であって停止を求められた者が任意に停止することによって直ちに中止されねばならぬ性質のものであるから……本件停止行為は毫も逮捕行為と目すべきものでなく又これに準ずべき性質のものであるとも謂い得ない」との原判示をいずれも正当として支持し、後記のとおり、すすんで腕に手をかけたことが正当な実力行為といえるか否かの判断に及んでいるのである。(4)

昭和四四年一二月二四日大法廷判決(刑集二三巻一二号一六二五頁)は、犯罪捜査のための写真撮影について、「警察官が犯罪捜査の必要上写真を撮影する際、その対象の中に犯人のみならず第三者である個人の容ぼう等が含まれても、これが許容される場合がありうる」としたうえ、「現に犯罪が行なわれもしくは行なわれたのち間がないと認められる場合であって、しかも証拠保全の必要性および緊急性があり、かつその撮影が一般的に許容される限度をこえない相当な方法をもって行なわれるとき」には「撮影される本人の同意がなく、また裁判官の令状がなくても、警察官による個人の容ぼう等の撮影が許容される」と判示した。(5) この判例は、どういう場合に写真撮影が「強制の処分」になるのかにつき明確な判示をしていないが、本件最高裁決定の立場からこれを再構成すると、「現に犯罪が行なわれもしくは行なわれたのち間がないと認められる場合」の写真撮影は、「強制の処分」にはあたらず、任意捜査の領域内の手段であり、また、証拠保全の必要性など他の要件を満たす限り任意捜査として許容される限度内の手段であるという趣旨と解される。

5　本件の事案について、最高裁決定は、「出入口の方へ向った被告人の左斜め前方、両手でその左手首を摑んだ加藤巡査の行為」は、「呼気検査に応じるよう被告人を説得するために行われたものであり、その程度もさほど強いものではないというのであるから、これをもって性質上当然に逮捕その他の強制手段にあたるものと判断することはできない」と判示している。前記のような経過で説得のため左手首を摑む行為が逮捕にあたらないこと及び「暴行」又は「実質上逮捕するのと同様の効果を得ようとする強制力の行使」にもあたらないことは、その目的、程度からみて明らかであって、特に補説を要しないと思われる。

なお、詳論は避けるが、いわゆる任意同行に関し、実質力逮捕と同視すべき場合があるのではないかが論じられているが、これは逮捕に始まる強制捜査の場合には時間などの点で手続上の法的規制があることから生ずる論議であって、ここでの問題とはいく分のずれがあることに留意しておきたい。

2　任意捜査における有形力行使の限度

1　特定の捜査方法が「強制の処分」にあたらない場合であっても、具体的状況のもとで任意捜査として許容されることがありうるにとどまり、常にそれが適法な任意捜査の方法となるものではない。強制手段にあたらない有形力の行使についても、その理はあてはまるのであって、何らかの法益を侵害し又は侵害するおそれがある行為である以上、当然、「具体的状況のもとで相当と認められる限度」において初めて許容されるものと解すべきである。右の相当性の判断は、一般の公権力行使についての相当性の判断と同様、本質的には具体的事情に基づく比較考量によるから、ここで包括的にこれを論じることは避け、犯罪捜査の特質にかんがみ特に考慮に値すると思われる次の二点にふれるにとどめたい。

その第一は、憲法、刑訴法、警職法などが定める令状主義その他の強制捜査に関する法規制との関係である。任意捜査に名をかりてこれらの法規制を潜脱することが許されないのはいうまでもないが、それにとどまらず、右の法規制の中には、一定の事情のもとで強制捜査手段を許容する趣旨のほかに、その事情のもとでは特定の強制捜査手段のみを許容して他はこれを禁止する趣旨を含むものもあることに留意すべきであろう(6)。

第二は、刑訴法、警職法などが定める任意捜査に関する法規制との関係であって、その手段に対し一定の規制が加えられている場合には、手段の相当性の判断にあたっては、積極、消極の両方向において、当然これを参考にしなければならない⑺。

第三は、被疑事実の重大性という要因についてであって、右の比較考量が一方において捜査の利益を考慮するものである以上、被疑事実の重大性は逸することのできない考慮要因であるというべきであろう⑻。

2　この点に関する従来の最高裁判例をみると、前記昭和二九年七月一五日第一小法廷決定は、犯罪捜査としての職務質問のため、警察官が逃走した窃盗の被疑者を約一三〇メートル追いかけて腕に手をかけた事案につき、「距離の如何に拘らず停止を求めるためにその跡を追いかけることは事物自然の要求する通常の手段方法であって、客観的に妥当なものである」、「同巡査が被告人の背後より『何うして逃げるのか』と言いながらその腕に手をかけたことも任意に停止しない被告人を停止させるためにはこの程度の実力行為に出ることは真に止むを得ないことであって正当な職務執行上の手段方法である」とした原判断を正当とした。また、前記昭和四四年一二月二四日大法廷判決は、いわゆる公安条例等に基づく許可条件違反のデモを写真撮影した警察官の行為につき、「現に犯罪が行なわれていると認められる場合になされたものであって、しかも多数の者が参加し刻々と状況が変化する集団行動の性質からいって、証拠保全の必要性および緊急性が認められ、その方法も一般的に許容される限度をこえない相当なものであったと認められるから、たとえそれが被告人ら集団行進者の同意もなく、その意思に反して行なわれたとしても、適法な職務執行行為であったといわなければならない」と判示している。そのほか、昭和二九年一二月二七日第一小法廷決定(刑集八巻一三号二四三五頁)及び昭和三〇年七月一九日第三小法廷決定(刑集九巻九号一九〇八頁)は、いずれも職務質問のための追跡を適法としている。

3　本件事案に関する最高裁決定の判旨をみるのに、まず、酒酔い運転の罪の疑いが濃厚な被疑者をその同意を得て警察署に任意同行した点が重視されている。すなわち、酪酊運転罪(道交法一一七条の二第一号)の疑いが濃厚であり、しかも呼気検査拒否罪(同法一二〇条一項一一号、六七条二項)が明らかに成立する場合であって、現行犯逮捕も可能な状況であったのに、逮捕をせずに済ませようとの配慮から同意を得て任意同行したものであり、逮捕に続く手続を潜脱する意図があったとは認められない場合であったというのである。したがって、本決定の判旨を任意取調中の被疑者が突然立ち去ろうとする場合一般に安易に拡張することは許されないであろう。

本決定は、さらに、本件行為が、被告人の父を呼び呼気検査に応じるよう説得をつづけるうち、母が警察署に来れば応じるというのでその来署を待っていたところ、被告人が急に退室しようとしたため、さらに説得のためにとられた抑制の措置であって、その程度もさほど強いものではなかったことを重視している。現行犯逮捕が可能な場合であっても、逮捕に代えてこれに至らない実力行使が常に許されるものでないことは、刑訴法一九八条但書が「被疑者は、逮捕又は勾留されている場合を除いては、……出頭後、何時でも退去することができる」と定めている点からみて、明らかである。被告人が呼気検査を拒否して立ち去ることにより捜査に支障をきたす急迫した事情があり、なお説得を続けようとしたのも無理からぬ経過があったこと、また、抑制の程度もこうした具体的事情のもとで社会通念上不相当とはいえないものであったことが重視されたのは、その意味で当然であるといえよう。(9)

(1)　田宮裕編・刑事訴訟法Ⅰ(大学双書)一二九頁(田宮裕)、光藤景皎「任意捜査と写真撮影」続学説展望一六頁は、相手方の意思に反しプライバシーなどの権利を侵害するような捜査行為について、このアプローチを志向するものと思われる。

(2)　出射義夫「任意・実力・強制」ジュリスト六五号一四頁。

(3)　平野龍一・警察研究四二巻四号一四〇頁、同・刑事訴訟法概説七七頁。後者に指摘されているように、「まったく個人的な生活の撮影が強制処分であることは問題がないであろう。しかし、デモをやっているときなどは、他人に見られることを意図しているのであるから、もはやこれを撮影しても、強制処分とはいえないであろう」。

(4)　この一審判決に関し、団藤重光・判例時報三号二頁、二審判決に関し、出射義夫・注(2)、最高裁決定に関し、寺尾正二・最高裁判所判例解説刑事篇昭和二九年度一九一頁、出射義夫・刑事判例評釈集一六巻四九頁、西原春夫・続判例百選一一八頁、吉川正次・法学新報六二巻四号八四頁、田上穣治・憲法判例百選八一頁、柏井康夫・刑事訴訟法判例百選二二頁、同新版二八頁、同第三版三三頁、半谷恭一「職務質問」捜査法大系Ⅰ八頁参照。

(5)　この判例については、海老原震一・最高裁判所判例解説刑事篇昭和四四年度四七九頁、平野龍一・注(3)の警察研究及び上記解説に引用された文献を参照。

(6)　注(1)の論稿の指摘するところは、この点において示唆的である。

(7)　例えば、つとに、注(4)の団藤裁判官の評釈中に、警職法二条三項の停止に関し、「少くとも注意を促しまたは飜意を求めるために単に身体に手をかける程度のことは強制にわたらない限り許される」、「職務執行法第二条第三項がとくに身柄の拘束と意に反する連行とを挙げてその許されないことをあきらかにしているのは、停止については右の程度のことをみとめる趣旨を含蓄するものと考えてよい」旨の指摘がある。注(2)の文献もこの点で示唆的である。

(8)　例えば、松尾浩也・刑事訴訟法上七五頁は、犯罪捜査のための写真撮影の適法要件について、「被疑事実の重大性と蓋然性、および証拠保全の必要性と緊急性をあげるべきであろう」と論じる。

(9)　本件二審判決を評釈した伊藤栄樹・警察学論集二八巻九号一六四頁は、すでに、「本件は、被告人につき、証拠湮滅および逃走のおそれが大きいケース、つまり、逮捕の要件を具備している場合であったのであり、しかも……呼気検査を拒否して立ち去ることによって捜査上著しい支障をきたすおそれのある事態が、急迫して生じた場合であったのである。このような具体的事情のもとであればこそ、……〔本件〕程度の説得のための実力行使が適法とされるのである」と指摘し、「任意取調べ中の被疑者が突然立ち去ろうとする場合に、つねに本件程度の実力を行使して制止ないし説得をすることができると考えるのは危険であろう」、「任意出頭した被疑者は、何ら理由を説明することなく退去しうることが保障されており、これを実力で制止することは、一般的に許されない。任意取調べ中の被疑者が退去しようとするのに対し、ある程度の実力を用いて説得行為をすることが許されるのは、まさに、本件のような場合に限られるであろう」と論じていた。

(後注)　本件最高裁決定に対する評釈として、朝岡智幸・判例タイムズ三三九号一二六頁、光藤景皎・ジュリスト六六六号一七六頁がある。

(追記)　本決定に対する評釈には、右のほか、判例研究会・警察時報三二巻一号一三八頁、林修三・時の法令九五七号五六頁がある。

12 警察権限法の判例理論

一 警察権限法の検討課題と基本的視点

1 警察権限法の検討課題

警察は、犯罪捜査を目的とする司法警察のほか、個人の権利と自由を擁護し、公共の安全と秩序を維持することを目的とする行政警察の任務を負い、それぞれの分野において強制的な処分を含む各種の処分を行う権限を有している。すなわち、警察は、司法警察の分野では、強制処分、そのうち特に令状を要する強制処分及び任意処分という三種類の処分を行う権限を有し、行政警察の分野でも、司法警察に類似する三種類の処分を行う権限を有している。

右のような各種の処分を行う権限については、それぞれを貫く法原理が存在している。すなわち、司法警察の場合、前記の三種類の処分に対応して強制処分法定主義、令状主義及び任意処分の相当性という基本的な法原理が存在しており、行政警察の場合も、それぞれの処分に対応して強制手段法定主義などの法原理が存在している。

ところで、司法警察と行政警察は、競合し又は交錯する場面が多く、行政警察の権限を行使した結果として犯罪捜査の端緒や証拠が得られることも稀ではない。そのため、例えば、行政警察についても令状主義が適用されるか否か、犯罪捜査のためにも職務質問の権限法を用いることが許されるか否かなど多くの問題が生じることになる。

このようなことから、警察権限法については、個々の処分法の内容を明らかにする作業のほかに、司法警察と行政警察の各権限法の構造を全体として明らかにする作業が不可欠となる。本稿は、この作業を判例を素材としながら、各権限法の基本的な法原理を検討することを通して行おうとするものである。

2　警察権限法の基本的視点

警察権限法の構造を考察する際の最も基本的な視点は、第一に、司法警察の目的が犯罪捜査であるのに対し、行政警察の目的が危険の除去であって、両者の目的の差に応じて法原理の内容と権限の程度に差があることに注目することであろう。具体的に述べると、司法警察上の法原理の中には、犯罪捜査を目的とする活動であることから、令状主義のように、行政警察より一層厳格な規制を加える法原理があること、司法警察上の権限規定の中には、犯罪捜査の重要性から、行政警察については認められない権限を付与するものがあること、行政警察上の権限規定の中にも、現在の危険の除去という緊急の必要性から、司法警察については認められない権限を付与するものがあることである。

基本的視点の第二は、司法警察と行政警察の目的が競合する場面があることに注目することであろう。司法警察と行政警察とはそれぞれ目的を異にし、それぞれの活動には独自の適法要件がある。したがって、これを乱用し、専ら一方の目的を達成するために他方の権限を流用することは違法である。しかし、行政警察は、既に発生した犯罪を早期に発見し、将来の再発を防止することをも目的としているため、その活動により、同時に犯罪の証拠の収集という司法警察の目的が達成されることがある。特に、警職法二条一項により、既に行われた犯罪について知っていると認められる者に対し職務質問をすることは、行政警察上の目的に資すると同時に、捜査上の目的にも資することになる。このような場合、行政警察の目的を追求することは、とりもなおさず司法警察の目的を追求することになるのであるから、証拠収集の目的で職務質問をすることは少しも違法ではないというべきである。

二　司法警察権限法の構造

1　強制処分の法原理

㈠　概　要

司法警察を含む捜査に関する権限法には、大別して、強制処分に関するものと、任意処分に関するものとがある。前者については次の三つの法原理があると考えられる。

第一は、強制処分法定主義である。すなわち、刑訴法一九七条一項は、「捜査については、その目的を達するため必要な取調をすることができる。但し、強制の処分は、この法律に特別の定のある場合でなければ、これをすることができない。」と規定し、その後段で強制処分法定主義を定めているが、法治主義の原則からすると、これは当然であって、確認的な規定と考えられる。

第二は、令状主義である。強制処分のうち、逮捕、勾留、捜索、押収などについては、憲法又は法律により、原則として、予め裁判官の発する令状によって行わなければならないとされている。

第三は、強制処分の相当性の法原理である。強制処分は、対象者の権利、法益を侵害又は制約するものであるから、それを用いることが必要であり、かつ、相当である場合に限って用いるべきである。これは、従来、「任意捜査の原則」として説明されているところと同じであるが、むしろ強制処分と任意処分とを通じた適法要件の一つとして理解するのが妥当と思われる。

㈡　強制処分法定主義

最高裁判例は、強制処分の意義について、「有形力の行使を伴う手段を意味するものではなく、個人の意思を制圧し、身体、住居、財産等に制約を加えて強制的に捜査目的を達成する行為など、特別の根拠規定がなければ許容することが相当でない手段を意味する」と判示している(①最決昭和五一年三月一六日・刑集三〇巻二号一八七頁)。

法治主義の原則に照らすと、捜査目的で行う処分であっても、重大な権利、法益を侵害する場合には、法律の具体的な根拠が必要である。強制処分についての右の判例の定義は、法律の具体的な根拠を必要とするような重大な権利、法益の侵害とは何かを、二つの要件に分けて明らかにしたものと解せられる。すなわち、第一の要件は、その処分が、相手方の意思を制圧して強制的に捜査目的を達成する行為のように、相手方の意思を制圧したり、これを無視したりするものであることであり、第二の要件は、その処分が、身体、住居、財産等の重大な権利、法益を制約するものであることである。

第一の要件である相手方の意思への制約について検討すると、権利、法益の中には、生命のように、相手方の意思によっても処分することが許されないものがある。そのような場合には、任意処分はもとより、強制処分も許されないことになろう。これに対し、相手方がその意思で処分することが可能な権利、法益の場合であって、相手方の同意があるときには、権利、法益の処分があることになるので、もとより任意処分として捜査行為を行うことができる。しかし、相手方に権利、法益を処分する意思がないときに、これを無視して権利、法益を制約する捜査行為を行うには、法律の特別の根拠規定に基づく強制処分によらなければならない。その典型例は、相手方の意思を制圧して強制的に捜査目的を実現する行為であるが、そのような意思の制圧がなくても、例えば住居主の不在の間に住居に立ち入って捜索をするように、相手方の処分意思が示されていないのに一方的に捜査目的を実現する場合には、法律の特別の根拠規定を要するとみなければならない。

結局、相手方の意思への制約は、次の三つに区分することができよう。

(イ)　実力で相手方の意思を制圧する場合、つまり直接強制する場合。

(ロ)　罰則その他の制裁を背景に相手方の意思を制圧する場合、つまり間接強制する場合。

(ハ)　相手方に意思表明の機会を与えないで目的を達成する場合。

(イ)、(ロ)の場合には、相手方の意思を制圧し、少なくとも相手方からその行動の自由を奪って捜査目的を実現することになるから、それ自体で強制処分を基礎づけるに足りるということができよう。「強制にわたる」という場合、(イ)、(ロ)特に(イ)を指すのが通常である。前記判例が「個人の意思を制圧し、……強制的に捜査目的を達成する行為など」(傍点筆者)と判示し、右の(イ)の場合を代表例として挙げているのは、以上のような理解に基づくものと解せられる。

(イ)に当たる典型例は、逮捕、勾留、捜索、押収など令状主義の対象とされている古典的な強制処分であり、(ロ)に当たる典型例は、証人尋問であり(刑訴法二二六条、二二七条、一六一条)、(ハ)に当たる典型例は、盗聴である。

なお、相手方の意思に反しない場合に任意処分が許されるのは、権利、法益の侵害がないことになるためであるから、強制処分の要件として相手方の意思への制約を独立して挙げる必要はなく、権利、法益の侵害という一つの要件を挙げれば足りるという見解がある。しかし、相手方の意思の無視と権利、法益の重大な制約という二つの要件を挙げるのは、法律の特別な根拠を必要とするような権利、法益の「侵害」とは何かを明らかにするためであり、その「侵害」がある場合に、なお相手方の意思の点から強制処分の範囲を限定するためではない。特に、相手方の意思に反する処分であって、権利、法益に対する何らかの制約を伴う場合において、一定の限度で任意処分を肯定すべきものとすれば、右のように二つの要件から考察することが重要になる。

第二の要件である権利、法益の制約について検討すると、相手方の意思で処分することが許される権利、法益の場合には、その処分意思がある限り、捜査行為により、権利、法益が侵害されることはないので、任意処分である捜査行為が許される。しかし、その逆は必ずしも成り立たず、相手方の処分意思がないからといって、権利、法益を制約することになる捜査行為に法律の特別な根拠が必要となるわけではなく、権利、法益の制約つまりは権利、法益の性質とこれに及ぼす捜査行為の影響のいかんによっては右の根拠を待つまでもなく任意処分である捜査行為が許される場合がある。相手方の行動の自由を完全に奪うことにはならない軽度の有形力の行使や公道上の行動の写真撮影など、状況のいかんによって許されてよい任意処分は少なくないであろう。

強制処分に当たるような権利、利益に対する制約は、先に相手方の意思について述べた三つの類型に対応し、次の三つの類型に大別することができるであろう。

(イ)　第一は、身体、住居、財産、自由等に対し憲法上の令状主義が及ぶような程度の直接強制を加える場合である。逮捕、勾留、捜索、押収、身体検査等について令状主義の定めがあるのは、個人に委ねるべき身体、住居、財産、自由等に対する権利行使の自由を一時的又は継続的に制圧し、これを国の側に奪うからであると考えられるから、そのような直接強制を少なくとも一時的に加える処分の場合には強制処分とみるのが相当である。前記判例は、「個人の意思を制圧し、身体、住居、財産等に制約を加えて強制的に捜査目的を達成する行為」を強制処分の典型的事例として挙げているが、これはまさに(イ)を念頭に置いた判示であろう。

(ロ)　第二は、身体、住居、財産、自由等に対し、罰則その他の制裁を用いて間接強制する場合である。出頭、証拠提出、立入り受認を罰則で強制するような場合のほか、証言を強制するような場合がこれである。

(ハ)　第三は、専ら個人の管理に委ねるべき秘密、プライバシーその他の権利法益をその管理権を侵して探知する場合である。外部から探知されることがないと期待されている私的領域内の会話の盗聴やその領域内の行動の写真撮影などがその例に挙げられよう。

強制処分の範囲についての判例は、後に任意処分の範囲と適法性を検討する際に見ることにしよう。

なお、現行法上許されている強制処分には、主たる強制処分とこれに付随する付随処分とがある。主たる強制処分には、さらに、令状によるものと、令状によらないものとがあり、後者は、令状主義の例外に当たるもの（逮捕現場での捜索、差押など）と、刑訴法上の強制処分（証人尋問、写真撮影、指紋採取など）とがある。付随処分とは、主たる強制処分を実施するために必要かつ相当な処分であって、明文によって許されているもの（押収捜索に必要な処分など）もあるが、明文がなくても右の限度内では許されると解されるであろう（現行犯逮捕のための実力行使についての②最判昭和五〇年四月三日・刑集二九巻四号一三二頁参照。本書***16***論文はその解説である）。

㈢　令状主義

逮捕、捜索、押収など一定の強制処分は、憲法（三三条ないし三五条）により、原則として予め裁判官の発する令状に基づいてこれを行わなければならないものと定められている。

令状に関する問題は多々あるが、令状主義の最も基本に触れるものは、いわゆる別件逮捕、勾留及び別件捜索、押収の問題である。そして、その問題の中心は、令状主義に従うべき場合であったのに従わなかったのか否かである。

最高裁判例は比較的少なく、別件逮捕、勾留については、次の二例にとどまる。

③最（大）判昭和三〇年四月六日・刑集九巻四号六六三頁　この判例では、「検事がはじめから帝銀事件の取調に利用する目的または意図をもってことさらに日本堂事件を起訴しかつ勾留を請求したと確認するに足る事実は認められ」ないとされた。

④最決昭和五二年八月九日・刑集三一巻五号八二一頁　この判例では、「専ら、いまだ証拠の揃っていない『本件』について被告人を取調べる目的で、証拠の揃っている『別件』の逮捕・勾留に名を借り、その身柄拘束を利用して、『本件』について逮捕、勾留して取調べると同様の効果を得ることをねらいとしたものである、とすることはできない」と判示された。

次に、別件捜索、差押については、次の判例が唯一のものである。

⑤最判昭和五一年一一月一八日・判時八三七号一〇四頁　この判例では、「記録を調査しても、捜査機関が専ら別罪である賭博被疑事件の証拠に利用する目的でこれを差し押えたとみるべき証跡は、存在しない。」と判示した。

以上の三例(③～⑤)を通観する限り、判例は、専ら別罪(本件)の捜査をすることを目的として、他の罪(別件)の令状を得て捜査を進めた場合に、これを令状主義違反と解しているように思われる。

㈣　強制処分の相当性

強制処分が適法となるには、強制処分法定主義及び令状主義の要請を充たすほか、強制処分を行う必要性とこれを含む広義の相当性の要請をも充たさなければならないであろう。

第一に、必要性の点を検討すると、不必要な強制処分でも許されると解することは法治主義の原則上明らかに不当であるから、必要性が強制処分の適法要件であることに疑いがない。問題は、刑訴法上、その判断は捜査官のみが行うものと予定されているのか、裁判官も行うものと予定されているのか、また、後の場合の判断の基準は何かである。

裁判官の逮捕状の発付については、「明らかに逮捕の必要がないと認めるとき」には発付しない旨が規定されている(刑訴法一九九条二項但書)。差押、捜索等については、このような規定はないが、⑥最決昭和四四年三月一八日・刑集二三巻三号一五三頁は、「刑訴法二一八条一項によると、検察官もしくは検察事務官または司法警察員は『犯罪の捜査をするについて必要があるとき』に差押をすることができるのであるから、検察官等のした差押に関する処分に対して、同法四三〇条の規定により不服の申立を受けた裁判所は、差押の必要性の有無についても審査することができるものと解するのが相当である。」と判示した。準抗告裁判所に判断権がある以上、令状裁判官にも判断権があるのは当然である。

第二に、たとえ必要性がある場合でも、相当性を欠くことから強制処分が不適法になる場合がある。そのことが問題となる典型例は、報道機関の取材結果を押収する場合である。⑦最(大)決昭和四四年一一月二六日・刑集二三巻一一号一四九〇頁及び⑧最決平成元年一月三〇日・刑集四三巻一号一九頁は、この場合の差押の可否を決するに当たっては、捜査の対象である犯罪の性質、内容、軽重等及び差し押えるべき取材結果の証拠としての価値、ひいては適正迅速な捜査を遂げるための必要性と、取材結果を証拠として押収されることによって報道機関の報道の自由が妨げられる程度及び将来の取材の自由が受ける影響その他諸般の事情を比較衡量すべきである旨を判示した。これは、正に相当性の判断である。

2　任意処分の法原理

(一)　概　要

任意処分については、その処分が強制処分法定主義に触れないこと、つまりはそれが任意処分性をもつことという当然の法原理があるほか、任意処分に相当性を求める法原理がある。これは、任意処分であっても、無制限に許されるわけではなく、これにより法益を制約される者がある場合には、その法益と捜査によりもたらされる利益との間に適正な均衡が保たれるような相当なものでなければならないとする法原理である。

(二)　任意処分性

すでに強制処分の意義を検討した際に述べたとおり、任意処分とは、法律の特別規定に基づかなくても具体的事情により許されることのある処分であるが、その範囲は、強制処分に当たらない処分であるという消極的な観点から考察すれば足りる。もちろん、その処分が任意処分として適法なものとなるには、さらに(三)で述べる要件を充たさなければならない。

すなわち、任意処分であるためには、その処分が相手方の意思を制圧するなど相手方の処分意思を無視するものではないこと、又は、その処分が身体、住居、財産等の重大な権利、法益を制約するものではないことが必要である。前の意思の要件は、相手方が処分に反対の意思を表明している場合又は相手方に意思表明の機会を与えない場合には、充たされないが、相手方が処分に同意をしている場合又は相手方に意思表明の機会を与えたのに反対の意思が表明されない場合には、充たされると解されるであろう。後の権利、法益の要件は、(イ)身体、住居、財産に対し、憲法上の令状主義が及ぶような制約を加える場合ではないこと、(ロ)罰則その他の制裁を用いて身体、住居、財産、自由に制約を加える場合でないこと、(ハ)専ら個人の管理に委ねるべき秘密、プライバシー等の権利、法益を制約する場合でないことである。

㈢　任意処分の相当性

前記①最決昭和五一年三月一六日は、強制処分の程度に至らない有形力の行使は任意捜査においても許容される場合があるとした上、「ただ、強制手段にあたらない有形力の行使であっても、何らかの法益を侵害し又は侵害するおそれがあるのであるから、状況のいかんを問わず常に許容されるものと解するのは相当でなく、必要性、緊急性などをも考慮したうえ、具体的状況のもとで相当と認められる限度において許容されるものと解すべきである。」と判示している。この相当性は、必要性、緊急性などの要因を考慮し、処分により侵害される法益と捜査によりもたらされる利益との間に適正な均衡が保たれると考えられる範囲内で認められるというべきであろう。

右の相当性は、具体的な状況により判断するほかないが、相当性の認められる限界の大筋は、これを明らかにすることができよう。

(イ)　令状主義その他強制処分の対象とされているような重大な権利、法益の制約を伴う場合には、相手方の同意がない限り強制処分となるので、その同意があるときに限り任意処分を行うことができると解すべきであろう。

(ロ) 強制処分の対象となるような重大な権利、法益の制約を伴わない場合であっても、相手方の意思を制圧して処分を強制するときには、原則として任意処分の限界を超えると解すべきであろう。

(ハ) 強制処分の対象となるような重大な権利、法益の制約を伴わない場合であって、強制にわたらないときには、必要性、緊急性などを考慮し、具体的な利益考量により任意処分の適法性を判断すべきであろう。

(四) 判例の検討

任意処分の範囲と相当性に関する判例を検討しよう。

まず、強制処分に当たるとされたと解される判例に次の⑨がある。

⑨最判昭和六一年四月二五日・刑集四〇巻三号二一五頁　警察官三名は、協力者から覚せい剤前科のある被告人が再び覚せい剤を使用しているとの情報を得たため、被告人宅に赴き、玄関の引手を開けずに「Yさん、警察の者です」と呼びかけ、さらに引手を半開きにして「生駒署の者ですが、一寸尋ねたいことがあるので、上ってもよろしいか」と声をかけ、それに対し被告人の明確な承諾があったとは認められないにもかかわらず、屋内に上がって、被告人のいた奥八畳の間に入り、ベッドで目を閉じて横になっている被告人に声をかけ、明確な承諾のないまま任意同行し、タクシー乗務員試験を受験する予定があるとの申し出があったのに応答しなかった。判例は、このような捜査には「任意捜査の域を逸脱した違法な点が存する」と判示したが、相手方の同意なしにその住居に立ち入った点は強制処分の領域にふみ込んだものであり、その意味で任意処分の適法性を失うというべきであろう。

次に、任意処分に当たるとした上、その適法性を論じた判例に以下のものがある。

第一は、行動の自由を制約した場合についてである。

前記①最決昭和五一年三月一六日　この判例では有形力の行使の適法性が争われた。被告人は、酒酔い運転の疑いで警察署に任意同行され、取調べを受けていたが、急に退室しようとして室の出入口の方に向ったため、K巡査は、被告人の左斜め前方に立ち、両手でその左手首を摑んだ。判例は、「K巡査の前記行為は、呼気検査に応じるよう被告人を説得するために行われたものであり、その程度もさほど強いものではないというのであるから、これをもって性質上当然に逮捕その他の強制手段にあたるものと判断することはできない。」とした上、「右の行為は、酒酔い運転の罪の疑いが濃厚な被告人をその同意を得て警察署に任意同行して、被告人の父を呼び呼気検査に応じるよう説得をつづけるうちに、被告人の母が警察署に来ればこれに応じる旨を述べたのでその連絡を被告人の父に依頼して母の来署を待っていたところ、被告人が急に退室しようとしたため、さらに説得のためにとられた抑制の措置であって、その程度もさほど強いものではないというのであるから、これをもって捜査活動として許容される範囲を超えた不相当な行為ということはできず、公務の適法性を否定することができない。」と判示した。

この判例は、問題の活動が強制処分の対象となるような権利、法益の制約を伴っていないこと、つまりは任意処分の範囲内のものであることを明らかにしたうえ、その態様が説得のため一時的に立ち止まらせようとした程度の有形力の行使であることから、それまでの状況の推移に照らして任意処分としての相当性が認められると判断したのである。

前記⑨最判昭和六一年四月二五日　この判例では任意同行及び警察署での滞留行為の適法性が争われた。本件の警察官は、覚せい剤使用の嫌疑のある被告人に任意同行を求め、金融屋の取立てだろうと思った被告人が「わしも大阪に行く用事があるから一諸に行こう」と言って警察用自動車に乗ると、そのまま警察署まで同行し、署内の室で事情を聴取し、途中、被告人がタクシー乗務員になる試験を受けにいかなければならないと言ったのに、返事をせず、採尿手続を進めた。判例は、「被告人宅からの任意同行に際して明確な承諾を得ていないこと、被告人の退去の申し出に応ぜず警察署に留め置いたことなど、任意捜査の域を逸脱した違法な点が存する」と判示した。

ここでは、相手方の意思及び権利、法益への制約の点で任意処分の領域内にとどまる活動であると認められるもののの、相手方の任意の協力を待つべき場合であるのに相手方の錯誤を利用し、又は退去の意思を無視した点から、相当性が認められないと判断されたのであろう。

⑩最決昭和五九年二月二九日・刑集三八巻三号四七九頁　この判例では四泊の宿泊を伴う取調べの適法性が争われた。警察官は、殺人被疑事件の被疑者を警察署に任意同行し、その後四夜にわたり同人の希望により警察署近辺のホテル等に宿泊させるなどした上、連日警察署に出頭させ、午前中から夜間に至るまで長時間取調べをした。判例は、「任意捜査の一環としての被疑者に対する取調べは、右のような強制手段によることができないというだけではなく、さらに、事案の性質、被疑者に対する容疑の程度、被疑者の態度等諸般の事情を勘案して、社会通念上相当と認められる方法ないし態様及び限度において、許容されるものと解すべきである。」と判示した上、「宿舎の点など任意捜査方法として必ずしも妥当とはいい難いところがあるものの、被告人が任意に応じていたものと認められるばかりでなく、事案の性質上、速やかに被告人から詳細な事情及び弁解を聴取する必要性があったものと認められることなどの本件における具体的状況を総合すると、結局、社会通念上やむを得なかったものというべく、任意捜査として許容される限度を越えた違法なものであったとまでは断じ難いというべきである。」と判示した。

⑪最決平成元年七月四日・刑集四三巻七号五八一頁　この判例では徹夜の長時間の取調べの適法性が問題となった。そして、その要旨として、午後一一時過ぎに任意同行の上午後九時二五分ころまで続けられた被疑者に対する取調べは、特段の事情のない限り、容易に是認できないが、取調べが本人の積極的な承諾を得て参考人からの事情聴取として開始されていること、一応の自白があった後も取調べが続けられたのは重大事犯の枢要部分に関する供述に虚偽が含まれていると判断されたためであること、その間本人が帰宅や休息の申出をした形跡はないことなどの特殊な事情のある本件においては、任意捜査として許容される限度を逸脱したものとまではいえない、と判示された。

これら二例においては、任意の協力による取調べであったか否かに疑念を生じさせる事情が介在していたが、相手方の意思を無視して取調べを続けたという事情までは認められなかったことから、その相当性が否定されるに至らなかったものと解せられる。

第二は、会話その他のプライバシーに立ち入った場合についてである。

⑫最(大)判昭和四四年一二月二四日・刑集二三巻一二号一六二五頁　許可条件違反の集団示威行進の状況を写真撮影したことの適法性に関する判例である。少なくとも警察官が正当な理由もないのに個人の容ぼう等を撮影することは憲法一三条の趣旨に反し許されないが、他方、この自由も公共の福祉のため必要のある場合には相当の制限を受けるものであって、警察官が犯罪捜査の必要上写真撮影をし、その対象の中に犯人のみならず第三者である個人の容ぼう等が含まれても、許容されることがあると判示し、「証拠保全の必要性および緊急性があり、かつその撮影が一般的に許容される限度をこえない相当な方法をもって行なわれるとき」には、「その対象の中に、犯人の容ぼう等のほか、犯人の身辺または被写体とされた物件の近くにいたためこれを除外できない状況にある第三者である個人の容ぼう等を含むことになっても、憲法一三条、三五条に違反しないものと解すべきである。」と判示したのである。

街頭で公然と集団行動をしているような場合には、外から見えない住居内での行動についてと同等のプライバシーを主張することはできず、その行動を写真撮影しても、強制処分とはいえないであろう。したがって、写真撮影により捜査をすることの必要性、緊急性を考慮し、社会通念上相当と認められる限度では写真撮影をすることは許されると考えられるのである。

三　行政警察権限法の構造

1　強制手段の法原理

㈠　概　要

行政警察に関する権限法には、司法警察上の強制処分及び任意処分に準じる強制手段及び任意手段の二つの手段が定められている。そして、強制手段については、強制処分と類似する次の三つの法原理があると考えられる。

第一は、強制手段法定主義である。すなわち、強制手段は法律においてこれを許す旨が定められている場合に限って許されるという法原理であって、警職法一条にもその趣旨が表現されているが、法治主義の原則からすると、明文をまつまでもない当然の事理に属する。

第二は、令状主義である。ある種の強制手段は、これにより、行政警察の目的を達成すると同時に、実質上、司法警察の目的をも達成することがある。そのような関係が一般的なものと認められる場合には、その強制手段は、司法警察上の強制処分としての性質を帯びることになるので、令状主義に服するものと解さなければならない。

第三は、強制手段相当性主義とでもいうべき法原理である。これは、警職法一条二項が、「この法律に規定する手段は、前項の目的のため必要な最小の限度において用いるべきものであって、いやしくもその濫用にわたるようなことがあってはならない。」と規定しているところと同旨であるが、必要最小限度という基準は、ある目的を同一の効果で達成することができる場合に着目した基準であるから、ここではさらに一般化した相当性という基準を用いることにしたい。

以上のうち第一、第三の法原理は、司法警察上の強制処分について述べたところと基本を同じくしており、第二の法原理が新しい問題になる。

(二)　強制手段法定主義と強制手段の相当性

いかなる場合に行政警察上の強制手段となるかは、司法警察上の強制処分についてと同様の考え方で決定することができる。

すなわち、第一に、相手方の意思への制約の点については、(イ)実力で相手方の意思を制圧する直接強制の場合、(ロ)罰則その他の制裁を背景に相手方の意思を制圧する間接強制の場合、(ハ)相手方の意思に反して目的を達成する場合、(ニ)相手方に意思表明の機会を与えないで目的を達成する場合である。

第二に、相手方の権利、法益の制約の点については、(イ)身体、住居、財産、自由等に対し、令状主義が及ぶのと同程度の直接強制を加える場合、(ロ)右の権利、法益に対し間接強制を加える場合、(ハ)専ら個人の管理に委ねるべき秘密、プライバシーその他の権利、法益をその管理権を侵して探知する場合である。

行政警察は、生命、身体等に対する差し迫った危険を防ぐために発動される場合があるので、司法警察上の強制処分とは違って緊急性が高いことが多く、そのため警職法上、制止、立入りを含む広い強制手段の権限が認められている。

強制手段の相当性は、強制処分の相当性に準じて考えることができよう。

(三)　令状主義の適用の有無

行政警察にも憲法上の令状主義が適用されるか否かが論じられている。

⑬最(大)判昭和四七年一一月二二日・刑集二六巻九号五五四頁は、旧所得税法の検査権に関し、次のとおり判示した。「憲法三五条一項の規定は、本来、主として刑事責任追及における強制について、それが司法権による事前の抑制の下におかれるべきことを保障した趣旨であるが、当該手続が刑事責任追及を目的とするものではないとの理由のみで、その手続における一切の強制が当然に右規定による保障の枠外にあると判断することは相当ではな

い。」しかし、「収税官吏の検査は、もっぱら、所得税の公平確実な賦課徴収のために必要な資料を収集することを目的とする手続であって、その性質上、刑事責任の追及を目的とする手続ではない。」また、「右検査が、実質上、刑事責任追及のための資料の取得収集に直接結びつく作用を一般的に有するものと認める」ことはできない。さらに、刑罰による検査受忍の強制は、「相手方の自由な意思をいちじるしく拘束して、実質上、直接的物理的な強制と同視すべき程度にまで達しているものとは、いまだ認めがたい」。

この判例は、実質上刑事責任追及のための資料の取得収集に直接結びつく作用を一般的に有する行政的手続であれば、令状主義の適用があると解しているようである。そのような手続の典型例は、国税犯則取締法による捜索、差押等の手続であって、このような手続の場合には、行政目的の達成と同時に、犯罪捜査の目的の達成が競合的に図られており、しかも強制による捜索、差押等を内容としているところから、令状主義の適用があることになるのである。すべての行政警察の分野に令状主義が当然に適用されるとすれば、憲法上の文言と調和しないばかりか、人命等の重大な法益に対する危険が差し迫っている場合にも、例えば警職法六条による立入りが認められないことになり、極めて不当な結果となるであろう。令状主義は、犯罪捜査について特に国側に課した負担であると解するのが相当であろう。

2　任意手段の法原理

(一)　概　要

任意手段については、司法警察上の任意処分について述べたと同様、その手段が強制手段法定主義に触れないこと、つまりはそれが任意手段としての性質を有することという当然の法原理があるほか、任意手段の相当性を要請する法原理がある。

㈡　任意手段性と任意手段の相当性

この点は、司法警察上の任意処分について述べたところが、基本的に妥当する。

すなわち、所持品検査に関する⑭最判昭和五三年六月二〇日・刑集三二巻四号六七〇頁は、それまでの任意処分の判例を行政警察上の任意手段にも及ぼし、こう判示した。

「所持品検査は、任意手段である職務質問の附随行為として許容されるのであるから、所持人の承諾を得て、その限度においてこれを行うのが原則であることはいうまでもない。しかしながら、職務質問ないし所持品検査は、犯罪の予防、鎮圧等を目的とする行政警察上の作用であって、流動する各般の警察事象に対応して迅速適正にこれを処理すべき行政警察の責務にかんがみるときは、所持人の承諾のない限り所持品検査は一切許容されないと解するのは相当でなく、捜査に至らない程度の行為は、強制にわたらない限り、所持品検査においても許容される場合があると解すべきである。もっとも、所持品検査には種々の態様のものがあるので、その許容限度を一般的に定めることは困難であるが、所持品について捜索及び押収を受けることのない権利は憲法三五条の保障するところであり、捜索に至らない程度の行為であってもこれを受ける者の権利を害するものであるから、状況のいかんを問わず常にかかる行為が許容されるものと解すべきでないことはもちろんであって、かかる行為は、限定的な場合において、所持品検査の必要性、緊急性、これによって害される個人の法益と保護されるべき公共の利益との権衡などを考慮し、具体的状況のもとで相当と認められる限度においてのみ、許容されるものと解すべきである。」

㈢　判例の検討

任意手段の範囲と相当性に関する判例を検討しておこう。

第一は、所持品検査についてである。

前記⑭最判昭和五三年六月二〇日　猟銃とナイフを持った四人組の銀行強盗事件で検問中、容疑の濃厚な二人が同乗する車を停め、持っていたボーリングバッグとアタッシュケースの開披を求めたが、拒否されたため、承諾のないままボーリングバッグのチャックを開けると大量の紙幣が入っており、続いてアタッシュケースの鍵をドライバーでこじ開けると被害銀行の帯封をした札束を含む大量の紙幣が見えた。

この判例は、ボーリングバッグの開披は適法な所持品検査であったとし、「猟銃及び登山用ナイフを使用しての銀行強盗という重大な犯罪が発生し犯人の検挙が緊急の警察責務とされていた状況の下において、深夜に検問の現場を通りかかったK及び被告人の両名が、右犯人としての濃厚な容疑が存在し、かつ、兇器を所持している疑いもあったのに、警察官の職務質問に対し黙秘したうえ再三にわたる所持品の開披要求を拒否するなどの不審な挙動をとり続けたため、右両名の容疑を確める緊急の必要上されたものであって、所持品検査の緊急性、必要性が強かった反面、所持品検査の態様は携行中の所持品であるバッグの施錠されていないチャックを開披し内部を一べつしたにすぎないものであるから、これによる法益の侵害はさほど大きいものではなく、上述の経過に照らせば相当と認めうる行為であるから、これを警職法二条一項の職務質問に附随する行為として許容されるとした原判決の判断は正当である。」と判示した。

また、この判例は、アタッシュケースの開披は適法な所持品検査とは認めず、緊急逮捕に伴う捜索と同一視し得るとした。

⑮最判昭和五三年九月七日・刑集三二巻六号一六七二頁　これは、違法収集排除法則の判例として有名であるが、所持品検査の判例としても重要である。警察官は、覚せい剤の使用ないし所持の容疑がかなり濃厚に認められる者に対して職務質問中、その者の承諾がないのに、その上衣左側内ポケットに手を差し入れて所持品を取り出した上検査した。

この判例は、「A巡査が被告人に対し、被告人の上衣左側内ポケット所持品の提示を要求した段階においては、被告人に覚せい剤の使用ないし所持の容疑がかなり濃厚に認められ、また、同巡査らの職務質問に妨害が入りかねない状況もあったから、右所持品を検査する必要性ないし緊急性はこれを肯認しうるところであるが、被告人の承諾がないのに、その上衣左側内ポケットに手を差し入れて所持品を取り出したうえ検査した同巡査の行為は、一般にプライバシイ侵害の程度の高い行為であり、かつ、その態様において捜索に類するものであるから、上記のような本件の具体的な状況のもとにおいては、相当な行為とは認めがたいところであって、職務質問に附随する所持品検査の許容限度を逸脱したものと解するのが相当である。」と判示した。

⑭でアタッシュケースの鍵をドライバーでこじ開けた行為は、強制手段であり、⑮で上衣内ポケットに手を差し入れて所持品を取り出した行為は、捜索と同一の法益侵害を伴う強制手段である。これに対し、⑭でボーリングバッグを開披した行為は、捜索の一部に類似する行為ではあるが、それ自体で当然に捜索と同一の法益侵害を伴う行為とみられないところから、なお任意手段の領域内にあり、また、必要性、緊急性の高い状況下であったところから、その相当性が肯定されたのであろう。

第二は、職務質問に伴う停止措置についてである。

⑯最決昭和二九年七月一五日・刑集八巻七号一一三七頁　駐在所へ任意同行後、所持品等について質問中逃げ出した者に対し、さらに質問を続行しようと追跡し、背後から「どうして逃げるのだ」といって腕に手をかけて停止させた行為を適法とした。

⑰最決昭和二九年一二月二七日・刑集八巻一三号二四三五頁　職務質問中風呂敷包みの中身の呈示を求められて逃げ出した者を停止させるため追跡した行為を適法とした。

⑱最判昭和三〇年七月一九日・刑集九巻九号一九〇八頁　挙動不審者に任意同行を求められて突如逃げ出した者を職務質問続行のため追跡した行為を適法とした。

⑲最決昭和五五年九月二二日・刑集三四巻五号二七二頁　職務質問中エンジンのかかっている自動車に乗り込んで発進させようとした者に対し、その自動車のエンジンキーを回してスイッチを切った行為につき、「警察官職務執行法二条一項の規定に基づく職務質問を行うため停止させる方法として必要かつ相当な行為である」と判示した。

⑰ないし⑲の場合、警察官の採った行動は、いずれも、相手方に与えた法益の制約の点において当然に強制手段と評価すべきほどのものではなく、かつ、その態様も一時的なものであって強制というべき程度には達していないとされたものであろう。

第三は、自動車検問についてである。

⑳最決昭和五五年九月二二日・刑集三四巻五号二七二頁　いわゆる交通検問の適法性について、「警察法二条一項が『交通の取締』を警察の責務として定めていることに照らすと、交通の安全及び交通秩序の維持などに必要な警察の諸活動は、強制力を伴わない任意手段による限り、一般的に許容されるべきものであるが、それが国民の権利、自由の干渉にわたるおそれのある事項にかかわる場合には、任意手段によるからといって無制限に許されるべきものでないことも同条二項及び警察官職務執行法一条などの趣旨にかんがみ明らかである。」「自動車の運転者は、公道において自動車を利用することを許されていることに伴う当然の負担として、合理的に必要な限度で行われる交通の取締に協力すべきものであること、その他現時における交通違反、交通事故の状況などをも考慮すると、警察官が、交通違反の多発する地域等の適当な場所において、交通違反の予防、検挙のための自動車検問を実施し、同所を通過する自動車に対して走行の外観上の不審な点の有無にかかわりなく短時分の停止を求めて、運転者などに対し必要な事項についての質問などをすることは、それが相手方の任意の協力を求める形で行われ、自動車の利用者の自由を不当に制約することにならない方法、態様で行われる限り、適法なものと解すべきである。」

この判例においても、交通検問は行政警察上の活動の一環と認められること、それは強制手段でなく、任意手段であること、運転者の社会的責務、交通事故の状況等を考慮すると、相手方の協力を求める形で行われる限り、相当性を有することが順次判示されていることが理解されよう。

〈参考文献〉

本稿は、警察権限法に関する判例理論を筆者の立場から簡潔に整理することに主眼を置いたため、学説のいちいちの引用は割愛させていただいた。学説の流れについては、近時の左記の文献とそこに引用されているものを参照していただきたい。

強制処分と任意処分の関係については、頃安健司「任意捜査と自由の制限」(現代刑罰法大系第五巻・昭五八所収)、佐々木史朗外編・警察関係基本判例解説一〇〇(別冊判例タイムズ第九号・昭六〇)18・19、田宮裕「任意捜査と強制捜査」法学教室八一号(昭六二)、河上和雄外編・警察実務判例解説(任意同行・逮捕篇、別冊判例タイムズ第一一号・平二)5ないし12、井上正仁「任意捜査と強制捜査の区別」刑事訴訟法の争点(新版・平三)16、河上和雄編・犯罪捜査(刑事裁判実務大系第一一巻・平三)Ⅲ、三井誠「刑事手続法入門〔第一四回ないし第一六回〕」法学教室一四〇号ないし一四二号(平四)、松尾浩也外編・刑事訴訟法判例百選(第六版・平四)1、5ないし10

司法警察と行政警察の関係については、前出警察関係基本判例解説一〇〇1ないし17、前出警察実務判例解説1ないし4、木藤繁夫「職務質問・所持品検査、自動車検問―検察の立場から」刑事手続(上)(昭六三)所収、藤田宙靖「警察法二条の意義に関する若干の考察(一)(二)」法学五二巻二号、五三巻三号(平一、二)、大國仁「行政警察活動と犯罪捜査」前出刑事訴訟法の争点17、渡辺修「職務質問に伴う所持品検査」同18、阪村幸男「自動車検問」同19、川口政明「任意同行と逮捕」同20、前出犯罪捜査1ないし5、三井誠「刑事手続法入門〔第一七回ないし第一九回〕」法学教室一四三号ないし一四五号(平四)、前出刑事訴訟法判例百選2ないし4

13 強制採尿令状の法形式

一 問題の発端

(1) 最高裁(昭和五五年一〇月二三日第一小法廷決定)は、覚せい剤を使用した疑いのある被疑者から強制的に採尿することが許される場合があるとした上、その法形式は捜索差押令状によるべきであり、かつ、その令状には医師をして医学的に相当と認められる方法で採尿を行わせなければならない旨の条件を記載しなければならないと判示し、その後の実務はこれによっている。

しかしながら、この判例に対しては、強制採尿の許容性の判示についても、その法形式の判示についても、賛否両論がある。(1) 故田宮裕教授は、強制採尿が絶対に許されないというまでの理由はないとされつつも、その法形式について、本来、強制採尿は鑑定処分としての身体検査として行うべきであって、現在欠けている直接強制の手段を立法で補うのが適当であり、もし判例が捜索差押の衣を着た身体検査令状という新しい令状を創設したものとすれば強制処分法定主義からみて問題を含むと論じられた。(2) 柔軟かつ実質的な解釈で学会実務界をリードされてきた教授が判例の正統性に疑問を投げかけられたことは重く受け止めなければならない。

そこで、以下、強制採尿の許容性についての最高裁の判示を前提としながら、その法形式について小論を献呈し、教授を偲びたいと思う。

(2) 前記最高裁判例が示される以前においては、カテーテルを用いた強制採尿に必要とされる令状は、鑑定処分許可状であるという説、身体検査令状であるという説、双方の令状であるという併用説があり、実務の大勢は併用説であったが、いずれの説にも法律構成に難点があるとされていた。すなわち、鑑定処分許可状説については、鑑定処分の直接強制を許容する旨の根拠規定が欠けているのではないかという疑念があり、身体検査令状説については、状況の認識を目的とする検証（身体検査）で体液の採取を行うことは許されないのではないかという疑念があり、併用説については、鑑定処分許可状では行うことができない直接強制を身体検査令状で補おうとしても、もともと体液の採取が許されていない身体検査令状では補うことができないのではないかという疑念があった(3)。これに対し、前記最高裁判例は、強制採尿を証拠物である尿を採取する捜索差押と捉え、ただそれが人権侵害のおそれを伴い、かつ、検証としての身体検査と共通する性質があるところから、刑訴法二一八条五項を準用し、医師をして医学的に相当と認められる方法によるべき旨の条件の記載が不可欠であるとし、併用説の難点を解消しようとした。

しかしながら、田宮教授は、強制採尿の問題の本質は身体内部への侵入の適否であるから、その観点から法形式も決定されるべきであるとされた上、身体内部への侵入は鑑定処分に留保されている行為であり(4)、鑑定処分に欠けている直接強制の根拠規定を補うのが本筋であると論じられたのである。

このように見てくると、検討すべき主要な問題は、次の三点になる。第一は、捜索、身体検査、鑑定処分等の直接強制に関する法制の構造は何かであり、第二は、これらの処分が身体に侵入して証拠物を採取することを許容しているか否かであり、第三は、強制採尿を捜索差押令状で行うべきであるとする判例の法律構成に難点はないかである。以下、この順に考察を始めたいと思う。

二　身体検査等の直接強制

刑訴法は、人の身体を対象とする採証手続として、「身体の捜索」（一〇二条、二一八条一項、二二二条一項）、検証としての「身体の検査」（一二九条、二一八条一項、二二二条一項）、鑑定処分としての「身体の検査」（一六八条一項、二二五条一項）の三種類を認めている。そこで、これらの処分によって体液の採取が許されるか否かの点をさておいて、まず、これらの処分を直接強制することが許されるのか否か、許されるとした場合の法律上の根拠は何かという点から検討を始めよう。

1　身体の捜索の直接強制

身体の捜索を直接強制する根拠規定があることについては、異論がない。

(1)　すなわち、裁判所が公判廷で身体の捜索をするときは、これを許容する規定（刑訴法一〇二条一項）の効果として直接強制することが許される。裁判所が公判廷外で身体の捜索をするときは、捜索状を発し（一〇六条）、これを検察官が執行指揮して直接強制することができる（一〇八条）。

(2)　捜査機関が身体の捜索を必要とする場合には、裁判官の発する捜索許可状により（二一八条一項）、その効果として直接強制することができる。

2　検証としての身体検査の直接強制

検証としての身体検査を直接強制する場合の根拠規定も、明確に存在している。

(1)　すなわち、裁判所が検証をするため身体検査の処分を必要とする場合には、これを行うことができ（一二九条）、被検査者がこれを拒んで間接強制によっては効果がないと認めるときは、そのままこれを直接強制することができるものと規定されている（一三九条）。また、裁判所は、検証をするについて必要がある場合は、身体検査をするときを含め、司法警察職員に補助をさせることができるものと規定されている（一四一条）。

裁判所がこうした規定に基づいて身体検査を直接強制する場合において、医師等の専門家を補助者とする必要があるときは、そうすることができるのは当然である。[5] 司法警察職員に補助をさせることができる旨の規定が特に置かれているのは、司法警察職員が定められた職務権限を有する公務員であるからであって、補助者を司法警察職員に限定する趣旨ではない。[6]

ここで裁判所が直接強制を行うものとされているのは、裁判所が主体となって、その責任で直接強制を行うことを意味し、事実行為を自ら行うことを意味するものではない。

(2)　捜査機関が検証をするため身体検査の処分を必要とする場合には、裁判官の発する身体検査令状により(二一八条)又は逮捕の現場で身体検査令状によらないで(二二〇条一項)これを行うことができ(二二二条一項による一三九条の準用)、被検査者がこれを拒んで間接強制によっては効果がないと認めるときは、そのままこれを直接強制することができるものと規定されている(二二二条一項による一三九条の準用)。検察官は、具体的指揮権により司法警察職員に補助させることができる(一九三条三項、四項)。

捜査機関も、裁判所と同様、医師等の専門家を補助者とすることができるのはいうまでもない。また、捜査機関が直接強制を行うものとされているのは、裁判所の身体検査の場合と同様、捜査機関が主体となって、その責任で直接強制を行うことを意味し、事実行為を自ら行うことを意味するものではない。

3　鑑定処分としての身体検査の直接強制

鑑定処分としての身体検査を直接強制する場合の根拠規定については、見解の分かれがあるが、次のように法には用意がある。

(1)　すなわち、裁判所が鑑定人に鑑定を命じた場合において(一六五条)、鑑定人が鑑定について身体検査の必要があるときは、裁判所の許可を受けて身体検査をすることができる(一六八条一項)。裁判所は、身体検査を許可する場合、身体検査に関し適当と認める条件を付けることができる(同条六項)。

被検査者が鑑定人による身体検査を拒んだ場合には、鑑定人の請求により、裁判官が検証の場合に準じて身体検査を直接強制することができる(一七二条)。補助者を用いることも、検証の場合と同様に当然許される。

(2) 捜査機関が鑑定受託者に鑑定を嘱託した場合において(二二三条一項)、鑑定受託者が鑑定について身体検査の必要があるときは、捜査機関から請求して裁判所の鑑定処分許可状を発してもらい、身体検査をすることができる(二二五条による一六八条の準用)。裁判所は、身体検査を許可する場合、身体検査に関し適当と認める条件を付けることができる(一六八条六項の準用)。

被検査者が鑑定受託者による身体検査を拒んだ場合には、捜査機関が裁判所から検証としての身体検査令状を受け、身体検査を直接強制することができる(一 **2** 参照)。その際鑑定受託者が補助者として身体検査の事実行為を行うことができるのはいうまでもない。

(3) 裁判所の鑑定人が自ら身体検査の直接強制を行うことができるものとされていないのは、それが実力の行使を伴い、司法警察職員等の補助者を用いる必要も生じうる処分であるところから、国家機関ではない鑑定人に直接強制させることは妥当ではないと判断されたためであろう。鑑定は裁判所の判断を補うためのものであるから、最終手段である身体検査の直接強制については、裁判所が主体となり、その責任で行うことが妥当であるし、鑑定人等の専門家を補助者とすることができるので、そうしても不都合はないからである。

捜査機関の鑑定受託者が自ら身体検査の直接強制を行うことができるものとされていないのは、裁判所の鑑定人についてと同様の理由で、当然であろう。そこで、被検査者が鑑定受託者による身体検査を拒んだ場合、直接強制の途があるか否かが問題となるが、もともとこの鑑定は捜査機関の判断を補うためのものであり、しかも、その鑑定は捜査機関の検証を専門家の知見で補うものであって、専門家を通した検証にほかならないから(7)、裁判所の鑑定の場合に裁判官が直接強制を行うのと同じ関係で、捜査機関が（裁判所から身体検査令状を得た上で）主体となり、その責任で身体検査を直接強制するのが当然である。

4　小　括

以上の検討を総合すると、直接強制の可否の点に限るならば、身体の捜索、検証としての身体検査、鑑定処分としての身体検査のいずれであっても、直接強制を行い得る法制になっているというべきである。

そうすると、問題は、いかなる法形式で体内から鑑定資料である尿を採取することができるかという点に移ることになる。

三　身体検査による採尿

身体に侵入して体液を採取するにはいかなる法形式が必要なのであろうか。判例が採る捜索差押令状説については四で検討することとし、ここではその他の手段を検討することとする。最高裁判例以前の実務慣行は、それは鑑定処分であるとし、直接強制を可能にするため身体検査を併用することとしていた。また、最高裁判例以後も、従前の法形式が正当であったとする有力な主張がある。(8) そこで、ここでは鑑定処分による採尿の可否から検討することにしたい。

1　鑑定処分としての身体検査による採尿

(1)　鑑定人又は鑑定受託者（以下、鑑定人と総称する）が「甲の尿中に覚せい剤が含まれているか否か」という事項で鑑定命令又は鑑定嘱託を受けた場合には、鑑定処分状又は鑑定処分許可状を得た上、任意に尿の提出が得られれば直ちに鑑定に着手し、尿の提出を拒まれれば裁判官又は捜査機関による身体検査の直接強制により尿を得て鑑定に着手することができることになるから、最高裁判例以前の捜査時の実務慣行であった鑑定処分許可状と身体検査許可状との併用説で問題はないようにみえる。それでは、最高裁はなぜ敢えて捜索差押令状説を採ったのであろうか。

それは、後に予定される鑑定のための資料を得ること自体を目的とした鑑定は許されず、そのための鑑定処分も許されないと考えたからであろう。最高裁判例の事例をみれば明らかなように[9]、実務上強制採尿のために用いられていた鑑定処分許可状は、鑑定人を医師の乙とし、検査すべき身体を甲とするものであり、これと併用されていた身体検査令状は、検査すべき身体を甲とし、身体の検査に関する条件として、検査すべき身体の部位を甲の下腹部(膀胱及び陰茎)とするものであって、明らかに尿の採取のみを目的としていた。そして、採取された尿は、その後別の鑑定人である警察技官に回され、尿中に覚せい剤が含まれているか否かが鑑定されることになるのである。

(2) こうした法形式でも、仮に医師乙が尿中の覚せい剤含有の有無を鑑定する鑑定人であって、その資料として尿を取得するのであれば、右のような併用説でも不当ではなく、むしろ正しい法形式である。また、覚せい剤の含有について鑑定する警察技官丙と採尿を分担する医師乙を共同鑑定人とすれば、その法形式で強制採尿を行うことが許されよう。しかし、前者では、覚せい剤を取り扱う医師は少なく、後者では、特定の警察技官と医師を鑑定人としておかなければならないので、捜査の進行にとって不都合である。

また、警察技官を鑑定人とし、医師を補助者として鑑定処分により採尿を行い、直接強制を必要とするときは捜査機関が身体検査許可状を得てそうすることができる[10]。しかし、これも実務の運用と異なり、複雑な手続になる。

そこで、最高裁判例は、証拠物の取得という目的を重視し、端的に捜索差押令状により採尿すべきであると判示したものと考えられる。

2　検証としての身体検査による採尿

(1)　後の鑑定資料を得る目的のみで鑑定処分による採尿が許されるとすれば、同様の目的で検証としての身体検査による採尿が許されないとする理由はないであろう。

この点につき、検証と鑑定とでは性質上許される範囲に差があり、カテーテルを身体に挿入して強制採尿する場合のように人の身体に危害を及ぼすおそれのある行為は、捜査機関が行う検証によるべきではなく、専門家が行う鑑定によるべきであるという見解がある。従来の実務慣行はこうした意識に支えられていたということができる。しかし、検証における採尿は、当然医師等の専門家を補助者として、その手で実施されるべきであるから、その点では鑑定と異なるところはない。また、鑑定の場合も、鑑定処分として行う強制採尿の実施は、鑑定人を補助者として行うのであるから、この点でも鑑定と検証を区別する理由はない[11]。

しかし、採尿は検証の目的とはいえないから、これまで身体検査令状説に対して批判されてきたとおり、検証としての身体検査による強制採尿を可能とする見解は妥当でないであろう。鑑定処分としての身体検査を直接強制するために検証としての身体検査を用いることは、鑑定が専門家を通した検証であることからみて、不自然ではないが、このことと採尿自体を検証の目的として認めることとを同様に論じることはできない。

(2)　もっとも、仮に採取した尿に試験紙を浸けただけで確実に覚せい剤含有の有無が判定できる方法が開発され、専門家でない捜査機関でも即時にその方法で検証ができるようになれば、捜査機関が検証としての身体検査令状により医師の補助を得て尿を採取し、その場で検証を終えることができることになろう。

このようにして、身体検査令状によって鑑定資料として尿を収集することを正当化するのも困難である。

3　小括

以上のとおり、鑑定処分と身体検査の併用により強制採尿を行うことは、判例の立場を前提としても常に許されないわけではないが、実務上難点を伴うことは否定しがたい。そこで、判例のとる捜索差押として強制採尿を行うことが現行法制上重大な難点を伴うか否かの検討に移ることになる。

四　捜索差押令状による採尿

判例が示すように強制採尿を捜索差押令状で行うことの積極的な根拠は何かを探るとともに、その法律構成に難点はないか否かを考察することとしたい。

1　差押、捜索、検証、鑑定の区別の基本

差押、捜索、検証、鑑定は、差押が物の占有の取得、捜索が物の発見、検証が物等の状態の認識、鑑定が専門家の知見を通した物等の状態の認識をそれぞれ目的とした処分である。すなわち、差押等の四つの処分は、物を対象として行われる場合において、目的とする事項が物の占有の取得か、物の状態の認識かによって差押、捜索と検証、鑑定とに二分されるのであり、鑑定は検証のための手段として規定され、捜索は差押の手段として規定されているものとみることができる。また、差押等にはそれぞれその目的を達成するために必要な手段がさらに定められている(差押、捜索については一一一条、検証については一二九条、鑑定については一六八条)。

そうすると、尿を対象物としてその占有を取得する処分としては、差押が本来の法形式であり、そのための手段としては捜索が本来の法形式であるということができる(尿は膀胱に存在することが明らかであるから、捜索をまつまでもなく差押に必要な手段として採取することができるが、捜索という特別の手段が法定されており、これには占有採取の

手段も含まれていると考えられるので、捜索によると解してよいであろう)。

もっとも、こうした解釈にはさらに検討しなければならない論点がある。

2　身体内部の物の差押

まず、身体の一部である尿を差押の対象とすることはできないのではないかという疑問がある。

しかし、これは、身体の安全を確保するため、特段の事情がなければ身体の一部を取り出すことは許すべきではないという判断に基づく疑問とみるべきであり[12]、したがって、身体と分離しており、身体にとって有用なものとはいえない尿については、その採取方法が安全なものである限り、証拠とすることの重要性との関係で採取が許される場合があると考えても不自然ではない。

のみならず、身体の一部を証拠物とすることに問題があるとすれば、身体検査や鑑定処分という法形式を用いてもそうすることは許されないというべきである。身体の安全を確保することは当然であるが、それは差押、検証、鑑定という処分そのものによって達成されるわけではなく、その処分を達成するための手段によって達成されるものだからである。

3　条件付与根拠規定の欠如

次に、捜索差押では検証としての身体検査は認められないのではないかという疑問がある。
(1)　すなわち、現行法が身体検査を認めているのは、検証としてのそれと鑑定処分としてのそれの二つで、しかも、対象者の人権の保護の点から厳格な手続のもとで特別の令状によることとしているのに、判例のように、刑訴法二一八条五項を準用し、身体検査令状の場合と同様に医師によるべき旨の条件を付せば捜索差押令状で足りると解するのは疑問であり、現行法が捜索差押令状により身体検査を行うことを許していない証左とみるべきであるというものである。

これは、根源的な疑問と思われるが、強制採尿が身体内部の検証を目的とするものではなく、尿の採取を目的とするものであって、捜索差押という法形式がふさわしいとすれば、その実施にあたって順守すべき条件や限定を付すことで人権の保護を確保するのがむしろ本筋であろう。問題は、捜索差押の手続に検証等で行われる身体検査のような手続が規定されていないことをどう理解すべきかにある。

(2)　まず、現行法が身体検査令状という特別の令状に基づき身体の検査を許容している点を重視し、検証と鑑定処分に限り身体の検査が許されると解し、強制採尿について鑑定処分許可状と身体検査令状の併用説を採る見解がある。[13] すなわち、対象者の身体の自由、安全、秘密に対する侵害の可能性というより実質的な観点からは、身体の内部に侵入するような処分は、すべて身体の検査として裁判官の特別な令状を得て行われなければならないものと解すべきであるというのである。

これは重要な指摘であるが、すでに述べたように、検証と鑑定は、物の占有の取得を目的とするものでないから、これによって差押の目的を図るのは妥当とは思われない。もし、身体検査令状を不可欠とするのであれば、捜索差押令状と併せて検証のための身体検査令状が必要であると解するか、差押令状と併せて身体検査令状が必要であると解する方が現行法に忠実と思われる。

現に、後の方向を示唆する見解もある。[14] 一定限度以上の身体の捜索は検証のための身体検査によるべきであるが、それは同時に検証それ自体ではなく捜索つまりは差押の手段としても検証を行い得ることを意味するとし、証拠物の差押はこれを検証するために行うものであるから、差押に必要な処分として身体検査を行うことも理論上是認できないわけではなく、判例の採る捜索差押令状説は一種の複合的令状として是認されると説くのである。

(3)　捜索差押の手続に身体検査令状の規定が置かれなかったのは、あるいは立法の不備であったのかもしれない。現行刑訴法の制定当時まで強制採尿のような身体の内部に侵入する捜索差押についてはほとんど問題とされず、そのため特別な規定が準備されなかったものとも思われるからである。[15]

しかし、仮に捜索差押の手続についても身体検査令状の規定が必要であるとしても、そのことの故に捜索差押という法形式が許されないことになると解すべきではなく、捜索差押令状と併せて身体検査令状が必要であると解すべきものと思われる。差押は、検証を当然に予定し、これを内包するものであるから、検証のために必要な手続で差押に欠けているものがあれば、差押の際当然にその手続を行うべきものと解するのが妥当だからである。

そこで、最後に検討すべき問題は、判例が示したように、身体検査の規定を準用して医師による強制採尿の実施を条件とするだけで足りるか、また、その準用に根拠があるか否かである。

特定の条件で初めて捜索差押が許される場合において、その限度で令状を発するのは裁判官の令状発付の権限に由来するものであって、その旨の特別規定を必要とするものではなく、裁判所の規則(二一九条一項)で定めることも許されるものではなかろうか。裁判所の捜索差押令状の執行に指示をすることができると規定されているのは(一〇八条二項)、令状の内容以外の指示をする場合だからであって、反対解釈の根拠となるものではない。

もちろん、特別に身体検査令状の手続が定められていることを軽視すべきではないが、それは身体から証拠物を差し押さえる場合には当然守るべきことが予定されているということができる。そして、身体から証拠物を差し押さえる場合には、そのための捜索令状が用意され、その際捜索が許容される条件が十分に吟味されて令状に記載されることになるのであるから、身体検査令状と同様の身体捜索令状が用いられているということができる。

こう解すると、条件記載の必要性についての判示は、一定の条件で初めて強制採尿の捜索差押令状を発付する趣旨を明らかにするためであり、身体検査令状に関する条件付与の規定(二一八条五項)を準用しなくても当然許されることになる。もとより、判例による許されない法の創造ではない。

五　結　論

こうして、私見によれば、強制採尿の判例には法及び判例の正統性に疑念を生じさせる点はないが、この問題に注がれた研究を生かすためにも、この際、体内からの証拠物の採取についての手続規定を整備することを望みたい。さらに、その許容限度は、一層重要な課題であって、この点の深い検討が期待される。

（1）強制採尿の許容性と法形式の双方についての徹底した研究に基づく批判に、井上正仁「刑事手続における体液の強制採取」法学協会百周年記念論文集第二巻六五五頁がある。同様の立場に立つ研究に、鈴木茂嗣・刑事訴訟法の基本問題八九頁、岡部泰昌「適正手続と強制採尿」判例タイムズ四二七号九頁、三井誠・刑事手続法〔補訂版〕六二頁、酒巻匡・刑事訴訟法判例百選〔第六版〕五六頁、島伸一・刑事訴訟法判例百選〔第七版〕六四頁、田口守一・刑事訴訟法〔第三版〕八八頁、光藤景皎・口述刑事訴訟法(上)〔第二版〕一六七頁などがある。

これに対し、強制採尿の許容性についての判例の立場は是認しつつも、その法形式の判示については批判的な立場をとる研究に、田宮裕・刑事訴訟法〔新版〕一一六頁、新関雅夫ほか・増補令状基本問題(下)三〇七頁、三六九頁〔小林充〕などがある。

さらに、強制採尿の許容性と法形式の双方についての判例の立場を是認し、これを前提とした解釈運用の適正を目指す研究に、稲田輝明・最高裁判所判例解説刑事篇昭和五五年度一六六頁、佐藤文哉・刑事訴訟法判例百選〔第五版〕五六頁、土本武司「体液の強制採取をめぐる問題」判例タイムズ四三五号六頁、和田康敬「強制採尿の適否と法律上の手続」警察学論集三四巻一号一〇三頁、松浦恂「強制採尿の可否とそれに要する令状」法律のひろば三四巻一号五九頁、飛田清弘「強制採尿の適法性とこれを実施するに必要とされる令状の種類」研修三九二号六〇頁、吉村弘「カテーテルを用いての強制採尿が適法とされた事例」研修四〇七号一一七頁、河上和雄編・刑事裁判実務大系一一巻二九七頁〔渡辺咲子〕、中山隆夫「強制採尿」警察関係基本判例解説100一二五頁、注釈刑事訴訟法〔新版〕第二巻二八一―二八二頁等（亀山継夫）などがある。以上の研究を引用する際は、筆者の姓のみを用いる。

（2）田宮一一八頁。

（3）井上六八九頁以下参照。

（4）田宮一一六頁。
（5）平野龍一・刑事訴訟法一一七頁、井上五郎「身体検査とその限界」警察学論集一五巻四号一一八頁以下、平田勝雅「刑訴法一二九条の必要な処分の意義」判例タイムズ二九六号一五六頁以下、注解刑事訴訟法［全訂新版］(上)(鈴木茂嗣)四一一頁、井上七一〇頁以下など参照。
（6）亀山三〇五頁参照。
（7）井上六九九頁、平野龍一・刑事訴訟法概説七八頁参照。
（8）田宮一一六頁、井上七一五頁、小林三一四頁など。
（9）稲田一九三―一九四頁。
（10）井上七一三頁、七一五頁参照。
（11）井上七一〇―七一三頁参照。
（12）井上七〇九頁。
（13）井上七〇六―七七〇頁。
（14）亀山二八〇―二八一頁、二八二―二八三頁。
（15）宮下明義・新刑事訴訟法逐条解説第二輯一六七頁、団藤重光・条解刑事訴訟法(上)四三〇頁参照。

14　強制処分と必要な処分

一　問題の所在

強制処分は、強制力を用いて人の意思に反して行う処分であるから、その内容となる処分を行う際に強制力を伴うのは当然であるが、処分に先立つ時点でも、処分を実現するために強制力を用いることが必要な場合がある。例えば、逮捕は、被疑者の身柄を拘束することを内容とする強制処分であるから、身柄の拘束に強制力が伴うのは当然であるが、逮捕の際第三者の妨害があった場合にも、これを制圧するため強制力を用いる必要がある。また、強制採尿令状による採尿において、採尿する際に強制力を伴うほか、採尿を実施する医師の許に相手方を連れて行く際に強制力が必要になる場合がある。

第三者の逮捕妨害を強制排除する場合も、強制採尿のための強制連行の場合も、これを許容する明文の規定はない。前者の逮捕に際しての抵抗力の排除については、判例も学説もこれを許容しているが、後者の強制採尿のための強制連行については、判例はこれを許容しているものの、学説には異論もある。一方、捜索差押の際の開錠や検証の際の死体解剖などについて必要な処分を認める旨の明文の許容規定があるのに(刑事訴訟法一一一条、一二九条)、前記のような場合については明文の規定がないことについて、理由が問われている。

このような問題は、強制処分の分野には数多く存在し、場面を異にして繰り返し論じられてきた。本稿は、この問題について統一的な解決方法を提唱することを目指すものである。まず、身体検査を検討対象に取り上げることとするが、これは身体検査をめぐる論議が最も多く、これを最初に検討対象とすることによって問題の全体像が浮

かび上がるからである。(1)

二　身体検査と必要な処分

1　身体検査の直接強制

身体検査それ自体を直接強制する場合を最初に取り上げよう。検証は、場所、人又は物の状態を認識するための強制処分であるが、身体検査という方法で身体の傷跡等を検証する必要があるような場合には、身体の安全等を保護するため、特別の規制に服さなければならない。以下、この身体検査について、裁判所が行う場合、捜査機関が行う場合及び裁判所又は捜査機関の鑑定人が鑑定に必要な処分として行う場合に分け、これを直接強制するときの根拠規定等を瞥見しておこう。

(1)　裁判所が検証する場合には、事実発見のため必要があるときは検証することができという規定(一二八条)の効果として、これを直接強制することができる。この点については異論がなく、検証の準備段階である住居への立入りが当然許される旨の規定(一三〇条)があることも、この理解を前提としている。

ただ、検証のために身体検査の処分を必要とする場合の処分の強制方法については、別個の規定があるため、それによらなければならない。すなわち、刑事訴訟法は、身体検査を拒む者を過料に処し(一三七条)、又は刑を科する(一三八条)という間接強制の方法を用意した上、こうした方法では効果がないと裁判所が認めるときは身体検査を直接強制することができるとしているのである(一三九条)。

(2)　捜査機関が身体検査の処分を必要とする場合には、裁判官の発する身体検査令状により(二一八条)又は逮捕の現場で(二二〇条一項による一二九条の準用)、これを行うことができる。

ただ、身体検査の直接強制については別個の規定があり、対象者が身体検査を拒んで間接強制では効果がないと捜査機関が認めるときは、そのままこれを直接強制することができると規定されている(二二二条一項による一三九条の準用)。

(3) 裁判所が鑑定人に鑑定を命じた場合において(一六五条)、鑑定人が鑑定について身体検査の必要があるときは、裁判所の許可を受けて身体検査をすることができる(一六八条一項)。対象者が鑑定人による身体検査を拒んだときは、鑑定人の請求により、裁判官が検証としての身体検査をする場合に準じてこれを直接強制することができる(一七二条)。

捜査機関が鑑定受託者に鑑定を嘱託した場合において(二二三条一項)、鑑定受託者が鑑定について身体検査の必要があるときは、捜査機関から請求して裁判所に鑑定処分許可状を発してもらい、身体検査をすることができる(二二五条による一六八条の準用)。対象者が鑑定受託者による身体検査を拒んだときは、捜査機関が裁判所から身体検査令状を発してもらい、身体検査を直接強制することができる。

2 身体検査場所への強制連行

身体検査を受ける者が身体検査の場所に来ることを拒む場合には、これを強制連行する必要がある。この場合の強制手段の許否、根拠規定等を前記1の三つの場合に分けて検討しよう。

(1) 裁判所は、身体検査をする場合には、被告人以外の者を裁判所又は指定の場所に召喚、勾引することができる(一三二条、一三五条)。

被告人の身体検査をする場合の強制手段は、裁判所において身体検査をするときは召喚(五七条)、勾引(五八条)又は出頭命令・同行命令・勾引(六八条)である。

(2) 捜査機関は、身体検査令状により身体検査の処分をする場合において、強制手段を用いる必要があるときは、その令状の付随的効力によりこれを用いることができ、別個の令状や根拠規定を要しない。最高裁判例(平成六年九月一六日決定・刑集四八巻六号四二〇頁)も、捜索差押令状である強制採尿令状についてほぼ右のように解しており、身体検査令状についても同様に解することになるであろう。もっとも、このような付随的効力説については異論がある。

第一の異論は、身体検査令状ではおよそ強制連行は許されないとする見解である。その主たる根拠は、**1**で述べたとおり、刑事訴訟法では身体検査とその対象者の出頭確保手段(召喚、勾引)とが別個の処分として規定されていることにある。すなわち、裁判所は、身体検査のため、被告人以外の者を裁判所又は指定の場所に召喚することができ(一三二条)、召喚を受け正当な理由がなく召喚に応じないときは、さらにこれを召喚し、又は勾引することができると規定されているのである(一三五条)。しかし、これは、裁判所の検証は、公判廷で行う場合も、公判廷外で行う場合も、検証の決定のみで強制的に実施することができ、捜査機関の検証のように令状を用いないため、検証自体とは別個に検証場所への強制連行の手段が必要となるために採られている措置であるから、検証の令状を得て行う捜査機関の検証には当てはまらない。しかも、裁判所が身体検査を行う場所は、裁判所のほか、医師又は成年の女子が立ち会う指定の場所であり、そこまでの勾引を可能とする措置として勾引が用意されているのである。もし、捜査機関が身体検査令状で身体検査を行う場合にも、裁判所が検証を行う場合のように召喚や勾引のような別個の出頭確保手段を要するものとすれば、当然その規定の準用や特別規定が用意されているはずなのに、いずれの用意もない。これは、身体検査令状の付随的効力として強制連行ができることを予定したものと解されるのである。

もっとも、捜査機関が行う身体検査は対象者が現在する場所で行うことが予定されていると解すれば、特別の出頭確保手段が用意されていないのは当然ということになるが、これは身体検査について周到な保護措置を準備している刑事訴訟法の立場にはそぐわない。

第二の異論は、強制処分のために必要な付随的処分は明文で「必要な処分」として認められる場合に許されるものであって、令状の付随的効力として許されるものではないとする見解である。

この見解によると、捜索差押例えば強制採尿については、そのための採尿場所への強制連行は、二二二条一項で準用される一一一条一項に規定されている捜索差押の「必要な処分」として許されることになるから、強制採尿令状の付随的効力によりそれが許されると解しても実質的な差は生じない。しかし、身体検査の場合は、身体検査自体が検証に必要な処分として規定されており（一二九条）、身体検査のために必要な処分については明文の規定がないので、身体検査令状によって強制連行することは許されないと解することになりかねない。恐らく、この場合は、身体検査も検証の一部であるから検証に必要な処分として身体検査に必要な処分も許されると解するのではないかと思われるが、もしそうとすれば、必要な処分についての明文の規定の有無が決定的な問題であるわけではなく、強制連行も強制処分に必要な処分であるから許されることに帰着するのではあるまいか。後に述べるとおり、性質上強制処分に必要な処分であるから強制処分の付随的効力として許されることになるのであり、必要な処分についての明文の規定は確認的な規定にとどまると解するのが妥当と思われる。

(3)　裁判所の鑑定人が身体検査許可状（一六八条）を得て身体検査を行おうとして採尿場所への同行を拒まれた場合及び捜査機関が鑑定受託者のために身体検査許可状（二二五条による一六八条の準用）を得たものの同様に同行を拒まれた場合には、令状の付随的効力として強制連行が許されるものと解される。

三　強制処分のために必要な処分

次に、強制処分特に令状主義の適用を受けるものに検討の対象を広げ、強制処分の目的を達成するために必要な処分について考察しよう。

1　必要な処分の性質と種類

(1)　必要な処分には、大別して強制処分を行うことに必然的に伴うものと強制処分の目的を達成するために付随するものとがある。

強制処分に必然的に伴う必要な処分とは、強制処分がいかなる内容を予定しているかによって決まる。すなわち、例えば、逮捕は、対象者の身体を法定の短期間拘束することであるから、拘束を開始してこれを継続する行為が必要な処分であり、差押は、物の占有を取得することであるから、占有者から占有を奪ってこれを継続することが必要な処分であり、住居の捜索は、住居の中で所定の証拠物を発見するために探索することであるから、そのための探索の行為が必要な処分である。こうした行為は、強制処分がその内容として認めている行為であり、令状の当然の効力として許容される行為である。

(2)　強制処分に付随する必要な処分とは、強制処分ないしは令状の内容的効果として認められているものではないが、それがなければ強制処分の目的を達成することができない場合があるため必要とされる処分である。これは、人に対する処分と物に対する処分に分かれ、さらにそれぞれ目的を達成するための積極的処分と目的を達成する上での障害を排除する消極的処分とに分かれる。

人に対する積極的な付随的処分とは、例えば身体検査のため病院等の実施場所に対象者を強制連行したり、住居を捜索するため鍵を壊す行為であり、人に対する消極的な付随的処分とは、逮捕を妨害する第三者の抵抗を排除したり、捜索場所への立入りを禁止する行為である。

2 明文に規定された必要な処分

(1) 明文に規定された、強制処分に付随する必要な処分を列記すると、次のとおりである。

① 差押状、捜索状の執行、公判廷における差押、捜索、及び押収物についての開錠、開封その他の必要な処分(一一一条)、捜査のための押収、捜索への準用(二二二〇条)

② 差押状、捜索状の執行中の立入り禁止等(一一二条)、捜査のための押収、捜索、検証への準用(二二〇条、二二二条一項)

③ 差押状、捜索状の執行を中止する場合の場所の閉鎖(一一八条)、捜査のための押収、捜索、検証への準用(二二〇条)

④ 被告人に対し勾引状、勾留状を執行する場合の住居等への立入りと被告人の捜索(一二六条)

⑤ 検証のための身体の検査、死体の解剖、墳墓の発掘、物の破壊その他の必要な処分(一二九条)、捜査のための検証への準用(二二二条一項)

⑥ 身体検査のための裁判所又は指定の場所への召喚(一三二条)、再度の召喚、勾引(一三五条)

⑦ 鑑定留置状による留置の場合の被告人の看守命令(一六七条)

⑧ 鑑定のため必要な場合の鑑定処分許可状による住居等への立入り、身体の検査、死体の解剖、墳墓の発掘、物の破壊(一六八条一項)、鑑定受託者の鑑定処分許可状への準用(二二五条一項)

⑨ 被疑者の逮捕のための住居等への立入りと被疑者の捜索(二二〇条一項)、被疑者に対し勾引状、勾留状を執行する場合の準用(二二〇条二項)

(2)　こうした明文で規定されている必要な処分を見ると、例えば捜索差押場所への立入りのように令状の執行又は強制処分の実施に必然的に伴う行為は、本来令状又は強制処分が予定している行為であって、その内容的効力によって当然許されることになるから、別に必要な処分として明文で規定する必要はなく、規定されてもいない。必要な処分としてこれを許容する旨を明文で規定されているのは、次の五つの類型である。

第一類型は、目的の行為が強制処分又は令状による処分ではないため、そのための必要な処分を別に規定しなければならない場合である。鑑定のために必要な住居等への立入り、死体の解剖等の処分(前記⑧)がこれであって、明文でこうした処分が可能であることを規定し、しかも鑑定処分許可状を必要とすると規定しているのはそのためである。

第二類型は、強制処分のために必要な処分を定めたものではあるが、その強制処分が令状によるものではなく裁判所の決定によるものであるため、目的の強制処分とは別個の令状を必要とする場合である。裁判所が身体検査の決定をし、対象者をその実施場所に強制連行する必要があるときに行う勾引等の処分(前記⑥)がこれである。

第三類型は、強制処分又は令状による処分を効果的なものとするために行う必要な処分ではあるが、目的の処分の付随的効力として行うことができない性質のものであるため、明文で許容範囲を規定している場合である。被疑者の逮捕のため住居等に立入って捜索する場合(前記⑨)、被告人に対し勾引状等を執行するため住居等に立入って捜索する場合(前記④)、捜索状等の執行を中止するため場所を閉鎖する場合(前記③)、検証のために死体解剖等を行う場合(前記⑤)、鑑定留置に際して被告人の看守を命令する場合(前記⑦)がこれである。このような場合、どこまで必要な処分を認めるかは、目的の強制処分又は令状の効力とは別個に立法政策として決定すべき問題である。

第四類型は、強制処分又は令状による処分に対する障害を排除するため必要な処分であって、明文の規定がなくても必要相当な範囲で正当とされるものではあるが、正当な範囲を明文で明らかにするため規定する場合である。

搜索差押状の執行中の立入りを禁止する場合（前記②）がこれである。
第五類型は、強制処分又は令状による処分の目的を達成するため行う必要不可欠な処分であって、明文がなくても令状の付随的効力として許されるものではあるが、疑義を避けるためにあらかじめ明文で規定している場合である。捜索差押状等の執行等のために開錠、開封等の処分をする場合（前記①）がこれである。

(3)　以上五つの類型は、さらに大別すれば第一類型から第三類型までは、明文の規定があって初めて所定の必要な処分が許される場合であって、創設的な規定であり、第四類型は、一般には創設的な部分と確認的な部分とが混在する規定であり、第五類型は、確認的な規定であると考えられる。

(4)　最高裁判所の判例の中から、この区分に関連するものを二つ例示しておこう。

一つは、第四類型に関連するものであって、現行犯逮捕のため犯人に対して実力行使をする場合につき、「現行犯逮捕をしようとする場合において、現行犯人から抵抗を受けたときは、逮捕をしようとする者は、警察官であると私人であるとを問わず、その際の状況からみて社会通念上逮捕のために必要かつ相当であると認められる限度内の実力を行使することが許され、たとえその実力の行使が刑罰法令に触れることがあるとしても、刑法三五条により罰せられない」と判示している（昭和五〇年四月三日判決・刑集二九巻四号一三二頁）。このような場合、立法例には、犯罪の性質、犯人の状況、逮捕者の身分（警察官か私人か）等の状況に即して適法な実力行使の範囲を類型化して規定している場合があるが、それは実際の運用にあたって判断が区々になることを防止するための立法上の割り切りである。したがって、わが国のようにこうした規定がない場合には、具体的状況に即して正当な実力行使か否かを判断することになる。前記第四類型の規定は、立法上の割り切りの一例である。

二つ目の判例は、前記第五類型の場合に当たると解された例であって、捜索差押令状としての強制採尿令状の付随的効力により対象者を採尿場所へ強制連行することが許されると判示したものである。この判例については、項をあらためて検討しよう。

四　強制採尿のための強制連行

1　最高裁判例

最高裁判例は、強制採尿令状の付随的効力によって採尿場所へ強制連行することが許されると解し、次のとおり判示した。「身柄を拘束されていない被疑者を採尿場所へ任意に同行することが事実上不可能であると認められる場合には、強制採尿令状の効力として、採尿に適する最寄りの場所まで被疑者を連行することができ、その際、必要最小限度の有形力を行使することができるものと解するのが相当である。けだし、そのように解しないと、強制採尿令状の目的を達することができないだけでなく、このような場合に右令状を発付する裁判官は、連行の当否を含めて審査し、右令状を発付したものと見られるからである。その場合、右令状に、被疑者を採尿に適する最寄りの場所まで連行することを許可する旨を記載することができることはもとより、被疑者の所在場所が特定しているため、そこから最も近い採尿場所を指定して、そこまで連行することを許可する旨を記載することができることも、明らかである。」。

この判示については論議が多いので、以下、これまで検討したところとの関連で、主要な論点を取り上げてみよう。

2　強制採尿令状の付随的効力

判例は、令状の付随的効力として強制連行が許される根拠として、そう解さないと令状の目的が達せられないこと、令状を発付する裁判官は強制連行の当否を含めて審査して令状を発付したものとみられることを指摘している。

すでに述べたとおり、令状を執行することにより必然的に生じる結果は、令状がその内容として容認していることになるから、令状の本来的な効力であり、令状を執行するための必要な処分として許容する規定を置く必要がないし、置いてもいない。

これに対し、そのような不即不離の関係にはないが、令状を執行する際に必要不可欠となる場合のある処分であって、執行過程の一部として予定されているものは、令状の付随的効力として令状が容認している処分と解さなければならない。

強制採尿令状における強制連行は、まさにその適例である。すなわち、対象者が現在する場所で強制採尿が可能である場合もあるから、令状の執行と執行場所への強制連行とは不即不離の関係にはない。しかし、その令状の執行にはそれに適した場所で行うことが必要不可欠であるから、対象者が現在する場所が不適当であれば適当な場所に対象者を強制連行する必要がでてくるのは当然である。

捜査機関による身体検査につき、裁判官が身体検査令状に関して適当な条件を付することができると規定されているのは(二一八条五項)、執行の場所や方法を指定するためである。そのことは、執行の場所や方法を指定しなければ執行機関において必要性、相当性を考慮して、合理的に執行することが予定されているというべきである。このような条件は、捜索差押令状である強制採尿令状についても妥当する。

3 事前の司法審査の要否

判例は、強制採尿令状の付随的効力として強制連行することができると解する根拠の一つとして、裁判官が強制連行の当否を含めて審査した上令状を発付したものとみられることを指摘している。

しかし、強制連行の当否を含めて審査した上令状を発付したことが強制連行の許されることになる根拠であるとすれば、その効力は令状の付随的効力ではなく、内容的な効力になるはずであるばかりか、令状に特に付与した効力ということになる。これでは、令状の執行に必要な処分を根拠がないのに創設したという批判を免れないであろう。

しかも、そのように解すると、強制連行の当否について事前に司法審査を経ていることが強制連行の許されるための必要要件であることになり、令状にそれが許される旨を記載することが必要要件であることになる。これでは、強制連行が令状の付随的効力として許されると解することと一貫しない。

むしろ、強制連行は、強制採尿令状の付随的効力として当然に許されることであるが、まさにそれ故に、強制連行する場所等について令状に条件を付してその効力を限定することができるのである。身体検査に適当な条件を付すことができる旨の規定(二一八条五項)は、そういう論理を前提とした規定であり、条件を付さなければ当然に(勿論、必要相当な方法で)捜査機関が身体検査を実施することができるのである。

なお、判例が強制採尿令状を捜索差押令状と解した上、身体検査に関する右の規定を準用して医師による相当な方法で実施することを令状発付の必要的条件としたことにつき、根拠規定がないまま条件の付与を裁判官に認めたとの批判があるが、身体の捜索に身体検査が必然的に伴う場合には、身体検査の要件を充たして初めて身体の捜索が許されることになるから、捜索状にその旨の条件を記載することは許されるというべきである。さらに、かりに捜索状にその条件が記載されていなくても、捜査機関は必要相当な方法で身体検査を実施する義務を負っているから、右のような条件を当然遵守すべきことになる。したがって、強制採尿令状に右のような条件を記載しなければ令状が違法無効になるわけではなく、条件を令状の必要的記載事項であるという判例の判示は、最高裁判所の規則制定権等を背景とする一種の立法と考えるべきであろう。

(1)　本稿で取り上げる問題は、判例上も学説上も、強制採尿をめぐって大きく進展し、引用すべき文献や論点の多くは、強制採尿をめぐる論議で周知となっている。そこで、これまでの論議の趨勢は、裁判強制採尿に関する稲田輝明「最高裁判所判例解説刑事篇昭和五五年度」一七九頁、中谷雄二郎「最高裁判所判例解説刑事篇平成六年度」一五二頁、井上正仁「刑事手続における体液の強制採取」法学協会百周年記念論文集二巻所収、同「強制採尿令状による採尿場所への連行」香川達夫博士古稀祝賀論文集所収の参照を請い、本稿では、筆者が提唱したい点を端的に述べることをお許し願いたい。なお、筆者は、「強制採尿令状の法形式」田宮裕博士追悼論集下巻所収(本書**13**論文)で関連する問題を取り扱った。

15　現行犯逮捕のための実力行使と刑法三五条に関する最高裁判例

〔判　決〕

昭和五〇年四月三日最高裁第一小法廷判決（昭和四八年(あ)第七二二号傷害被告事件）、刑集二九巻四号一三二頁

〔判示事項〕

一　現行犯逮捕のため犯人を追跡した者の依頼により追跡を継続した行為を適法な現行犯逮捕の行為と認めた事例

二　現行犯逮捕のための実力行使と刑法三五条

三　現行犯逮捕のための実力行使に刑法三五条が適用された事例

〔判決要旨〕

一　あわびの密漁犯人を現行犯逮捕するため約三〇分間密漁船を追跡した者の依頼により約三時間にわたり同船の追跡を継続した行為（判文参照）は、適法な現行犯逮捕の行為と認めることができる。

二　現行犯逮捕をしようとする場合において、現行犯人から抵抗を受けたときは、逮捕をしようとする者は、警察官であると私人であるとを問わず、その際の状況からみて社会通念上逮捕のために必要かつ相当であると認められる限度内の実力を行使することが許され、たとえその実力の行使が刑罰法令に触れることがあるとしても、刑法三五条により罰せられない。

三　あわびの密漁犯人を現行犯逮捕するため密漁船を追跡中、同船が停船の呼びかけに応じないばかりでなく、三回にわたり追跡する船に突込んで衝突させたり、ロープを流してスクリューにからませようとしたため、抵

抗を排除する目的で、密漁船の操舵者の手足を竹竿で叩き突くなどし、全治約一週間を要する右足背部刺創の傷害を負わせた行為（判文参照）は、社会通念上逮捕をするために必要かつ相当な限度内にとどまるものであり、刑法三五条により罰せられない。

一　事件の経過

1　第一審判決の認定事実は、「被告人は、漁船第一清福丸の船員であるが、昭和四五年八月一〇日午前零時四〇分頃、宮古市宮古湾口付近の海上において、あわびの密漁船と認めて追跡し捕捉しようとしていた漁船大平丸と接触した際、第一清福丸の船上から、大平丸を操舵中のKの手足を竹竿で叩き突くなどし、同人に対し全治約一週間を要する右足背部刺創の傷害を負わせた。」というのである。そして、同判決は、弁護人の正当防衛の主張を斥け、被告人を罰金三、〇〇〇円とした。

2　原判決は、正当防衛、自救行為にあたるとする弁護人の控訴趣意を斥け、被告人の控訴を棄却した。

3　弁護人の上告趣意は、正当防衛の成立、実質的違法性の欠如、自救行為に対する判例違反を主張したほか、現行犯人を逮捕するために許される実力行使である旨を主張した。

二　本判決の判示

1　本判決は、上告趣意は適法な上告理由にあたらないとしたが、所論にかんがみ職権で判断し、「被告人の行為は、現行犯人の逮捕のためにした許される限度内のものというべきであり、罪とならないものであるから、原判決及び第一審判決は、いずれも破棄を免れない。」とし、被告人を無罪とした。

2　本判決は、右の事件が発生するまでの経過につき、原判決の認定を次のとおり要約して判示している。

「前日の九日午後八時三〇分頃、山田湾漁業協同組合の漁業監視船しおかぜ丸は、岩手県下閉伊郡山田町白崎北側約一海里の海上において、白崎の南側にあるモイサシ崎の北側約二〇〇メートルに大平丸を発見し、約五〇〇メートルまで近付いてハンドライトで同船を照らしたところ、船中に潜水服を着た者がいたので、あわびの密漁にきた船であると判断した。そして、同船が、ハンドライトに照らされると、灯火を消し、錨をロープとともに切り捨てて逃走を始めたので、これを追跡したが、船足が遅く追跡が困難であったため、午後九時頃、付近にいた第一清福丸に事情を告げて追跡を依頼した。第一清福丸は、約三時間大平丸を追跡し、同船と併航するようになったので、停船するよう呼びかけたが、同船は、これに応じないばかりでなく、三回にわたり第一清福丸の船腹に突込んで衝突させたり、ロープを流し同船のスクリューにからませて追跡を妨害しようとしたので、第一清福丸の乗組員は、大平丸に対し瓶やボルトを投げつけるなどして逃走を防止しようとし、被告人も、三回目に衝突した後さらに逃走しようとする大平丸に対し、逃走を防止するため、鮫突用の銛を投げつけたりしたうえ、前記の行為に及んだ。その後、大平丸は、第一清福丸に追突されて停船したが、呼びかけに応じて第一清福丸の船長が大平丸に乗り移ろうとした際、またも突然全速力で逃走しようとした。しかし、折から海上保安庁の巡視船富士が付近に到着していたため、逃走を断念した。」

また、本判決は、Kの行為につき次のように判示する。

「原判決及びその是認する第一審判決の各認定によると、Kを含む大平丸の乗組員は、逃走を始めるまであわびの採捕をしていたものであるが、その場所におけるあわびの採捕は、漁業法六五条一項に基づく岩手県漁業調整規則三五条により、三月から一〇月までの間は禁止されており、Kらの行為は同条に違反し、同法六五条二項、三項に基づく同規則六二条一号の犯罪を構成し、六か月以下の懲役、一万円以下の罰金又はその併科刑が科されるものであることは明らかである。」

3　本判決は、以上の判示に続いて、次のとおり判示する。

「前記の経過によると、漁業監視船しおかぜ丸は、大平丸の乗組員を現に右の罪を犯した現行犯人と認めて現行犯逮捕をするため追跡し、第一清福丸も、しおかぜ丸の依頼に応じ、これらの者を現行犯逮捕するため追跡を継続したものであるから、いずれも刑訴法二一三条に基づく適法な現行犯逮捕の行為であると認めることができる。」

「右のように現行犯逮捕をしようとする場合において、現行犯人から抵抗を受けたときは、逮捕をしようとする者は、警察官であると私人であるとをとわず、その際の状況からみて社会通念上逮捕のために必要かつ相当であると認められる限度内の実力を行使することが許され、たとえその実力の行使が刑罰法令に触れることがあるとしても、刑法三五条により罰せられないものと解すべきである。」

「これを本件についてみるに、前記の経過によると、被告人は、Kらを現行犯逮捕しようとし、同人らから抵抗を受けたため、これを排除しようとして前記の行為に及んだことが明らかであり、かつ、右の行為は、社会通念上逮捕をするために必要かつ相当な限度内にとどまるものと認められるから、被告人の行為は、刑法三五条により罰せられないものというべきである。」

三　継続追跡による現行犯逮捕（判示事項一）

1　現行犯逮捕の意義に関する本判旨の特徴は、(イ)約三時間半の継続追跡後の逮捕を現行犯逮捕と認めたこと、(ロ)現行犯逮捕のために追跡する者の依頼により追跡を引継いだ者の行為を現行犯逮捕の行為と認めたこと、の二点に求められる。そこで、以下、この二つの特徴を中心に判旨を検討してみたい。

2　本判決の判文によると、本件における継続追跡による逮捕は、刑訴法二一二条一項にいう狭義の現行犯人の逮捕（以下、これを単に現行犯逮捕という。）と解されているが、これに対しては、同条二項の準現行犯人の逮捕（以下、これを単に準現行犯逮捕という。）と解すべきではないか、という疑問が起りうるであろう。すなわち、通常、現行犯人又は準現行犯人は、特定の属性をもった犯人ではなく、一定の時間的段階における犯人であると解されている。ことに、狭義の現行犯人は、「現に罪を行い、又は現に罪を行い終った者」と定められ、犯行時との時間的な密着性が要件とされている。(1) そこで、犯行が発覚してから約三時間半を経過している本件の場合には、もはや被追跡者を現行犯人ということはできず、準現行犯人というべきではないか、という疑問が生じうるのである。(2) この疑問は、二つの論点にかかわっている。一つは、右の現行犯人の要件は逮捕の開始の時点で備わっていれば足りるのか、逮捕の完了の時点まで続いていることを要するのかであり、他は、逮捕のための追跡の開始をもって逮捕の開始であるといえるかである。本判決は、現行犯人の要件は逮捕の開始の時点で備わっていれば足り、また、逮捕のための追跡の開始をもって逮捕の開始といえる、と解しているようであるが、その根拠については詳しい判示をしていない。

最初の論点に関してみるのに、逮捕の開始の時点で現行犯人の要件が充たされていれば足り、逮捕の完了までそれが続いていることを要しないとする解釈(3)は、次の諸点からみて合理的と思われる。第一に、現行犯逮捕そのものと現行犯逮捕のための行為との区別に着目してみよう。刑訴法二一三条は、「現行犯人は、何人でも、逮捕状なくしてこれを逮捕することができる。」と規定しているが、ここに「逮捕することができる」というのは、現行犯逮捕そのもの、つまりは犯人の身柄の拘束を適法とするばかりでなく、逮捕の開始から完了までの行為の全体を適法とする趣旨であることが明らかである。逮捕が成功しなかった場合でも、逮捕のために行った行為は、右の規定に基づく権限の行使として、当然に適法と解さなければならないからである。そして、この逮捕のための行為を開始した時点において現行犯人の要件が充たされている場合は、その後犯人の抵抗、逃走などによる時間の経過で右の要件が欠けることになっても、一個の逮捕行為が継続している限り、犯人と逮捕者との人的関係が継続しており、犯人であることの明白性が失われることはないのであるから、逮捕行為を続けることができると解してすこしもさしつかえないはずである。(4) なるほど、逮捕者の面前で犯罪を行っても、逮捕されずに時間が経過したときは、現行犯逮捕は許されないとすべきであるが、それは、逮捕者との関係においてもその者が現行犯人でないことになるため、逮捕者の逮捕を開始する権限が消滅するからであって、上述の場合とは異なっている。また、逮捕行為の途中で犯人を見失ったような場合には、これを継続することは当然には許されないが、それは、単なる時間の経過の故ではなく、もはや一個の逮捕行為の継続とはいえないからである。本判決が、逃走する犯人を追跡し始めた後の行為の全体を、「現行犯逮捕の行為」と認め、その適法性を肯定しているのは、右のような見解を前提としているものと思われる。

第二に、準現行犯人の規定と対比してみよう。狭義の現行犯人の目撃者が直ちに逮捕行為を開始したが、これを完了しないうちに、準現行犯人の時間的要件とされている「罪を行い終ってから間がない」という時点まで時間が経過したとする。この場合、「現に罪を行い、又は現に罪を行い終った」という狭義の現行犯人の要件を、逮捕行為の継続要件であると解するときは、もはや現行犯逮捕を行うことができないことになる。また、この場合、準現行犯人の状況上の要件である、追呼などの四つの場合にあたらないので、準現行犯逮捕を行うこともできないことになる。これは、明らかに不当といわなければならないであろう。法が「罪を行い終ってから間がない」という時点において「犯人として追呼されている」者を準現行犯逮捕することを認めているのは、現行犯逮捕のため追呼している目撃者なら当然に逮捕を継続できることを前提とし、それ以外の者に対し準現行犯逮捕の権限を与える趣旨と解さなければならないのである。それは、とりもなおさず、「現に罪を行い、又は現に罪を行い終った」以後の時点における現行犯逮捕を許容することである。なお、準現行犯逮捕と現行犯逮捕とを区別し、前者に限り逮捕の開始と完了との間にある程度の時間的経過が許されると解することは、合理的な根拠を欠いている。「罪を終ってから間もない」という準現行犯人の時間的要件は、現行犯人の要件より緩やかではあるが、広義の現行犯人と認めるための要件であることには変りはないのであるから、右の点を根拠としてこの場合にだけ逮捕の開始要件と解するわけにはいかないのである。

第三に、準現行犯人の概念の存在しない米法[5]や西独法[6]においても、継続追跡による逮捕が適法と解されていることが参考になるであろう。この場合、現行犯人の要件である面前性、現在性の継続していることがその根拠とされているのである。

追跡の場合に逮捕の開始をどの時点と解すべきか、という論点に移ろう。犯人の追跡の開始をもってすべて逮捕行為の開始と解することは広きに失するであろうが、本件のように、現行犯人を目撃し、逮捕のため接近し、これに気付いて逃走する犯人の追跡を開始する場合には、逮捕の着手があったと認めるのが自然であろう。前述したとおり、それは、当然に「逮捕することができる」という要件にあたる行為であり、また、目撃した逮捕者による犯人の追呼行為も現行犯逮捕の一部として予定されていると解されるのである。[7]

3　これまでの最高裁判例のうち、「罪を行い終った者」に関するものは二例あるが、いずれも現行犯逮捕の開始時点における右の要件の存否についてのものである。したがって、右の要件を充たしていることが明らかな本件とは事案を異にし、判例相互の牴触はない。[8]すなわち、昭和三一年一〇月二五日第一小法廷決定（刑集一〇巻一〇号一四三九頁）は、被告人が、飲酒酩酊のうえ、甲店の玄関で従業婦の胸を強打し、さらに勝手口のガラス戸を破ったため、同店の主人から直ちに附近の巡査派出所に届出があり、巡査が、現場に急行したところ、右従業婦から暴状を訴えられ、犯人は乙店にいると聞いたので、二〇メートル離れた乙店に赴き、手をけがして大声で叫びながら足を洗っていた被告人を暴行・器物毀棄の現行犯人と認め、犯行の三、四〇分後に同所で逮捕したという事案につき、適法な現行犯逮捕と認めたものであって、そこでの争点は、右巡査が被告人を現行犯人と認めることの相当性であったのである。また、昭和三三年六月四日第二小法廷決定(刑集一二巻九号一九七一頁)は、住居侵入の現場から約三〇メートル離れたところで逮捕したものではあるが、時間的には、住居侵入の直後、急報に接し、巡査が自転車で現場に駆けつけ、右の地点において逮捕したものであるから、適法な現行犯逮捕にあたるとしたものであって、ここでも逮捕に着手した時点における現行犯人の要件の存否が争点であったのである。

4　本判決は、現行犯逮捕のため追跡する者の依頼により追跡を引き継いだ者の行為を現行犯逮捕の行為であると解した。この点についても、「犯人として追呼されている」者に対する準現行犯逮捕の行為と解すべきではないか、という疑問が起りえよう。(9)

しかしながら、法が「犯人として追呼されているとき」に準現行犯人逮捕を許容しているのは、追呼されているという事実からその者を犯人と認めて逮捕をしてよいという趣旨であって、現行犯逮捕をするために犯人を追跡・追呼している者又はその依頼で逮捕をしようとする者のように、逮捕者にとって現行犯人であることが明らかであるときを予定しておらず、この場合には、当然に現行犯逮捕ができることを前提としているように思われる。

さらに、現行犯逮捕をしようとする私人の申告で警察官が逮捕する場合(10)や現行犯逮捕をしようとする警察官らに協力して他の警察官らが逮捕をする場合のように、現行犯人の認定が誤りなくできる場合にも、刑訴法二一二条二項のような特別規定がなければ適法に逮捕ができないと解するのは、不当であろう。

なお、西独法においても、逮捕権の承継が認められていることが参考になるであろう。(11)

四　現行犯逮捕のための実力行使(判示事項二、三)

1　現行犯逮捕による身柄の拘束は、法令(刑訴法二一三条)に基づく権利行為として違法性が阻却されるが(刑法三五条)、犯人の抵抗を排除し、逮捕を容易にするための実力行使は、直接、法令に基づく権利行為として違法性を阻却されるものではない。しかしながら、強制力の行使を内容とする逮捕権限を逮捕者に付与した法の趣旨からいうと、右のような逮捕のために必要な実力行使もまた、一定の限度で許容されるものと解するのが相当である。本判決は、このような見地に立ち、右のような実力行使を適法としたものと解されるのである。

2　右の点については、すでに東京高裁昭和三七年二月二〇日判決(下級刑集四巻一・二号三一頁)があり、「現行犯人を逮捕するためにある程度の実力を行使することは当然許さるべく、その限度は、逮捕者の身分、犯人の挙動その他その際における具体的情況に応じ社会通念に照らしてこれを定めなければならない。」と判示していた。本判決もこれを同趣旨であるが、逮捕のための必要性と相当性の二重の限定を付し、かつ、これらにつきその際の状況からみた社会通念を基準として判断すべきことを明らかにした点に、あらたな意義があるといえよう。

必要性の要件については、説明を要しない。相当性の要件は、犯罪の性質、犯人の状況その他の事情からみて、バランスを失しないことをさすのであって、事柄の性質上、あまりに具体的な類型化にはしたしまないものである。アメリカでは、一九六七年ニューヨーク州刑法典三五・三〇条のように、逮捕者の身分(警察官か否かなど)、犯罪の軽重(重罪、軽罪)、犯人の危険性、犯人であることの明確性の程度などの要因ごとに、類型的な権限規定を置く例が多いが(12)、それらは実際の運用にあたって判断が区々になることを防止するための立法上の割り切りであるから、直ちにその基準をわが法制にもちこむことはできない。

3　本件の一、二審では、漁業権の侵害に対する自救行為の成否が争われた。しかし、最高裁の判決には、この点の言及がない。このことは、その判決のとる違法性阻却論の法律構成に関連があるように思われるので、一言しておくと、権利の侵害があった場合について侵害者に対する自救行為を認めるときにも、原則として、侵害の排除が許される限度であって、逃亡する侵害者を逮捕することまでを適法とすることは困難であろう。まして、本件のような、逮捕のための実力行使を右の観点から正当化するのは困難なように思われる。本判決が、自救行為という法律構成によることなく、逮捕権限という明確な権限に着目し、その手段として本件行為の違法性阻却を認めたのは、その意味において相当なことであったと考えられる。

（1）現行犯人の概念については、団藤重光「現行犯」警察研究九号・一〇号（昭二三）、同「現行犯」刑事訴訟法基本問題四六講（昭四〇）所収、青柳文雄「現行犯概念の検討」警察学論集一五巻四号（昭三七）、増井清彦「現行犯人の要件」捜査法大系Ⅰ（昭四七）所収を参照。

（2）石川才顕・後掲補注評釈はそう解する。

（3）平野龍一・刑事訴訟法（昭三三）九六頁は、現行犯人の要件につき、「逮捕に着手する直前を標準とする。逮捕完了の時まで継続している必要はない。」と説く。

（4）阿部純二・後掲補注評釈参照。

（5）Clarence Alexander, The Law of Arrest §76を参照。

（6）StPO §127を参照。

（7）小田博・後掲補注評釈は、この点に疑問を呈する。

（8）阿部純二・後掲補注評釈参照。

（9）石川才顕・後掲補注評釈はそう解する。

（10）依頼逮捕については、小田健司・令状基本問題七五問、横井大三・刑事裁判例ノート(6)八頁を参照。

（11）RGSt 60, 67[69]; Röwe-Rosenberg, StPO, 22 Aufl. S.821を参照。

（12）Note, Justification: The Impact of the Model Penal Code on Statutory Reform, 75 Colum. L. Rev. 914, 947-953(1975); LaFave & Scott, Criminal Law 403-405(1972)を参照。

（補注）本判決に対する評釈に、伊藤栄樹・警察官論集二八巻九号一六四頁、阿部純二・刑事訴訟法判例百選〈第三版〉四〇頁、石川才顕・昭和五〇年度重要判例解説一二六頁、小田博・警察研究四七巻一一号七六頁がある。

七　検察官起訴独占主義

16　公訴の提起と犯罪の嫌疑に関する最高裁判例

〔判　決〕

最高裁昭和五三年一〇月二〇日第二小法廷判決（昭和四九年(オ)第四一九号国家賠償請求事件）、民集三二巻七号一三六七頁、判時九〇六号三三頁

一　事件の概要と経過

昭和二七年七月二九日国鉄根室本線の芦別市内の線路がダイナマイトで爆破され（いわゆる芦別事件）、二名の者が爆発物取締罰則違反、列車往来危険罪などで逮捕、勾留、公訴提起され、控訴審まで行われたが、一名は無罪となり、他は控訴審中に死亡して公訴棄却となった。

両名の側は、右の逮捕、公訴提起等は違法であり、故意又は重過失があったと主張し、国家賠償を請求して訴えを提起した。一、二審判決とも、一般論として、警察官、検察官の逮捕、公訴提起等の判断が違法となるのは、証拠の評価について通常考えられる個人差を考慮に入れてもなお行き過ぎていて、経験則、論理則に照らし到底その合理性を肯定できない程度に達していた場合に限られるとの見解に立ったが、事実認定の点で異なる見解を採ったため、一審判決は、それらの判断を違法として国家賠償を認め、二審判決は、適法として国家賠償を否定した。両名の側から上告があり、上告理由として、無罪判決が確定した場合には原則として逮捕、公訴提起等は違法であったと判定されるべきであると主張された。

二　本判決の判示

上告棄却。

「刑事事件において無罪の判決が確定したというだけで直ちに起訴前の逮捕・勾留、公訴の提起・追行、起訴後の勾留が違法となるということはない。けだし、逮捕・勾留はその時点において犯罪の嫌疑について相当な理由があり、かつ、必要性が認められるかぎりは適法であり、公訴の提起は、検察官が裁判所に対して犯罪の成否、刑罰権の存否につき審判を求める意思表示にほかならないのであるから、起訴時あるいは公訴追行時における検察官の心証は、その性質上、判決時における裁判官の心証と異なり、起訴時あるいは公訴追行時における各種の証拠資料を総合勘案して合理的な判断過程により有罪と認められる嫌疑があれば足りるものと解するのが相当であるからである。」

三　解　説

1　犯罪の嫌疑があることは公訴の提起の適法要件か

本判決は、当然適法要件であるとの前提に立っており、学説にも、異論はみられない。公訴の提起は、国民を被告人の立場に立たせ、これに重大な負担を負わせる公権力の行為であるから、犯罪の嫌疑がないときに許されないのは、法治主義の条理上明らかである。また、犯罪の軽重等により訴追を必要としないときは公訴を提起しないことができると定める起訴便宜主義の規定（刑訴法二四八条）、証拠調の初めに検察官は資料に基づき証明すべき事実を明らかにしなければならないと定める冒頭陳述の規定（二九六条）など一連の規定は、公訴の提起の時点で検察官に犯罪の嫌疑があることを当然の前提としているものと解されるのである。

もとより、裁判所は、起訴状一本主義の原則に従い、白紙の状態で事件の審判に当たるよう義務づけられているが、これは犯罪の嫌疑が公訴提起の適法要件であることと矛盾するものではなく、むしろ適法要件であるがために要請される義務であるとも考えられるのである。さらに、今日、公訴権について、有罪又は無罪の実体判決を求める権限であるとする実体判決請求権説が確立しているが、**3**で述べるとおり、犯罪の嫌疑は公訴権を発生させる条件であるわけではなく、公訴権を行使する際の準則にとどまるものなので、この点も上述したところと矛盾しない。

2 犯罪の嫌疑がどの程度であれば公訴の提起は適法といえるか

結果違法説は、公訴の提起は、結果として有罪判決が得られた場合には適法であるが、無罪判決が確定した場合には違法となると説く。しかし、検察官が行う公訴の提起の適否が裁判官が行う事後の判決の結果によって決まるというのは奇妙であり、せいぜい、有罪判決が得られる明白な嫌疑があった場合に公訴の提起が適法になるといいうるのみであろう。公訴の取消による公訴棄却の決定が確定したとき、犯罪事実につきあらたに「重要な証拠を発見した場合」に限り、同一事件について更に公訴の提起をすることができると規定されているのも（刑訴法三四〇条）、そのためである。

そうすると、公訴の提起は、法律上要請される一定程度以上の犯罪の嫌疑に基づいて行われた場合には適法であり、無罪の判決が確定しても違法となることはないというべきである。職務行為基準説はそう説き、本判決もその考え方を支持している。もっとも、その説の中にも、要請される嫌疑の程度などの点で見解の対立がある。すなわち、合理的理由欠如説は、合理的な判断過程により有罪と認められる程度の嫌疑が必要であって、それが欠如するときは違法になると説き、一見明白説は、経験則、論理則に照らして到底その判断の合理性を肯定できない程度の嫌疑にとどまる場合に初めて違法になると説き、違法性限定説は、違法、不当な目的で行為に出た場合に限って違法になると説く。

公権力の適法要件は、公権力の性質に応じてさまざまであって、いかなる要件の下でその公権力を発動させるのが相当であるかを考慮して定められるものである。例えば、同じ逮捕でも、逮捕状による逮捕については「被疑者が罪を犯したことを疑うに足りる相当な理由があるとき」(刑訴法一九九条)と定められていて、一見明白説に近い要件とされているのに対し、現行犯逮捕については「犯人として追呼されているとき」などの客観的事情があるほか、「罪を行い終ってから間がないと明らかに認められるとき」と定められていて、要件が加重されている(二一二条)。また、裁判の場合には、裁判官の独立が保障され、審級制度によってのみその内容が審査を受けるという裁判の特殊性からみて、明文の定めはないが、裁判官が通常の職務の遂行として行ったものについては、内容のいかんを問わず適法なものとする趣旨と解される。そのため、判例は、「裁判官がした争訟の裁判に上訴等の訴訟法上の救済方法によって是正されるべき瑕疵が存在したとしても、これによって当然に国家賠償法一条一項の規定にいう違法な行為があったものとして国の損害賠償責任の問題が生ずるわけのものではなく、右責任が肯定されるためには、当該裁判官が違法又は不当な目的をもって裁判をしたなど、裁判官がその付与された権限の趣旨に明らかに背いてこれを行使したものと認めうるような特別の事情があることを必要とする」とし、違法性限定説の考え方を採用している(最二小判昭和五七・三・一二民集三六巻三号三二九頁、最二小判平成二・七・二〇民集四四巻五号九三八頁)。さらに、要件の存否を事前に客観的に判断することができる普通の行政行為の場合には、その要件を充たして初めて行政行為が適法なものとなるので、前述の結果違法説の結論と同じになるが、それは右のような行政行為については結果が適法となるような行為に出ることが公権力発動の要件とされているからにほかならない。

公訴の提起については、必要とされる犯罪の嫌疑に関する明文の定めはないが、少なくとも逮捕状による逮捕や勾留の要件とされている「相当な理由」が必要なことは当然であろう。さらに、訴追は証拠に基づいて行われなければならないから、公訴の提起の時点ですでに、合理的にみて、有罪判決が得られるという見通しがなければならないであろう。しかし、捜査には時間的な制約がある上、有罪判決が得られるか否かはその後の訴追の経過に左右されるし、最終的には裁判官の判断にかかることであるから、公訴の提起の時点で有罪判決に必要な程度の嫌疑まで要求するのは妥当でない。そのため、本判決は、公訴の提起時における検察官の心証は、判決時における裁判官の心証と異なり、公訴の提起時における各種の証拠資料を総合勘案して合理的な判断過程により有罪と認められる嫌疑があれば足りると判示している。その後、判例は、右の見解を確認した上、公訴提起の違法性の有無の判断資料について、「公訴の提起時において、検察官が現に収集した証拠資料及び通常要求される捜査を遂行すれば収集し得た証拠資料を総合勘案して合理的な判断過程により有罪と認められる嫌疑があれば、右公訴の提起は違法性を欠くものと解するのが相当である。したがって、公訴の提起後その追行時に公判廷に初めて現れた証拠資料であって、通常の捜査を遂行しても公訴の提起前に収集することができなかったと認められる証拠資料をもって公訴提起の違法性の有無を判断する資料とすることは許されないものというべきである」と判示している(最一小判平成元・六・二九民集四三巻六号六六四頁)。

3 犯罪の嫌疑があることは訴訟条件か

犯罪の嫌疑が訴訟条件であることは、嫌疑が公訴提起の適法要件であるにとどまらず、その有効要件であることを意味する。嫌疑が公訴権を発生させる条件であることを意味するといってもよい。

公訴権を「これだけの条件があれば公訴を提起してよい」というための条件は何かという形で考えると、嫌疑がないのに公訴を提起してよいとはいえないから、嫌疑は公訴権の条件であることになる。しかし、実体判決請求権説の立場に立ち、公訴権を「どのような場合に公訴を棄却し、どのような場合に実体の裁判をすべきか」という形で考えると、嫌疑がないときは、無罪という実体判決をすればよいのであって、公訴を棄却するのは適当でなく、また、そう解する方が現在の刑訴法全体の建前とよく調和する（平野・末尾文献参照）。

公訴の提起をするには一定程度以上の嫌疑が必要であり、そのような嫌疑がないときには公訴の提起は違法となるとした場合でも、違法な公訴の提起がもたらす効果については、立法政策上いくつかの定め方がある。公訴の提起を無効とする場合、一定の要件の下で国家賠償の対象とする場合、職務監督上の規制に服させる場合などである。そのうち、公訴の提起を無効とする場合には、犯罪の嫌疑は訴訟条件となるが、前述のとおり、現行法の下では、犯罪の嫌疑を欠く公訴の提起であっても、これを無効とはしない趣旨であると解されるので、犯罪の嫌疑は訴訟条件ではないことになる。

もっとも、明らかに犯罪の嫌疑を欠くような公訴の提起は、公訴権乱用の一場合に当たるので、無効と解して公訴を棄却すべきであるとする見解もあるが、公訴を棄却すれば、嫌疑が生じたときには再度公訴の提起ができることになるので、証拠をととのえてからまた公訴の提起をせよと命じることに帰し、不当であろう。

〈**参考文献**〉
田宮裕「公訴の提起と犯罪の嫌疑」刑事訴訟法の争点（新版）一〇八頁
平野龍一「刑事訴訟における実体判決請求権説」兼子博士還暦記念・裁判法の諸問題(下)一四一頁
寳金敏明「逮捕・勾留・起訴・有罪判決」裁判実務大系18国家賠償訴訟法三三七頁
宇賀克也「国家賠償の課題―違法性論を中心として」ジュリスト一〇〇〇号六〇頁

17　付審判請求の審理

一　論　点

大阪地裁第七刑事部および第一〇刑事部が、付審判(準起訴)請求の審理にあたり、請求人側に、全捜査記録の閲覧謄写を許し、かつ審理に立会い、被疑者・証人に質問することを認める方針をとったところから、付審判請求の審理のあり方が論議を呼んでいる(右の方針を支持する立場から、「付審判請求事件の審理方式に関する大阪弁護士会の見解—四七・八・一二」法学セミナー二〇二号一五八頁(昭四七)、澤田脩「準起訴手続の性格と審理方式」判例時報六七一号一一頁(昭四七)、米田泰邦「付審判請求制度の死活」法学セミナー二〇二号二頁(昭四七)、右の方針に反対する立場から、弘津恭輔「司法の危機をめぐる一つの問題」警察学論集二五巻八号一頁(昭四七)が公にされている。また、被疑者らから裁判官の忌避申立があり、現在、抗告審の決定に対する特別抗告事件が最高裁に係属している。右審理方式の詳細は判例時報六七一号一〇四頁、一〇六頁参照)。

具体的事件における当否は別として、一般的にいうと、右のような審理方針は、請求人に対し、大陪審の検察官にも比すべき重要な地位を与えるものであり、これまでの判例・実務が請求人による閲覧謄写や審理関与を原則として否定してきたのと大きく異なるだけに、検討を要する多くの問題を含んでいる。論点は大別して二つあると思う。第一は、付審判請求の審理につき刑事訴訟法が採用している基本原則は何かであり、第二は、請求人による閲覧謄写や審理関与につき法がどの程度裁判所の裁量を認めているか、裁判所がこの裁量をするにあたり考慮すべき要因と基準は何かである。以下この二点に分けて検討を試みる。

二　審理の基本原則

1　審理の性格論とその問題点

付審判請求の審理につき刑訴法が採用している基本原則は何か。捜査の実質をもち、密行性を原則とするというのが従来の支配的見解であったが、近時、法律上の争訟に対する裁判であり、請求人の立会・立証などの積極的関与を原則としているとか、捜査の実質をもつが、請求人の積極的関与を予定しているとかの見解が公にされている。この論議のもつ問題の側面は単一でなく、すくなくとも四つあるように思う。第一は、審理対象からみた審理の性格は何かであり、第二は、審理主体と判断形式からみた審理の性質はどうかであり、第三は、審理の機能は何かであり、第四は、判断資料の収集方法はどのようなものかである。私見によると、この審理は、裁判所が、本来の司法権の作用としてではなく、法律の特別の定めにより、職権で事実調査をし訴追の当否を決するという、捜査・公訴の機能を果すもので、請求人の立会は原則として否定されており、裁判所が審理を担当し決定という裁判形式で結論を示すことと、判断対象が法律上の争訟であり、手続が訴訟構造であることとは関連しない。以下、右の四つの側面につき検討を加える。

2　審理対象の性質

付審判請求に対しては裁判所が請求の理由の有無につき「審理」し「裁判」することとされている（法二六六条、二六五条一項）。これらの規定を根拠として、付審判請求の審理は訴訟、裁判であり、請求人と被疑者を対立当事者とする訴訟構造をもち、通常の刑事裁判の原理が妥当するとか（米田・前掲六頁、大阪弁護士会・前掲）、公開の法廷における対審構造によるのが原則であるとか（澤田・前掲一二頁）主張され、最決一小昭和四四年九月一一日（刑集二三巻九号一一〇〇頁)が、付審判請求は「特殊の犯罪について、検察官の不起訴処分の当否に対する審査を裁判所に委ねたものであ」るとした部分が援用される。しかしながらこれは正当でない。請求人は、この制度により訴追の当否につき裁判所の判断を求める権利を与えられてはいるが、検察官に対し訴追を求める権利や、被疑者に対し訴追を受けさせる権利を与えられているわけではない(対立当事者というものは存在しない)。被害者訴追主義または一般的訴追主義は保障されていないのである(最判大法廷昭和二七年一二月二四日、民集六巻一一号一二一四頁)。付審判請求につき裁判所が有する審査権限が、本来の司法裁判権ではなく、法律において特に定めた権限(裁判所法三条一項)であり、本質的には行政権限であることは、裁判所以外の機関にこれを委ねることができることからも明らかである。刑訴法は、裁判所を審査機関と定めたが、それは一つの立法政策であり、上級検察官や特別の行政機関を審査機関とすることも可能なのである。したがって、裁判所が審査機関とされていることから、審理の対象が法律上の争訟であり、訴訟であると結論するのは失当である。不起訴処分の当否に対する「審査」であることと、審査手続が対立当事者による訴訟構造であることとも関係はない。審査の構造をどう定めるか、請求人の関与をどうするかは、別の政策決定問題である。審理対象が、検察官の不起訴処分の当否か、訴追の当否自体かという問題も、審理対象の性質が争訟か否かとは直接関連しない。請求の理由があるときは管轄裁判所の審判に付する決定をし(法二六六条二号)、この決定があると公訴の提起があったものとみなされること(法二六七条)、およびその判断のため検察官から捜査資料の送付を受けるほか(規則一七一条)、必要があるときは自ら強制処分をも用いて事実の取調をすることができること(法二六五条二項)を考えあわせると、訴追の当否それ自体を審査対象としているものと解されるが(戸田弘「刑訴二六六条の決定の性質」判例タイムズ七八号二〇四頁(昭三三)参照。)、いずれにしても、審査対象が請求人の権利に関する裁判でないことと矛盾はしない(前川信夫「準起訴手続の構造」続・生きている刑事訴訟法一五四頁(昭四五)は事後審的に不起訴処分の違法を審査する裁判手続であるとしつつも、他方では、請求人と検察官との対立当事者的訴訟構造ではないとする。同一六〇頁）。

3　審理主体と判断形式

付審判請求につき裁判所が審理の主体とされていることの意味についてはすでに述べたが、この点に関連し、前記の最高裁決定が付審判請求の審査にあたる裁判官につき忌避の規定の適用があるとしたのは、審理の捜査的性格に否定的見解を示し、訴訟的性格を認めたものであるとの主張があるので（澤田・前掲一二頁、米田・前掲六頁）、検討しておこう。裁判所のこの権限が行政権限の本質をもつとすれば、構成裁判官につき当然に忌避の規定を適用する必要はないことになるが、審理主体の特質に着目してこれを適用することももちろん可能である（立法政策の余地があることにつき松尾浩也「いわゆる付審判請求事件における被疑者の忌避申立権」警察研究四二巻三号一六三頁（昭四六）参照）。それゆえ右決定は、不起訴処分の当否に対する審査を裁判所に委ねた法の意図を探り、「その審査にあたる裁判所は、いうまでもなく、職務の独立性を保障された裁判官をもって構成され、かつ、その権限は極めて広範なものである（刑訴法二六五条二項）」としたうえ、「かような裁判所を構成する裁判官について、その職務執行の公正を期するため、除斥、忌避および回避の規定の適用のあることは、その制度のおかれた趣旨等にかんがみるときは、いうをまたずして明らかである」と結論したのである。すなわち、職務の独立性を保障された、公正な裁判官からなる裁判所に対し審理を委ね、かつ、この裁判所に受訴裁判所と同じ広範な権限を付与していることを考慮し、法の趣旨は、受訴裁判所と同質の裁判所に付審判請求の審査を委ねたものであり、忌避についても同様の取扱いをすることを前提としている、と解したのである。決定の意義をこのように捉えるならば、審理主体の特質に着目したその結論をもって、審理対象の法的性質にまで論及したものとみるのは妥当でないことになる（三井誠「準起訴手続」ジュリスト四三九号五三頁（昭四四）は、捜査と裁判の中間的なものであると論じ、松尾・前掲一六四頁は、捜査と審判との両面を備えた中間的なものであり、審判の面に対応して当事者の忌避申立権が存在しうると指摘する）。

請求に対する裁判所の判断形式は、明らかに訴訟法上の裁判形式に属する決定である。しかしながら、これも立法政策の問題であり、決定手続としたからといって、その本質が訴訟となるわけではない。むしろ、この審理を決定手続としたのは、その対審構造を否定したものというべきである。公判手続は公開の法廷で対審として行わなければならないが（憲法八二条）、決定手続をどう定めるかは立法政策の問題であり、現行法上は非対審構造とされているのである（法四三条二項、規則三三条四項）。

4　審理の機能

裁判所は、事実の取調をし、付審判の請求が理由のあるときは審判に付する決定をする。この決定があったときは、その事件について公訴の提起があったものとみなされる。これらの裁判所の活動が、公判手続とは異なり、捜査および公訴の機能に属することは明らかであろう。請求人の審理への積極的関与が原則であるとする見解は、手続の捜査的性格は、裁判所の事実調査の結果が捜査記録とあいまって付審判とその後の公判維持の資料となりうる点の説明として意味をもつにすぎず、請求人の積極的審理関与を原則的に否定する理由にはならないと主張する（大阪弁護士会・前掲、米田・前掲六頁）。しかしながら、裁判所の事実調査の結果が捜査記録とあいまって、付審判と公判の資料となるという捜査的機能を肯定するならば、捜査に関して法が要請している密行性の原則を肯定しなければならないはずである。この審理が、検察官の不起訴処分の当否を審査するものであり、裁判所による検察官の処分に対する批判という機能をも結果的に果すとしても、そのことから請求人の審理関与を基礎づけえないことはいうまでもない。

5　判断資料の収集方法

判断資料の収集方法の面から法の建前を検討してみよう。付審判の請求書(法二六二条二項)には、裁判所の審判に付せられるべき事件の犯罪事実および証拠を記載しなければならない(規則一六九条)。検察官は、請求を理由がないものと認めるときは、意見書を添えて書類および証拠物とともにこれを裁判所に送付しなければならない。意見書には、公訴を提起しない理由を記載しなければならない(規則一七一条)。裁判所は合議体で審理し(法二六五条一項)、捜査記録と証拠物を検討するほか、必要があれば一般原則により事実の取調をすることができるし(法四三条三項、規則三三条三項四項)、合議体の構成員に事実の取調をさせ、または地方裁判所、簡易裁判所の裁判官にこれを嘱託することができる。この場合には、受命裁判官、受託裁判官は、裁判所または裁判長と同一の権限を有する(法二六五条二項)。審理裁判所は、受訴裁判所と同一の権限を有する結果、これと同様に強制処分をすることができる(ポケットコンメンタール・刑訴法五二二頁、団藤重光・刑事訴訟法上一〇二頁参照)。被疑者の取調をするときは、裁判所書記官を立会わせ、調書を作成する(規則一七三条)。

以上の規定をみると、付審判請求の審理は、一般の決定手続と同様に口頭弁論を終ることを要しないことはもちろんのこと(法四三条二項)、職権による事実調査を原則としていることが明らかであり、請求人の立会・立証を原則とすると認めるべき根拠は何ら存在しない。審理の機能が、前述したとおり、付審判の可否の判断資料を収集し、公訴の可否を決定する、捜査・公訴の機能である以上、これはむしろ当然であり、したがって、公判手続を前提とする、書類・証拠物の閲覧謄写、被告人質問・証人尋問における立会・質問などの諸規定(法四〇条、二七〇条、三一一条三項、一五七条など)の適用・準用はなく、一般の捜査と同様、非公開で進めるべきであり、原則として書類の開示も許すべきではない(法四七条。法一九六条参照)。

関連する三つの主要な問題にふれておこう。まず、証拠開示につき、規則一六九条が付審判請求書に「証拠」の記載を要求しているのは、請求人側の積極的関与を予定しているとの見解（梶田英雄「準起訴手続と人権の擁護」法律時報四四巻一号一二六頁（昭四七）、大阪弁護士会・前掲、米田・前掲五頁）、および西ドイツの「刑事手続の指針」が、検察官の職務の指針として、起訴強制手続の準備のために、請求人を代理する弁護士に書類の閲覧を保障しなければならないとしているとの指摘（米田・前掲八頁）をとりあげる。これらは、請求人にどの程度の主張・立証責任を負わせるのが適当か、裁判所の判断資料を誰の責任において提出させるのが適当か、審理の対象をどう定めるのが適当か、不当な請求をどうして規制するか、などの諸問題と関連する。ドイツにおける請求人の弁護人に対する証拠の開示は、起訴強制手続につき、事後審的構造をとり、請求人に証拠提出の責任を負わせ、かつ捜査終了後は被疑者の弁護人に証拠を開示することとしている一般的制度との関係で理解すべきであり、さらに請求書に弁護人の署名を要求して請求を規制するとともに、開示を弁護人に限定していることに留意すべきである。わが法の場合は、これに対し、事後審的構造をとらず、事実調査は職権で行うものとされ、かつ、検察官の捜査書類は裁判所に送付されて判断資料とされる制度を採用しているのであり、証拠を請求人に開示し、主張・立証をつくさせることを予定していないといわざるをえないのである。請求書への証拠の記載も、裁判所の審理の参考に供するとともに（ポケットコンメンタール・刑訴法五一九頁）、恐らくは請求の乱用を防止するために要求しているものであり、必ずしもその証拠自体で請求を十分に基礎づけうるものであることを要しないと解される。ドイツ法の運用のような原則をとるか、わが法のような原則をとるかは、前記の諸要因などを考慮してなされる政策的判断であるが、特別規定のない現行法では、証拠開示は原則として否定する趣旨と解さざるをえない。

第二に、被疑者側の申請による証拠保全の結果につき、検察官の閲覧謄写を認め（法一八〇条）、また検察官の申請による第一回公判前の証人尋問に被疑者・被告人・弁護人の立会う道が開かれている（法二二八条二項）ことを例示しつつ、捜査であっても、その適正な運用に必要であれば、当事者関与を認めてよいという見解がある（米田・

前掲六頁)。しかしながら右の二つの場合は、捜査官として検察官の職責の重要性にかんがみ(法一八〇条)、または証人対質権を尊重して(法二二八条二項)、特に反対当事者の関与を規定したものであり、こうした特別規定があること自体、むしろ原則が逆であることの証左である。

第三に、「裁判所は司法機関であって捜査機関ではない。裁判所は自ら積極的に犯人を発見し、証拠を収集する人的組織もなければ物的設備も備えていない。裁判所の機能は当事者の主張・立証という積極的関与によって受動的に果され、それによってこそ実体的真実発見の効果を発揮することが期待される」、「請求人らが積極的に審理に関与することが、密行的な審理方式によって下される結論よりも国民にとって裁判所への信頼と公正さをたかめる結果となる」という見解がある(大阪弁護士会・前掲一五九頁、澤田・前掲一二頁、米田・前掲七頁。前川・前掲一五九頁は、「制度の存在理由からして、請求人は当然審理に関与する権利を有すべきであるし、関与する権利を有する以上は、それを実効あらしめるため、記録や証拠の閲覧・謄写が許されるべきである。」とする。梶田・前掲一五九頁は、やや控えめに、同様の権利を認めるべきではなかろうか、とする)。この見解には、後にふれるように、正当な主張が含まれていると考えるが、全捜査書類の閲覧謄写や全審理への立会を法の原則であるとする点は、何としても正当でないといわざるをえない。審理裁判所は、いうまでもなく事実認定を職務とする裁判官からなり、検察官から全証拠の送付をうけるほか、強制処分を含む広範かつ強力な権限を行使しうるのであるから、捜査には不慣れであるにせよ、大陪審における検察官のような役割を請求人に期待しなければ審理が十分に行えないものとは思われない。すくなくとも、審理の密行性の原則を変更するだけの実質的な根拠にはならない。また、審理の公正さは、裁判所による審理である点で制度的に保障されているのであり、請求人の立会を認めなければ国民一般の疑惑をまねくという主張は失当である。すくなくとも、これを、特別規定のない現行法のもとで立会を原則と解する根拠とするわけにはいかない。

6 捜査の原則

捜査官の捜査は密行であり、公判手続が公開による対審であるのと対照的である。それは、完全な捜査を実現するために必要であるばかりでなく、被疑者等の名誉・信用等の利益を擁護するために要請されるのであり、公務員の守秘義務規定(国公法一〇〇条など)により担保されている。告訴人・告発人にも特別の捜査関与権限は与えられていない。付審判請求の審理についても、請求の積極的関与を認める根拠がない以上、その捜査機能であることに応じて、捜査官の捜査と同じ原理が支配するものというべきである。

捜査の密行性の原則は、刑訴法一九六条および四七条にも表われている。すなわち、一九六条は、検察官、検察事務官および司法警察職員ならびに弁護人その他職務上捜査に関係のある者は、被疑者その他の者の名誉を害しないように注意し、かつ、捜査の妨げとならないように注意しなければならない、と規定する。捜査内容が一般に被疑者等の名誉に関連すること、およびその開示が一般には捜査の効率を妨げることを考えると、右の規定は、捜査の密行性を関係人の義務の面から定めたものというべきである。また、四七条本文は、訴訟に関する書類は、公判の開廷前には、これを公にしてはならない、と規定する。公にしてはならないとは、不特定多数人への開示の禁止を意味するものと通常説かれているが、訴訟関係人に対する開示であっても、開示が義務的であるとき、その他同条但書にいう相当なときのほかは、禁止されると解されなければならない(最判三小昭和二八年七月一八日刑集七巻七号一五四七頁は、「刑訴四七条本文の規定は、訴訟に関する書類が公判開廷前に公開されることによって、訴訟関係人の名誉を毀損し公序良俗を害しまたは裁判に対する不当な影響を引き起すことを防止する趣旨」であるとしている)。

公判段階とは異なり、捜査段階においては、書類の閲覧謄写や立会は例外的にのみ許されていること(法一八〇条、二二八条二項、規則三三条四項)も、捜査の密行性の実定法的根拠である。

7　判例・実務の動向

従来の判例・実務の大勢も以上の分析結果と一致している。すなわち、いわゆる大学教授団の安保改正阻止請願行動に対する警察官の暴行事件に関する付審判請求事件の抗告審で、東京高判昭和四〇年五月二〇日(下刑集七巻五号八一〇頁)は、請求人に閲覧謄写権と審理への立会・尋問権が保障されているとの主張を斥け、「その審理手続の実質は、検察官の捜査に続行する裁判所による捜査に外ならないものと解すべく、抗告人らの主張するごとく、検察官の不起訴処分を審理及び裁判の対象とし、右処分の不当を主張して裁判所に提訴した請求人と右不起訴処分をした検察官を対立当事者となし、その双方を手続に関与させ、公開の法廷において互いに主張及び立証を尽させ、その結果に基づいて裁判所が不起訴処分の当否を審査し公訴権の行使を是正するという本来の訴訟手続ではないのである……。かように、いわゆる審判請求についての審理手続は、対立当事者の存在を前提とする本来の訴訟手続ではなく、公訴提起前の捜査手続に外ならないものと解せられる以上、その手続を公開し、請求人又はその代理人を手続に関与させ、これらの者に審理の内容や経過を開示することは、被疑者の名誉を傷つけ、延いては捜査の効果を減殺する虞れがあるから、訴訟関係人の訴訟に関する書類及び証拠物の閲覧及び謄写並びに被告人質問及び証人尋問に関する刑事訴訟法第四十条、第二百七十条、第三百十二条第三項、第百五十七条のごとき、公訴の提起によって両当事者が対立する本来の訴訟関係が存在するに至ったことを前提とする諸規定は、右審理手続にはこれを適用し若しくは準用すべきものでない」と判示した。他の判例・実務も一貫してこれと同旨の見解をとってきたのである(この原審である東京地決昭和三九年九月三〇日下刑集六巻九・一〇号一一〇一頁、京都地決昭和四二年三月二四日、大阪高決昭和四五年三月五日刑裁月報二巻三号二三一頁、東京高決昭和四七年一月二七日東京高裁時報二三巻一号一七頁、冒頭にあげた一〇部の忌避申立事件の抗告審決定である大阪高決昭和四七年七月一七日、同じく七部の忌避申立事件の抗告審決定である大阪高決昭和四七年七月一九日など)。

三　審理における裁量

1　裁量に関する建前

付審判請求の審理においても、捜査と同様、法は、密行性を原則と定めていることは上述のとおりであるが、このことはその内容の開示を一切禁止していることを意味するものではない。密行性の要請に反せず、または他の優越する利益を守るためには、法は、資料や審理の内容の開示を許容しており、捜査官、裁判官の合理的裁量にその許否を委ねているものと解すべきである。すなわち、公判の開廷前における訴訟書類の開示を禁止した法四七条は、その但書において、公益上の必要その他の事由があって、相当と認められる場合は、この限りでないとし、決定等のための証人尋問につき規則三三条四項は、必要と認めるときは、検察官、被告人、被疑者、弁護人を取調に立会わせることができるとし、第一回公判前の証人尋問に関する法二二八条二項は、裁判官は、捜査に支障を生ずる虞がないと認めるときは、被告人、被疑者、弁護人を尋問に立ち会わせることができるとし、右の趣旨と裁量の基準を定めているのである。もともと、捜査や審理の運用は、担当者の裁量事項であるから、その目的に適合すると認められる場合には、その権限により証拠の開示や立会を許容することができるものというべきであり、この意味で、特別の規定がなくても、たとえば取調の必要上、告発人を立ち会わせることは可能である。さらに捜査・審理関係者の負う守秘義務も、右の合理的な限度で免れるものというべきである。検討を要する問題は、右の裁量の範囲および裁量権を行使するうえでの基準は何か、全面的に書類の閲覧謄写を認め、審理に立ち会うことまで許容しているかである。

2　裁量の基準と限界

審理の密行性は、効果的な事実調査を実現し、被疑者等の名誉・信用等の利益を擁護するために要請されるのであった。したがって、これらの利益を損なわない場合には、審理の開示が許されてよく、また、密行性の利益が損われる場合であっても、他の優越する利益を擁護するために必要なときには、審理の開示が許されてよい。そうして、この利益の較量判断にあたっては、一般の法的利益較量の場合と同様に、実現しようとする利益の重要性、損われる利益の重要性、および利益が実現され、損なわれる程度の三つの要素を考慮すべきものと考える。密行性の利益が損われない場合とは、たとえば、捜査・審理に支障のない限度で、被害者・被疑者等に捜査の結果判明した事実を告げて供述を求める場合である。優越する利益を擁護する場合は、さらに二つに区分するのが適当であろう。その一は、効果的な審理・捜査をするため、被疑者等の私益を損なう開示が必要であり、相当とされる場合である。審理・捜査の本来的目的を実現するために必要かつ相当と認められるときは、私益が犠牲になることもやむをえないといわざるをえない。重罪の公開捜査がその適例であるが、付審判請求の審理においても、特定の証人の取調のため必要と認められるときに告発人等を立ち会わせるのが適当とされることがあろう。その二は、事実調査・捜査以外の公益、私益を実現するために、密行性の例外を認める場合である。行政訴訟や民事訴訟を準備するための捜査資料の開示がその例であって、第一の場合に比較すると、開示が相当とされる範囲は一般には狭いであろう。

付審判請求の審理において、請求人側に証拠を開示し、審理に立ち会わせる利益は何であろうか。この点については、前記のように、裁判所の機能は当事者の主張・立証という積極的関与によって受動的に果たされ、それによってこそ実体的真実発見の効果を発揮することが期待され、そのために証拠開示が必要とされるという主張がある。たしかに犯罪の捜査にとって被害者、関係人の協力は必須であり、すでに述べたとおり、たとえば被害者を審理に立会わせることが真実発見のために必要な場合もあるであろう。しかしながら、請求人（告訴人、告発人）が、全捜査資料を閲覧謄写したうえで、審理に立ち会い、被疑者、証人等に質問することを許すことが、果たして真実発見のために必要であり、望ましいことであろうか。そうしたことは、捜査官の捜査にももちろん認められておらず、必要だともされていないのであり、判断主体が裁判所であることから、こうした主張を肯定するわけにはいかないと思う。まさにそれは、請求人に対し、大陪審における検察官のような地位を与えるものであり、公益の代表者と認めることであるが、そのように取り扱う実質的理由が存在するとは思われない。

それればかりではない。これによって失われる利益が重大である。審理の密行性の原則が確保しようとしている、実体真実の究明と被疑者等の利益の擁護が、重大な危険にさらされることは明らかである。請求人側の関与により被疑者に不利益に証拠が歪められる危険性は、裁判所の司法的機能により防止されると主張されるが(大阪弁護士会・前掲)、その保障はなく、右の危険性を原則として否定しえない以上、それは請求人を関与させることの消極要因となるといわざるをえない。事件の性質上その嫌疑の有無は国民に公開されてこそ主権在民の原理にそうし、被疑者の名誉に対する侵害も公務員という身分の性質上受認すべきであるとも主張されているが(大阪弁護士会・前掲、前川・前掲一五八頁、澤田・前掲一三頁、米田・前掲七頁)、事案の真相が究明されて国民に明らかにされることが被疑者の利益に優越する重要な利益でありうるとしても、その審理手続を公開したり、請求人の積極的関与を許容したりすることが同様であるとはいえない。立法上審理の関与や公開を定めている場合は格別として、現行法のもとで、公表の利益を被疑者等の利益に一般的に優越させることは許されないと思う。公開の公判手続において被告人の利益が損なわれることがあっても、やむをえないとされるのは、公開するという公益が憲法上被告人の利益に常に優越するとされているからであり、被疑者の場合と同視はできないのである(公開は被告人の権利であるばかりでなく、国民の権利であり、被告人が非公開を希望しても公開しなければならないのである)。このようにして、たとえ「熱心な」請求人の審理関与により、事案の真相の究明になにがしかのプラスが期待できるとしても、それが、これにより、失われる原則的利益に優越するものとは到底解されない。開示にあたっては、密行性の原則を基礎としつつ、この原則をくつがえすに足りる実質的必要性があるか否か、相当か否か、他にかわりうる方途はないか、などにつき具体的で慎重な考慮が必要であると考える。

3　判例・実務の動向

これまでの判例の多くは、請求人関与の権利性や原則性に関するものであるため、裁判所の裁量により閲覧等を許しうるか、その限度はどうかという点にはふれていないが、恐らくは裁量による合理的な開示等を否定するものではないであろう（前記東京地決と京都地決は、請求人の関与を相当でないという点からも斥けており、裁量の余地を認めている。）。ただし、実務上、証拠の開示や請求人の立会・尋問を裁量で許した例は、ほとんどきかない。今回の各大阪地裁の審理方針は、初めて全面的にこれを認めたものであり、これに関する各大阪高裁の決定は、初めてこの裁量問題につき正面から判断を加えたものであり、それだけに興味をひくものがあるが、具体的事件にかかることなので、ここでは右高裁決定の要旨にふれるにとどめておこう。

昭和四七年七月一七日第四刑事部決定は、非公開が建前であるとしたうえ、「もっとも、裁判所が付審判請求事件を審理するに当って、必要と認めるときは請求人及び被疑者の弁護人に対し、事前に捜査記録を閲覧、謄写すること、並びに審理に関する記録を事後に閲覧、謄写することを許すことは、裁判所の自由裁量として別段禁ぜられるものではなく、また刑事訴訟規則一三三条四項の規定の趣旨からして裁判所の行なう事実取調に当って、必要と認めるときは請求人、被疑者または弁護人をこれに立会わせ質問させることは裁判所の自由裁量として許されるものと解されるが、しかし、記録の閲覧、謄写を無条件に許すときは、それが公開されることによって記録中の供述者である第三者及び被疑者の名誉、人権を侵害するおそれがあるから、裁判所が右の許可をするに当っては、かようなことのないような措置をとらなければならないものと解すべきであり、また裁判所の事実取調に立会って質問を許すにしても、その立会が証人らを圧迫して迎合的証言をさせることのないような限度において許すべきものと解する」としたうえ、証拠開示については、元来告発人は多少とも事件の内容を知っていること、一般公開はもちろん他の目的のためにしないなどの厳格な条件を付して許していること、請求代理人側でも被疑者等の名誉、人権を侵害しないよう配慮していることなどからして、「自由裁量を逸脱した違法、不当なものとはいいがたい」とし、請求人側の立会については、弁護士でない請求人三〇名と請求人でない事務局員二名については法律上の守秘義務がないから、被疑者の名誉保持の見地から厳重な注意を要し、また五一名もの多数の請求人が立ち会ったうえでなされる証人等の証拠調は異常な雰囲気、圧迫感の下で迎合的な供述がなされる場合もありうるから、「これらの諸点において本件審理方式はやや行き過ぎと認められる点もあるが、違法な方法とまではいいがたい」とした。

昭和四七年七月一九日第一刑事部決定は、右とほぼ同様の原則をとりつつ、閲覧謄写につき、弁護士である請求代理人に限り許しており、外部に一切発表してはならないとされているから、これにより関係人の名誉を害する虞はほとんどないとし、立会・質問については、結果が公表されることによって被疑者の名誉が害される虞が全くないわけではないが、その限度のことは真実の発見の要請のためには譲歩を余儀なくされてもやむを得ないとし、「いわゆる当事者公開主義的審理方式をとっていることは異例ともいうべき措置であるけれども、その示した審理方式が違法であるとか、あるいは許された裁量の範囲を著しく逸脱したものであるということはでき」ないとした。

最後に、その後大阪地裁第三刑事部が示した審理方針につき、概要を紹介しておこう。この方針は、閲覧謄写につき、「審理の進行等から判断してその書類または証拠物の閲覧、謄写が必要であり、かつ審理に支障を生じ、または被疑者等の人権名誉を侵害する虞がないなど相当と認められる場合」に限り許可するとし、立会については、「裁判所が必要かつ審理に支障を生ずる虞がないなど相当と認めるときは、請求人、被疑者、または弁護人に対し立会う機会を与え、個々の期日ごとに立会う機会を与える者に対し通知する」としている。

八　訴因制度

18 訴因制度の構造

一　本稿の意図

訴因制度が採用されてから四〇年近くが経過し、すでに実務の大筋は定まった。しかし、近時の判例においても、訴因制度の基本的理解の相違に起因する対立が生じており、(1) 制度の基本に関しては、なお検討の余地がある。そこで、本稿では、訴因制度の基本に、これを支える四つの法原理があるという見方に立ち、これらの法原理が訴因制度をそれぞれどのように規定しているかを明らかにすることによって、制度の構造に迫り、判例の本旨にも新たな照明をあてたいと思う。

訴因制度を支える四つの法原理とは、一事件一手続の原則、検察官に対する処分権主義の付与、被告人に対する防禦権の確保及び裁判所による法令適用権の専有をいう。

第一の一事件一手続の原則とは、「同一事件に対する訴追手続は、同時に二つ以上存在してはならず、二つ以上存在するときは、二重起訴として一つに解消しなければならない」という法原理を指す。

第二の検察官処分権主義とは、「検察官は、訴追が可能な犯罪事実の全部を訴因に含めて訴追する義務を負うておらず、裁判所に対し審判を求める必要がないと認める犯罪事実の一部を訴因から除外する権限を有しており、裁判所は、検察官が掲げた訴因の範囲内でのみ審判を行う権限と義務を有している」という法原理を指す。

第三の被告人の防禦権とは、「被告人は、訴因に掲げられた犯罪事実を対象として防禦をすれば足り、訴因外の犯罪事実については防禦をする義務を負わず、また、訴因に掲げられた犯罪事実についても、訴因に記載された具体的な事実と裁判所が認定する事実とがくい違って新たな防禦の必要が生じたときは、訴因の変更、裁判所の釈明などの手続により防禦の機会が与えられる」という法原理を指す。

第四の裁判所の法令適用権とは、「裁判所は、訴因として掲げられた犯罪事実に対し正しく法令を適用する権限を有しており、適用についての検察官の意見に拘束されない」という法原理を指す。

訴因制度中のある局面は、以上の四つの法原理のいずれか一つが専らこれを規定しており、他の局面は、二つ以上の法原理が共働してこれを規定している。例えば、訴因変更命令の形成力の有無という局面は、検察官処分権主義が一元的にこれを規定し、訴因外認定の効果という局面は、検察官処分権主義と被告人の防禦権とが共働して二元的にこれを規定し、訴因変更の要否という局面は、以上の三つの法原理が共働して三元的にこれを規定している。

そこで、以下、四つの法原理ごとに訴因制度との関連を検討していくこととする。

（1）　日大事件に関する最高裁昭和五八年九月六日第三小法廷判決（刑集三七巻七号九三〇頁）とその控訴審判決との見解の相違は、代表的な例である。

二　一事件一手続の原則と訴因制度

1　一事件一手続の原則の意義と根拠

㈠　現行法の立場

一事件一手続の原則とは、前述したとおり、「同一事件に対する訴追手続は、同時に二つ以上存在してはならず、二つ以上存在するときは、二重起訴として一つに解消しなければならない」という法原理を指す。この法原理は、同一事件に対する二重起訴の禁止という形で明確に法に表現されている。その要旨は、次のとおりである。

⑴　同一事件が事物管轄を異にする数個の裁判所に係属するときは、原則として上級の裁判所がこれを審判し、

上級の裁判所のその旨の決定があるときは下級の裁判所がこれを審判する（刑事訴訟法一〇条。以下、刑事訴訟法を単に法と呼ぶ）。また、同一事件が事物管轄を同じくする数個の裁判所に係属するときは、原則として最初に公訴を受けた裁判所がこれを審判し、直近上級の裁判所がその旨の決定をしたときは後に公訴を受けた裁判所がこれを審判する（法一一条）。そして、そのいずれの場合であっても、審判をする権限のない裁判所は、二重に公訴を受けた事件について、決定で公訴を棄却しなければならない（法三三九条一項五号）。

さらに、同一事件が同一裁判所に二重に係属するときは、後に公訴を受けた裁判所は、判決で公訴を棄却しなければならない（法三三八条三号）。

二重起訴に関する以上の法制度は、同一事件に対し二重の審理と判決がなされることを防止するためのものであるから、そこにいう同一事件とは、当然、両立してはならない二つの判決が生じうる事件をいうことになる。

(2) 両立してはならない二つの判決が生じうる事件とは、二つの事件の訴因が科刑上又は実体上一罪となる場合及び二つの事件の訴因が同一の社会的事実に対する評価としていずれか一方しか成立しない関係にある場合であるということができる。

一罪を構成する犯罪の全部又は一部からなる訴因により二重に起訴がなされた場合には、一罪に対し二個の有罪判決という両立する余地のない判決が下されるおそれがあるから、当然、二重起訴にあたる。

また、同一財物の窃盗とその直後の贓物故買のように、特定の社会的事実に対する評価として両立することのない二つの訴因により二つの起訴がなされた場合にも、両立しない二個の有罪判決が下されるおそれがあるので、当然、二重起訴にあたる。

㈡ 訴因制度との関係

一事件一手続の原則は、公訴事実の同一性の範囲によって画される同一事件に対し同時に二つの訴追手続を進めることを禁止するにとどまらず、検察官処分権主義と相まち、いったん確定判決のあった事件と同一の事件により再度訴追することを禁止すること、つまりは一事不再理の効力を生ずることを基礎づけている。

2　公訴事実の同一性の範囲

㈠　一事件一手続の原則との関係

訴因の変更は、公訴事実の同一性がある範囲内で許されている（法三一二条一項）。これは、明らかに、同一事件に属する二つの訴因を別訴で訴追することが二重起訴の禁止に触れることに対応する制度であり、公訴事実の同一性の範囲が同一事件の範囲と一致することを意味している。

したがって、公訴事実の同一性のある範囲とは、二つの訴因が共に同一事件に属する場合、すなわち両訴因が科刑上又は実体上一罪となる場合及び両訴因が同一の社会的事実に対する評価としていずれか一方しか成立しない関係にある場合ということになる。

㈡　公訴事実の同一性のある場合

公訴事実の同一性のある場合とは、社会的事実に照らし、両訴因が別訴において両立しない関係に立つ場合をいう[(2)]。これを前記㈠で述べた二つの場合に分けて細説してみよう。

(1)　第一は、変更前の訴因と変更後の訴因が共に科刑上又は実体上の一罪に含まれている場合である。この場合、両訴因は、一罪を構成するため、これを別個の犯罪つまりは併合罪として処罰することができず、もとより別訴で審判することができないので、両立しない関係にあることが明らかである。例を挙げると、(イ)住居侵入の訴因に牽連犯である窃盗の訴因を追加し、又は住居侵入の訴因を窃盗の訴因に交換的に変更する場合、(ロ)頭部を殴打したという暴行による傷害致死の訴因に路上に押し倒したという暴行の態様を付加し、又は頭部の殴打による傷害致死の訴因を路上に押し倒したことによる傷害致死の訴因に交換的に変更する場合、(ハ)宝石を窃取したという窃盗の訴因に現金を窃取したという結果を付加し、又は宝石の窃盗の訴因を現金の窃盗の訴因に交換的に変更する場合がこれである。

両訴因が一罪であるか否かは、社会的事実関係つまりは証拠関係によって決定されるものであり、単なる検察官の主張によって決定されるものではない。その意味で、第一の場合も、後記の第二の場合と同じ構造にある。

学説上、右の場合は、公訴事実の単一性という概念で説明され、後記の第二の場合は、狭義の公訴事実の同一性という概念で説明され、第一と第二の場合をあわせたものが、広義の公訴事実の同一性と呼ばれるのが通常である。[3] 確かに、単一性が認められる場合は当然に広義の同一性が認められるのであるから、単一性を狭義の同一性と区別して論ずる実益はあるが、そのどちらも、両訴因が別罪として両立するか否かという同じ判断基準により同一性の有無が判別されるとすれば、単一性の場合を同一性の場合と区別して論ずべき必然性はないように思われる。もっとも、単一性は両訴因が両立する場合であり、同一性は両訴因が両立しない場合であると説明されることもあるが、[4] この説明における両立とは、一罪の中に両者を含めうるという意味であって、本稿にいう両立とは異なっている。すなわち、そこでは同一判決内での両立性を問題としているのに対し、本稿では別訴における両立性の有無を問題としているのである。そして、別訴における両立性の有無を問題とする限りは、単一性がある場合も同一性がある場合も、共に両立しない関係にあるということができる。[5]

(2) 第二は、変更前の訴因と変更後の訴因とが社会的事実関係からみて別個の犯罪として成立する余地はなく、別訴で審判すれば矛盾する結果が生じるおそれがあるという点において、両訴因が両立しない関係にある場合である。例えば、同一財物に関する一連の事実関係での窃盗教唆と窃盗、窃盗と贓物故買、詐欺と横領の関係をいう。

両訴因が非両立の関係に立つか否かは、両訴因の文面を比較するのみで判断できることではなく、その背後にある社会的事実関係に照らして初めて判断できることである。訴因の文面又は検察官の釈明によると両訴因が非両立の関係に立つかに見える場合でも、証拠調の結果に表われた社会的事実に照らして両立する関係に立つことが認められるときは、公訴事実の同一性は否定される。この場合、新訴因が証拠上認められず無罪となるにすぎないという見方があるかも知れないが、それは正当と思われない。訴因変更の可否の問題は、証拠調の結果、元の訴因が成り立たず、新訴因が成り立つときに、どこまで訴因変更の手続で新訴因による処罰が可能かを考察するためのものであって、証拠調の結果に照らして成り立たない新訴因への変更を文面だけで合理化しても意味はないからである。それゆえ、公訴事実の同一性の有無の判定にあたっては、元の訴因と新訴因とを文面上比較するにとどまらず、その背後にある社会的事実に目を向けることが必要である。(6)

(三)　公訴事実の同一性がない場合

公訴事実の同一性が否定されるのは、社会的事実に照らし、両訴因が別訴において両立する関係に立つと認められる場合をいう。これにも二つの場合が細分されよう。

(1)　第一は、両訴因が併合罪の関係に立つことが訴因の文面上明らかであり、社会的事実に照らしてもそれを一罪と解することができない場合である。

(2)　第二は、両訴因の文面又は検察官の主張を前提とすると両訴因が両立しない関係に立つかに見えるが、社会的事実に照らすと別訴でも両立しうる二個の犯罪であると認められる場合である。

(四)　訴因の順次的変更の許否

窃盗教唆（幇助も同じ）と贓物故買とは併合罪の関係にあると解せられているので、窃盗教唆の訴因と贓物故買の訴因とは公訴事実の同一性がないことになる。昭和三三年二月二一日第二小法廷判決（刑集一二巻二号二八八頁）も、そう明言している。ところが、窃盗教唆と窃盗の間（昭和二九年一月二一日第一小法廷判決・刑集八巻一号七一頁）、窃盗と贓物故買の間（昭和二五年五月一六日第三小法廷判決・刑集四巻五号八一八頁等）にはそれぞれ公訴事実の同一性が肯定されるので、当初の窃盗教唆の訴因を窃盗の共同正犯の訴因に変更した後であれば、さらに贓物故買の訴因にこれを変更することができることになる。そこで、このような結論は奇妙であるとし、最初の訴因との間に公訴事実の同一性のある範囲内の訴因でなければ、たとえ中間的な訴因を介在させても、贓物故買への訴因変更が許されないという見解が有力である。右の例でいえば、贓物故買への訴因の変更は許されず、その訴因には一理不再理効はないというのである。(7)

しかし、右の見解によると、窃盗教唆の訴因が窃盗の共同正犯の訴因に変更された後、贓物故買の疑いが生じた場合、別訴でこれを訴追することが許されることになり、その結果両立しない窃盗と贓物故買の二つの判決が下される可能性が生じる。これは明らかに不当であろう。それ故、窃盗教唆の訴因が窃盗の共同正犯の訴因に変更されたことにより、当然贓物故買についても一事件一手続の原則が及んで同時訴追の義務と一事不再理の効力が生じ、したがってまた、その罪への訴因変更が可能となると解すべきである。(8)窃盗教唆から贓物故買への訴因変更が許されないのは、両者が別訴で共に認定されてよい関係に立っているからであり、中間に窃盗の共同正犯の訴因が介在する場合に贓物故買への訴因変更が許されるのは、窃盗の共同正犯の訴因と他の二つの訴因とが別訴で共に認定されることのない関係に立つからであって、共に当然の帰結であり、これを共に承認しても少しも不思議でない。もっとも、窃盗教唆から窃盗の共同正犯に訴因が変更された後、贓物故買に再度訴因が変更されるような社会的事実関係は、実際上ほとんど想定することができないであろう。

㈤　判例の分析

上記の検討の結果に照らして最高裁判例を分析してみよう。

両訴因が両立しない関係に立つ場合に両訴因が公訴事実の同一性を保つと認められるという基準を示した最高裁

判例には、昭和二九年五月一四日第二小法廷判決（刑集八巻五号六七六頁）、昭和三三年五月二〇日第三小法廷判決（刑集一二巻七号一四一六頁）、昭和三四年一二月一一日第二小法廷判決（刑集一三巻一三号三一九五頁）、昭和五三年三月六日第一小法廷決定（刑集三二巻二号二一八頁）の四例がある。これらの判例にいう両訴因の非両立性とは、両訴因の背後にある社会的事実が重なり合って同一の社会的事実を構成しているため両訴因が両立しない関係にあることをいうと解するのが最も妥当と考えられるが、その検討は別稿(9)で行ったことがあるので、以下においては、右の社会的事実の重なり合いの実質を判例に即して明らかにすることに重点を置くこととする。

二つの訴因が科刑上又は実体上の一罪をなす場合に公訴事実及び社会的事実の同一性が認められることは明白である。また、犯罪の行為又は結果が同一である場合に公訴事実の同一性があることも明白である。むしろ、これらの場合には、社会的事実の同一性の有無を論ずる必要がないほどであるが、社会的事実の同一性の問題を全体的な立場から捉えるため、同一性の認められる場合を右の三つの場合を含む七つに区別して検討を進めてみよう。

(1)　両訴因を構成する犯罪が科刑上又は実体上の一罪の一部をなす場合には、公訴事実の同一性がある。それは、この場合別訴で両訴因を審判することが許されないからにほかならない。もっとも、この点は、あまりにも当然であるため、これを明示した判例は存しない。

(2)　両訴因を構成する二つの犯罪の行為が同一であり、かつ、両訴因が法律上両立しない性質のものである場合には、公訴事実の同一性がある。この場合、別訴で両訴因を審判することが許されないのは明白であるから、従前からそのことを当然の前提としたうえ、訴因変更の手続を要するか否かについて争いがなされていたのである。そこで、この場合については次の一例を挙げうるのみである。

①　昭和四七年七月二五日第三小法廷決定（刑集二六巻六号三六六頁）は、「今度のお盆に戦没者の法要をするので、おろうそく代を上げて欲しい」などと虚構の事実を申し向けて金銭を詐取したという訴因と許可届出なしに同

額の寄附募集をしたという条例違反の事実との間には公訴事実の同一性があると判示した。反対意見が付されてはいるが、この場合には両訴因の行為が同一であったのであるから、同一性があるとの結論は動かし難いところというべきであろう。

(3)　両訴因を構成する二つの犯罪の結果が同一であるため、両訴因が法律上両立しないことになる場合には、公訴事実の同一性がある。このことも、あまりにも当然と考えられてきたので、その趣旨を積極的に判示した判例は次の一例にとどまる。この事例も、失火で確定判決があった後、放火幇助で起訴されたという特殊な案件であり、しかも、一事不再理効の有無が争われた案件であったため、特に判例集に登載されたのであろう。

②　昭和三五年七月一五日第二小法廷判決(刑集一四巻九号一一五二頁)は、被告人が、「勤務先の工場で当直勤務中、不注意にも火鉢の火気を始末せずに外出したため、火鉢の残火が飛んで工場を焼燬させた」という失火の事実で罰金刑に処せられた後、「右の工場で当直をした日、Aから当夜の放火計画を打開けられ、情を知らない宿直員Bを誘い出して遊興するよう命ぜられたため、Bを伴って夜工場を抜け出し、Aの放火を容易にして幇助した」という現住建造物放火幇助の事実で起訴された事案について、「同一被告人に対する同一日時場所における同一客体の焼燬に関するものであり、正に社会的、歴史的事実は同一であって、即ち基本的事実関係を同じくするものであり、両者間には公訴事実の同一性があることは疑を容れる余地がない」と判示した。

(4)　両訴因を構成する二つの犯罪の行為が日時、場所、相手方などの点で共通性を有しているため、両訴因が法律上両立しない関係に立つと認められる場合には、公訴事実の同一性がある。右のような点で行為の共通性があるときには、両訴因の犯罪が法律上共に成立する形で生起することは実際上考えられないからである。この類型に属する先例には、次の二例がある。

③　昭和二八年三月五日第一小法廷決定(刑集七巻三号四五七頁)は、「被告人はAと共謀のうえ甲時イ場所にお

いてBから一人あたり三八三〇円相当の酒食の饗応の賄賂を収受した」という収賄の訴因と、「被告人はBと共謀のうえ甲時イ場所においてAに対し二八三〇円相当の酒食の饗応の賄賂を供与した」という贈賄の訴因とでは、「公訴事実の日附、場所、人及び行為の内容等具体的事実関係をすべて同じくし、公訴事実の同一性を失わない」と判示した。いったん自分一人で収賄をし、その直後に収受したものの一部を贈賄することはあり得ないわけではないが、被贈賄者と共謀のうえ収賄をした直後、同一人にその一部を贈賄することはあり得ないことなので、右の結論はもとより正当というべきであろう。

④　昭和三六年六月一三日第三小法廷判決（刑集一五巻六号九六一頁）は、「被告人はAと共謀のうえ甲時イ場所及び乙時ロ場所においてBから各三〇万円の賄賂を収受した」という収賄の訴因と、「被告人はBと共謀のうえ甲時イ場所及び乙時ロ場所においてAに対し各三〇万円の賄賂を供与した」という贈賄の訴因とは、「基本的事実関係においては、同一である」と判示した。これは③と同じ類型であり、もとよりその結論は正当というべきであろう。

(5)　両訴因を構成する二つの犯罪が同一犯罪の正犯と共犯の関係にある場合には、公訴事実の同一性がある。この場合、行為は、共犯行為と正犯行為とでくい違っていて共通性を持たないが、同一犯罪の共犯と正犯とが同一人につき同時に成立することはあり得ないので、もちろんその両訴因の間には公訴事実の同一性がある。判例上も、こうした場合については、同一性のあることを当然の前提としたうえ、訴因変更の要否が争われているのである。

(6)　両訴因を構成する二つの犯罪が先行行為と後行行為の関係にあり、かつ、両訴因が法律上両立しない性質のものである場合には、公訴事実の同一性がある。例えば、他人から、ある物の交付を受けた行為とその後これを他人に勝手に処分した行為をそれぞれ詐欺と横領の訴因に構成した場合には、両訴因が一連の出来事の先行行為と後行行為の関係にあり、しかも、両訴因が法律上両立しない性質のものであるため、別訴でこれを審判することはできないので、公訴事実の同一性を認めてこれを同時に審判しなければならない。この型の場合、両訴因の行為の日時、場所、内容などが当然にくい違ってくることになるので、公訴事実の同一性の存在に疑問の生じる場合が多いが、両訴因の行為が一連の出来事の先行行為と後行行為をなし、法律上両立する犯罪を構成しないことが判明すれば、当然両訴因の間に公訴事実の同一性を肯定してよいのである。次の⑤ないし⑩の六例がこの場合の先例である。いずれの例においても、先行行為と後行行為が一連の出来事である点が、公訴事実の同一性を肯認する根拠とされていることが理解されよう。

⑤　昭和二八年五月二九日第二小法廷判決(刑集七巻五号一一五八頁)は、「甲日イ信用組合において出納係Aが偶々被告人をBと誤信して同人に支払うべき現金三万五〇〇〇円を提供せんとするや、受領者のように装ってこれを自分に交付させて騙取した」という詐欺の訴因と、「甲日イ信用組合において出納係Aが過失により被告人をBと誤信して同人に支払うべき現金三万五〇〇〇円を交付したのを受領し、同日夜その返還を求められたのにこれを拒否して着服横領した」という占有離脱物横領の訴因とでは、「犯罪の日時、場所において近接し、しかも同一財物同一被害者に対するいずれも領得罪であって、その基本的事実関係において異るところはない」と判示した。先行行為である詐欺によって得た金員と後行行為である占有離脱物横領により横領した金員とが同一物である限り、いずれか一方の犯罪しか成立しない道理であるから、両訴因は明らかに非両立関係に立ち公訴事実の同一性を有している。

⑥　昭和三〇年七月一九日第三小法廷判決(刑集九巻九号一八八五頁)は、昭和二四年九月初めころ自宅においてモルヒネ注射液約二五〇本を所持したという訴因と、同日ころ自宅外の某方において右の物を所持したという訴因との間には公訴事実の同一性があるとし、その理由として、「所持の場所はかなり重要な訴因の内容をなすことではあるが、所持の目的物が同一である限りその場所に多少の変動があったとしてもその一事をもって直ちに公訴

事実の同一性が失われると解すべきではない」と判示した。この事案は、当初自宅において一括所持していた麻薬の一部を他人に交付し、残余の本件モルヒネ注射液約二五〇本を前記某方に移して隠匿したというものであり、元の訴因と新しい訴因の両罪は包括一罪と評しうる同一物所持罪の先行行為と後行行為の関係にあったのであるから、一罪の表示の問題にすぎないとさえいうことができるのであって、もとより判旨は正当というべきであろう。

⑦　昭和三一年一一月九日第二小法廷決定(刑集一〇巻一一号一五三一頁)は、「被告人は中日貿易促進議員連盟事務局の外務員として同連盟賛助会員の募集並びに賛助金集金等の業務に従事中、昭和二六年三月二四日頃から同年八月一六日頃までの間二五回にわたって二五名から集金した合計一七五、〇〇〇円をその都度ほしいままに着服横領した」という業務上横領の訴因と、「被告人は昭和二五年一〇月末まで右事務局員として右事務に従事し同日解雇されたものであるが、なお右事務局員なるかのように装い前記期間中右二五名から賛助金名義で前記金額を騙取した」という詐欺の訴因とは、公訴事実の同一性を失わないと判示した。この場合、詐欺の行為は業務上横領の行為の先行行為であったから、両訴因が共に成立する余地はなく、判旨は正当であった。

⑧　昭和三三年五月二〇日第三小法廷判決(刑集一二巻七号一四一六頁)は、「甲日ころイ会社において、代表取締役として保管中の会社資金五〇万円を、A所有の同会社株式一万株を自己が譲受ける代金として会計課長Bに支払わせて横領した」という業務上横領の訴因と、「甲日ころイ会社において、代表取締役として保管中の会社資金五〇万円を、Aら所有の同会社株式一万株を会社が譲受ける代金として会計課長Bに支払わせ、もって会計の計算において不正に株式を取得した」という商法四八九条二号前段の会社自己株式取得の訴因とは公訴事実の同一性があるとし、その理由として、「本件五〇万円が会社資金中から支出された金員であることは両者異なることなく、またこの金員の支出が、被告人個人の株式取得のためになされた業務上横領行為であるか、或は商法四八九条二号前段に違反する会社の自己株取得のためになされた支出行為であるかは、いずれも被告人の会社社長としての行為

に関するものである以上、同一事実の表裏をなすものに外ならない。それ故本来の訴因と追加請求の訴因とは択一的関係にあって公訴事実の同一性を害するものでない」と判示した。元の訴因である業務上横領の行為にあたるとされた会社資金の支出は新しい訴因である会社自己株式取得行為の手段であったのであるから、両訴因の非両立関係は明白である。

⑨　昭和三四年一二月一一日第二小法廷判決（刑集一三巻一三号三一九五頁）は、「被告人は家畜商を営むものであるが、昭和二五年七月二五日頃家畜商Aより同人所有の馬四頭の売却方を依頼され、同月二九日うち二頭をBに代金六万円で売却しこれを保管中、同月三〇日新潟県西蒲原郡曽根町C旅館において、内金三万円着服して横領した」との業務上横領の訴因と、「被告人は昭和二五年七月三〇日新潟県西蒲原郡鎧郷村大字西汰上D方から同人が一時Aより預っていたAの父E所有の牝馬鹿毛及び青色各一頭を窃取した」との窃盗の訴因とは、公訴事実の同一性を失わないとし、その理由として、「いずれも同一被害者に対する一定の物とその換価代金を中心とする不法領得行為であって、一方が有罪となれば他方がその不可罰行為として不処罰になる関係にあり、その間基本的事実関係の同一を肯認することができる」と判示した。この事案では、被告人は、当初Aに対し一頭六万円で同人の滞在する短時日に馬を売りさばくことができると約束していたが、その見込みがなく、しかも、Aから馬を引き上げると告げられたため、AとDに無断で馬を引き出し廉価に売却して代金を領得しようと企てたのであるから、両訴因は一連の行為の最初と最後の領得行為に着目したものであり、法律上両立しないことは明らかであった。

⑩　昭和三七年三月一五日第一小法廷決定（刑集一六巻三号二七四頁）は、某日時に道路上で甲保管にかかる腕時計一個を窃取したという窃盗の訴因と、同じ日時場所で甲が乙と喧嘩をする際脱ぎ捨てたジャンパーから路上にころがり出た右腕時計を甲のため保管中、翌日乙と共謀のうえこれを入質横領したという横領の訴因とは、公訴事実の同一性を失わないと判示した。この場合も、一連の出来事の先行行為と後行行為のどちらが犯罪として成立す

るかが争われたのであるから、両訴因が非両立の関係にあることは明らかであろう。

(7)　両訴因を構成し、法律上両立しない二つの犯罪行為のうち、一方の行為が他方の犯罪の証拠となる関係にある場合にも、公訴事実の同一性を認めることができる。この場合には、二つの行為が極めて密接した事実関係にあるため、その双方が共に犯罪として成立する余地がないからである。この類型にあたる判例としては、次の⑪ないし⑬の三例を挙げることができる。

⑪　昭和二七年一〇月三〇日第一小法廷決定（刑集六巻九号一一二二頁）は、「昭和二五年一一月二日ころMと共謀して堺市のN方で自転車一台とアメ一瓶を窃取した」という窃盗の訴因と、「同日N方付近までMと同行し同人の依頼により同人がN方から窃取した自転車一台とアメ一瓶を大阪市まで運搬した」という贓物運搬の訴因とは、公訴事実の同一性があるとし、「その事実関係は出来事の推移につき多少の異同あるに止まりその同一性を失わない」と判示した。この場合、被告人が窃盗犯人Mの依頼で窃盗の行われた直後に右のような形で贓物運搬をした事実が即ち窃盗罪の共同正犯の証拠となる重要な社会的事実であったのであるから、窃盗と贓物運搬の双方が成立する余地のないことは明らかであった。

⑫　昭和二九年五月一四日第二小法廷判決（刑集八巻五号六七六頁）は、「被告人は昭和二五年一〇月一四日頃、静岡県長岡温泉Kホテルにおいて宿泊中のAの所有にかかる紺背広上下一着、外雑品数点を窃取した」という窃盗の訴因と、「被告人は贓物たるの情を知りながら、同月一九日頃東京都内において自称Aから右紺背広上下一着の処分方を依頼され、同日同都豊島区池袋二丁目Y方においてこれを買入れ牙保した」いう贓物牙保の訴因とは、公訴事実の同一性を失わないとし、その理由として、「その日時の先後及び場所の地理的関係とその双方の近接性に鑑みれば、一方の犯罪が認められるときは他方の犯罪の成立を認め得ない関係にあると認めざるを得ないから、かような場合には両訴因は基本的事実関係を同じくするものと解するを相当とす」ると判示した。自分が窃取した物

を特殊な経過で贓物牙保することもあり得ないわけではないが、この場合には、その可能性は考えられず、むしろ贓物牙保の行為が窃盗を推認させる一つの証拠となる関係にあったのであるから、判旨は正当というべきであろう。

⑬　昭和二九年九月七日第三小法廷判決（刑集八巻九号一四四七頁）は、「昭和二八年九月二一日午前一時ころ、京都市下京区のT方前路上において同人所有のリヤカー一台（時価一万円位）を窃取した」という窃盗の訴因と、「同日時ころ、京都市下京区の別の路上で知人から盗品であるリヤカー一台（時価一万円位）を預り贓物寄蔵をした」という贓物寄蔵の訴因とは、「日時の同一、場所的関係の近接性及び不法に領得されたT所有のリヤカー一台に被告人が関与したという事実に変りないから、右両訴因の間の基本的事実関係は、その同一性を失うものではない」と判示した。この場合も、窃盗の日時ころ近接した場所で盗品を保管していたという行為は、贓物寄蔵を構成する事実であると同時に、窃盗直後の行為として窃盗を立証する重要な社会的事実であるため、二つの罪が成立する余地がないとされたのである。

(8)　両訴因が併合罪の関係で成立しうる場合には、公訴事実の同一性は認められない。このことを判示した先例には次の三例がある。

⑭　昭和三三年二月二一日第二小法廷判決（刑集一二巻二号二八八頁）は、甲の窃盗に際して贓物運搬用のリヤカーを貸してこれを幇助としたという窃盗幇助の訴因と、その贓物を甲から買受けたという贓物故買の訴因とは、「併合罪の関係にあるものと解すべきである（昭和二四年一〇月一日第二小法廷判決刑集三巻一〇号一六二九頁、同年七月三〇日同法廷判決刑集三巻八号一四一八頁参照）から、右窃盗幇助と贓物故買の各事実はその間に公訴事実の同一性を欠く」と判示した。

⑮　昭和三三年三月一七日第二小法廷判決（刑集一二巻四号五八一頁）は、酔余正常な運転ができないおそれがあり、法定の運転資格を持たないのに自動車を運転したという無謀操縦の罪とその際の業務上過失致死の罪とは、

科刑上一罪の関係にはなく、併合罪であるから、公訴事実の同一性がないと判示した。もっとも、この事案では、訴因の変更がなされたわけではなく、当初から両罪が起訴され、その罪数関係が争われたにとどまる。

⑯　昭和四五年七月一〇日第二小法廷決定（判例時報五九八号九四頁）は、賭博と賭博開帳図利幇助につき、両罪が併合罪として成立することを理由として、その間の公訴事実の同一性を否定した。

（2）　この点については、最高裁判所判例解説刑事篇（以下、単に最判解説と呼ぶ）昭和五三年度七三頁（本書**20**論文）で考察したので、重ねての詳論は避ける。

（3）　小野清一郎・犯罪構成要件の理論一四七―六五頁、団藤重光・刑事訴訟法綱要（七訂版）一四五―一五四頁、高田卓爾・刑事訴訟法（二訂版）一三六―一四二頁。

（4）　平野龍一・刑事訴訟法一三五頁。

（5）　松尾浩也・刑事訴訟法（上）二九一―二九三頁、田宮裕・刑事訴訟法Ⅰ六〇三―六〇八頁は、公訴事実の単一性の問題は一罪一訴因の原則の反射であり、狭義の公訴事実の同一性の問題こそが訴因変更の限界を劃する本来の意味での同一性の問題であると指摘する。このような分析も十分可能であるが、狭義の同一性の問題も、社会的事実関係に照らして一罪しか成立しないか否かの問題に帰着するのであるから、単一性と同一性の問題とは一罪性の存否という点で基本的に共通する問題の二つの側面であるといってよいと思う。

（6）　公訴事実の同一性を二元的に考察する見解は、つとに団藤・注（3）一五〇頁において明確に指摘されていた。なお、この点については注（2）の解説をも参照されたい。

（7）　坂本武志「公訴事実の同一性について」司法研修所創立十五周年記念論文集（下巻）三七八頁、三八八―三八九頁、服部一雄「訴因変更の可否」実例刑事訴訟法（新版）一一一頁、一一七頁、小泉祐康「訴因の変更」公判法大系Ⅱ二五一頁、二五五頁、法曹会編・例題解説刑事訴訟法（一）（改訂版）一六九―一八四頁、臼井滋夫・註釈刑事訴訟第二巻四一一頁、吉村弘「公訴事実の同一性(2)」刑事訴訟法判例百選（第五版）九四頁など。

（8）　田宮・注（5）五九七頁。

（9）　注（2）の解説。昭和五三年三月六日第一小法廷決定以後に公にされた論説は、概ね「両訴因の非両立性」という基準を支持している。右決定に対する批評である米田泰邦・判例タイムズ三六八号八八頁、荒木伸怡・警察研究五〇巻八号九三頁、右決定に対する批評を含む大野平吉「公訴事実の同一性(1)」刑事訴訟法判例百選（第五版）九二頁、広瀬健二「公訴事実の同一性」刑事訴訟法の理論と実務三〇四頁、鴨良弼編・新版刑事訴訟法講義一四一―一四五頁など。

3 一事不再理効の客観的範囲

㈠ 問題の要点

ある訴因につき実体判決が確定すると、その訴因のみならず、これと公訴事実の同一性をもつ全事実について一事不再理の効力が生ずると解せられている。この解釈は正当か。また、その解釈の根拠は何か。これがここで取上げる問題の要点である。

この問題には、一事件一手続の法原理と検察官処分権主義の法原理とが共に関与しており、二元的な考察が必要であると考えられる。

㈡ 検討

法は、公訴事実の同一性のある範囲内の全犯罪事実を一つの事件と観念し、これを一つの手続で審判するよう求めるとともに、訴因の変更手続を定めて右の全犯罪事実を一つの手続内で審判する途を開いている。これは、その反面において、同一事件つまりは公訴事実の同一性のある犯罪事実の全体について同一手続内で同時に訴追することを検察官に義務づけていることを意味する。したがって、検察官がこの義務を果さず、事件の一部のみを訴追して実体の確定判決に至ったときは、当然他の部分についても再訴が禁止されると解さなければならない。もしそのように解さず、一事不再理の効力の及ぶ範囲が現実に審判の対象とされた訴因の範囲に限定されると解すると、訴因の変更制度が独自の存在意義を失い、同時訴追を希望する場合の便宜的な手続にすぎないことになるであろう。(10) また、旧法のもとでも、同様の効力が認められていたのに、現行法への移行に伴いこの基本原則に変更が加えられたとみるべき証跡がないことも、指摘しておく価値があろう。

もっとも、右の考えによると、科刑上一罪の一部である親告罪について告訴がないときには、検察官は同時訴追の義務を果すことが不可能であるため、その事実については一事不再理の効力が及ばないのではないかという疑念が生じよう。しかし、検察官は、この場合でも、公訴時効が完成するまで親告罪の告訴を待ってこれと非親告罪とを同時訴追するか、告訴を待たずに非親告罪のみで訴追するかの選択権を与えられていたのであるから、あえて非親告罪のみで訴追する途を選択したときは、親告罪についての訴追意思を放棄してこれを処分したものと解するほかはない。すなわち、検察官は、同時訴追の義務を果す機会が与えられていたのに、その機会を処分したのであるから、親告罪についても一事不再理の効力が生じると解することができるのである。この場合、告訴権者も被告人の側からみると訴追側であるから、告訴ができるのにしなかったときには同時訴追の義務に違反したとみることができるという法律構成も試みられているが[11]、前記のように解すれば、その必要はないと思われる。

また、同時訴追の義務から一事不再理の効力を説明するとなると、傷害について確定判決があった後に被害者が死亡したような場合には、死亡の部分に一事不再理効が生じないことになるのではないかとの疑念もあろう。しかし、この場合にも、検察官は、傷害のみで訴追をするか、致死の結果を待って訴追をするかの選択権を与えられながら、あえて傷害で訴追することにふみ切ったのであるから、致死の訴追は処分したとみるべきである。したがって、特別規定が置かれない限り、致死の結果についても、同時訴追義務の違反を理由に一事不再理の効力を及ぼすのが正当と考える。

さらに、一事不再理の効力の客観的範囲を決するには、以上のような二元的な説明は必要でなく、一事件一手続の法原理により一元的に説明することができるという見解もある。一個の刑罰権に服する事項は一回の手続で解決されるべきであるという法の要請があり、これが同時訴追の可能性に優先するため、その可能性の有無を問わず、公訴事実の同一性のある範囲の事実につき一事不再理の効力が生ずるというのである[12]。この見解は、審判の対象が訴因に限定されずに公訴事実の全体に及んでいることを前提とすればそれだけで十分に一事不再理効の客観的範囲を説明しつくしており、正当と考えられる。しかし、審判の対象が訴因に限定されているという前提をとるときは、この見解は、完結的な説明とはならず、同時訴追の義務の存在という中間的な論理を介在させる必要があるように思われる。すなわち、右の見解は、同時訴追の義務の存在を前提とし、これを果たす可能性の有無を問わず、その存在を擬制することにより、一事不再理効の客観的範囲の説明を試みる見解のように思われるのである。

訴訟係属及び審判の対象が公訴事実の全体について生じるという立場から、一事不再理効が公訴事実の全体に及ぶという見解もある。これは、裁判所が公訴事実の全体につき審判をする権限と義務を有しているという典型的な公訴事実対象説を前提とすれば、一貫する見解であるが、訴因に示された検察官の訴追意思に対し裁判所の判断に優越する拘束力を何ほどか肯定する限り、問題を含み、結局は同時訴追の義務に一事不再理の効力の根拠を求めることになると思われる。

最後に、もっぱら被告人の側に責むべき事由があり、そのため同時訴追の義務が果せない場合には、その事実に限り一事不再理の効力は及ばないと解すべきであるとする見解がある。(13) 確かに、右のような場合に一事不再理の効力を排除することは立法政策上可能であろうが、現行法上そのような規定が存しない以上、一般論としては右の見解を肯定するのは困難なように思われる。

(10)　団藤重光「訴因についての試論」小野博士還暦記念・刑事法の理論と現実(二)一頁、一三頁は、早くからこの点を指摘していた。

(11)　平野・注(4)二八三頁。本稿は、この示唆に基づき、説明の力点を変えてみたものである。田宮裕・一事不再理の原則五〇—五二頁、一二七—一二九頁は、検察官が同時審判請求の義務(一回性の義務)を負う根拠について、これを認めなければ被告人を二重の危険にさらすからであると説く。しかし、二重の危険か一重の危険かは、同時審判請求の義務が及ぶ客観的範囲をまず確定しなければ決まらないのであるから、義務の及ぶ範囲を決定することが論議の先決問題であると考えるべきではなかろうか。なお、白取裕司・一事不再理の効力、古田佑紀「一事不再理効の範囲」刑事訴訟法判例百選(第五版)二二二頁参照。

(12)　高田・注(3)二九八—三〇一頁、柏木千秋・刑事訴訟法一七七頁。

(13)　青柳文雄・刑事訴訟法通論(下)四八九頁。立法例においても、例えば、ニューヨーク州刑事訴訟法四〇・三〇条は、被告人が重大な犯罪による訴追を避けるため、軽微な犯罪で訴追するよう招致し、そのため検察官が事情を知らずに軽微な犯罪で訴追したときは、重大な犯罪で再訴追することを妨げない旨を規定している。

4　訴因の特定

(一)　問題の要点

訴因が特定性を欠く場合には、補正がなされない限り、起訴状は無効となると解せられている。それでは、どのような場合に訴因が特定しないことになるのか。

(1)　右の問題は、訴因がいかなる機能を担っているかという問題と表裏をなしており、本稿冒頭に指摘した訴因制度を支える四つの法原理のいずれもが関連する複合的な問題である。

第一に、一事件一手続の法原理の下で、訴因は、その法原理の順守を判定する機能つまりは公訴事実の同一性の範囲を判定する機能を担っている。そのため、特に訴因記載の犯罪行為と同種のものが複数回行われた可能性がある場合において、将来そのような行為が訴追されたときに二重起訴の禁止又は一事不再理の効力に触れるか否かを判定するのに備え、これに必要な程度の特定性を現在の訴因に要求する必要があるという主張が生じる。

第二に、検察官処分権主義の下で、裁判所は、検察官が訴因により訴追の対象として定めた犯罪事実の範囲内で審判をする権限と義務とを有し、訴因は審判の対象を定める機能を果すのであるから、訴因の記載には訴追の対象を画定するに足りる特定性が当然要求されることになる。

第三に、裁判所による法令適用権専有の法原理の下で、裁判所は、例えば、検察官の罪数判断と異なる罪数判断を行う権限を有するので、それに伴い訴因の特定性に不足を生じ、補正が必要となることがある。

第四に、被告人の防御権の確保の法原理の下では、攻撃防禦の目標としての訴因の機能が前面に表われる。訴因に記載された事実については、捜査段階で証拠の収集が行われており、公判において立証されるとの強い予測が成り立つため、訴因の特定を要求するという形で証拠の内容を立証前に知ろうとする弁護活動が行われるのは、そのためである。

このように、訴因の特定の問題は、多元的であるが、便宜ここでまとめて考察しておくことにしよう。

(2)　訴因の特定は、訴因によって訴追対象として指定された犯罪事実の特定にほかならない。

後に詳論するとおり(三の1参照)、裁判所は、訴因に掲げられた犯罪事実の存否について審判をする権限と義務を有するのであるから、訴因が審判の対象であるということができるが[14]、それは訴因の記載それ自体が審判の対象となるという意味ではなく、その記載によって検察官が訴追の対象としようとしている犯罪事実が審判の対象となるという意味であるから、正確には、訴因に掲げられた犯罪事実(訴追対象事実)が審判の対象であるというべきであろう。屡々訴因は検察官の主張であると説明されるが、かりにそのことが訴因の抽象的な記載自体を審判の対象と解する趣旨とすれば、妥当とは思われない。右のことは、訴因の特定を論ずるうえで、二重の意味で重要である。

第一に、右の犯罪事実は、検察官の釈明、冒頭陳述そして立証と手続が進むにつれて順次その内容が具体化し、特定性を増していく。これは、訴因が捜査を背景とした検察官の嫌疑に基づいて構成されるものであり、社会的事実関係を基礎としていることから生ずる必然的な現象である。

第二に、訴因に記載された犯罪の日時、場所、方法などと証拠とがくい違う場合でも、それらの記載から訴追対象にされたと総合判断される犯罪事実と、証拠から認められる犯罪事実とが同一であり、その点で訴因の特定がなされているといいうる場合が多い。このこともまた、訴因が捜査を背景とした検察官の嫌疑に基づいて構成されるものであることとの自然な帰結である。

(二)　公訴事実の同一性と訴因の特定

二個の同種の犯罪事実が二個の訴因として起訴状に記載されている場合において、その二個の犯罪事実を相互に識別することができないときは、訴因の特定性を欠いている。

これに対し、一個の犯罪事実が訴因に掲げられている場合には、その日時、場所、方法が漠然とした形で記載されていて、近接する日時、場所、方法による同種の犯罪行為が行われた可能性があるときでも、これと現在の訴因との間の識別ができないというだけで、訴因の特定性を欠くというべきでない。すなわち、㈢で検討するとおり、訴因は、検察官が訴追しようとする犯罪事実を記載したものであるから、いかなる犯罪が訴追の対象とされているかはもとより明らかでなければならないが、その意味での訴追対象事実の特定性の程度と、類似の犯罪事実が併せて訴追されたときにこれと区別するため要求される特定性の程度には、自ずから差があるのである。そして、後の意味での特定性は、区別をすべき二個の犯罪事実が訴追の対象となり、又は立証過程に表われてきたときに初めて問題となるのであり、そのことと離れて抽象的に問題となるわけではないのである。

現在の訴因を近接する日時、場所、方法の訴因に変更する場合において、公訴事実の同一性の有無を判断するときにも、右と同様の考え方が妥当し、具体的に二つの訴因に示された犯罪事実を両立して含みうるような社会的事実が存在する限度で公訴事実の同一性を否定すれば足りることになる。

以下、最高裁判例で問題とされた二つの先例に即してその間の事情を検討しよう[15]。

(1)　白山丸事件について、昭和三七年一一月二八日大法廷判決(刑集一六巻一一号一六三三頁)は、「被告人は、昭和二七年四月頃より同三三年六月下旬迄の間に有効な旅券に出国の証印を受けないで本邦より本邦外の地域たる中国に出国したものである」という密出国の訴因に関し、「検察官の冒頭陳述により、被告人は昭和二七年四月頃までは本邦に在住していたが、その後所在不明となってから、日時は詳らかでないが中国に向けて不法に出国し、引き続いて本邦外にあり、同三三年七月八日帰国したものであるとして、右不法出国の事実を起訴したものとみるべき場合には、審判の対象及び防禦の範囲はおのずから明らかであって、刑訴二五六条三項に違反するものということはできない」と判示した。二回の密出国を起訴した場合には、もちろんその二回を区別しなければならないが、本件のように一回の密出国で起訴する場合には、ある程度の日の限定があれば訴追の対象は自ずから特定される。殊に、昭和三三年七月八日白山丸で帰国したという社会的事実に対応する密出国は一回限りであるから、その点でも識別は可能である。

(2)　覚せい剤の自己使用の事件においては、尿検査の結果からその頃に覚せい剤を自己使用した事実が明らかであるのに、被疑者、被告人が否認し、又は不正確な自白をし、他に適切な証拠がないため、使用の日時、場所などを具体的に特定することができない場合が生じる。こうした場合、訴因の特定については、被告人の防禦権の観点からも問題とされることがあるが、主たる争いは、訴因の変更などをめぐり公訴事実の同一性を決定するに足りる特定性があるか否かの観点からなされるものである。ただ、その観点からの争いにも、いくつかの型があるので、以下その型に即して簡単に検討しておくことにする。(16)

第一に、使用の日時、場所、方法などを特定する手がかりがないため、使用した覚せい剤が尿中に排出される期間を根拠として、採尿又はこれに先立つ逮捕の時からさかのぼって一週間ないし二〇日位の期間で使用の日時を表示し、使用の場所についても東京都内などのように本人の行動状況から推認される幅の広い表示をし、使用方法については表示をせず、使用量については若干量とのみ表示して訴因を特定する場合がある。このような場合につき、昭和五六年四月二五日第一小法廷決定(刑集三五巻三号一一六頁)は、「昭和五四年九月二六日ころから同年一〇月三日までの間、広島県高田郡吉田町内及びその周辺において、覚せい剤であるフェニルメチルアミノプロパン塩類を含有するもの若干量を自己の身体に注射又は服用して施用し、もって覚せい剤を使用したものである」という訴因であっても、「検察官において起訴当時の証拠に基づきできる限り特定したものである以上、覚せい剤使用罪の訴因の特定に欠けるところはない」と判示した。このような場合、かりに被告人が覚せい剤の常用者であって、表示された使用期間中に二回以上覚せい剤を使用した疑いがあっても、現実に二回の使用について起訴がなされない限り、二重起訴又は一事不再理の禁止に触れるおそれはないのであるから、その観点から訴因を不特定という必要はない。二回以上の使用があったことを明らかにしない限り、再度の起訴はなし得ないからである。また、この場合、公訴事実の同一性の範囲を判定するうえで考慮される社会的(基本的)事実とは、記載された一定期間中に少くとも一回の使用があったという事実であると解せられるので、審理の過程で具体的な使用状況が判明したときは、その状況にあわせて訴因を補正することが許される。

第二に、被告人の自白と尿検査の結果に基づき、A日に覚せい剤を使用したと訴因に表示したところ、審理の過程でA日は誤りでその後のB日に使用したことが判明したような場合がある。このような場合も、第一の場合と同様、尿検査の結果認められる事実つまりは検査前の一定期間内に一回は使用したという事実が社会的事実であると解せられるので、B日に訴因を変更したうえ、有罪としてよいと考えられる。

第三に、最後に使用したのはA日であるとの被告人の自白と尿検査の結果に基づき、A日に使用したと訴因に表示したところ、審理の途中A日にも使用しているが最後に使用したのはその後のB日であったと判明した場合がある。この場合、A日の使用が証拠上認められる限り、B日への訴因変更は許されず、B日の使用については追起訴をするほかない。この場合の公訴事実の同一性を基礎づける社会的事実は、そのころ少くとも一回の使用があったという事実であるから、訴因どおりA日の使用が認められる以上、その日の使用が訴追されたと解するほかなく、これとB日の使用とは両立する関係に立つからである。かりに、検察官が最後の使用を訴追したと釈明していたとしても、A日の使用を最後の使用と誤解していたにとどまり、右の結論は変らない。もし検察官の釈明により最後の使用が訴追の対象として特定するのだとすれば、A日の使用により有罪となった後、その後のB日の使用が最後の使用であったことが判明すれば、再審をするほかないことになるが、これは明らかに不当であろう。

第四に、被告人の自白と尿検査の結果により、A日に使用したと訴因に表示した後、審理の途中使用したのはB日であったかも知れないと供述を変え、A日にもB日にも使用した疑いがあるが、A日に使用したこと又はB日に使用したことを確定するに足りる証拠がないという場合がある。この場合には、第一の場合の日がいく分限定された場合と考え、A日ころからB日ころまでの間に覚せい剤を使用したという訴因に変更したうえ、有罪とすべきであり、A日からB日の使用に訴因を変更したうえ、有罪とすべきではない。後者のような訴因変更は、A日の使用が誤りで、B日の使用が正しかった場合（第二の場合）に限られ、二回の使用の疑いがある右の場合には適用されないのである。

ところで、前橋地裁昭和五六年六月一九日判決（判例時報一〇一四号一四四頁）は、「昭和五五年九月二四日午前零時三〇分ころ、太田市内の自宅で覚せい剤水溶液約〇・一五ｃｃを注射して使用した」という訴因で起訴があった後、被告人が自白内容を変更したため、検察官が、後の自白に従い、日時を「九月二六日午前三時一五分ころ」、覚せい剤使用量を「〇・二五ｃｃ」に改めるように訴因変更を請求したのに対し、被告人は覚せい剤の常用者であり、「新旧の訴因が両立する可能性を否定することもできず、従って公訴事実の同一性がないといわざるを得ない」と判示した。この場合、旧訴因の事実又は新訴因の事実を証拠上疑問なしに認定することも、証拠上疑問なしに否定し去ることもできないというにとどまるから、前述の第四の場合にあたり、「九月二四日ころから二六日ころまで間」に一回使用したとの訴因に変更させるのが妥当であったと思われる。なお、このような訴因で有罪とするのは、A日の使用とB日の使用との択一認定をするのに等しいという疑問があるかも知れないが、そうではない。A日からB日までの間にかりに二回の使用があったとしても、そのことの立証がつかず、一回の使用しか立証がつかない場合に、疑わしきは被告人の利益の原則に従い一回の使用として処罰するにとどまるからである。

また、水戸地裁下妻支部昭和六一年二月一〇日判決は、「Kと共謀のうえ、昭和六〇年一〇月二六日午後五時三〇分ころ、栃木県二宮町内の被告人方で、Kをして覚せい剤水溶液〇・二五ミリリットルを自己の左腕部に注射させて使用した」という訴因で起訴があった後、被告人が自白内容を変更したため、検察官が後の自白に従い、「同日午後六時三〇分ころ、茨城県下館市内のスナックSで、右同量の覚せい剤を自ら自己の左腕部に注射して使用した」という訴因に変更するよう請求したのに対し、これを許可せず、無罪を言渡した。しかし、東京高裁昭和六一年六月二五日判決（判例時報一二一八号一四二頁）は、第一審判決を破棄して差戻した。第一審が訴因の変更を認めず、かつ、無罪としたのは、旧訴因と新訴因の各使用が共に存在する可能性があり、かつ、そのいずれも疑問のない程度に確定することはできないと解したからであろう。そうすると、この事案は、右の第四の場合にあたることになるから、上記のような形で訴因の変更をして有罪としてよい場合であったと思われる。これに対し、控訴審は、新訴因への交換的変更が許されると判示しているから、証拠上新訴因の使用が認められる事案であると解しているのであろう。この理解に立つと、新訴因への変更を許可して被告人を有罪とすべきことになる。

㈢　訴追対象事実と訴因の特定

訴因は、検察官が訴追をする犯罪事実を特定して記載したものであるから、特定の犯罪構成要件に該当することを判断しうる程度に具体性を備えていなければならないのはいうまでもない。

のみならず、検察官処分権主義の下では、検察官は、特定の犯罪でのみ訴追をし、又は一罪のうちの一部をも縮小して訴追する権限を有すると解せられるから、どの犯罪をどの限度で訴追し、どの犯罪又はそのうちのどの部分を訴追しなかったかを明確にする必要がある。

すなわち、後に詳論するとおり（三の**2**）、訴因に記載されている事実には、訴追の対象となる犯罪事実を特定する事実と、攻撃防禦に資するために記載されるその余の補充的な事実とがある。そして、前者の事実が変動することにより、犯罪の構成要件的評価、犯罪の行為の態様又は犯罪の結果の内容のいずれかに変動が生ずれば、訴追対象としての犯罪事実に変動を生じ、訴因は別個のものとなると解せられる。もっとも、一個の犯罪事実のうち、行為又は結果の中の一部を殊更に訴追対象から除外する例は稀であり、「……等」という形でそれらの全体を概括的に表示するのが通例であるから、その点に問題が生ずることは少ない。

㈣　法令適用と訴因の特定

検察官が包括一罪として起訴した犯罪事実を裁判所が併合罪として認定するような場合、訴因が併合罪の訴因としては特定性を欠いているときがある。このようなときは、検察官に訴因を補正させてその特定を図る必要がある（**五**の**2**参照）。

㈤　防禦権と訴因の特定

訴因の特定は、被告人の防禦権の観点からも検討しなければならない。この観点からは、次の三つの場合を分けて検討するのが妥当であろう。

第一は、前記㈡ないし㈣の観点とあわせて、防禦権の観点から訴因の特定が重ねて要請される場合である。しかし、この場合には、㈡ないし㈣の観点からの要請に加えて、あらためて防禦権独自の観点から要請すべきものはない。㈡に掲げた密出国及び覚せい剤自己使用の罪における訴因の特定が公訴事実の同一性を判定しうる程度になされているときには、同時に防禦権の観点からも必要な特定がなされていると解せられるのは、そのためである。

第二は、犯罪の行為又は結果に関し、「……等」という概括的な表示が用いられた際に、その具体的内容を明らかにすることが要請される場合である。右の事実は、訴因の内容を構成する事実であるから、必要に応じてその主要な内容を明らかにして然るべきであるが、主要な例示がなされている限りは、訴追の対象は明らかであるから、それが例示にとどまるからといって起訴状の無効をもたらす程に訴因が不特定であるということはできない。

第三は、「共謀のうえ」という表示が用いられた際、共謀の日時、場所、内容などを含む具体的な共謀の形成過程を明らかにするよう要請される場合である。この場合には、訴因の特定の観点からは、立証の段階でその事実を明らかにさせれば足り、そのままの表示であるからといって訴因を不特定とすべきではないと考えられる。(17)すなわち、右の点が明らかでなくても訴追の対象とされた犯罪事実が何かは明白であり、また、訴因どおりの判決を言渡したとしても、事実誤認となるか否かは別として、理由不備にはならないからである。

判決において格別の判示をしなくても理由不備とならないような事実であれば、訴因の特定のためにも必要不可欠ではないというべきである。共謀共同正犯の成立を認めるには、共謀があった事実とこれに基づき実行行為がなされた事実が認定判示されれば足りるのであり、共謀の形成過程は共謀の事実を認定するために明らかにされるべき間接事実である。昭和三三年五月二八日大法廷判決(刑集一二巻八号一七一八頁)は、共謀又は謀議は罪となるべき事実に含まれるとしつつも、「共謀の判示は謀議の行われた日時、場所又はその内容の詳細すなわち実行の方法、各人の行為の分担役割等についてまで、いちいち具体的に判示することを要しない」としているのは、そのためと理解される。

また、もし共謀の形成過程そのものが訴因を構成する本質的な事実であるとすれば、裁判所は、その事実に拘束されることになり、甚しく不当である。

もちろん、共謀を認定するには、その成立過程を証拠上十分に確かめる必要があるが、それは立証の問題であり、訴因の特定とは別の問題である。そのことは、共謀の点が訴因に明示されていても、その認定につき十分に防禦の機会を与えない場合には、事実誤認のうたがいを生ぜしめることからも、裏付けることができる。すなわち、たとえ訴因の中で共謀の成立過程が表示されており、かつ、その表示の範囲内で共謀の成立を認めうる場合でも、被告人の防禦権を侵害するときには、その認定は誤認とされなければならないのである。その理は、ヨド号ハイジャック事件についての昭和五八年一二月一三日第三小法廷判決(刑集三七巻一〇号一五八一頁)に鮮やかに示されている。

同判決は、その要旨として、「三月一二日から一四日までの謀議への関与を理由にハイジャックの共謀共同正犯として起訴された被告人につき、一三日及び一四日の謀議とりわけ一三日夜の第一次謀議への関与の有無がハイジャックに関する謀議の成否の判断上とりわけ重要であるとの基本的認識に立つ控訴審が、一三日夜の被告人のアリバイの成立を認めながら、第一審判決が認定せず控訴審において被告人側が何らの防御活動を行っていない一二日夜の謀議の存否を争点として顕在化させる措置をとることなく、率然として、第一次謀議の日を一二日夜であると認めてこれに対する被告人の関与を肯定した本件訴訟手続は、被告人に不意打ちを与え違法である」と判示しているが、この判示は、一二日夜の謀議は訴因には示されているものの、第一審で十分に攻撃防御がなされていなかったため、その夜の謀議を認めることは、他のありうべき防御手段を提出する途を閉ざし、事実誤認のうたがいを生ぜしめることを判示した趣旨と解せられるのである。このようにして防御権の侵害は、結局、事実誤認の問題に帰着するのであり、逆からいえば、事実誤認のうたがいを生ぜしめない程度に確実な認定がなされている限りは、防御権の侵害はないといいうるのである(この点については**四**の**2**参照)。

(14)　平野龍一・刑事訴訟法概説八六頁。

(15)　訴因の特定をめぐる従来の論議については、臼井・注(7)四二六—四五二頁、平場安治・注解刑事訴訟法中巻(全訂新版)三〇二—三一八頁、土本武司「訴因の特定」公判法大系Ⅰ一二二頁参照。

(16)　覚せい剤取締法(注解特別刑法5)二一四—二二三頁で後記第一の型を中心に訴因の特定を検討したことがある。なお、この問題については、後記最高裁決定に対する評釈である金築誠志・最判解説昭和五六年度一〇三頁、荒木伸怡・警察研究五四巻七号五六頁、神垣英郎・刑事訴訟法判例百選(第五版)八二頁、後記東京高裁判決に対する評釈である松本一郎・判例評論三四二号二三一頁、及び覚せい剤使用事犯の公訴事実の同一性をめぐる松浦恂「覚せい剤使用事犯の公訴事実の同一性」研修四五五号四一頁参照。

(17)　江里口清雄「公判期日における証拠調前の手続」法律実務講座刑事篇第六巻一二〇五頁、一二三二—一二三四頁、船田三雄「刑事裁判における訴訟指揮」法曹時報二五巻五号七八四頁、臼井・注(7)四三六—四三七頁も同旨。より厳格な特定性を必要とする見解として石松竹雄「訴因の特定」刑事実務ノート第二巻二九頁。

三　検察官処分権主義と訴因制度

1　検察官処分権主義の意義と根拠

㈠　問題の要点

検察官処分権主義は、訴因制度のみならず、起訴裁量など刑事訴訟の各段階で立法政策上これを認めうる一般的な法原理であり、各段階で認めうる処分権の程度も、立法政策上さまざまである。そして、訴因制度に関し現行法が採用している検察官処分権主義は、「検察官は、訴追が可能な犯罪事実の全部を訴因に含めて訴追する義務を負うておらず、裁判所に対し審判を求める必要がないと認める犯罪事実の一部を訴因から除外する権限を有しており、裁判所は、検察官が掲げた訴因の範囲内でのみ審判を行う権限と義務を有している」というものであって、訴追対象の設定につき検察官に対し裁判所の判断に優越する決定権と処分権を付与するという徹底した形のものであると解せられる。

もっとも、現行法の規定を通覧しただけでは、現行法が右のような徹底した形の検察官処分権主義を採用したと断じうる具体的な根拠規定を見出すことはできない。それ故、現行法の施行直後、旧法当時の通説判例であった公訴事実対象説と類似する見解が有力に主張され、裁判所にこそ公訴事実の範囲内で実体的真実に合致する事実認定を行う権限と義務が帰属しているのであり、検察官に訴因を記載させるのは被告人の防禦に資するための手段を提供させるにとどまり、検察官に訴追対象事実の処分権を付与する趣旨を含むものではないと説かれていたのも、決して理由のないことではなかった。

そこで、現行法が前記の形の検察官処分権主義を採用したと解するには、個別的な規定を超える法の根本に対し考察を行う必要がある。これには、さらに二つの観点が重要であろう。一つは、裁判所が犯罪事実を認定する権限と義務を有している対象は何かについての法の立場を検討することであり、他は、検察官に対しいかなる限度で犯罪事実を不訴追、不処罰とする裁量権を与えているかについての法の立場を検討することである。この二つの観点は、相互に密接に関連しつつも、独立して考察する余地のある観点であり、双方の観点を総合的に考察することにより初めて検察官処分権主義に対する現行法の立場が明らかになると考えられる。

㈡ 審判の対象

まず、裁判所が犯罪事実を認定する権限と義務を有している範囲は何かを検討しよう。その範囲内においては、裁判所は優越的な判断権を有し、検察官はその判断に服すべきことになるから、検察官の訴追対象設定についての決定権ないしは処分権も、当然に否定されることになる。理論上右の範囲については、次の三つの型があると思われるので、以下順に検討してみよう。

⑴ 第一の型は、裁判所は公訴事実の範囲内で実体的真実に合致するように犯罪事実を認定する権限と義務を有しているというものである。この型では、訴因は被告人の防禦権を擁護するための手段であるから、認定事実と訴因とがくい違うため防禦権を損うおそれがあるときには、裁判所は検察官に命じて訴因を変更させるべきであり、その命令には形成力があることになる。また、検察官は可能な限り実体的真実に合致するように訴因を構成する義務を負うことになる。これは、完全な公訴事実対象説と呼ぶことができよう。

この型は、裁判所に捜査目的で公訴事実内の犯罪の証拠を収集する権限と義務があることを前提として初めて考え得る型であり、裁判所が主として検察官の提出した証拠に基づいて犯罪事実の存否を判断するという訴訟構造を前提としては考え難い型である。現行法の下では、明らかに、検察官などの捜査機関に捜査の権限と義務を集中したうえ、検察官に対し公判における立証の権限と義務を集中しており、裁判所に対しては起訴状一本主義に基づき白紙で審理に臨むことを要請している。この現行法の基本的な訴訟構造に照らすと、右の型は明白に現行法が採用していない型である。

旧法の解釈としては、この型が通説判例のとるところであったが、現行法の解釈としては、判例はもとより、学説においても、この型は主張されていないとみることができる。

(2)　第二の型は、裁判所は第一次的には訴因の犯罪事実について存否を判断する権限と義務を負うが、その犯罪事実が実体的真実を反映していないと認められる場合又は反映していないと疑われる場合には、公訴事実の範囲内で実体的真実に合致した犯罪事実を発見してこれを認定する権限と義務を負うているというものである。この型では、検察官は可能な限り実体的真実に合致するように訴因を構成し、その方向で誠実に立証活動を行う義務を負うているので、裁判所は通常はこれを信頼して審判をすれば足りるが、右のような例外的な場合には職権で検察官の活動を補充して実体的真実の発見に努めるべきことになる。その意味で、この型は、補充的な公訴事実対象説と呼ぶことができよう。この型の下でも、訴因は、被告人の防御権を擁護するための手段であるにとどまり、裁判所の事実認定の範囲を限定するものではないから、裁判所が訴因外の事実を真実と認定するときには、検察官に対し形成的効力を有する訴因変更命令を発することになる。

現行法の下で主張されたいわゆる公訴事実対象説は、すべてこの型を主張するものであり[18]、訴追、立証過程についての当事者主義的な基本構造を承認したうえでの主張であって、相当な理由を備えていたと考えられる。しかし、補充的であるにせよ、裁判所が実体的真実の発見を義務とし、訴因と異なる事実を認定することを肯認するには、第一の型の場合と同様、その前提として、裁判所に捜査目的での証拠収集の権限と義務を認めなければならず、その点に現行法の基本構造と照応しないものを残すといわざるをえないであろう。

もっとも、公訴事実対象説にも、その点についての反論が用意されている。例えば、近時発表された公訴事実対象説に立つ論策は、こう説いている。「旧法下とは異なり、現行法下では、裁判所は、公判前に一件記録によって事件の知識を得てこれを下地として職権的に証拠調を進めて事件の解明を図るというやり方は全く不可能であり、証拠調は検察官の立証、弁護人の反証というように当事者の主導下に行われる外はなく、裁判所には職権による証拠調の権限はあるが、この証拠調はわずかに当事者の立証の不足を補う範囲と程度においてしか行い得ないのが実際である。また、伝聞証拠が禁止されているから、職権で捜査記録その他の書証を取り調べるということもあり得ない。それゆえ、裁判所が検察官から『嫌疑』を『受け継いで』、『公訴事実の中には訴因に記載された事実の外にまだ何か犯罪があるのではないか』というような観点から職権で事実の探究に乗り出すということは現行制度の下ではできないことなのである。裁判所が訴因に記載されていない事実を取り上げるといっても、それは、当事者の請求による証拠調の結果に照らして、又は時にはその外にその不足を補ういわば一挙手一投足ともいうべき職権による証拠調の結果をも加えて、たまたまそのような事実が認められる場合に行われるにすぎないのである[19]」。そして、公訴事実対象説を採ることにより、訴因変更命令の義務の基準と命令の形成力が公正かつ明確に基礎づけられるとして、次のとおり指摘する。「証拠調の結果、起訴状記載の甲罪の訴因については証明がないが、これと同一の公訴事実の範囲内にある乙罪(もとよりその認定について訴因の変更を要しないものを除く。)について、すでに証明があると認められる場合、又はさらに若干の補足的な証拠調をしさえすれば証明があると判断し得る強い蓋然性がある場合は、検察官に対し、乙罪の訴因への変更又はその追加を促し又は命ずる義務があると解するのが相当ではなかろうかと考えている。但し、このような訴因の変更又は追加を促し又は命じないでそのまま無罪の判決をしても当該事件の処理として特に正義に反しないと認められるときは、例外的にこの限りでないとしなければならない[20]」。「公訴事実をもって審判の対象と解するならば、裁判所はその範囲内において審理の結果認められた事実に対し正当と考える法令の適用をしなければならない職責があり、訴因変更命令は、この法令適用のための前提として発せられるものであるから形成力が認められるのが当然であり、もし形成力が認められないならば、裁判所は職責を果し得ないことになる」[21]。

以上の引用からもうかがわれるように、補充的な公訴事実対象説の直接のねらいは、裁判所に対し公訴事実全体にわたる審判の権限と義務を肯認することにあるのではなく、訴因の犯罪事実が認められない反面処罰に価する他の犯罪事実が認められる場合にその犯罪事実による処罰の途を確保しておくこと、及び検察官が自ら訴追犯罪事実を裁量で減縮処分する途を封ずることにあり、そのための手続的方策として主張されていたとみるのが相当と思う。しかし、右の二つの点は、訴因対象説のもとでも、証拠調の範囲の問題、訴因変更命令の義務性の問題及び検察官による訴因構成上の裁量権の問題として、別個に妥当な処理をすることができる。

(3)　第三の型は、裁判所は訴因の範囲内でのみ犯罪事実を認定する権限と義務を有しており、公訴事実全体について犯罪事実を認定する権限も義務も有していないというものである。この型では、訴因は検察官が訴追する犯罪事実を指定するものであり、単なる被告人の防禦の手段ではないことになる。

訴追、立証に関する現行法の当事者主義的な基本構造は、右のような型を想定するとき、最もよくこれを理解することができよう[22]。

もっとも、この型のもとでも、当然に検察官に対し訴因構成上の裁量権つまりは処分権が肯定されるわけではなく、それが肯定されるか否か、またはその程度は、別個に考察を要する問題である。また、この型のもとでも、当然に訴因変更命令の形成力を否定しなければならないものではなく、その点も別個に考えることができる。

㈢　検察官の訴因構成上の裁量権

裁判所が審判を行う権限及び義務を有する範囲が訴因の範囲にとどまるとしても、そのことから直ちに検察官が訴因を構成するについて裁量権ないしは処分権を有することにはならない。例えば、強盗を窃盗の訴因で起訴した場合、裁判所は窃盗の範囲で審判をするほかはないが、もしそのような真実に反する訴因で起訴することが許されず、窃盗の訴因が無効となるとすれば、窃盗の限度で有罪とすることはできず、窃盗の限度で縮小起訴をするという検察官の裁量権ないしは処分権も否定されることになるからである。他方、訴因の構成は、収集された証拠によって影響を受けるばかりでなく、立証の難易についての見通し、刑事政策的な配慮その他諸般の事由によって影響を受け、その結果、現に構成されている訴因と客観的に認定のできる事実との間に不一致が生じることは避けられない。そこで、このような不一致が生じている場合において、不一致が生じていること自体で検察官の訴因構成上の権限行使に違法があったとして、訴因の構成を違法とすべきか、それとも検察官にはそのような訴因構成上の裁量権が付与されているのかが問題となる。

この問題の検討に先立ち、訴因と認定事実との間の不一致がいかなる形で生じるかを考えてみると、これには次の三つの場合がある。

第一は、認定事実の中の一部が訴因となっている場合である。例えば、訴因は傷害致死であるのに殺人の事実が認められるときである。この場合を、訴因の点からみて縮小訴因又は縮小関係、認定事実の点からみて拡大認定又は拡大関係と呼ぶことができよう。

第二は、第一の場合とは逆に、訴因の中の一部の事実が認定される場合である。例えば、訴因は強盗であるのに、恐喝の事実しか認定することができないときである。この場合を、訴因の点からみて拡大訴因又は拡大関係、認定事実の点からみて縮小認定又は縮小関係と呼ぶことができよう。

第三は、訴因と認定事実との間に、公訴事実の同一性はあるが、拡大又は縮小以外の不一致が生じている場合である。例えば、訴因は横領であるのに、認定事実は窃盗であるときである。この場合は、訴因と認定事実との相互関係からみて、競合関係と呼ぶことができよう。

これらのうち、証拠上認定される以上の事実を誤って訴因として拡大起訴した場合は、裁判所は当然縮小認定することになるので、訴因構成上格別問題とすべき点はない。また、証拠の評価を誤り、認定されない競合訴因で起訴した場合も、通常は審理に伴い裁判所の訴因変更の示唆などに従って検察官が正しい訴因に変更するので問題が生じることは少ない。もし、検察官が裁判所の訴因変更の示唆又は命令に従わず、起訴した訴因により無罪の判決を受けることを敢えて望む場合でも、もともとその事実で不起訴をする権限が検察官に付与されているのであるから、その態度を違法とすべき理由はない。

これに対し、一罪の一部を縮小訴因に構成して起訴することについては、検察官の不起訴の権限から直接これを適法とすることができず、また、裁判所がその訴因に拘束されるとすれば実体的真実に反する認定が不可避となるところから、その適法性について論議が多い。そこで、以下、この場合について検討してみよう。

(1)　縮小訴因での起訴は、従来、一罪の一部起訴として論じられてきたが、厳密にいうと、一罪の一部起訴のほか、実際に成立している犯罪の前段階的(被吸収)犯罪又は共罰的事後行為を起訴する場合も含んでいる。

まず、文字通りの一罪の一部起訴の場合には、(イ)科刑上一罪の一部を訴因から除外する場合(例えば、住居侵入、窃盗を窃盗で起訴する場合)、(ロ)法条競合の関係にある重い犯罪で起訴せずに軽い犯罪で起訴する場合(例えば、強盗を恐喝、準強盗を窃盗と暴行で起訴する場合)、(ハ)犯罪の行為の一部を訴因から除外する場合(例えば、一連の暴行のうちある場面での暴行に限定して起訴する場合)、(ニ)犯罪の結果の一部を訴因から除外する場合(例えば、窃盗の盗品の一部を訴因から除外する場合)がある。

また、実際に成立している犯罪の前段階的犯罪を起訴する場合には、選挙の供与罪が成立しているのに、交付罪で起訴するような場合がある。

さらに、実際に成立している犯罪の共罰的事後行為を起訴する場合には、詐欺が成立しているのにその後の保管金横領で起訴するような場合がある。

(2)　縮小訴因が適法であることについては、今日では通説[23]・判例が一致しているが[24]、そう解する根拠については今日でもニュアンスを異にする二つの理解があるように思われる。その一は、縮小訴因は実体的真実に反し本来は望ましくないものであるが、現行法上、裁判官が検察官の掲げる縮小訴因に拘束されてこれを超える事実を認定することが許されない結果として、縮小訴因を肯定するほかないという理解であり、その二は、検察官が処罰の必要がないと考える重い犯罪であえて処罰をする必要はないので、不処罰の方向での処分は本来検察官の裁量権に内在しているといってよく、訴因の拘束力はむしろそのことの反映であるという理解である。この二つの立場は、重い犯罪の成立することが明白となった場合に訴因変更命令が義務的となるか否かという問題に影響を及ぼす。前の立場によると、訴因変更命令は原則として義務的となり、後の立場によると、義務性は否定されるであろう。

検討してみると、検察官が縮小訴因で起訴するには、多くの場合、合理的な理由がある。また、かりにそれが恣意的と考えられる場合でも、不処罰の方向で訴因を縮小することを違法とするまでの理由は見当らず、検察官の裁量に伴う結果として是認してよいように思われる。もともと、不起訴裁量権が法認されているのであるから、起訴した場合に限り、実体的真実を貫徹しなければならないとする必然性はないのである。しかも、もし縮小訴因が違法となる場合があるとすれば、裁判所の証拠調は自ずと職権的とならざるを得ないであろう。たまたま縮小訴因であることが判明した場合に限りこれを違法とすることはできないからである。殊に、前段階的犯罪又は共罰的事後犯罪が訴因に掲げられている場合、背後に隠れた犯罪を発見するには、裁判所の強力な捜査権の行使を必要とするから、これらの犯罪については、現行法の基本構造に照らし、縮小訴因による訴追を是認するほかはないと思われる。そうすると、縮小訴因は、検察官の訴因構成上の裁量権として、訴因制度上法認されていると解することができる。

もっとも、縮小訴因にも、他の法原理の観点からの限界はありうる。これまでの論議に表われた事例のうち検討を要するものが二つある。一つは、住居侵入のうえ二人を傷害したような牽連一罪のうち住居侵入を訴追から外す場合である。この場合、住居侵入を訴追した場合より処断刑が重くなるため、そのような縮小訴因は許されないのではないかという疑問が提起されているのである。しかし、実質上そのことにより宣告刑が重くなることは考えられないばかりか、法律上も住居侵入を訴追した場合の処断刑を超える宣告刑は禁止されると解することにより不都合が避けられるので、そのような縮小訴因自体を違法とする必要はないであろう(25)。

他は、強姦罪の告訴がないため、その手段である暴行罪で起訴する場合である。この場合には、縮小訴因を広く肯認する見解の下でも、その適法性には相当疑問がもたれており、強姦罪を親告罪とした趣旨に反し許されないとする意見が多い。この見解には、傾聴すべき点があるが、場合を分けて考える方がよいのではなかろうか。すなわち、強姦罪で告訴があった後取消された場合のように、訴追を求めないという被害者の意思が表明されているときには、暴行罪を含む強姦罪全体が被害者により不訴追の処分を受けたことになるので、暴行罪のみによる検察官の訴追は不適法と解すべきである。これに対し、単に告訴がないというにとどまるときは、暴行罪での起訴は不適法とならないと解すべきである。被告人が強姦であることを立証すれば無罪となるというのは不当であるし、被害者が強姦罪での告訴をしないだけで直ちに暴行罪の訴追まで処分されたと解することはできないからである。

(3)　縮小訴因に関する最高裁判例の動向をみよう。

昭和二七年七月一一日第二小法廷判決(刑集六巻七号八九六頁)は、強姦の告訴が取消された後、暴行の点だけを暴力行為等処罰法一条違反で起訴した場合について、これを強姦の起訴とみなし、告訴がないことを理由に公訴を棄却したが、昭和二八年一二月一六日大法廷判決(刑集七巻一二号二五五〇頁)は、これを覆えし、右の起訴を適法とした。これらは、縮小起訴の先例とされているが、旧法事件であるうえ、前者が暴力行為等処罰法一条違反の罪を強姦に吸収されると解し、後者が両罪を観念的競合と解した結果と考えられるので、右の先例としてはあまり参考にならない。明白に縮小訴因を適法とした事例としては、次の二例を挙げることができる。

①　昭和四二年八月三一日第一小法廷判決（刑集二一巻七号八七九頁）は、第一審が売春防止法一二条の訴因が立証されているのに、これと法条競合の関係に立つ同法六条一項の売春周旋の縮小訴因に訴因変更をする旨の検察官の請求を許可し、これに基づき有罪を言渡し、控訴審が右の許可をしたことは実体的真実の発見を旨とする裁判所の職責上許されないとして第一審判決を破棄した事案について、「仮に起訴状記載の訴因について有罪の判決が得られる場合であっても、第一審において検察官から、訴因・罰条の追加、撤回または変更の請求があれば、公訴事実の同一性を害しない限り、これを許可しなければならない」と判示した。この判決の解説にあるように、「このような見解は、いかなる訴因を審判の対象とするかは、本来訴追機関である検察官が決定すべき事項であって、裁判所の介入すべきことではないという当事者主義的な考え方によるものということができる」[26]。

②　昭和五九年一月二七日第一小法廷決定（刑集三八巻一号一三六頁）は、供与目的で交付罪を犯し、後に供与罪を犯し、交付罪で起訴された事案について、供与罪で処罰されるときは交付罪がこれに吸収（共罰）されるという従前からの判例を前提としたうえ、「たとえ、甲乙間で右金銭等を第三者に供与することの共謀があり乙が右共謀の趣旨に従いこれを第三者に供与した疑いがあったとしても、検察官は、立証の難易等諸般の事情を考慮して、甲を交付罪のみで起訴することが許される」と判示した。これは、明白に共罰的な包括一罪のうち前段階的行為を起訴することを適法としたものであり、これにより最高裁判例の縮小訴因に対する立場は明確になったとみることができる[27]。

㈣　本稿と訴因対象説

本稿の意図は、訴因対象説と総称される学説の基本を支持しつつ、これに修正と補強とを加えることにあるが、実質的にみると、公訴事実対象説（補充的な公訴事実対象説）のねらいを相当程度に採り入れる結果になっている。

そこで、便宜本稿の立場の特色をここで要約しておこう。

第一に、裁判所が審判を行う権限と義務を有する対象は訴因であるという立場を支持しつつも、審判の対象となるのは抽象的な訴因の記載そのものではなく、その記載によって検察官が訴追しようとしている犯罪事実であることを強調している。このことは、訴追対象とされた犯罪事実を証拠ないしは社会的事実の背景をもった具体的なものとして承認することを意味する。その結果として、(イ)公訴事実の同一性の範囲を判定するにあたっての基準として、社会的事実を背景とした場合に両立しない犯罪事実であるという統一的基準が採用され、(ロ)訴因の特定方法として、日時場所方法のみならず、その余の記載を含めて訴追対象とされた犯罪事実のイメージが特定されることを要し、かつ、それをもって足りることが基礎づけられ、(ハ)訴因変更の要否の判断にあたり、認定される犯罪事実と訴因に表示された犯罪事実の異同が社会的事実を基礎として実質的に比較することが可能となり、(ニ)証拠調の範囲は訴因に掲げられた犯罪事実の存否に関係する範囲に及ぼすことが承認される。

第二に、訴因にとって決定的に重要なものは、法律構成にとどまらず、これを含む事実であることを承認し、事実記載説を支持する。ただし、それは、訴因が検察官の主張であることから来る帰結ではなく、訴因によって訴追対象とされる犯罪事実が法律構成の面からのみならず犯罪の行為又は結果の面からも限定されることから来る帰結である。法律構成も事実に外ならないから、法律構成説も一種の事実記載説であるといってもよく、ただ事実記載説が、そのほか行為又は結果という事実も訴追対象となる犯罪事実を限定するうえで重要であることを強調するにとどまると考えられるのである。

第三に、訴追対象の選択についての検察官の処分を承認する点でも訴因対象説を支持する。そして、その権限を純粋な形で承認することにより、一方では、訴因変更請求の時期的限界の面での検察官の負担を肯定し、訴因変更命令の本質を訴追意思の確認手段であることに求め、訴因変更命令の法的効果の面でも訴追意思を強制する効果を否定し、他方では、訴因変更命令の義務を相当広い範囲で肯定する。

第四に、以上の結果として、補充的な公訴事実対象説が力説する二点すなわち証拠調の範囲の訴因外への拡張及び訴因変更命令の義務の相当広範な承認を肯定することとなっている。したがって、本稿が理論上同説と異なるのは、競合訴因への訴因変更命令に検察官が従わなかった場合の効果と訴因外認定の効果にとどまるのであり、それらも実際上の差異はほとんどないといってさしつかえないと思われる。

(18) 岸盛一・刑事訴訟要義、横川敏雄「審判の範囲と訴因及び公訴事実」法律実務講座刑事篇五巻八五〇頁、同・刑事訴訟法、小野慶二「訴因・罰条の追加・撤回及び変更」法律実務講座刑事篇五巻九五一頁、青柳文雄・五訂刑事訴訟法通論、大久保太郎「訴因対象説への疑問と法律構成説の補足」法曹時報三三巻一〇号一頁、同「『審判の対象』の現実的考察――公訴事実対象説の実情と訴因対象説への疑問――」法曹時報三六巻三号一頁など有力実務家等により支持されている。

(19) 大久保・注(18)補足二五頁。

(20) 右同三二頁。

(21) 右同三四頁。

(22) 訴因対象説は、周知のとおり、平野龍一「訴因概説」刑事法研究第四巻六五頁、同・刑事訴訟法の基礎理論、同・注(4)刑事訴訟法により構築された理論であり、その後、高田・注(3)、柏木・注(12)、松尾・注(5)、田宮裕・刑事訴訟法入門(三訂版)、同・注(5)、鈴木茂嗣・刑事訴訟法、渥美東洋・刑事訴訟法、三井誠「訴因制度の意義」刑事訴訟法の争点一二四頁、能勢弘之＝大野平吉＝横山晃一郎・講義刑事訴訟法、鴨良弼編・新版刑事訴訟法講義などの有力な著作において基本的に支持されている。なお、訴因対象説に対する近時の批判的検討として、臼井・注(17)三九六―四二六頁、大久保・注(18)の二論文を参照。

(23) 平野・注(4)一四二頁、高田・注(3)三七四頁、井上正治「告訴」日本刑法学会編・刑事訴訟法演習四五頁、柏木・注(22)二八六頁、松尾・注(5)一六六頁、田宮・注(5)五七一頁、三井誠・ワークブック刑事訴訟法五二頁、鈴木・注(22)九〇頁、井戸田侃・刑事訴訟法要説Ⅱ二〇頁、石井一正「一罪の一部起訴」谷口正孝編・刑事法演習第一巻一〇八頁、臼井・注(17)四二四―四二六頁、近藤太朗「犯罪事実の一部の起訴」実例法学会集刑事訴訟法(新版)一一一頁、後藤昭「訴因と裁判所の審判の範囲」刑事訴訟法判例百選(第五版)一〇八頁など。

(24) 反対説として、岸・注(18)五三頁、中武靖夫「訴追事実の選択」高田卓爾＝田宮裕編・演習刑事訴訟法一八五頁、内田一郎「公訴事実の一部起訴は適法か」刑事訴訟法の争点一一四頁。

(25)　萩原太郎「訴因と罪数」河村澄夫＝柏井康夫・刑事実務ノート第二巻五七頁。
(26)　堀江一夫・最判解説昭和四二年度一八三頁。
(27)　この決定に対する評釈に、木谷明・法曹時報三七巻二号五六一頁、川崎英明・昭和五九年度重要判例解説一九七頁、石川才顕・判例評論三〇八号六九頁、古田佑紀・研修四二七号四頁及び後藤・注(23)がある。

2　訴因変更の要否(その一)

(一)　問題の要点

裁判所が訴因と異なる事実を認定する場合において、訴因変更の手続を経る必要があるときと無いときとの区別は何によって生じるのか。この点については、検察官処分権主義、防禦権及び裁判所の法令適用権の三つの観点から三元的に考察しなければならない。

まず、検察官処分権主義の観点からは、検察官が訴因により訴追対象として指定した犯罪事実(以下、単に訴追対象事実ともいう)を超えて裁判所が犯罪事実を認定することは許されない。したがって、認定事実が訴追対象事実を逸脱する場合には訴因変更の手続を要し、認定事実が訴追対象事実の範囲内にとどまる場合には訴因変更の手続を要しないことになる。問題は、訴因に記載される事実のうちのどの部分が訴追対象事実を指定していると解すべきかに帰着する。

次に、防禦権の観点からは、訴因によって指定された訴追対象事実を超える犯罪事実に対しては、訴因変更によりその犯罪事実が訴追の対象として指定されるまでは、直接防禦をする必要はない。訴因変更の手続を経ないで右の犯罪事実を認定することは、検察官処分権主義の観点からすでに違法であり、いわば防禦権の当然の侵害となるからである。これに対し、訴因によって指定された訴追対象事実の範囲内における付随的な事実について訴因と異なる事実を認定することは、検察官処分権主義の観点からは違法とならないので、防禦権の観点からあらためてその際の訴因変更の要否を検討する必要がある。この点については、後に詳しく検討するが（四の2）、その結論のみをここで述べておくと、訴追された犯罪事実との同一性は失われないが訴因に記載された具体的な事実と異なる事実を認定する場合において、そのことにより防禦権を侵害するおそれがあるときは、その侵害を防止するための措置が採られなければならない。ただ、その措置は、必ずしも訴因変更の手続である必要はなく、釈明でも足りる。かりに被告人が自らその認定事実を主張して起訴事実を争っているときには、格別の措置を必要としない。

最後に、裁判所の法令適用権の観点からは、訴因によって指定された訴追対象事実を変更しない限り、裁判所は、適用罰条又は罪数についての検察官の主張には拘束されず、独自の判断を下すことができる。しかし、後に考察するとおり（五の2）、それに伴い訴因の補正又は変更を必要とし、あるいは防禦権擁護の措置をとる必要が生じる場合がある。

以下、検察官処分権主義の観点から、訴因変更の要否について分析を進める。

㈡　検察官処分権主義と訴因の拘束力

訴因変更の手続を経ない限り訴因に記載された事実と異なる事実の認定が許されないということは、訴因に記載されたその事実が裁判所に対し拘束力を有することを意味する。それでは、そのような拘束力はなぜ生じるのであろうか。また、拘束力のある事実の範囲はどこまでであろうか。

最初に、訴因に記載される事実をみると、これには大別して次の四種類がある。その一は、訴追の対象とされた犯罪事実の構成要件的評価を特定するための事実であり、その二は、犯罪事実中の広義の行為を特定する事実であり、その三は、犯罪事実中の結果を特定する事実であり、その四は、立証と防禦に資するために記載される犯罪事実の一層詳細な事実（例えば、犯罪の意図、計画、謀議の日時、場所、内容、犯罪の方法、態様、経過）である。

⑴　まず訴追対象事実の構成要件的評価を特定するための事実とは、詐欺か窃盗かというような構成要件（犯罪

類型）を識別する事実、既遂か未遂かを識別する事実、及び正犯か教唆犯か幇助犯かを識別する事実をいう。これらの事実は、その変動により刑法上罪責に変動を生じる事実であって、いかなる犯罪行為により被告人の罪責を問うかを示すための必要最小限のものである。また、検察官は、いかなる構成要件的評価を受ける事実であるかを考慮し、その事実を訴追の対象とすべきか否かにつき決定するはずである。したがって、検察官処分権主義の下では、右の事実について当然拘束力を認めるべきである。

単独正犯か共同正犯か、直接正犯か間接正犯かの区別も、訴因の異同を決定する事実であるという見解がある。しかし、もしそうであるとすると、特定の犯罪の正犯責任を問うて訴追がなされている場合において、検察官が単独正犯か共同正犯かのいずれか、又は直接正犯か間接正犯かのいずれかの主張を変えない限り、他の形での正犯が成立するときでも無罪とするほかはないが、そこまで検察官の処分権を認める必要はまったくない。もとよりいかなる形での正犯が成立するほかは、防禦権にとって重大な関心事であるから、訴因と異なる形での正犯を認定する場合に防禦権を侵害しないよう措置をすべきは当然であるが、その問題と訴因の異同の問題とは別個である。

(2)　訴追対象事実の構成要件的評価が同一の場合であっても、広義における犯罪の行為の内容（態様）に変動が生じ、訴追対象事実に変動が生じるときには、その事実に拘束力を認めるべきである。

故意犯についてみると、例えば、傷害致死の訴因において、頭部を手挙で殴投した暴行が致死をもたらした暴行であるとされている場合と、相手を路上に押し倒した暴行が致死をもたらした暴行であるとされている場合とでは、行為の態様を異にし、訴追の対象とすべきか否かの判断に違いをもたらすから、そのいずれを訴追の対象とするかについては検察官に裁量権を認めるのが相当である。もっとも、両方の暴行を同一機会に加えた場合には、全体が一個の訴因となるので、右の論議は、両方の暴行のいずれか一方が特定して訴因に掲げられている場合に限られる。過失犯における過失の態様の変更は、故意行為の場合より頻繁に生じうる。例えば、同一の致死事故であっても、運転避止義務違反による事故か前方注視義務違反による事故かにより、訴追にあたっての裁量は異なるので訴因は別個になるというべきである。[28] 過失の態様の場合、そのとらえ方に見解の相違が生じやすく、訴因構成上の範囲にも広狭が生じやすいが、同一の過失行為とみられないときには、訴因の変更を待って新しい過失行為を認定すべきである。

(3) 訴追対象事実の構成要件的評価又はこれと行為とが同一である場合であっても、犯罪の結果に変動が生じれば、訴追対象事実が異なる。犯罪の結果の変動とは、傷害罪における傷害の部位、形態、窃盗罪における盗品の種類、数量などをいう。これらについては、多くの場合一回の傷害又は窃盗の結果の全体が「……等」という表現を伴って訴追の対象とされているので、問題を生じないが、例えば宝石の窃盗と特定しているのに、現金の窃盗と認定するときには、訴因の変更を必要とする。

(4) 実際の訴因には、以上の事実のほか、犯罪の意図や経過についての詳細な事実が記載される例が多いが、これらは訴追対象事実の同一性を特定するうえでは必要のない事実である。もとより、こうした事実についても防御権の確保の観点から訴因変更その他の措置をとる必要がある場合もあるが、その必要がない限り、訴因変更を待たずに訴因と異なる事実を認定してもさしつかえないと解すべきである。[29]

㈢ 黙示の予備的訴因

訴因に掲げられた犯罪事実を逸脱しない限り、細部に多少の変化があっても、防禦権を保障する限り、訴因の変更をしないで事実の認定をすることができる。これに対し、訴因に掲げられた犯罪事実以外の犯罪事実を認定するには、原則として訴因の変更を必要とするが、例外として訴因の中に黙示に予備的な訴因が含まれているときは訴因の変更を必要としない。[30] いかなる場合に黙示の予備的訴因が含まれていると解してよいかは、訴因の同一性ないしは訴因の拘束力をいかなる限度で認めるかにかかる。

訴因の拘束力は、検察官に訴追意思のない犯罪事実を審判すべきではないとの認識に立ち、訴因が検察官の訴追意思を表示するものであることを肯認するところから生じるものである。そこで、拘束力が認められる程度は、検察官の訴追意思つまりは検察官処分権主義の内容をいかに理解するかによって異なってくることになる。一方の極に立つ理解は、検察官には訴因のままで有罪か否かを判断してもらう権限があり、裁判所は、訴因のまま有罪と認める場合のほかは、無罪とするほかなく、訴因の一部のみを有罪とすることは許されないとするものであろう。他方の極に立つ理解は、検察官には訴因に記載しなかった事実について審判を拒む権限があるだけであり、訴因に記載した事実の一部が認められて犯罪を構成する以上、その犯罪がいかに当初の訴追意思とかけ離れていようと、これによる裁判所の審判を拒むことができないとするものであろう。訴因の一部を認定する場合の措置については法に明文の定めがないため、解釈によりその措置をきめなければならないが、法の趣意は、右の二つの極の中間にあるとみるべきであろう。すなわち訴追した犯罪事実の一部が証拠上認められないこと、又はその犯罪事実が法令の適用上縮小した犯罪事実と認められることは、法に別段の定めのない限り、当然のこととして予定されており、訴追にあたっても当然に予期されていると考えなければならないであろう。他面、縮小認定された犯罪事実が罪質又は刑の点で訴因の犯罪事実と著しく異なり、その縮小事実では訴追をしなかったと考えられる場合には、検察官の処分意思を尊重すべきであろう。したがって、黙示の予備的訴因が含まれていると認めるには、それが訴因に掲げられた犯罪事実の一部を除外することにより構成される訴因であるほか、元の訴因と罪質又は刑の点で著しい差がなく、検察官に当然その犯罪によっても訴追する意思があると認められる場合でなければならない。

縮小認定に伴い新たな防禦手段が考えられる場合があるが、そのことは黙示の予備的訴因を認めるうえで支障とはならない。例えば、既遂を未遂と認定するのであれば中止犯の主張をしたという場合もあり得るが、それだからといって既遂の訴因に未遂の訴因が含まれていることを否定すべきではない。もちろん、新しい防禦をつくさせる必要はあるが、それは具体的な事案において必要な限度で配慮すれば足りるのであり、必ずしも訴因変更の手段により防禦を図らせる必要はないのである。

以下、黙示の予備的訴因と解してよい場合を概観しておこう。

(1) 訴因の犯罪事実と同じ構成要件のままで行為又は結果の一部を除外して構成される訴因は、黙示の予備的訴因になるといってよい。既遂の訴因における未遂、未遂の訴因における予備、宝石と現金の窃取の訴因における宝石の窃取、二回の暴行を内容とする公務執行妨害の訴因における一回の暴行を内容とする公務執行妨害などがこれに含まれる。

既遂又は未遂と予備とでは、内容をなす行為が違うが、既遂又は未遂と認められる程度の行為があったか否かという争点に関しては、予備との間に、拡大、縮小の関係があるといってよい。予備行為の内容が未遂の訴因中に記載されていないときは、もちろん予備行為の内容を検察官に明らかにさせ、その点につき立証と防禦をつくさせなければならない。

(2) 共同正犯の訴因の中には教唆犯又は幇助犯の予備的訴因が黙示に含まれていると解してよい。教唆行為又は幇助行為の具体的内容が訴因中に掲げられていない場合でも、「共謀のうえ」実行したという抽象的事実の中に、共謀に至らない教唆又は幇助により正犯者を通じて実行させたという事実が含まれていると解せられるからである。もちろん、その行為の具体的内容を検察官に明示させたうえ、立証と防禦をつくさせるべきである。具体的防禦権を擁護する観点からは、訴因変更の手続をとらせるのが妥当とされる場合もあろう。実務上そうすることも多い。

(3) 共同正犯の訴因の中には、原則として、黙示の単独犯の予備的訴因が含まれていると解してよいであろう。「共謀のうえ」実行したという抽象的事実の中に単独正犯の事実が含まれていると解せられるからである。もっとも、被告人の行為が訴因中に、より具体的に記載されており、それが、単独正犯を成立させるに足りない場合には、

「共謀」の事実を除外したのみで単独正犯を認定することができず、したがってその事実の記載があったとはいえないので、訴因の変更を要する。

(4)　単独正犯の訴因につき、実行を担当しなかった共謀共同正犯と認定する場合又は他の実行共同正犯と実行を分担した共同正犯と認定する場合には、共犯の行為の点で新たな事実が付け加わるから、縮小認定は許されず、訴因の変更を要する。これに対し、単独正犯の訴因につき自らも単独正犯の成立に十分な実行行為をしたが、なお他に共謀した者がいたとして共同正犯と認定する場合には、実質上の縮小認定と解してよいであろう。

(5)　法条競合関係の重い犯罪が訴因に掲げられている場合においては、軽い犯罪は黙示の予備的訴因となると解してよいであろう。もっとも、重い犯罪と軽い犯罪とが特別関係又は補充関係になく、単なる吸収関係にある場合には、吸収関係を法条競合と解する見解をとるときであっても、軽い犯罪を黙示の予備的訴因にあたると解することはできない。

特別関係、すなわち特別法と一般法(例えば、尊属殺と普通殺)、基本的犯罪類型と加重的犯罪類型(例えば、傷害致死と尊属傷害致死)、基本的犯罪類型と減軽的犯罪類型(例えば、殺人と同意殺人)の関係に立つ場合には、軽い犯罪が黙示の予備的訴因になると解してよい。補充関係(現住建造物放火と非現住建造物放火)又は、択一関係(未成年者誘拐と営利誘拐)の場合も同様である。

これに対し、強盗罪と暴行罪又は脅迫罪との関係の場合には、後者が前者に単に吸収されるのみで、後者が前者の一般法又は補充法であるとは解せられないので、前者の訴追に伴い後者があわせて予備的に訴追されていると解するのは妥当でないであろう。刑法と特別法(例えば、軽犯罪法)の各罪との間にも、同様に解すべき場合が多いと考えられる。

㈣　訴因変更が必要な場合

検察官処分権主義の観点から、訴因変更が必要と解せられるのは別の訴因を認定することになる場合であって、分説すると次の三つの場合になる。

(1)　第一は、訴因で定められた訴追対象事実を拡大して認定する場合である。拡大する事実は、犯罪の行為の面でも、結果の面でも、科刑上一罪の一部でもよい。例えば、窃盗の訴因に対し牽連犯である住居侵入を付加して認定する場合、傷害致死の訴因を殺人と認定する場合、未遂の訴因を既遂と認定する場合、宝石の窃盗の訴因を宝石と現金の窃盗と認定する場合などが典型的な事例である。検察官に一罪の一部を処分した縮小訴因で訴追する権限がある以上、その訴因を超える拡大事実は別の訴因であると解するほかはない。

(2)　第二は、訴因で定められた訴追対象事実と異なる内容の犯罪事実を認定する場合である。異なる事実は、構成要件的評価、行為の内容又は結果の内容のいずれをも含む。例えば、詐欺の訴因を横領と認定する場合、頭部殴打による傷害致死の訴因を路上に押し倒した暴行による傷害致死と認定する場合、前方注視義務違反による事故の訴因を運転避止義務違反による事故と認定する場合、宝石の窃盗の訴因を現金の窃盗と認定する場合が典型例である。

(3)　第三は、黙示の予備的訴因にも含まれない事実を認定する場合である。例えば、強盗の訴因で単純暴行を認定するときには、その旨の明示の訴因を掲げさせるべきであろう。

㈤　訴因変更が不必要な場合

以上に対し、検察官処分権主義の観点から、訴因変更が必要でないのは、訴因に掲げられた犯罪事実の認定にとどまると認められる場合であって、分説すると次の二つの場合になる。

(1)　第一は、訴因に掲げられた以外の犯罪事実を認定したとはいえない程度に軽微な事実の変更をしたにとどまる場合である。例えば、同一犯罪の日時、場所、方法のわずかな変更がこれにあたる。

(2)　第二は、明示された訴因に含まれていると解せられる黙示の予備的訴因の事実を認定する場合である。

㈥　判例の分析

以上の検討を基礎とし、訴因変更の要否に関する最高裁判例を、具体的な防禦権の観点から問題とされたものを含め、ここにまとめて挙げておこう。検察官処分権主義と防禦権の各観点がそれぞれ訴因変更の要否にいかに関連するかが明らかになるであろう。

(1)　まず、訴追対象事実を拡大して認定した事例については、次の二例があり、いずれも訴因の変更が必要であるとされている。

①　昭和二五年六月八日第一小法廷決定（刑集四巻六号九七二頁）は、窃盗罪のみの訴因であったのに、訴因の追加手続を経ることなく、窃盗の手段である住居侵入罪をも認定した事案につき、「審判の請求を受けない事件について判決をした違法がある」と判示した。訴追対象事実を拡大して認定する場合であるから、訴因変更の手続を要することは明白である。

②　昭和四〇年一二月二四日第三小法廷決定（刑集一九巻九号八二七頁）は、法人税逋脱罪につき、逋脱所得の内容として検察官の主張しなかった仮払金一七五万円、貸付金五万円を新たに認定し、検察官の主張した借入金七五万円を削除して認定し、結局、実質所得額を検察官の主張より一〇万円多額に認定したのを違法として、「かような認定は、被告人側の防禦に実質的な不利益を与えることもありうるのであるから、訴因変更の手続を要する」と判示した。この判決は、逋脱額への影響という観点からではなく、勘定科目の金額を変更したことを理由として、防禦権の観点から訴因の変更を要するとした趣旨にも読めるが、事案自体は、逋脱額の増加を招く実質所得金額の増加を認定して被告人の不利益に訴追対象事実を拡大した事案であるから、たとえ具体的な防禦権の侵害がなくて

も、認定を違法とすべきであった。本判決が、いわゆる抽象的防禦権説に立つと評されているのも[31]、その実質が右の点にあるためと解せられる。

(2) 次に、訴因と異なる事実を認定したことにより訴追対象事実に変化が生じた場合については、次の五例があり、いずれも訴因の変更が必要であるとされている。

③ 昭和二九年八月二〇日第二小法廷判決(刑集八巻八号一二四九頁)は、行為の公然性を明示せずに女性に対し強制猥褻の行為をしたことのみの事実を記載した訴因であったのに、客ら四名の面前においてその女性に対し公然猥褻の行為をしたという事実を認定した事案について、「審判の請求を受けない事件について判決をした違法がある」と判示した。強制猥褻と公然猥褻とが観念的競合の関係に立つと解すれば(大判明治四三年一一月一七日刑録一六巻二〇一〇頁)、前者の訴因で後者に認定するのは、明白に訴追対象事実の変更になる。また、強制猥褻のみが成立するとの見解に立っても、両者は事実にずれがあり、単なる拡大、縮小の関係にはないから、公然猥褻の訴因が黙示的に掲げられていたと解することはできない。判旨は正当というべきである。

④ 昭和三六年六月一三日第三小法廷判決(刑集一五巻六号九六一頁)は、収賄の共同正犯の訴因であったのに贈賄の共同正犯の事実を認定したのを違法とし、「収賄と贈賄とは犯罪構成要件を異にするばかりでなく、一方は賄賂の収受であり、他方は賄賂の供与であって、行為の態様が全く相反する犯罪であるから、収賄の犯行に加功したという訴因に対し、訴因罰条の変更手続を履まずに贈賄の犯行に加功したという事実を認定することは、被告人に不当な不意打を加え、その防禦に実質的な不利益を与える虞があるから違法である」と判示した。構成要件的評価、行為、結果のいずれの点からいっても、明白に訴追対象事実に変化が生じており、もとより縮小認定の許される場合でもないから、判示は正当というほかない。本件は、いわゆる抽象的防禦権説の考え方に立つとされている[32]が、その実質は右の点にあると解せられる。

⑤　昭和四〇年四月二八日大法廷判決（刑集一九巻三号二七〇頁）は、公職選挙法の供与罪の幇助の訴因に対し共同正犯の事実を認定したのを違法とし、「右のように共同正犯を認めるためには、幇助の訴因には含まれていない共謀の事実を新たに認定しなければならず、また法定刑も重くなる場合であるから、被告人の防禦権に影響を及ぼすことは明らかであって、当然訴因変更を要する」と判示した。構成要件的評価に変動をもたらし、かつ訴追対象事実を拡大する場合であるから、判旨は当然であるが、そう解する根拠として、右判決が新たな事実認定の必要性と法定刑の点を挙げているのは、一般的抽象的に防禦権を考えている証拠であり[33]、本稿の立場と実質上ほとんど差異はない。

⑥　昭和四一年七月二六日第三小法廷判決（刑集二〇巻六号七一一頁）は、業務上横領の訴因が特別背任の訴因に変更された後に元の業務上横領の事実を認定したのを違法とし、「一審で当初起訴にかかる業務上横領の訴因につき被告人に防禦の機会が与えられていたとしても、既に特別背任の訴因に変更されている以上、爾後における被告人側の防禦は専ら同訴因についてなされていたものとみるべきであるから、これを再び業務上横領と認定するためには、更に訴因罰条の変更ないし追加手続をとり、改めて業務上横領の訴因につき防禦の機会を与える必要がある」と判示した。この判決もまた、抽象的防禦権説に立つものと理解されているが、その実質は、「爾後における被告人の防禦は専ら同訴因についてなされていたものとみるべきである」という判文からも明らかなとおり、訴追対象事実に明白な変更があったことに求められよう[34]。

⑦　昭和四六年六月二二日第三小法廷判決（刑集二五巻四号五八八頁）は、一時停止の後、発進するにあたりクラッチペダルから足を踏みはずし急発進させて追突事故を起したという過失の訴因に対し、一時停止中の他車の後に接近する際ブレーキをかけるのが遅れた過失の事実を認定したのを違法とし、「両者は明らかに過失の態様を異にしており、このように、起訴状に訴因として明示された態様の過失を認めず、それとは別の態様の過失を認定す

るには、被告人に防禦の機会を与えるため訴因の変更手続を要する」と判示した。本件の場合、前車が停止中の後ろから接近する場合の追突回避義務違反という抽象化した形で過失の態様を把えることも、不可能ではなかったと思われるが、いったん再発進の際の追突回避義務違反という具体化した形で過失の態様を把えたときには、その事実に訴追対象事実が限定され、他の具体化した形での過失の態様を認定するには、訴因変更を要すると解してよいであろう。この判例は、過失犯においては過失の態様が、故意犯における行為や結果と同様に、訴追意思の形成に重要な役割を果していることを承認し、これを訴因の異同を決する要因とした点に、画期的な意義があると解せられる。(35)

(3) 訴追対象事実に変化がなく、ただその具体的内容の一部に変化が生じたにとどまる場合については、次の六例を挙げておこう。すべて、防禦権の侵害はなく、訴因の変更を必要としないとされている。

⑧ 昭和二八年一一月一〇日第三小法廷判決(刑集七巻一一号二〇八九頁)は、詐欺罪に関し、単独犯を共同正犯と認定したのを適法とし、「本件のような場合には……被告人に不当な不意打を加え、その防禦権の行使に不利益を与えるおそれはないのであるから、訴因変更の手続を必要としない」と判示した。事案は不詳であるが、単独の実行正犯を共謀による共同正犯と認定された模様であるから、防禦権の具体的な侵害の有無は問題とされてしかるべきであり、本判決でもその点の審査がなされたようである。しかし、詐欺の日時、相手方、欺罔手段、騙取物などの点で訴追対象事実の同一性が明らかであれば、防禦権の当然の侵害まではなかったといってよいであろう。

⑨ 昭和三〇年一〇月四日第三小法廷判決(刑集九巻一一号二一三六頁)は、詐欺罪に関し、犯罪の日時場所、相手方を欺罔した方法、相手方に交付した物品の品質数量、相手方から騙取した現金の金額がまったく同一であり、ただ被欺罔者及び被害者を父から娘に変更したのを適法とし、「結局の被害はただ一個しかなく、しかも、これに関与する被告人らの行為もただ一つしかありえないという関係にあることが認められるから、訴因変更手続を経な

いで……認定したからといって、被告人の防禦権の行使に不利益を及ぼしたということはできない」と判示した。訴追の対象とされた詐欺の事実は、その行為の面からも結果の面からも明白に特定されており、ただ被欺罔者と被害者の内容が異なっていたにとどまるから、訴追対象事実を逸脱して防禦権を当然に侵害したということはできない。もし防禦権の具体的な侵害があったのであれば、その観点から救済を図ればよいのである。本件は、理由も結論も正当ということができる。

⑩　昭和三二年三月二六日第三小法廷判決(刑集一一巻三号一一〇八頁)は、業務上過失致死罪に関し、片方が崖の道路で路肩に寄り過ぎたのに中央方向に進行させず直進させたため、車を路面から脱出させて川に転落させたという訴因を、中央方向に車を進行させずに直進させ軟弱な路肩にかかって傾斜して初めて中央方向に車を進行させようとしたが時遅く、路肩が崩壊して車輪が路肩より外れるなどして川に転落させたと認定したのに対し、「一審の審理の経過を検討しても、これがために被告人の防禦が十分に尽くされなかったと認めることはできない」と判示した。この場合、訴因でも認定でも、路肩に寄り過ぎたという行為が過失行為として把えられており、その具体的事情に違いがあるにとどまるから、過失の態様に変化はなかったといってよいと思われる。

⑪　昭和三三年七月一八日第二小法廷判決(刑集一二巻一二号二六五六頁)は、傷害罪に関し、傷害の同時犯の訴因を共同正犯と認定したことにつき、「本件のような場合……そのことによって被告人に不当な不意打を加え、その防禦権の行使に実質的な不利益を与えるおそれはないのであるから、訴因変更の手続を必要としない」と判示した。傷害の同時犯は共犯の例により処罰されるのであるから、本件のような認定により訴追対象事実を変更したとはいえず、防禦権の具体的な侵害さえなければ、あえて訴因変更の手続は必要としないであろう。

⑫　昭和三四年七月二四日第二小法廷判決(刑集一三巻八号一一五〇頁)は、覚せい剤所持罪に関し、被告人の単独所持を共犯者との共同所持に変更したのを適法とし、その理由として、「そのことによって被告人に不当な不意

打を与え、その防禦権の行使に不利益を与えるおそれはない(被告人の刑事責任を増大させるわけでもなく、またその防禦方法を基本的に立て直す必要があるわけでもない)」と判示した。所持の日、所持した覚せい剤の形態、本数が同一であり、ただ共同所持者に付け加わっただけであるから、訴追対象事実に変化はなかったとみることができ、したがって、防禦権の当然の侵害があったということはできない。右の判示もその趣旨を明らかにしたものと解せられる。

⑬　昭和三五年八月一二日第二小法廷決定(刑集一四巻一〇号一三六〇頁)は、特別背任罪に関し、まったく同一の犯罪事実のうち、背任の目的を「第三者の利益を図る目的」から「自己の利益を図る目的」に変更したのを適法とし、その理由として、犯罪事実が同一であること、右の二つの背任目的の行為は具体的な本件においては全然無関係の行為ではなく、いわば主従、表裏の密接な関係にあることのほか、訴訟経過を指摘したうえ、訴因変更手続を経ないで認定を変更しても「被告人らのそれまでの防禦を徒労に終らせるような不意打を加え、その防禦権を実質的に侵害したものとはいえない」と判示した。ここでは防禦権の具体的な侵害があったか否かが検討されているが、その前提として、背任目的のみの変更によっては特別背任の訴追対象事実が別異なものとならず、防禦権の当然の侵害はなかったことが承認されているのであって、正当な先例ということができる。

⑷　次に、黙示の予備的訴因による縮小認定の場合については、次の一二例を挙げておこう。すべて訴因の変更を要しないとされている。

⑭　昭和二六年六月一五日第一小法廷判決(刑集五巻七号一二七七頁)は、強盗の訴因を恐喝と認定したのを適法とし、「元来、訴因又は罰条の変更につき、一定の手続が要請される所以は、裁判所が勝手に、訴因又は罰条を異にした事実を認定することに因って、被告人に不当な不意打を加え、その防禦権の行使を徒労に終らしめることを防止するに在る」としたうえ、「かかる虞れのない場合、例えば、強盗の起訴に対し恐喝を認定する場合の如く、

裁判所がその態様及び限度において訴因たる事実よりいわば縮少された事実を認定するについては、敢えて訴因罰条の変更手続を必要がない」と判示した。

⑮　昭和二八年五月二九日第二小法廷判決（刑集七巻五号一一五八頁）は、横領の訴因に対し、委託が真意に基づかなかったとして占有離脱物横領を認定したのを適法とした。

⑯　昭和二八年九月三〇日第二小法廷決定（刑集七巻九号一八六八頁）は、殺人の訴因に対し、承諾殺人の犯意しかなかったとして刑法三八条二項を適用し、同意殺人の責任を認めたのを適法とした。

⑰　昭和二八年一一月二〇日第二小法廷決定（刑集七巻一一号二二七五頁）は、殺人未遂の訴因に対し傷害を認定したのを適法とした。

⑱　昭和二九年一月二一日第一小法廷判決（刑集八巻一号七一頁）は、窃盗の共同正犯の訴因に対し窃盗の幇助と認定したのを適法とし、「審理の経過に鑑み被告人の防禦に実質的な不利益を生ずる虞れがないものと認めるときは、公訴事実の同一性を害しない限度において、訴因変更手続をしないで、訴因と異る事実を認定しても差し支えない」としたうえ、「本件において被告人は、第一審公判廷で、窃盗共同正犯の訴因に対し、これを否認し、第一審判決認定の窃盗幇助の事実を以て弁解しており、本件公訴事実の範囲内に属するものと認められる窃盗幇助の防禦に実質的な不利益を生ずる虞れはない」と判示した。

⑲　昭和二九年一月二八日第一小法廷判決（刑集八巻一号九五頁）は、⑱と同様の理由により、貿易等臨時措置令及び関税法違反の密輸入の共同正犯の訴因を幇助と認定したのを適法と判示した。

⑳　昭和二九年一〇月一九日第三小法廷決定（刑集八巻一〇号一六〇〇頁）は、控訴裁判所が強盗の訴因を強盗幇助と認定した一審判決を破棄して恐喝の自判をしたのを適法とした。

㉑　昭和二九年一二月一七日第二小法廷判決（刑集八巻一三号二一四七頁）は、⑭と同じ理由により、強盗致傷の

訴因に対し傷害致死と認定したのを適法とした。

㉒　昭和三〇年一〇月一八日第三小法廷判決（刑集九巻一一号二二二四頁）は、⑭と同じ理由により、爆発物取締罰則三条の罪の訴因に対し同罰則六条の罪を認定したのを適法とした。

㉓　昭和三〇年一〇月一九日第二小法廷決定（刑集九巻一一号二二六八頁）は、⑭と同じ理由により、傷害の共同正犯の訴因に対しこれに含まれる本人の暴行の事実を認定したのを適法とした。

㉔　昭和三三年六月二四日第三小法廷判決（刑集一二巻一〇号二二六九頁）は、強盗殺人の共同正犯の訴因に対し殺人の幇助を認定したのを適法とし、「本件犯罪の外形的事実は全く同一であって、これについてどの程度の犯意があったと認定するかによって、強盗殺人の共同正犯ともなり、殺人の幇助ともなる事案である。そして原審の認定は訴因よりも遙かに被告人に有利でありその防禦を害したものとは認められない」と判示した。

㉕　昭和五五年三月四日第三小法廷決定（刑集三四巻三号八九頁）は、「道路交通法一一七条の二第二号の酒酔い運転も同法一一九条一項七号の二の酒気帯び運転も基本的には同法六五条一項違反の行為である点で共通し、前者に対する被告人の防禦は通常の場合後者のそれを包含し、もとよりその法定刑も後者は前者より軽く、しかも本件においては運転開始前の飲酒量、飲酒の状況等ひいて運転当時の身体内のアルコール保有量の点につき被告人の防禦は尽くされていることが記録上明らかであるから、前者の訴因に対し原判決が訴因変更の手続を経ずに後者の罪を認定したからといって、これにより被告人の実質的防禦権を不当に制限したものとは認められず、原判決には所論のような違法はない」と判示した。両罪は、一部ずつ重なり合う択一関係であると解せられるので、重なり合う限度で両罪の訴追があったとみてよく、したがってアルコール保有量の点に防禦がつくされる限り、酩酊運転を酒気帯び運転として認定してもさしつかえないというべきであろう。(36)

(28)　平野龍一「過失犯と訴因の変更」刑事判例評釈集三一・三三巻三五九頁は、後記㈥⑦の判例について、追突事故における過失「行為」は追突させたことであり、それがいかなる不注意によるものであったかは「過失」の問題であると批判する。本稿では、過失の態様を含む広義の過失行為を故意行為と対応させ、訴因の同一性を決定する要因と解している。

(29)　平野・注(22)刑事法研究一一二―一二六頁、同・注(4)一三六頁、松尾・注(5)二四六―二四八頁、田宮・注(5)五八〇―五八九頁、鈴木・注(22)一〇三―一〇四頁が、「訴因の同一性」「審判の対象としての同一性」「審判の対象を特定するために必要不可欠な部分」などと呼び、具体的な防禦権の保障に先立つ客観的な審判対象の範囲の確定という見地から訴因変更の要否を論じているのは、その範囲の広狭は別として、本稿と同じ立場に立つものである。公訴事実対象説に立ちつつも、訴因の拘束力が及ぶ範囲を客観的に画すべきであるとし、その範囲外の事実認定を具体的防禦に支障のないときも違法と解する見解に、小野・注(18)法律実務講座九五〇―九五一頁がある。この見解は、訴因対象説と紙一重である。

これに対し、訴因対象説に立ちつつ、被告人の防禦に実質的不利益を与えるか否か、特に不意打ちを与えるか否かの基準を重視し、その類型化を試みる見解に、高田・注(3)四一四―四一六頁、同・注解刑事訴訟法中巻(全訂新版)六二五―六三一頁、柏木・注(12)二八九―二九二頁がある。もとより、この基準の代表は、団藤・注(3)二〇二―二〇四頁であった。

(30)　学説は一般に縮小認定を肯定するが、その立場にもニュアンスがある。例えば、平野・注(22)刑事法研究一一六―一一七頁、同・注(4)一三四―一三六頁、同・注(14)九一頁は、訴因に論理的に包摂される場合をすべて予備的訴因とは認めないのに対し、高田・注(3)四一五頁、田宮・注(5)五八六頁は、これを広く認めるようである。本稿は、基本的に前者の方向を支持する。

(31)　船田三雄・最判解説昭和四〇年度二四七―二四八頁。抽象的防禦権説への判例の傾斜については、小泉・注(7)二五六―二六一頁参照。

(32)　堀江一夫・最判解説昭和三六年度一五四頁。

(33)　海老原震一・最判解説昭和四〇年度六三頁。

(34)　桑田連平・最判解説昭和四一年度一六〇頁。

(35)　鬼塚賢太郎・最判解説昭和四六年度一三三頁、阿部純二・刑事訴訟法判例百選(第五版)八八頁。

(36)　反町宏・最判解説昭和五五年度六一頁、石井一正・刑事訴訟法判例百選(第五版)八六頁参照。

3　訴因外認定判決の効果(その一)

(一)　問題の要点

裁判所が訴因変更の手続を経ないで認定することの許されない事実を認定した場合に、「審判の請求を受けない事件につき判決をした」という法三七八条三号後段の絶対的控訴理由を構成するのか、「訴訟手続の法令に違反した」という法三七九条の相対的控訴理由を構成するにとどまるのか。[37]

すでに訴因変更の要否に関し触れたとおり、この問題は、訴因外事実を認定する際に訴因変更の手続を必要とする理由に大別して二つのものがあることに着目して解決すべきであると思う。すなわち、訴因によって設定された訴追対象事実を逸脱した事実を認定するため訴因変更を必要とする場合に、これを怠ったときは、絶対的控訴理由にあたり、右の逸脱はないが被告人の防禦権を侵害するおそれがあるため訴因変更を必要とする場合に、これを怠ったときには、相対的控訴理由にあたると解すべきものと思う。

㈡　絶対的控訴理由にあたる場合

検察官処分権主義のもとでは、検察官が訴因により訴追の対象として指定した犯罪事実（訴追対象事実）を超えて裁判所が犯罪事実を認定することは、検察官が審判を求めない犯罪事実を裁判所が職権で認定することであり、起訴によらずに犯罪事実を認定するに等しい違法な措置である。したがって、その判決には、当然に破棄を受けるべき違法があることになり、「審判の請求を受けない事件につき判決をした」違法があるといわなければならない。[38]後に触れるとおり、最高裁判例がこの違法にあたると明示した事例が科刑上一罪の一部を付加して認定した事件のみであるため、実務家を中心にその他の場合は相対的破棄理由となるにとどまるとの理解が有力であるが、[39]犯罪の一部訴追を適法と解する点で実務が固っている以上、これを拡大認定した判決には破棄すべき違法があるといわざるをえないであろう。

訴追対象事実に変動をもたらすような訴因外事実とは、検察官処分権主義の観点から訴因変更が必要となる場合の事実である。訴因の同一性が失われる事実であるといってもよい。再言を避けるが、これには、訴因で定められた訴追対象事実を拡大して認定する場合、訴因で定められた訴追対象事実と異なる内容の事実を認定する場合、黙示の予備的訴因にも含まれない事実を認定する場合がある。

㈢　相対的控訴理由にあたる場合

以上に対し、訴因によって定められた訴追対象事実に変動をもたらさない場合において、被告人の防禦権を侵害した疑いがあるときは、相対的控訴理由にあたり、その違法の程度が判決に明らかに影響するときに判決の破棄を招くことになる。

具体的にいかなる場合に防禦権の侵害となるかについては、後に考察することにしたい（**四**の**2**）。

㈣　判例の分析

最高裁判例を見ると、昭和二五年六月八日第一小法廷決定（刑集四巻六号九七二頁。前記**2**の㈥①）は、窃盗罪のみの訴因であったのに、訴因の追加手続を経ることなく、窃盗の手段でこれと牽連犯の関係に立つ住居侵入罪をも認定した事案につき、「審判の請求を受けない事件について判決をした違法がある」と判示し、昭和二九年八月二〇日第二小法廷判決（刑集八巻八号一二四九頁。前同③）は、強制猥褻の訴因であったのに、訴因の変更手続を経ることなく、これと観念的競合の関係に立つ公然猥褻の事実を認定した事案につき、同様の判示をした。しかし、訴因変更の手続を要するとして判決を破棄した他の事案（前同②④ないし⑦）においては、その違法が絶対控訴理由にあたるか相対的控訴理由にあたるかを明らかにすることなく、単に法令の違法があることを指摘して法四一一条一号を適用するにとどめている。

そこで、前記のとおり、判例の解釈としては、公訴事実の同一性のある事実の認定のうち、科刑上一罪の場合に限り絶対的控訴理由にあたるとしているとする見解が有力に主張されている。この見解も、判例の結論を矛盾なく説明しており、断定的には斥け難いが、前記のとおり不徹底であることは否定できない。また、訴因変更の要否に関する本稿の分析に基づくと、右の場合のほか、訴因変更の手続を要するとして原判決を破棄した判例はすべて実質上絶対的控訴理由に立つものであり、それ故にこそ具体的な防禦権の侵害があったことを説明せずに破棄をしているると理解されるのであるから、判例は絶対的控訴理由説に立つとみるのがより整合的であると思う。

なお、訴因逸脱認定について三七九条説によったとして引用されることがある昭和三二年七月一九日第二小法廷決定(刑集一一巻七号二〇〇六頁)は、検察官が法令解釈を誤り競馬法三〇条一号の罰条にあたるとして起訴した事実をそのまま三〇条三号の罰条にあたるとして処罰したことにつき、三七八条三号違反はなかったと判示したものであって、訴追された犯罪事実自体には変動がなかった事案である。したがって、三七八条三号違反とする必要はなかったのであるから、この判例は、三七九条説の根拠とはならない(**五**の**2**参照)。

同じ趣旨で引用されることのある昭和三六年六月一三日第三小法廷判決(刑集一五巻六号九六一頁)は、収賄の共同正犯の訴因に対し、贈賄の共同正犯の事実を認定するには、訴因罰条の変更手続を要すると判示し、その判文中、原審が訴因罰条の変更手続を履まなかった点は「訴訟手続が違法であることを免れない」と判示しているが、これは明らかに法四一一条一号の法令違反を指すものであって、三七九条違反を指すものではない。

(37)　この問題の全体的考察をしたものに、小林充・註釈刑事訴訟法第四巻八八—九四頁、一二二—一二三頁、西村清治「原判決が訴因外の事実を認定した場合の破棄理由」判例タイムズ三五二号八三頁がある。

(38)　団藤・注(3)四二七頁、平野・注(4)三〇八頁、栗本一夫「審判の請求を受けない事件についてした判決と刑訴四一一条」刑事判例評釈集一二巻一一七頁、一六巻二四一頁をはじめとして今日では通説といってよい。

(39)　木村栄作「訴因と控訴理由」刑事訴訟法判例百選(新版)二二〇頁、早川義郎「刑事事件における判例変更をめぐって」司法研修所論集一九七三Ⅰ八五頁、鈴木茂嗣・刑事訴訟の基本構造二七八—二八二頁、小泉・注(7)二七〇—二七一頁、小瀬保郎「訴因と審判の対象」公判法大系三三三頁、二四五—二四九頁、臼井・注(7)四〇二頁、四一九—四二〇頁及び注(37)の文献など。

4　訴因と形式裁判

㈠　問題の要点

訴因に掲げられた犯罪事実が認められず、他の犯罪事実が認められ又は認められる可能性がある場合において、他の犯罪事実について訴訟条件の定めがあるとき、裁判所の採るべき措置は何か。その犯罪事実に訴因を変更したうえで形式裁判をすべきか、訴因を変更するまでもなく形式裁判をすべきか、あるいはその余の措置をとるべきか。これがここで取扱う問題の要点である。

この問題は、審判の対象が公訴事実であると解する見解からは、その正当性を例証する格好の問題であると主張されている。すなわち、認定される犯罪事実が訴因に掲げられていると否とを問わず、右の場合には常に形式裁判をするのが当然であり、そのことが公訴事実対象説の正当性を基礎づけているというのである。しかし、常に形式裁判をすべきであるというのは疑問であって、検察官がその犯罪事実を訴因とし、これについての訴追意思を示した場合に限り形式裁判をするのが妥当であり、むしろこの問題は、訴因対象説の正当性を例証しているとさえいいうるように思われる。(40)

㈡　各種の訴訟条件と裁判

公訴時効、告訴、管轄権、非反則行為の訴訟条件について具体的に検討してみよう。

(1)　公訴時効と訴因の関係を先ず取り上げよう。起訴状記載のA訴因によると起訴時に時効が完成していないが、審理の結果認められ又は認められるかも知れないB事実によると起訴時に時効が完成している場合には、どのような処理をすべきであろうか。

訴因を基準とする考え方に立つと、A訴因の中にB訴因が黙示に予備的に含まれている場合には、B訴因を基準として免訴を言渡すべきことになる。例えば、傷害の訴因につき負傷の事実が認められず、暴行の事実のみが認められる場合において、暴行の公訴時効が完成しているときは、暴行につき免訴とすべきである。これに対し、A訴因の中にB訴因が含まれていない場合において、A訴因が認められず、B訴因の公訴時効が完成しているときは、A訴因について無罪を言渡すべきである。

もっとも、訴因を基準に考えると、強姦致傷の訴因で起訴され、致傷の点及び強姦の点が共に認定できず、強姦の公訴時効が完成している場合にも、無罪の言渡しができず、強姦致傷の訴因に含まれる強姦の訴因について免訴を言渡さなければならないのではないかという疑問が起るかも知れない。現に、このような場合には、まず検察官に釈明を求め、強姦致傷の訴因の撤回すなわち強姦の訴因への変更をするかどうか確かめ、訴因を変更したときは公訴の棄却をし、訴因を変更しないときは強姦の嫌疑の有無を問わず無罪とすべきであるという見解が有力に主張されている(41)。しかし、強姦致傷の訴因が掲げられている場合には、致傷の点についても強姦の点についても審理ができるので、審理の結果強姦の点が認定できないときには、当然無罪を言渡すことになるであろう。そうとすれば、強姦の点及び致傷の点が共に認定できない場合にも、そのまま無罪を言渡して少しもさしつかえないと思われる。黙示の予備的訴因は、明示された訴因が認められず、そのかわりに予備的な訴因が認められ又は認められる可能性がある場合に初めて審判の対象とすれば足りるものである。そうすると、強姦致傷について強姦も致傷も認められない場合には、黙示的、予備的な強姦の訴因も同時に認められないことになるから、後者について審判をするまでもなく、前者について無罪を言渡せば足りるというべきである。

右の点に関する最高裁判例を見ると、次の二例がある。

① 昭和二六年一二月二五日第三小法廷判決(刑集五巻一三号二六二三頁)は、恐喝と暴力行為等処罰に関する法律一条一項違反の牽連一罪の起訴に対し、裁判所が後者だけを認めた場合に、起訴時までに後者の時効期間三年が経過していたときは、免訴を言渡すべきものと判示した。

② 昭和三一年四月一二日第一小法廷判決(刑集一〇巻四号五四〇頁)は、名誉毀損の起訴に対し、裁判所が侮辱(時効期間一年)の事実を認めた場合に、起訴時にすでに一年一月余が経過していれば免訴を言渡すべきであると判示した。

①は、起訴時に暴力行為等処罰に関する法律違反罪のみであった場合と同様の法律関係であり、②は、侮辱の訴因が黙示的、予備的に掲げられていた場合であって、いずれも訴因について訴訟条件の存否が判断されている場合といってよい。したがって、これらを、裁判所が訴因外の事実を認定したうえで訴訟条件の存否を判断すべきものとした先例とみるのは当を得ないであろう。

(2) 親告罪の告訴についても、(1)と同様の考え方で処理することが可能である。

強姦致傷の訴因で審理の結果、致傷の事実が認められず、しかも、告訴がない場合を考えてみよう。この場合、訴因を基準とする見解に従うと、強姦の訴因が黙示的、予備的に強姦致傷の訴因の中に含まれていると解すべきであるから、強姦について公訴を棄却すれば足りる。もっとも、告訴のない強姦の訴因が黙示的、予備的に含まれると考えるのは不当だと解する向きもあろうが、そう考えなければ、明示に強姦の訴因を追加する余地もなく、無罪を言渡すほかないことになる。これでは、後に告訴を得て強姦で再訴する途を閉ざしてしまうであろう。

また、右のように考えると、公訴時効について触れたと同様、致傷の点も強姦の点も証明がないときに公訴棄却とするほかなく、無罪を言渡すことができないのではないかの疑念があろうが、前記のとおり、黙示の予備的な訴因は、明示の訴因の証明がなく、かつ、予備的な訴因の成立する余地がある場合に初めて考慮すれば足りるのであるから、右の場合には強姦の訴因は無視してよい。

窃盗の訴因に告訴のない器物毀棄の訴因が予備的に追加された場合には、窃盗の事実が認められない時点で器物毀棄の訴因につき公訴を棄却すべきである。窃盗の訴因が器物毀棄の訴因に交換的に変更された場合にも、公訴を棄却することになる。いずれの場合も、窃盗の訴因の審理において器物毀棄の事実の存否を明らかにすることはできないので、その事実又はその可能性が存在することを公訴棄却の要件とすることはできないであろう[42]。

さらに、右のように考えると、例えば窃盗又は強姦致傷の訴因で審理中、捜査のやり直しをするため、わざと告訴のない器物毀棄又は強姦の訴因に交換的に変更して公訴棄却を受けるという不当な結果を容認するという疑問が提起されている。しかし、検察官が敢えて器物毀棄又は強姦という縮小訴因に交換的な変更をして公訴棄却を受けたときは、元の窃盗又は強姦致傷の訴因による訴追は処分したというほかはなく、その訴因による再起訴は許されないと解すべきである。最初から器物毀棄又は強姦の訴因で起訴し、告訴が無効であったとして公訴棄却を受けた場合、控訴でも訴因を窃盗又は強姦致傷に変更して破棄を求めることができないのであるから、まして再起訴は許されないというべきである[43]。

(3) 管轄権の問題についても、基本的に(1)と同様な処理をすることができる。

地裁に起訴された重過失致死を審理した結果、簡裁に専属の事物管轄がある過失致死の事実が認定されたとしよう。この場合、過失致死の訴因は黙示的、予備的に重過失致死の訴因に含まれていると解せられるから、検察官が過失致死の訴因での処罰を希望しないことを表明した場合の外は、過失致死について管轄違いを言渡すべきである。右の場合、管轄権のない地裁に過失致死の訴因が併せて掲げられていると解するのは不当であるという見解もあろうが、それでは無罪を言渡すほかなくなり、一層不当である。

この問題は、訴因ではなく公訴事実が審判の対象であると解しても、解決しない。すなわち、重過失致死の公訴事実の中に管轄権のない過失致死の事実が含まれていて、共に地裁の審判の対象となっていると考えるのは、地裁に過失致死の予備的訴因で訴追がなされていると考えるのと少しも異ならないからである。

次に、地裁に起訴された傷害致死を審理した結果、簡裁に専属管轄のある過失致死の事実が認定されたとしよう。

傷害致死と過失致死の訴因とは過失の点で事実のくい違いがあるので、前者に後者が予備的、黙示的に含まれていると解することはできない。しかも、両者は事物管轄を異にしている。そこで、この場合には、裁判所は、検察官に対し、過失致死の訴因を追加するか否かを尋ね、訴因の追加があったときには管轄違い、ないときには無罪を言渡すべきである。また、このような処理では、被告人に有利な形式裁判をするのにわざわざ訴因変更を求めることになり、不自然であるという批判があるが、検察官が過失致死での訴追を望まない場合にまで、その罪での再訴の可能性を残す公訴棄却をしなければならないと解する方が、より一層不当である。

(4)　非反則行為(四〇キロメートル毎時超過の速度違反)として通告手続を経ないで起訴された事件について、審理の結果反則行為にあたると認められる場合にも、(1)と同様の措置が採られるべきである。すなわち、この場合、反則行為の訴因も黙示的、予備的に非反則行為の訴因の中に含まれていると解せられるので、そのまま反則行為の訴因について公訴を棄却すれば足りる。最高裁昭和四八年三月一五日第一小法廷判決(刑集二七巻二号一二八頁)も、裁判所の認定事実に従って公訴棄却の判決をすべきものと判示した。

(5)　以上を要約すると、訴訟条件のないA訴因の事実が認められず、訴訟条件のあるB犯罪の事実が認められる場合において、B犯罪の訴因がA訴因の中に黙示的、予備的に含まれているときは、B訴因を基準に形式裁判をする。また、B犯罪の訴因がA訴因の中に黙示的、予備的に含まれていないときは、B訴因を交換的又は予備的に追加するか否かを検察官に確かめ、追加したときはB訴因を基準として形式裁判をし、追加しないときはA訴因を基準として無罪を言渡す。

検察官にB犯罪を訴追する意思がないのに、常にその罪につき形式裁判をすべきであると解するのは、A訴因により無罪を言渡してもらう被告人の利益を損うばかりか、訴訟条件がないのに常にB犯罪の事実を認定するという不当な結果をもたらすであろう。

(40) 平野・注(4)一五二頁、柏木・注(12)一四六頁、高田・注(3)一三五頁、田宮・注(5)六二二―六二五頁、鈴木・注(22)一一二頁など訴因対象説が学説上は支配的である。なお、この問題に関しては、古城敏雄「訴因と訴訟条件」公判法大系Ⅱ二七二頁、松浦秀寿「訴因と訴訟条件」刑事実務ノート第二巻四一頁、松尾浩也「訴訟条件と訴因(1)」刑事訴訟法判例百選(第五版)一〇四頁、大久保太郎「訴因と訴訟条件(2)」前同一〇六頁、柴田孝夫・註釈刑事訴訟法三巻五〇九頁、西村尤克「訴因と管轄」谷口正孝編・刑事法演習Ⅰ四三頁参照。

(41) 平野・注(4)一五二頁。

(42) 松尾・注(40)は、本位的訴因である窃盗に予備的訴因として器物毀棄を追加する請求があった場合において、器物毀棄の告訴がないときには、公訴棄却のための訴因変更は認められないとして不許可とすべきであり、かつ、一応の調べで器物毀棄の事実が認められる場合に限り、公訴棄却を言渡し、認められない場合には無罪を言渡さなければならない、と説く。告訴のない訴因への変更を請求するのは、形式裁判のためではなく、将来の実質裁判のためであるから、訴因変更制度は実質審判のために認められたものであるという前提をとっても、この場合の変更をこばむ必要はないように思われる。

(43) 小田中聡樹「訴訟条件を欠く訴因に変更できるか」法学教室(第二期)二巻七二頁は、元の訴因で無罪となる見込みが生れた時点以降は本文のような訴因変更は許されないと論ずるが、そう解する必要はないと思われる。(なお、訴因変更の時期的限界についての**三**の**8**参照)。

5 訴因と証拠調

(一) 問題の要点

訴因に掲げられた犯罪事実が審判の対象であるから、証拠調も、その犯罪事実の存否に関連性をもつ範囲で行われることになる。

右の見解に対しては、二つの角度から疑問が提起されている。一つは、証拠調の範囲を訴因の範囲にとどめることは狭きに失し、公訴事実の範囲にまでこれを拡げなければならないのではないかという疑問であり、他は、証拠調の結果訴因変更を行うのは証拠調が訴因外にまで及んでいるからではないかという疑問である。

(二)　証拠調の範囲

本稿の立場からいえば、証拠調の範囲は、訴因に掲げられた犯罪事実の存否を判断するのに必要な範囲である(44)。これに対しては、次の三つの具体的疑問が提起されている。

第一は、訴因に記載された事実を超えて具体的事実を立証することが許されるかである。例えば強盗殺人の訴因に犯行日が「七月一五日ころ」と記載されている場合において、証人に対し「七月六日ごろから一九日ごろまでの間」の被告人の行動を尋問し、その日で犯罪事実を認定することが許されるかである(45)。論者自らが指摘されるように、審判の対象である訴因とは、「『訴因によって指摘された犯罪』自体であって、訴因の中に記載されているその犯罪の日時、場所……は審判の対象を限界づけるものではない」からである。

次に、例えば傷害の訴因において、「全治約三か月」と記載されているのに、被害者が証言で全治約五か月であったと述べようとする場合、その事実や負傷後三か月以後の治療経過を尋問することは許されないのかである(46)。傷害の種類、部位などは傷害罪の内容を特定するための記載であるから、訴追対象である犯罪事実の内容をなすというべきであるが、その傷害の予想治療日数は傷害の内容そのものではなく、これに附随した態様を表示するものであり、必要不可欠な表示とはいえないから、日数に極端な相違があったため傷害の内容そのものが別個のものとなる場合の外は訴因変更を必要としないと解せられる。もとより、予想治療日数を実際の治療日数に変える場合も同様である。したがって、その点については当然証拠調の範囲に含まれる。

さらに、殺人の訴因に記載された犯行の動機や犯行に至る経緯と異なる事実について立証することが許されるかである(47)。これらの事実は、訴追対象とされた犯罪事実を特定させるものではなく、その附随事実であるから、被告人の防禦に支障が生じない限り、これと別の事実を立証することも許される。

第二は、訴因の犯罪事実の存否を確かめるために必要ではあるが、別個の訴因を立証することになる証拠調を行うことが許されるかである。例えば窃盗の共同正犯の訴因において幇助の事実を立証することが許されるかである。[48]幇助にとどまることが立証されれば共同正犯は否定されるのであるから、幇助の立証は当然に許される。そして、共同正犯の訴因の中に幇助行為と認めるべき行為が表示されているときに、そのまま幇助と認定することはもちろん許されるし、幇助行為と認めるべき行為が表示されていないときに、防禦の機会を十分に考えたうえこれを認定することも許されると解すべきである。

第三は、専ら訴因変更を前提とした証拠調を行うことも許されるかである。例えば、傷害の訴因に右側頭部打撲傷と記載されている場合において、新たに判明した脳内出血の事実を立証することが許されるかである。[49]この場合には、たとえ脳内出血が右側頭部打撲の結果発生したものであっても、それを付加して認定することは傷害の内容を拡大することになるので、弁護人の同意がない限り、その点の立証に先立って訴因を変更する必要がある。

㈢　証拠調の結果に基づく訴因変更

証拠調の過程において、公訴事実の同一性のある新たな犯罪の成立することが明らかとなり、訴因変更が行われることがある。訴因変更の制度は、このように新しい犯罪が判明することを予想した手続であり、したがって、それまでの証拠調べは実質上新しい訴因の立証のためのものであったことになる。のみならず、訴因変更前の証拠は、変更後の訴因の証拠として当然に利用され得るものと理解されている。そうすると、審判は訴因を対象としてではなく公訴事実を対象として行われていることになりはしないか。

右の現象を捉えて公訴事実は潜在的な審判の対象であるということもできようが、そのことは公訴事実が直接審判の対象であることを意味しない。すなわち、訴因に掲げられた犯罪事実が認められるか否かは、直接その事実の存在を示す証拠を取調べることによるほか、これを否定する証拠、これと両立しない事実の証拠又は縮小事実の存在を示す証拠を取調べることによって判断することになる。例えば、被告人の方から、窃盗の訴因の事実を否定して横領であると自供し、共同正犯の事実を否定して幇助の事実を積極的に立証することがあるのは、そのためである。その結果として、訴因の立証過程で、しばしば両立しない事実が浮び上がってくる。訴因変更の制度は、まさに右のような立証過程を考慮した制度であり、訴因も審判の対象とした立証活動に附随する結果を手続に反映させるための制度にほかならない。

(44) 平野・注(22)基礎理論九一頁、高田・注(3)四一二頁、柏木・注(12)二八四―二八六頁、小瀬・注(39)二四一―二四三頁。
(45) 大久保・注(18)補足九頁。
(46) 右同一三―一四頁。
(47) 右同一五―一八頁。
(48) 右同一八―一九頁。
(49) 右同一二―一四頁。

6　訴因変更命令の義務性

(一)　問題の要点

裁判所は、審理の経過にかんがみ適当と認めるときは、訴因の変更を命じることができる(法三一二条二項)。この訴因変更命令が裁判所の義務であり、命じないことが違法となる場合があるのか。

この問題は、検察官処分権主義の観点からみると、検察官が訴因に掲げなかった犯罪事実はすべて訴追の対象から終局的に除外し処分したものと解してよいのか、それとも裁判所の態度いかんにより検察官が訴因変更によりその犯罪事実を当然訴追対象にするであろうと考えるべき場合があるのかを問う問題にほかならない。

検察官が裁判所の心証を常に正確に把握していると仮定すれば、検察官の訴追意思は訴因に正確に反映することになるので、裁判所は、現にある訴因に対してのみ判断を下せば足り、訴因変更命令を出す必要はない。例えば、現にあるA訴因の犯罪事実が認められず訴因外のB犯罪の事実が認められるとの裁判所の心証を知ったとすれば、検察官は、訴追意思がある限り、B訴因を予備的又は交換的に追加するはずであり、訴因変更命令の働く余地はないことになる。しかし、実際には、裁判所の心証は必ずしも正確に検察官に把握されるわけではないので、そのくい違いから、裁判所の心証を知っていれば当然検察官が行ったであろう訴因変更が行われない場合が生じる。ここに訴因変更命令の根拠があり、その義務性が問題となる理由がある。(50)

そこで、以下、まず検察官が訴追意思を正確に訴因に反映させるにはいかなる前提条件が必要かを検討したうえ、その前提条件が欠ける場合に裁判所が何らかの訴訟上の義務を負うかを検討し、最後に裁判所が訴因変更命令を発すべき義務を負う場合について考察してみたいと思う。(51)

㈡　検察官による訴因変更請求の前提条件

訴因変更の請求を行うことは、検察官の専権であり、義務である。ところで、検察官がその権限を適正に行って訴因に訴追意思を正確に反映させていくには、次のようにいくつかの前提条件が必要と考えられる。

まず、検察官が訴因変更を適切に請求するには、新訴因への変更が法律上可能であり、かつ必要であることを認識していなければならないであろう。変更が法律上可能であることとは、現訴因と新訴因とが公訴事実の同一性を保っていることであり、変更が法律上必要であることとは、現訴因と新訴因とが同一性を保っているものの、現訴因の中に新訴因が黙示的、予備的には含まれていないことをいう。第二に検察官が訴因変更を適切に請求するには、現訴因のままでは有罪を得ることができず、かつ、新訴因に変更すれば有罪を得る可能性があることを認識していなければならないであろう。第三に、検察官が訴因変更を適切に請求するには、現訴因で有罪を得られないときは、新訴因により有罪を得たいという訴追意思がなければならないであろう。

このうち、最後の点は、他の二つの条件が充たされれば当然検察官の方で決定しうることであるから、その点についてまで訴因変更命令をもって補う必要はない。そこで、最初の条件について考えてみると、検察官は、公訴官であって、当然刑訴法を知悉しているはずであるから、通常は訴因変更の法律上の可否や要否について判断を誤ることはなく、裁判所も、そのことを信頼して手続を進めてよいはずである。しかし、検察官であっても、証拠の見方、判例の理解その他何らかの理由から右の法律判断を誤って、新訴因への訴因変更が許されないと誤解し、又は、訴因変更を必要とせずに縮小訴因により有罪を得ることができると誤解する場合がありうる。殊に法律を解釈し適用する権限は裁判所に専属しているので、検察官の判断と裁判所の判断とが相違する余地を制度上完全に排除することはできないのである。他方、第二の条件についても、検察官は、公訴官として、立証の程度を熟知しているはずであるから、現訴因について有罪を得られるか否かについても、通常は適切な判断を下しうるであろう。しかし、事実認定を行うのは裁判所であるから、検察官が有罪の見通しを誤ることも当然に想定しなければならない。このように、法律解釈及び事実認定の権限が裁判所に属していることなどの理由から、制度上、検察官が誤解に基づき、誤解がなければ当然行ったであろう訴因変更の請求を行わず、そのためその罪につき有罪を得る機会を逸することも避けられないのである。ここに、裁判所による訴因変更命令の義務性を考慮すべき契機がある。

㈢　訴因変更をめぐる裁判所の訴訟上の義務

以上の考察に基づき、裁判所が訴因変更に関し何らかの義務を負うかについて検討を進めることとしよう。

(1)　第一に、訴因変更が法律上可能であり、必要でもあるという点について、検察官に誤解がある場合について考えてみよう。そのような誤解は、通常は表面に表われることはないが、釈明又は冒頭陳述などの過程で明らかになることも絶無ではない。そして、もし、検察官がこのような誤解に陥っていることが判明したときは、裁判所は、当然、その誤りを正し、訴因変更が可能であることを示唆する義務を負うであろう。このような義務は、訴訟の主催者である裁判所が負うべき当然の一般的義務であり、もとより被告人に対する関係では一層強く負うものというべきである。

ところで、訴因と認定事実とがくい違う場合の型として、訴因より処罰対象を拡大する拡大認定の場合(科刑上一罪の他の罪を追加し、訴因を内包する構成要件的評価の重い罪に変更し、行為又は結果の内容を拡大する場合)、訴因より処罰対象を縮小する縮小認定の場合(訴因に内包される軽い罪を認め又は行為、結果の内容を縮小する場合)、訴因とは別の処罰対象を認定する競合認定の場合(窃盗の訴因であるが贓物故買が認められる場合など)があった(三の**2**参照)。このうち、縮小認定の場合は、縮小された訴因が黙示的、予備的に掲げられていると解しうるので、訴因変更を必要としない。そこで、拡大認定又は競合認定の場合を考えると、たとえ拡大認定の場合でも、訴因変更の必要性、可能性について誤解があったために検察官が縮小訴因を構成したことが明らかであるときは、検察官に拡大認定事実を訴追対象としないという処分意思は存しないので、裁判所としては縮小訴因のまま直ちに判決をするのは妥当でない。そうすると、この場合の裁判所の義務は、一般的に広く肯定してよいと思われる。

(2) 第二に、現訴因のままでは有罪を得ることができないが、新訴因に変更すれば有罪を得ることができることを検察官が気付いていない場合を考えてみると、その可能性は常に予想されることであり、しかも予備的又は択一的な訴因を掲げることが認められているので、右の点につき裁判所に釈明の義務を認めるのは妥当でないとの見解もありえよう。しかし、問題は、検察官に過失があるか否かではなく、訴因変更請求がなされない事実からその余の訴因による訴追の意思がないと考えるのが妥当か否かである。そうすると、事情が分れば新訴因への変更が当然なされるような状況であれば、事情の分らないうちに、新訴因による訴追がすでに処分されたものと考えるのは早計であろう。

ただ、この場合には、拡大認定をするときと、競合認定をするときとで、異なる取扱いをするのが妥当であろう。すなわち、強盗を窃盗として起訴し、行為又は結果を縮小して起訴したような場合には、検察官はその事情を知悉したうえであえて縮小訴因で訴追したと考えることができるから、特別の事情が介在していない限り、裁判所が処罰対象を拡大する方向で訴因変更を行う可能性があることを示唆する必要はないと考えられる。

これに対し、窃盗の訴因ではあるが贓物故買の事実が認められたり、窃盗の訴因ではあるが詐欺の事実が認められるような競合認定の場合は、検察官に法令適用上の錯誤があると考えるべきであるから、その事情を示唆して訴因変更の機会を与える必要があるというべきであろう。もっとも、競合認定の場合のうち、例えば、真実は詐欺と認められるのに確実な立証を行うため業務上横領の訴因で訴追するように、実質上の縮小訴因による訴追ともいうべき場合が実務上しばしば存在する。このような場合は、疑わしきは被告人の利益にの原則を実体法の適用にあてはめた適法な縮小訴因といってよいから、拡大認定の場合と同様、あえて実質上処罰を拡大する方向での訴因変更の機会を与える必要はない。

さらに、競合認定の場合であっても、旧訴因による訴追が当然予想されるときでなければ、あえて裁判所がその点につき検察官に訴追の機会を与える必要はない。どのような場合に新訴因での訴追が予想されるかは、両訴因の罪質の類似性、刑責の類似性、証拠の共通性などを考慮して決することになる。そして、その判断にあたっては、両訴因の事実面での相違を一応捨象し、両者を含む共通の構成要件を想定して比較したとき、新訴因がこれに当然内包され、縮小認定が可能となるか否かを考えるのが便利と思われる。

結局、裁判所に訴因変更上の義務が存するのは、現訴因では無罪、新訴因では有罪(親告罪の告訴がない場合には、公訴棄却後の再起訴での有罪)という関係に立ち、かつ、新訴因での訴追が当然予想される場合に限られるというべきであろう。

(四)　訴因変更命令の義務

これまで指摘した裁判所の訴因変更上の義務は、訴因変更命令を発する義務と考えるべきであろうか。後にも触れるとおり(三の7)、訴因変更命令は、検察官に対し訴因変更の機会を与えたうえ、新訴因により訴追をする意思の有無を確認することに真のねらいがあると解せられるので、その義務性も、右のねらいに即して検討する必要がある。

(1) ㈢の(1)の義務、つまり検察官が訴因変更の法律上の可能性又は必要性を誤解している場合における裁判所の義務は、検察官の訴追意思を確認することを直接の目的とするものではなく、その前提となるものであり、訴追意思はその事実を知った検察官の側で容易に表明することができる。そうすると、裁判所は、その事実を何らかの方法で検察官に知らせることをもって足り、あえて訴因変更命令を発し、又は訴追意思の有無をそれとして確認する必要はないと考えるべきである。したがって、この場合の義務は、裁判所の一般的釈明義務の一部であり、訴因変更命令の義務というべきではない。

(2) 次に、㈢の(2)の義務、つまり現訴因のままでは無罪、新訴因では有罪となるという状況において、そのような状況を認識させて検察官に訴因変更の機会を与え、もって新訴因による訴追の意思を確認する義務は、まさに訴追意思確認の義務であるから、訴因変更命令を発する義務といってよい。

ただ、右の義務は、訴因変更命令を発することによるほか、訴因変更をうながすことによっても十分に果たすことが可能であり、要は、検察官の訴追意思を確認したうえ、その意思に応じた審判を行えば足りるのであるから、右の確認をしていれば、訴因変更命令を発しなくても、違法ということはできないであろう。

(3) (1)(2)を通じて裁判所が負う義務は、新訴因に変更する機会を与え、訴追を行うか否かの意思を確認することに目的があるから、検察官の側にその意思のないことが明らかである場合には、裁判所は右の義務を負うことはない。例えば、検察官が自ら訴因を撤回し、その後の事情に変更がない場合には、その訴因による訴追を望まないと考えてよいであろう。

また、以上の叙述においては、新訴因について有罪となる場合を前提としてきたが、もちろん検察官に対し有罪の心証を示す必要はなく、有罪となることが証拠上確実である必要もない。ただ、新訴因による処罰の可能性があまり高くないときには、右の裁判所の義務を肯認することはできないであろう。

㈤　控訴審の審判との関係

一審判決が訴因どおりに有罪を言渡したのに対し、控訴があり、控訴審が、その訴因によると無罪であるが、他の訴因によると有無であると考えた場合、直ちに破棄無罪とはせず、破棄に備えて新訴因が追加されていれば破棄自判とし、それが追加されていなければ破棄差戻しとするのが通例である。この取扱いは、元の訴因で有罪判決が言渡されている以上、一審で新訴因を追加する必要はなく、控訴審で有罪が覆えることにより初めて訴因変更の必要性が生じたことに着目し、新訴因への変更の機会を与え、変更があれば新訴因につき審判をするのが正当であるとの考えに立つものであり、極めて妥当である。

そうすると、右の取扱いとパラレルに、一審が訴因については無罪とすべきであるが他の訴因が追加されれば有罪であるとの心証に達した場合にも、一審としては、新訴因への変更の機会を与えて審判を行うのが当然ということになろう。このようにして、訴因変更命令の義務性の問題は、控訴審の事件処理と表裏の関係に立ち、この点からも一定の場合に義務性を肯定する十分の根拠があると考えられるのである。

㈥　判例の分析

訴因変更命令の義務性に関する最高裁判例には、次の四例がある。このうち、②は直接命令の義務性に言及していないが、当然義務性を否定する趣旨を含んでいると解せられるので、ここで指摘しておく価値があるであろう。

①　昭和三三年五月二〇日第三小法廷判決（刑集一二巻七号一四一六頁）は、健康保険組合の理事らが保管中の組合資金中から五六万八千円余りを勝手に支出して業務上横領したという訴因で起訴された事案についてであった。一審判決は、この支出には不法領得の意思がなく、その支出後に四五万円を会社の資金に流用した点は元の訴因と

公訴事実の同一性がないとして、無罪を言渡した。控訴審判決は、右の公訴事実の同一性は認められるし、訴因の変更により被告人の防禦に実質上の不利益が生ずるおそれもなかったから、原審は検察官に対し訴因変更の手続を促し又はこれを命じて審理判断をなすべきであったとし、破棄差戻しとした。最高裁は、「本件のような場合でも、裁判所が自らすすんで検察官に対し訴因変更を促し又はこれを命ずべき積極的な責務があると解するのは相当でなく、原判決が裁判所に右の責務がある趣旨を判示したことは違法である」と判示しつつも、被告人は本件四五万円の関係についても十分に防禦方法をとったことが窺われるから、原審が破棄差戻の判決をした結論は維持すべきであると判示した。

当初の訴因について一審が無罪を言渡した点に誤りはなく、ただ訴因を変更しておけば有罪となったと認められる場合にも、当初の訴因について一審が有罪を言渡し、その点に誤りがあった場合と同様の誤りがあるというべきであるから、その誤りを審理不尽と呼ぶか、訴因変更命令義務違反と呼ぶかは別として、控訴審としては一審判決を破棄すべきであろう。右の最高裁判決は、訴因変更命令の義務性は否定しつつも、控訴審の破棄差戻しの措置は肯定しているのであるから、結局は一審において訴因変更の機会を与えるべき義務を肯定していることになる。

② 昭和四二年八月三一日第一小法廷判決（刑集二一巻七号八七九頁）は、当初売春防止法一二条の管理売春の訴因で起訴をし、後に同法六条一項の売春周旋の訴因に変更したため、一審判決は新訴因で有罪とし、控訴審判決がこれを破棄して旧訴因で有罪の判決が得られる場合には訴因変更の請求を許可すべきでなかったとした事案につき、「仮に起訴状記載の訴因について有罪の判決が得られる場合であっても、第一審において検察官から、訴因、罰条の追加、撤回または変更の請求があれば、公訴事実の同一性を害しない限り、これを許可しなければならない」と判示した。検察官は、立証の難易その他の理由から縮小した訴因で訴追する権限を有するから、右判示は相当であり、裁判所には処罰を拡大する訴因への変更を促すべき義務がないことを前提としたものと解しうる。

③　昭和四三年一一月二六日第三小法廷決定（刑集二二巻一二号一三五二頁）は、「本件のように、起訴状に記載された殺人の訴因についてはその犯意に関する証明が充分でないため無罪とするほかなくても、審理の経過にかんがみ、これを重過失致死の訴因に変更すれば有罪であることが証拠上明らかであり、しかも、その罪が重過失によって人命を奪うという相当重大なものであるような場合には、例外的に、検察官に対し、訴因変更手続を促しまたはこれを命ずべき義務があるものと解するのが相当である」と判示した。殺人の訴因の中に重過失致死の事実が黙示の予備的訴因として含まれていないと考えれば、重過失致死の認定は競合認定となり、しかも、それぞれの罪質、刑責を比較すると、殺人が無罪であれば重過失致死での訴追が当然なされるものと考えられる場合であるから、この判例は妥当と思われる。また、「訴因変更手続を促しまたはこれを命ずべき義務がある」と判示し、命ずべき義務と促す義務とを同等に扱っているのも、正当と思われる。

④　昭和五八年九月六日第三小法廷判決（刑集三七巻七号九三〇頁）は、要旨として、「第一審において被告人らが無罪とされた公訴事実が警察官一名に対する傷害致死を含む重大な罪にかかるものであり、また、同事実に関する現場共謀の訴因を事前共謀の訴因に変更することにより同事実につき被告人らに対し共謀共同正犯としての罪責を問いうる余地がある場合であっても、検察官が、約八年半に及ぶ第一審の審理の全過程を通じ一貫して右公訴事実はいわゆる現場共謀に基づく犯行であって右現場共謀に先立つ事前共謀に基づく犯行とは別個のものであるとの主張をしていたのみならず、審理の最終段階における裁判長の求釈明に対しても従前の主張を変更する意思はない旨明確かつ断定的な釈明をしていたこと、第一審における被告人らの防禦活動は検察官の右主張を前提としてなされたことなど判示の事情があるときは、第一審裁判所としては、検察官に対し右のような求釈明によって事実上訴因変更を促したことによりその訴訟法上の義務を尽くしたものというべきであり、さらに進んで、検察官に対し、訴因変更を命じ又はこれを積極的に促すべき義務を有するものではない」と判示した。

この事件の特徴は、当初の訴因は事前共謀に基づく二個所の犯行のうちの一個所の犯行を現場共謀によるものとして縮小起訴した訴因であることと、検察官は二個所の犯行を別罪と誤解して当初の訴因を構成したことの二点にある。したがって、二個所の犯行が一罪であって全体を一個の訴因として構成することが許されるものと知れば、検察官は、何時でもそのように訴因を拡大して変更することができたはずである。このような場合、裁判所は、犯行の全体が一罪であって、当初の訴因を拡大する方向で訴因を変更することが可能であることを検察官に示唆すれば、十分に検察官に対し訴因変更の機会を与えたことになる。その示唆に応えて訴因を変更するか否かは、立証の難易、共犯者間の処罰の均衡その他の事情に基づく検察官の裁量により決せられることであり、示唆を受けたのに検察官が訴因を拡大しなかったときは、検察官に訴追意思がなかったことが明らかであるから、それ以上に訴因変更を促し又は命ずる義務のないことは明らかである。また、一審において拡大部分について訴追意思がないことを表明した以上、控訴審においてその部分の訴追を図ることはもはや許されないと解すべきである。

(50) 松尾・注(5)二九四頁は、「検察官の自発的な訴因変更に委ねようとする以上、裁判所には、状況に応じてその心証の動きを示すことが要請されるのであって、検察官の理解が十分でないと思われるときには、訴因変更を促し、あるいはこれを示唆する義務がある」と説く。

(51) これまでの論議については、田崎文夫「訴因変更命令の義務性」刑事訴訟法の争点一四六頁、石田穣一・最判解説昭和四三年度三七九頁参照。

7 訴因変更命令の効力

(一) 問題の要点

訴因変更命令は、これを発することにより直ちに訴因変更の効果を生ずる力、すなわち形成力を有するものではないと解せられているが、そう解する根拠は、検察官処分権主義の観点から最もよく説明することができる。

他方、訴因変更命令は、法規の文言上からも明らかなとおり、検察官に対する裁判所の命令(決定)たる性質を有しているが、そのことと形成力が否定されることとの関連性及び検察官処分権主義との関連性をどのように理解すべきであろうか。

㈡　効力の検討

訴因変更命令は、裁判所の心証とこれについての検察官の見通しとがくい違うため適切に訴因変更が行われず、新訴因による訴追の機会が失われることを防止するための手段であり、裁判所の訴追意思を貫徹させる手段ではない。そのことは、訴因変更命令が、新訴因に対する検察官の訴追意思の存否を確認するための手段であることを意味する。その趣旨を超えて裁判所の訴追意思を貫徹するための手段たる性格を認めることは、検察官に対し訴追対象とする犯罪事実の選択と立証活動追行の権限を付与している法の根本的立場と調和しないのである。

(1)　訴因変更命令に形成力がないことは、訴因が検察官の訴追意思を表示するものであることの当然の帰結である。

昭和四〇年四月二八日大法廷判決(刑集一九巻三号二七〇頁)は、「検察官が裁判所の訴因変更命令に従わないのに、裁判所の訴因変更命令により訴因が変更されたものとすることは、裁判所に直接訴因を動かす権限を認めることになり、かくては、訴因の変更を検察官の権限としている刑訴法の基本的構造に反する」と判示しているが、この簡潔な判示の中にその根拠が浮ぼりにされているといってよい。

もっとも、審判の対象を訴因と解する立場からもこの判示に批判的な見解がある。例えば、訴因変更命令の制度は当初の訴因を維持することによって生ずる著しい不正義を防止するために設けられた例外的な制度であるから、異例の制度にふさわしくその命令に形成力を認めるべきであるというのである。この意見は、恐らく、訴因変更命令を発すべき義務がある場合とその命令に形成力を付与すべきである場合とを一致させるものであって、その結論において、公訴事実対象説(補充的な公訴事実対象説)と一致し、これに対すると同様の批判を免れないであろう。

不処罰とすることにより著しい不正義が生じる場合があると考える限り、そのような不正義が生じないように裁判所自らが事実の究明にあたる義務があるといわざるを得ないからである。しかし、もともとどのように処罰するのが公正であるかについては一義的な定めも基準もないのであるから、裁判所としては、訴追者である検察官が合理的裁量により公正と考えて訴追した犯罪の限度で処罰をすれば十分であり、進んで自らの裁量によりその範囲外の処罰を行う必要も理由もないというべきであろう。

(2) 通常、訴因変更命令が発せられたときは、検察官はこれに従う義務があるといわれている。しかし、その命令が検察官による適切な訴追活動を補正するための手段であり、そのねらいが新訴因による検察官の訴追意思を確認することにあるとすれば、命令に従うべき無限定な検察官の義務を肯定するのは甚だ疑問である。

むしろ、右の義務は、検察官が命令を受けたにかかわらず新訴因により訴追をする必要がないと判断する場合のほかはこれに従うべきことを義務づけた解除条件付きの義務と解するのが相当と思う。同様の構造をもつ裁判官の命令に、起訴前の勾留があげられる。起訴前の勾留は、明らかに裁判官の命令であり、かつ、執行力をもっているが、その趣旨が検察官の捜査の必要性に応えるものであり、検察官が最早その必要性がないと判断したときにはその判断により被疑者の釈放を認めて少しも差しつかえない性質のものであるため、検察官の釈放を解除条件としてなされる裁判であると解せられているのである。訴因変更命令も、これと同様の構造のものと解するのが、最も妥当と考える。

(3) もっとも、右のような解釈によると、一定期間の執行を伴う勾留の場合と違い訴因変更命令の場合には、裁判所の命令と定める意味は失われるのではないかという疑問もあろう。

しかし、もし検察官が訴因変更命令に従わなかった場合には、特別の事情のない限り、それ以降新訴因による訴追は禁止されると解すべきであるから、その前提としてこれを命令と定める理由があると思う。訴因変更を促したにとどまる場合でも、これに従わずに一審判決を迎えたときは、その新訴因による訴追は処分したものとして、控訴審でこれを訴追対象に含めることは禁止されると解すべきであるが、前記の義務違反の場合には、それ以前において既に訴因変更が禁止されると解せられるのである(三の**6**参照)。

8　訴因変更の時期的限界

㈠　問題の要点

検察官の請求があるときは、裁判所は、公訴事実の同一性を害しない限度において、起訴状に記載された訴因の変更を許さなければならない(法三一二条一項)。

右のように、訴因の変更については、公訴事実の同一性を害しないという要件のみが定められているため、従前、一般に変更請求に時期的な限界はないと考えられていたが、近時、下級審で時期を失した変更請求であるとして許可されなかった事例が現われ、最高裁でも少数意見ながら同旨の意見が現われるに至り、にわかにこの点をめぐる論争が白熱してきた[52]。

本稿の立場からみると、この問題に対しては、検察官処分権主義及び防禦権の二つの観点からの考察が必要である。ここでまとめて考察を試みよう。

㈡　許されない訴因変更

訴因変更が許されない場合を抽象的な基準で示すとすれば、変更しようとする新訴因による訴追を検察官が実質上既に処分したと解しうる場合[53]及び新たな防禦活動によってまかないきれない不利益を被告人に与える場合[54]であるといいうるであろう。

訴因変更を行うべき時期についての法の直接の定めはないが、明らかに訴因変更が許されないことになる時期的限界は存在している。例えば、科刑上一罪の一方の罪で訴追して無罪となった後、控訴において他方の罪を追加して原判決の破棄を求めることが許されないのは、明白であろう。もちろん、これは訴因変更が許されないのではなく、新訴因を基準に原判決に瑕疵があるか否かの判断を求めることが許されないのではあるが、新訴因に対する審判が受けられないことになる点では、審判を受けうるような訴因変更が許されない場合だということもできる。そうすると、一審でもこれと類似の場合がないか検討されてよいであろう。

防御権の観点からも時期的限界は考えられる。もとより訴因変更の制度がある以上、被告人が訴因変更に備えた防御活動を心がけるべきは当然である。また、訴因変更により被告人の防御に実質的な不利益を生ずるおそれがあると認められるときでも訴因変更の許されることは、法の定めるところである(三一二条四項)。他方、法は訴因変更により被告人の防御に実質的な不利益を生ずるおそれがあるときは、被告人に充分な防御の準備をさせるため必要な期間、公判手続を停止しなければならないと定めている(同条項)。これは、公判手続を停止しただけで充分な防御の準備ができないと認められるときには、訴因変更が許されないことを予定した規定とみることができよう。

では、より具体的に、いかなる場合訴因変更が許されないことになるのであろうか。

(1) まず、新訴因による訴追を既に処分したと認められる場合としては、次のような例を考えることができよう。

第一に、裁判所が検察官に対し訴因変更命令を発し、又はこれを勧告したのに、検察官が命令又は勧告に従わず、元の訴因での審判を望んだときは、原則として、その後命令又は勧告を受けた新訴因への訴因変更は許されないというべきであろう。この場合の訴因変更は、重い訴因に拡大変更する場合のほか、競合的な訴因又は縮小訴因(黙示の予備的訴因を除く)に変更する場合も含まれる。

第二に、検察官が自ら縮小訴因に交換的変更をした場合において、これに対し一審判決があった後は、元の拡大訴因に再度変更することは許されないと解すべきであろう。新訴因で有罪判決があった場合、拡大訴因の事実が真実であると主張して控訴をすることができないのはもちろんであるが、新訴因で無罪判決があった場合でも、その瑕疵を主張して控訴するとともに、控訴審で元の拡大訴因を予備的に追加し、その訴因による破棄自判を求めることは許されないというべきである。

第三に、裁判所に訴因変更命令を発すべき義務がない場合においては、検察官が一審で訴因変更請求をしなかったときは、一般に控訴審においても訴因変更が許されないと解すべきであろう。訴因変更命令の義務があると解せられる場合には、検察官は、一審の無罪判決に対し、無罪の当否を争って控訴することができるほか、右の義務違反を理由に控訴することができる。しかし、右の義務がない場合には、無罪の当否を争って控訴するのはかくべつ、新訴因を基にした審査を求めて控訴する途はない。

(2)　次に、回復しがたい防禦権の侵害があると認められる場合としては、次の例が考えられるであろう。すなわち、重い訴因で訴追することが可能であったのに、軽い縮小訴因で訴追したため、被告人がこれを信頼し、公判において自白するなどの行動に出て、重い訴因に対する防禦態勢を放棄したと認められる場合には、原則として重い訴因への変更は許されないとしてよいであろう。例えば、殺人の捜査を受けて傷害致死で訴追され、その罪を認めて犯行の状況を被告人が自白した後、その自白を基にすると殺意が推認されるとして殺人に訴因を変更することは、再度の防禦を極めて困難にするから、原則として許されないというべきであろう。変更後の訴因を意識しない自白や供述に、ある程度の不用意な供述や不正確な供述が含まれるのはむしろ当然であるが、右のような場合事後的にそれを明らかにして証明力を覆すのは甚だ困難と考えられるからである。

(3)　福岡高裁那覇支部昭和五一年四月五日判決(判例タイムズ三四五号三二一頁)は、現場共謀による殺人罪の訴因のうち実行行為の点につき変更を請求したのに対し、第一審がこれを許可しなかった措置を適法とした。すなわち、訴因には、「被告人はかねてより警察権力に反感を抱いていたものであるが、氏名不詳の者数名の者と共謀の上、一九七一年一一月一〇日午後五時五〇分頃、浦添市……道路上に於いて警備に当っていた琉球警察警備部隊……A（当四九年）を殺害せんと企て、同人を捕捉し角材、旗竿で殴打し、足蹴し顔面を踏みつけた上、火炎瓶を投げつけ焼く等の暴行を加え、よって右警察官を前記日時頃、前記場所において、脳挫傷、蜘蛛膜下出血等により死亡させて殺害したものである」と記載され、検察官の釈明により、被告人の具体的行為は「炎の中から炎に包まれているAの肩をつかまえてひきずり出し顔を二度踏みつけ脇腹を一度蹴った行為である」とされ、以後被告人の右行為が実行行為であり、かつ、共謀の証拠であるのか、警察官に対する救助行為としての消火行為であるのかが争われていたところ、結審間際の法廷において、被告人の実行行為として「Aの腰部付近を足げにし路上に転倒させたうえ、炎の中から炎に包まれているAの肩をつかまえて引きずり出し、顔を二度踏みつけ、脇腹を一度蹴った行為」を訴因に追加する旨の請求があったが、一審判決はこの請求を結審段階にあるとの理由から不許可にし、傷害致死として有罪を言渡した。控訴審判決は、この措置が法三一二条二項違反であるとの控訴理由を斥け、「検察官が弁護人の求釈明によって自ら明瞭に訴因から除外することを確認した事実をあらためて復活させるに等しく……あらたな防禦活動が必然的に要請され、裁判所もまた十分にその機会を与えなければならないから、訴訟はなお相当期間継続するものと考えられ、迅速裁判の趣旨（刑訴規則一条一項）に反して被告人をながく不安定な地位に置くことによって、被告人の防禦に実質的な著しい不利益を生ぜしめ、延いて公平な裁判の保障を損うおそれが顕著である」と判示した[55]。この場合、一、二審判決が検察官の釈明によって明らかにされた被告人の実行行為を訴因に記載された実行行為とみて判断したのは、「……等」と概括記載された訴因について共通しているところであって、正当と思われる。そうすると、本件の訴因変更請求は犯罪中の行為を拡大するものといってよい。このようにあえて検察官が縮小訴因を主張し、そのことを信頼して証拠調が行われた場合には、その結果は、当初から拡大訴因の下で証拠調が行われた場合の結果とは自ずから異なることになる。しかも、その結果につき事後的に正確性を求めることが著しく困難であることも当然予想される。したがって、そのような場合には、回復しがたい不利益を被告人に与えるおそれがあるとして、訴因変更請求を不許可としてもよいと思われる。右判決は、このような観点から考察すると、その趣意を十分に理解することができる。

横浜地裁小田原支部昭和四三年一〇月九日決定(下刑集一〇巻一〇号一〇三二頁)は、窃盗の訴因で七年余り審理して結審した後、弁論の再開を求めて威力業務妨害の予備的訴因の追加を請求したのを却下し、「検察官が本件審理終結後初めて前記請求をすることは、益々裁判の長期間を招来するばかりでなく、被告人らの人権尊重の立場からも考察して、信義則上到底許されない」とした。この場合、被告人の行為が窃盗になるか威力業務妨害となるにとどまるかが争点であったわけであるから、本稿の立場では、裁判所が窃盗の訴因につき有罪と認めない場合、威力業務妨害への訴因変更を命ずべき義務があると考えられるので、訴因変更請求を許してもよかったように思われる。もっとも、「検察官は審理の経過に照らし、右予備的訴因、罰条の追加請求をなし得る機会がいくらもあったのにかかわらず、なんらこれらの措置をとらなかった」と判示されているところをみると、検察官が訴因変更の勧告などに従わず、威力業務妨害での訴追を放棄したと認めうる事情があったのであろうか。

(52)　下級審裁判例については(3)で検討する。最高裁判例中の少教意見には、昭和四七年七月二五日第三小法廷決定(刑集二六巻六号三六六頁)の田中二郎裁判官の反対意見及び昭和五八年二月二四日第一小法廷判決(判例時報一〇七〇号五頁)の谷口正孝裁判官の意見がある。

(53)　平野・注(22)刑事法研究一〇九頁は、裁判所の訴因変更命令に従わなかった場合には、控訴でその訴因を主張することは許されないと論じていた。

(54)　松尾・注(5)二九一頁、同・刑事判例評釈集三四巻七四頁が、長年月を経た公判の最終段階で訴因を実質的に変更し、被告人の防禦を困難にするようなことは、著しく時期に遅れた変更として許すべきではない、と説き、小泉・注(7)二五四―五頁、同「訴因変更の時期的限界」刑事訴訟法の争点一四二頁が、訴因変更請求が時機に遅れたものであるとき、またはあらたな立証を伴うもので、その立証を許すことが、被告人の当該時点の法的地位を著しく不安定にするおそれがあるときには、訴因変更を許すべきではない、と説くのは、主として防禦の困難性を根拠とするものであろう。他方、横井大三・刑訴裁判例ノート(6)一五二頁が、注(52)の田中裁判官の反対意見に関し、長期間にわたる防禦の努力が全く無駄になるというだけでは、通常の意味での被告人の防禦に実質的な不利益を与えたことにはならず、不意打を与える訴因の追加であるという点も、これまでの証拠調の中に吸収されうるような訴因の追加であれば若干の弁論時間を与えることによって不意打による波紋は消滅し、被告人の防禦に不利益を与えないことになると考えられる、と反論する。この横井論評を考慮してもなお防禦を困難にしたといえる状況に達した時期が、その観点からする訴因変更の時期的限界というべきであろう。小田中聰樹「訴訟条件を欠く訴因に変更できるか」法学教室(第二期)二巻七二頁、七四頁は、当初の訴因で無罪となる見込みが確実になったのに、訴因変更を許すのは、被告人に大きすぎる不利益を与えるので適当といえない、と論じているが、これは、以上とは別の意味での不利益を問題とするものである。

(55) この判例に対する賛成評釈に、井上正治・ジュリスト六一三号八三頁、小山雅亀・同志社法学一四七号八八頁、鈴木茂嗣・昭和五二年度重要判例解説一八一頁がある。

9 控訴審における審判の対象

(一) 問題の要点

新島ミサイル事件に対する昭和四六年三月二四日大法廷決定(刑集二五巻二号二九三頁)は、科刑上一罪の関係にある犯罪の一方が有罪、他方が無罪とされて被告人のみが控訴した場合、控訴審が無罪とされた部分を職権調査して有罪に変更することは許されないと判示した。

右判示の根拠及びその妥当領域は何かがここで検討すべき問題の要点である。

(二) 根拠と妥当領域

この点については、別稿で検討したことがあるので、(56) 再言は避け、本稿の主題と共通する観点、すなわち検察官処分権主義の観点から、その判示を最もよく理解することができることを指摘するにとどめよう。

すなわち、検察官は、第一審判決が事実認定又は法令適用を誤って科刑上一罪の一方を無罪としたことを認識した場合でも、その判決を維持し、それ以上の処罰を差し控えてよいと考えるときは、控訴しないことが許される。

この場合、もし控訴審が職権調査により右の部分を有罪に変更することができるものとすれば、検察官に処罰意思がない部分についてまで裁判所が自ら処罰することになり、検察官処分権主義に反することになる。これが、右判決の根拠であると解せられる。

したがって、裁判所の職権調査が禁止される範囲は、検察官が訴因を構成するにあたり処分権限を有している事実に限られるということになる（訴因構成上の裁量権については、**三**の**1**の㈢参照）。

（56）　刑事訴訟法判例百選（第五版）二三二頁（本書***9***論文）。

四　被告人の防御権と訴因制度

1　訴因制度における防御権の位置

訴因制度における被告人の防御権確保の法原理は、「被告人は、訴因に掲げられた犯罪事実を対象として防御をすれば足り、訴因外の犯罪事実について防御をする義務を負わず、また、訴因に掲げられた犯罪事実についても、訴因に記載された具体的な事実と裁判所が認定する事実とがくい違って新たな防御の必要性が生じたときは、訴因の変更、裁判所の釈明などの手続により防御の機会が与えられる」という法原理である。

被告人の防御権については、法の各所に規定が置かれているが、これにも大別して二種類がある。一つは、弁護人選任権、秘密交通権、公判調書閲覧権などのように、被告人の人権を擁護し、誤った事実認定を防止するために当然に必要と考えられる権利を具体的な防御の必要性とは切り離して独自に保障している権利であり、他は、証拠の証明力を争う機会を与えられる権利、権利保護の必要性があるときに弁論の分離を受ける権利などのように、具体的な防御の必要性に応じて保障される権利である。

訴因制度に関し被告人に対して認められている防御権にも、右の二種類を区別することができる。具体的な防御の必要性とは切り離して独自に保障される権利のうち最も重要なものは、訴追の対象とされる犯罪事実を訴因によって明示され、これを超える犯罪事実については審判を受けないという権利である。この権利が保障される結果、被告人は、訴因を目標として十分な防禦を行うことができる。また、その結果、攻撃防禦の目標が特定されるので、証拠調に遺脱が起るおそれが少なくなり、裁判所の事実認定が正確になる。

他方、具体的な防禦の必要性に応じて保障される訴因制度上の権利としては、訴因変更の結果防禦の必要性に応じて準備をするため期日の延期を求めうる権利などが法定されている。しかし、このような具体的な防禦の必要性は、法の明文で定められている場合にのみ生じるわけではなく、訴訟の過程で随時に生じる。殊に、訴因外の犯罪事実を認定することが許されないといっても、訴因に記載された文言を離れた事実を一切認定してはならないわけではなく、訴追対象とされたとは別の犯罪を認定してはならないというにとどまるから、犯罪の具体的な経過や方法について訴因の記載とは違った認定を行う場合も当然起ってくる。このようなくい違いは、通常立証過程で逐次表われてくるので、当事者全員に明らかであって、一々訴因の記載を変更する必要を感じさせないが、検察官と弁護人が攻撃防禦を集中している場面と異なる場面で裁判所が訴因と異なる重要な事実を認定するときには、時として当事者に不意打を与えることがある。そして、取調べるべきであった証拠の取調べがされず、審理不尽に陥り、結果として事実誤認の疑いを生じさせてしまう。このように、防禦権の観点からする訴因変更の要否の区別は、事実誤認の疑いを生ぜしめるか、生ぜしめないかの区別に帰着するということができる。そのことは、訴因に記載された範囲内の事実を認定する場合にも、それが不意打的な認定であるときには、まったく同様の誤認の問題を生ぜしめることから、理解することができよう。例えば、ヨド号ハイジャック事件に対する昭和五八年一二月一三日第三小法廷判決（刑集三七巻一〇号一五八一頁）は、三月一二日から一四日までの謀議への関与を理由にハイジャックの共謀共同正犯として被告人が起訴され、一審は一三日夜の謀議への関与を重視して有罪とし、控訴審はその謀議を否定して率然一二日夜の謀議への関与を理由に刑責を肯定したことにつき、「一二日夜であると認めてこれに対する被告人の関与を肯定した原審の訴訟手続は、本件事案の性質、審理の経過等にかんがみると、被告人に対し不意打を与え、その防禦権を不当に侵害するものであって違法である」と判示したが、これは正しく防禦権問題の本質を、訴因の記載を超える事実認定であるか否かという問題としてではなく、攻撃防禦をつくさせた正確な事実認定であるか否かという問題として把えたものといえよう。

防禦権の観点からは、すでに訴因の特定について検討しているので、ここでは訴因変更の要否と訴因外認定判決の効果について触れるにとどめる。

2　訴因変更の要否(その二)

(一)　問題の要点

訴因変更の要否については、すでに検察官処分権主義の観点から検討し、その際防禦権の観点から問題となりうるところに触れているので、ここでは補足的に検討をするにとどめよう。

(二)　防禦権と訴因変更との関係

訴因に記載されている事実には、訴追の対象とする犯罪事実を特定させるための事実と、攻撃防禦に資するためのその余の補充的な事実とがある。前者のなかには、例えば傷害罪の相手方のようにそれだけが変動することにより犯罪事実の特定性に変動が生じて別個の犯罪事実になる事実と、日時のように多少の変動があっても他の事実との総合判断により同一の犯罪事実であることに疑いを生ぜしめない事実とがある。

まず、犯罪事実を特定させるための事実が変動することにより、犯罪の構成要件的評価、犯罪の行為の態様、犯罪の結果の内容のいずれかに変動が生じる場合には、訴追対象としての犯罪事実に変動が生じるので、訴因は別個のものとなる。したがって、この場合には、訴因の変更を経ないで新しい犯罪事実を認定することは許されない。

他方、訴追対象としての犯罪事実を特定させるための事実に多少の変動が生じても、訴追対象そのものの異同に影響がない場合がある。また、攻撃防禦に資するために記載されるその余の補充的な事実が変動する場合にも、訴追対象の異同に影響を及ぼさない。しかし、こうした事実であっても、例えば犯意を推認させる間接事実や共謀の存在を推認させる協議などの場合であって、訴因に記載されて攻撃の目標となっているときには、犯罪事実の認定に重大な影響を及ぼすことになる。そこで、こうした事実についても、訴因変更の要否が問題となることがあり、実際にも訴因変更の手続がなされることが多い。しかし、理論上は訴因変更の手続を経なければこれと異なる事実を認定できないと考えるべきではない。問題は、訴因変更の手続をとったか否かではなく、十分にその事実の存否について防禦をつくさせたか否かにあるのであるから、裁判所の釈明によって当事者の関心をその事実に集めさせることでも足りるというべきである。また、被告人が訴因の事実を争って主張している新しい事実を認定する場合、あるいは証拠調の結果明らかとなった事実を認定する場合には、訴因変更も釈明も必要としないといってよい。

この観点から、訴因変更又はこれにかわる防禦権保障の措置をとるべき重要な場合は、次の五つということができよう。

(1)　第一は、訴因の中に黙示に含まれている予備的な縮小訴因を認定する場合において、その縮小訴因について新しい弁解が予想されるときである。例えば、既遂の訴因で未遂を認定する場合において、中止未遂の主張が予想されるときである。但し、被告人が未遂の主張をするときには、中止未遂の主張を併せてするのが通常であるから、このような形で防禦権の侵害が問題となるのは実際上稀であろう。

(2)　第二は、共同正犯の訴因で教唆犯又は幇助犯の事実を認定する場合において、教唆行為又は幇助行為が訴因に明示されていないときである。この場合も、被告人から防禦の主張がなされることが多く、冒頭陳述等でも右の点について具体的な指摘がなされるのが通常である。実務上は訴因変更の形で行為を明示することも多い。
(3)　第三は、単独正犯を共同正犯、共同正犯を単独正犯と認定する場合であって、訴因変更を要しない事案において、さらにその点に防禦をつくさせる必要があるときである。
(4)　第四は、訴因にも冒頭陳述にも表われていない重要な間接事実であって、当事者の関心が集中しておらず、もし集中していれば新しい防禦が予想されるものを用いて犯罪事実を認定する場合である。
(5)　第五は、訴因又は冒頭陳述に表われている間接事実ではあるが、訴訟の経過に照らして当事者の関心が集中しておらず、もし集中していれば新しい防禦が予想されるものを用いて犯罪事実を認定する場合である。

㈢　判例の分析

訴因変更の要否に関する最高裁判例は、**三**の**2**の㈥で概観した。

このうち、訴追対象とされた犯罪事実を認定した場合に関する前掲①ないし⑦の判例は、いずれも訴因変更を必要とするとしているが、その理由には二つの種類がある。すなわち、①ないし③は、審判の請求を受けない事件について審判をしたという理由であり、④ないし⑦は、「防禦の機会」を与える必要があるという理由である。しかし、④ないし⑦も、具体的な訴訟経過に照らして防禦権が侵害されたというのではなく、一般的に防禦の機会が奪われたというのであって、それゆえ一般的防禦権説に立つとも説明されているのであるから、実質上は訴因変更がなされるまでは防禦の必要がないと考えられる場合であったことを肯定したにほかならない。

これに対し、⑧ないし⑬の判例は、当然に訴因変更を必要とする場合ではなく、具体的な防禦権を擁護するために訴因変更の要否が問題となったにとどまる事案についてであり、判例において裁判所の認定が「不意打ち」であったか否か、「防禦に実質的な不利益」を与えたか否かが論じられているのも、そのためであると理解される。

このようにして、訴因変更の要否に関する最高裁判例は、本稿の分析基準に照らして、すべてこれを統一的に理解することが可能である。

3　訴因外認定判決の効果(その二)

(一)　問題の要点

訴因に掲げられた犯罪事実を超えて裁判所が犯罪事実を認定した場合には、「審判の請求を受けない事件につき判決をした」(三七八条三号後段)ことになる(**三**の**3**参照)。

これに対し、訴因に掲げられた犯罪事実を認定した場合ではあるが、間接事実等の認定において訴因の記載と異なる事実を認定し、そのことにより防禦権の侵害があったと解せられる場合の処理をいかにすべきか。これがここで取扱う問題の要点である。

(二)　相対的控訴理由と訴因外認定

訴因に掲げられている犯罪事実の範囲を逸脱してはいないが、その余の訴因記載の事実と異なる間接事実等を認定する過程で防禦権の侵害があった場合には、判決の破棄を免れない。ただ、破棄理由については、訴因の変更を経由せずに事実を認定した違法があったというべきか、審理不尽があったというべきか、説が分れよう。すでに述べたとおり、破棄理由の実質は、事実誤認の疑を生ぜしめる点にあるのであり、しかも、右の場合には必ず訴因変更の手続を経由するという必要はなく、審理を尽くさせる措置をとれば足りるのであるから、釈明権不行使による審理不尽(事実誤認の疑い)として処理するのが妥当であろう。

(三)　判例の分析

三の**2**の(六)に掲げた⑧ないし⑬の最高裁判例は、いずれもそれぞれの事案において「防禦権の行使に不利益を及ぼした」事情はないと判示しており、右のような防禦権侵害の違法は相対的控訴理由にあたるという立場を採っている。正当というべきであろう。

五　裁判所の法令適用権と訴因制度

1　法令適用権と訴因制度との関連

法原理としての裁判所の法令適用権とは、本稿の冒頭で述べたとおり、「裁判所は、訴因として掲げられた犯罪事実に対し正しく法令を適用する権限を有しており、適用についての検察官の意見に拘束されない」というものである。

訴追の対象とする犯罪事実をいかに訴因に構成するかについては、検察官に裁量権つまりは優越的判断権が与えられていると解すべきであるが、その犯罪事実がいかなる法令に触れるかについては、検察官に優越的判断権が与えられていないと解すべきである。もし、訴追されている犯罪事実がいかなる法令に触れるかについてまで検察官が決定しうることになると、裁判所の認定した事実に適用すべき法令が存在しないという不都合な結果を生じる。また、そのような立場は、判決に法令適用の誤がある場合には控訴審でも上告審でも裁判所が職権で判決を破棄しうるものと定めている法の建前と矛盾する。したがって、法令の適用は裁判所の専権であると解するほかはない。もとより、この点に異論は存しない。

訴因制度との関連において、裁判所の法令適用権が問題となるのは、訴因からうかがわれる検察官の罪数判断又は法令解釈と裁判所の罪数判断又は法令解釈とが異なった場合の訴因変更の要否についてである。

2　訴因変更の要否(その三)

㈠　罪数と訴因

公訴提起の時点と判決の時点とで罪数判断にかかわる事実関係に変動が生じたため、罪数の評価に変化が生じる場合がある。この場合には、検察官は、その変化に対応した訴因の変更又は補正の措置をとるから、格別の問題はない。

むしろ、問題は、事実関係は同一であるが、罪数に関する検察官の法律判断と裁判所のそれとが異なる場合に生じる。以下、この場合を細説しよう。

(1)　訴因では一罪として起訴されたのに、判決では数罪と認定すべき場合には、数罪の訴因としての特定性がある限り、訴因変更を経ずにそのまま数罪と認定することができると解すべきである。訴追対象事実の個数の判断も、法令適用権の内容をなし、裁判所に専属するからである。もちろん、罪数が数罪となることにより、その点につき新たな弁論が可能となることがあるが、弁論の機会は必ずしも裁判所が罪数についての法律見解を示して行わせる必要はないし、上訴審でも争うことができる。

この点に関する最高裁判例は二つある。

①　昭和二九年三月二日第三小法廷判決(刑集八巻三号二一七頁)は、起訴状には数か月にわたる物品税逋税の行為が包括一罪を構成する趣旨で記載されている場合でも、起訴状に別表として犯罪一覧表が添付され、これによって製品の各移出毎の日時、数量、価格等が明確となっているときには、訴因変更の手続を経ないで、判決において、右別表どおりの事実関係を認定したうえ、各月分毎に一個の物品税逋脱罪の成立を認めても違法ではない、と判示した。

②　昭和三二年一〇月八日第三小法廷判決(刑集一一巻一〇号二四八七頁)は、起訴状に、被告人はＡＢＣらと共

謀のうえ昭和二八年一二月下旬ころ某倉庫から落綿一一俵を窃取したと記載されていたのを、判決において、被告人はABと共謀のうえ同月一月下旬ころ同所から落綿六俵を窃取し、Cと共謀のうえ同じころ同所から落綿五俵を窃取したとの二個の事実を認定しても違法ではないと判示した。

①の事例は、併合罪の起訴としても訴因の特定性に欠けるところはなく、単に罪数判断に相違があった場合についてであるから、当然裁判所の法令適用権が優先することになる。これに対し、②の事例は、共犯関係についての見方に相違があった場合であるが、かりに検察官がABCと共謀したうえでの一個の窃盗であるとの主張を変えないときでも、その主張に拘束されて裁判所が全部又は一部の無罪の判断を強いられるはずはないから、法的評価の相違として裁判所の判断を優先させてよく、裁判所としては当然二罪の認定が許されるというべきであろう。

(2)　訴因では数罪とされていたのに、裁判所が一罪と認定する場合には、通常訴因の特定の問題を随伴しないので、そのまま一罪としてよい。前記のとおり、法令適用権が裁判所に専属するということは、訴追対象事実の個数の判断権も裁判所に専属することをも意味するから、二罪を一罪と認定しても、全体の訴追に対し判断を示したことになるので、一部につき公訴棄却をする必要はない。

右の場合についての最高裁判例には次の例がある。

③　昭和三五年一一月一五日第三小法廷決定(刑集一四巻一三号一六七七頁)は、兇器準備集合罪の当初訴因と、これと併合罪の関係に立つとして追起訴された兇器準備結集罪の訴因とを併合審理した結果、両者を単純一罪として処断するには、訴因変更の手続を要しないし、公訴棄却の言渡しも要しないと判示した。

併合罪の起訴を一個の犯罪と見るか二個の犯罪と見るかは、裁判所の専権判断事項である。また、一個と見て判断を示したときは、全体に対し判断を示したことになるから右判例の立場は正当ということができよう。窃盗と贓物故買のように公訴事実の同一性がある罪が併合罪として起訴され、一方について有罪とするときは、他方について公訴棄却を言渡すべきであろう。[57]

㈡　罪名と訴因

公訴提起の時点と判決の時点とで事実に変化が生じたため、これに対する法的評価つまりは罪名に変動が生じたときは、検察官は、その変動に対応し訴因罰条の変更を行うので、格別の問題を生じない。

しかし、事実に変化はなく、ただその適用罪名についての検察官の法的判断と裁判官の法的判断に相違があるときは、訴因の特定性に問題がなく、被告人に弁論の機会が与えられている限り、訴因の変更を要せずに正しい法令を適用することができると解すべきである。

この場合の最高裁判例としては、次の四例を挙げることができる。

④　昭和二八年五月八日第二小法廷判決(刑集七巻五号九六五頁)は、第一審判決が、起訴状どおり、「被告人は、他人の委託によりその事務を処理するにあたり、任務に背き本人に対し欺罔行為を行い、同人を錯誤に陥れて財物を交付させた」旨の事実を認定して背任罪の罰条を適用したのに対し、控訴審判決が、右の場合には詐欺罪が成立し、たとい背任罪の成立要件を具備する場合でも別に背任罪を構成するものではないと判示したうえ、「第一審判決が本件起訴状に基いて背任の事実を認定しこれに対して背任罪の規定を適用してもそれは詐欺の事実が確定されているものといわねばならない。従って第一審判決は詐欺の事実を認定しながら背任の法条を適用した誤があるものといわねばならないから原審が第一審判決を破棄した上適条の誤を正したのは正当であり、右のような場合には訴因の変更を必要とするものではない」と判示した。

⑤　昭和三〇年七月一日第二小法廷決定(刑集九巻九号一七六九頁)は、起訴状には、「被告人は、甲と共謀して、昭和二五年九月一七日某劇場において、ストリップ・ガールA子をして、伴奏曲にあわせ脚光を受けながら逐次着衣全部を脱ぎこれを両手にて腰部にあて舞台全面を踊りながら二回にわたり衣裳を脇にずらせ陰部を露出させ最後

に舞台中央にて手にした衣裳を下にずり下げ陰部を示す等猥褻な日本舞踊を踊らせ、これを約二〇〇名の客に観覧させ、以って猥褻のものを公然陳列した」という事実が記載され、猥褻物公然陳列罪の刑法一七五条の罰条が掲げられていたのに対し、判決においては、「被告人は、甲と共謀して、前同日同所において、前記ストリップガールをして、右伴奏曲にあわせて脚光を受け逐次着衣を脱ぎ且つ衣裳を両手で押え、これを左右に交互に振りつつ、多数観客の面前で踊りながら時折衣裳を脇にずらせ陰部を露出させる等猥褻な行為をなさしめた」という事実が認定され、公然猥褻罪教唆の刑法一七四条、六一条一項の罰条が適用されたことにつき、「認定した事実は事実に対する法律的判断を異にするだけで本件公訴事実と全く同一であって……罰条の記載の誤を正したとしても所論のように被告人の防禦に実質的な不利益を生じたものとは記録上認められない」と判示した。

⑥　昭和三二年七月一九日第二小法廷決定(刑集一一巻七号二〇〇六頁)は、起訴状には、「被告人は、競馬施行者でないのに、地方競馬の競争に関し勝馬投票券に類似するものを発売して競馬を行った」という事実が記載され、競馬法三〇条一号の罰条が掲げられていたのに対し、判決においては、「被告人は、地方競馬の競走に関し、勝馬投票類似の行為をさせて利を図った」という事実が認定され、競馬法三〇条三号の罰条が適用されたことにつき、違法はないとし、控訴審判決が本件起訴状は「まさしく地方競馬の競争に関し勝馬投票類似の行為をさせて利を図った事実につき被告人Kの処罰を求めたもの」で、罰条の記載が誤っていたにすぎないと判示したのを正当とした。

⑦　昭和四〇年四月二一日第二小法廷決定(刑集一九巻三号一六六頁)は、訴因が業務上過失致死であったのに、第一審判決が訴因罰条の変更手続を経ないで重過失致死罪を認定したことにつき、控訴審判決が「業務上過失致死と非業務上過失致死とはその犯罪構成要件を異にするが、業務上の過失には業務者に単純な軽過失があるときのほか、重大な過失があるときをも包含することは言を俟たないから業務上の過失致死の訴因事実の過失であって重大

な過失に該当する限り、前者に対する被告人の防禦は当然に後者に対するそれを包含するものということができるのみならず、元来被告人の起訴された所為を軽過失と判定するか重過失と判定するかは該行為を前提とする法律上の価値判断に属するので、訴因の変更又は追加の手続なくして業務上過失致死の公訴事実を非業務上重過失致死として認定することは許さるべきもの」であると判示したのを正当とした。

以上の④ないし⑦は、いずれも訴追対象事実の内容が特定しており、単にその該当法令についての法的判断が相違していたため、訴因の記載に多少の異動を生じたにとどまるから、裁判所は検察官の意見に拘束されることなしに当然正しい法令を適用することができる。

なお、訴因として記載されたと同一の事実に対し起訴状記載の罰条と異なる罰条を適用する場合については、次の判例がある。

⑧ 昭和五三年二月一六日第二小法廷決定(刑集三二巻一号四七頁)は、訴因によって暴力行為等処罰に関する法律一条の罪にあたる事実が十分に明示されている場合には、裁判所は、起訴状に記載された刑法二〇八条の罰条を変更させる手続を経ないで、右法律一条を適用することができると判示した(58)。

(57) 罪数の変化に伴う訴因の処理について、訴因変更の問題ではなく、補正の問題であることを指摘する学説として、平野・注(4)一二二—一三二頁、田宮・注(5)五八八頁、鈴木・注(22)一〇四頁、松岡正章「訴因と罪数」公判法大系Ⅰ二八六頁、田口守一「訴因と罪数」刑事訴訟法判例百選(第五版)八四頁、柏井康夫「訴因変更の要否(二)」実例法学全集刑事訴訟法(新版)一〇五頁などがあり、今日では支配的学説となっている。これと基本的に同じ立場をとりながら、前掲②の判例のように事実に変化が生じたため数罪と判断されるに至った場合に限り、訴因の変更が必要であるとする学説として、松尾浩也「罪数の変化と訴因」法学教室(第一期)七号八八頁、伊達秋雄「訴因と罪数」刑事訴訟法判例百選(第三版)九六頁がある。罪数評価に変更を来す場合も訴因の変更を要するとする学説として、岸・注(18)五六頁、小野・注(18)九七二頁、高田・注(3)四一六頁がある。

(58) 最判解説昭和五三年度二三頁、佐々木史朗・刑事訴訟法判例百選(第五版)九〇頁参照。

19　公訴事実の同一性（枉法収賄と贈賄）に関する最高裁判例

〔決　定〕

昭和五三年三月六日最高裁第一小法廷決定（昭和五二年(あ)第一一一五号）、刑集三二巻二号二一八頁

〔判示事項〕

枉法収賄と贈賄の各訴因の間に公訴事実の同一性が認められる事例

〔決定要旨〕

「被告人甲は、公務員乙と共謀のうえ、乙の職務上の不正行為に対する謝礼の趣旨で、丙から賄賂を収受した」という枉法収賄の訴因と、「被告人甲は、丙と共謀のうえ、右と同じ趣旨で、公務員乙に対して賄賂を供与した」という贈賄の訴因とは、収受したとされる賄賂と供与したとされる賄賂との間に事実上の共通性がある場合には、公訴事実の同一性を失わない。

（補足意見がある。）

一　事件の概要と経過

1　事件の概要

本件は、道路交通法違反、贈賄、自転車競技法違反、賭博開帳図利、傷害被告事件であるが、判示事項に関連するのは、贈賄の点のみである。

この点の事実関係をみておくと、被告人は、昭和四五年六月二三日ころ、神奈川県自動車運転免許試験場の事務

室において、他の者を通じ、不正の手段により自分に運転免許証を取得させて貰いたい旨の請託をし、これに対する謝礼の趣旨で右運転免許試験の試験官である警察官Hに現金三万円を交付し、同年九月一日ころ、Hから試験を受けずに構造試験・適性試験に合格した旨の取扱いをしてもらい、同年一〇月一日運転免許証の交付を受けた。さらに、被告人は、昭和四六年二月下旬ころから四七年五月中旬ころまでの間、運転免許証取得希望者一三名から、不正の手段により運転免許証を取得できるように仲介してもらいたい旨の依頼を受けるとともに、現金一五万円ないし二五万円を受取り、昭和四六年三月上旬ころから四七年五月三〇日ころまでの間、試験官である警察官H又はKに対し、答案を書き換えるなどの不正手段で試験に合格させてくれるよう請託するとともに、右金員の各一部を供与し、一回は酒食などの饗応接待をした。

2　事件の経過

1　起訴状に掲げられた訴因は、判示事項に関連する限りでは、被告人が自分の運転免許証の取得に関して警察官Aに対し三万円を供与したという贈賄の訴因及び警察官H又はKと共謀のうえ前記運転免許証取得希望者一三名から不正な請託のもとに一五万円ないし二五万円の供与を受けたという枉法収賄の訴因(後者の訴因数は一五)であったが、検察官立証がほぼ終了した一八回公判期日に至り、検察官から、枉法収賄の訴因に関し贈賄の訴因を予備的に追加する旨の請求があって、許可され、二〇回公判期日でその内容の一部が再変更された。予備的訴因の内容は、被告人は、運転免許証取得希望者らと共謀のうえ、警察官H又はKに対し、一三回にわたり現金四万円ないし五万円を供与し、一回は金一万六、六六六円相当の酒食などの饗応接待をした、というものである。

2　一審判決は、ほぼ予備的訴因に沿って合計一五個の贈賄の事実を認めた。

3　被告人が控訴したところ、二審判決は、他の点における法令適用の誤を理由に一審判決を破棄しながらも、右の事実認定はこれを維持した。

本件被告人の控訴趣意中には右の訴因変更が公訴事実の同一性を欠く旨の主張は含まれていなかったが、相被告人である警察官Hの控訴趣意中にその旨の主張があったところから、二審判決ではこの点について次のような判示がなされた。すなわち、(イ)本位的訴因における免許証取得者らと、予備的訴因における免許証取得者らとは、いずれも同一であり、右の者らに運転免許証を得させるために施した不正の行為の内容、その日時、場所はすべて同一である。(ロ)本件においては右免許証取得者らがHを含む自動車運転免許試験の試験官らに賄賂を供与する目的で金員を支出したこと、Hが右金員の一部又はその変形物により職務上不正の利益を得ていること、本件被告人らが右免許証取得者とHとの間の右賄賂の供与、受供与に関与していることは、両訴因間においていずれも共通している。(ハ)検察官は、当初本件被告人らをHの収賄の共犯者とみて起訴したのであるが、審理の結果、本件被告人らは免許証取得者らからそれぞれ金員を受取り、その一部を試験官であるHに交付し、あるいはその金員でHに饗応接待したものであって、むしろHに対する贈賄の罪責を負うべきことが判明した。このような事実関係にかんがみると、「両訴因は結局一連の同一事実関係を対象としながら、法廷に提出された証拠に対する評価を異にする結果、犯罪の日時、場所、共犯者の有無、賄賂の額、内容等犯罪の形態を異にしているに過ぎないとみるべきであり、したがって右のような事実関係においては、両訴因が同時に併立する関係にはない(即ち一方の犯罪の成立が認められるときは、他方の犯罪の成立を認め得ない関係にある)と解せられ、右両訴因は公訴事実の同一性の範囲内にあるものというべきである」。

4　被告人の上告趣意の中には、この公訴事実の同一性に関する解釈を争う主張があった。すなわち、「公訴事実に同一性があるとするためには、両訴因の間に同時に併立し得ない関係、すなわち一方の犯罪の成立が認められるときは、他方の犯罪を認め得ない関係にあることが必要とされている。……本件本位的訴因と予備的訴因との間には、……その利益受供与の日時、場所、共犯者、賄賂の額、内容等が著しく異っているうえ、両事実は相矛盾し合うのではなく、ともに併立しうる関係にある。例えば、……免許証取得者Sにかかる訴因についてみれば、本位的訴因における犯罪の日時は『昭和四六年二月下旬ころ』、場所は『バー京子ことY方』、供与者は『S』、賄賂は『現金二五万円』であるが、予備的訴因では犯罪日時が『昭和四六年三月上旬ころ』、場所は『バー京子附近路上』、供与者『被告人』、賄賂は『現金五万円』である。このように、この訴因はその内容を著しく異にするばかりでなく、同時に併立することを妨げない関係にある。すなわち、本位的訴因に示される日時、場所において、被告人が、H、Kらと共謀して免許証取得者であるSから現金二五万円の賄賂を受け、これをH、Kらと分配し、さらに予備的訴因に示されるようにこれとは別の日時、場所において被告人が再度同じ職務行為（すなわちSに対する免許証の不正取得の請託）に関し、H、Kらに現金五万円の賄賂を追加供与することもまた何ら矛盾することなく存在し得るのである。ことに本件の場合、免許証取得者から被告人に供与された現金は、被告人の所持金と混同され、Hらに供与された賄賂とは同一性を欠くものであった。……右の一例をもっても明らかなごとく、本件両訴因は一方の犯罪の成立が認められるときに、他方の犯罪の成立を認め得る関係にあるのであって、両訴因の間に公訴事実の同一性を欠いていたことは明白であり、これを看過して両訴因間に公訴事実の同一性ありとし、被告人に対し賄賂の訴因を認定し、有罪の言渡しをした原判決は刑事訴訟法第三一二条第一項の解釈を誤ったものである」というのである。

5　本決定は、上告趣意は不適法であるとしつつも、職権で次のような判断を示した。

二　本決定の判示

1　法廷意見

「被告人甲は、公務員乙と共謀のうえ、乙の職務上の不正行為に対する謝礼の趣旨で、丙から賄賂を収受した」という枉法収賄の訴因と、「被告人甲は、丙と共謀のうえ、右と同じ趣旨で、公務員乙に対して賄賂を供与した」という贈賄の訴因とは、収受したとされる賄賂と供与したとされる賄賂との間に事実上の共通性がある場合には、両立しない関係にあり、かつ、一連の同一事象に対する法的評価を異にするに過ぎないものであって、基本的事実関係においては同一であるということができる。したがって、右の二つの訴因の間に公訴事実の同一性を認めた原判断は、正当である。

2　団藤裁判官の補足意見

「問題は、第一審における本位的訴因と予備的訴因とが公訴事実の同一性の範囲内にあるものといえるかどうかである。本件は、被告人黒川が自動車運転免許証取得者と運転免許試験の試験官とのあいだに介在して賄賂の授受に関与した事案であるが、本位的訴因では被告人を収賄側の共犯者とみたのに対し、予備的訴因では同人を贈賄側の共犯者とみたのであって、そこに基本的事実関係の同一性があるのはもちろんのこと、わたくしのいわゆる構成要件的共通性(団藤・新刑事訴訟法綱要・七訂版・一五一頁参照)があることもあきらかである。けだし、本件の本位的訴因において収賄罪の構成要件に該当するものとされた事実と、予備的訴因において贈賄罪の構成要件に該当するものとされた事実とは、重要な部分において重なり合うものだからである。私見も多数意見——従来の判例の見解——と基本的に異なるものではない。」

三　説　明

公訴事実の同一性の有無に関する最高裁の判例は、昭和三〇年代の中頃まではかなり頻繁に判例集に登場していたが、その後は姿を消し、昭和五三年に本判例が出るまでは、昭和四七年にただ一件が現われたのみで、それも極めて特殊な事情を含むものであった。これは、判例の集積に伴って実務の方向がほぼ固まったことを物語るものといえよう。しかしながら、判例の総合的な理解という点になると、見解の分れがあり、特に昭和二九年以降の判例に現われた「両訴因の非両立性」という基準については、その評価が区々である。そのため、具体的事例のいかんによっては、判例の立場を基礎としても、公訴事実の同一性の有無に関する判断に分れの生じることが、十分に予想されるのである。

こうした状況の下で登場した本判例は、「両訴因の非両立性」の基準を再び用いていること、及び公訴事実の同一性をめぐる論議の展開に適した事案であることなどの点で、大方の関心をひくものと思われるので、以下、まず「両訴因の非両立性」の基準の意義を判例の流れに基づいて検討したうえ、構成要件該当事実及び社会的事実が公訴事実の同一性の判断において果たす役割を考究することを通して右基準の意義を再評価することとしたい。

1　「両訴因の非両立性」という基準の意義

1　「両訴因の非両立性」という基準を判文中に登場させた判例は、下記①、③の二例を数える。そのほか、「両訴因の択一性」という基準を示した②の判例も、その争点が択一的訴因の追加の適否にあったことから右のような文言を用いているけれども、実質的には①及び③と同じ系列に属するものと思われる。まず、これら三例の判例の内容をやや詳細にみておこう。

①　昭和二九年五月一四日第二小法廷判決(刑集八巻五号六七六頁)は、「被告人は昭和二五年一〇月一四日頃、静岡県長岡温泉Kホテルにおいて宿泊中のAの所有にかかる紺色背広上下一着、外雑品数点を窃取した」との窃盗の訴因と、「被告人は贓物たるの情を知りながら、同月一九日頃東京都内において自称Aから右紺色背広上下一着の処分方を依頼され、同日同都豊島区池袋二丁目Y方においてこれを買入れ牙保をした」との贓物牙保の訴因とは、公訴事実の同一性の範囲内に属する、とした。すなわち、一審において、当初窃盗の訴因で審理中、右のような贓物牙保の嫌疑が生じ、弁護人から異議があったものの予備的訴因が追加されて有罪判決となり、二審においてもこの訴因変更が維持されて、上告趣意で訴因変更の適否が争われたのに対し、本判決は、「右二訴因はともにAの窃取された同人所有の背広一着に関するものであって、ただこれに関する被告人の所為が窃盗であるか、それとも事後における贓物牙保であるかという点に差異があるにすぎない。そして、両者は罪質上密接な関係があるばかりでなく、本件においては事柄の性質上両者間に犯罪の日時場所等について相異の生ずべきことは免れないけれども、その日時の先後及び場所の地理的関係とその双方の近接性に鑑みれば、一方の犯罪が認められるときは他方の犯罪の成立を認め得ない関係にあると認めざるを得ないから、かような場合には両訴因は基本的事実関係を同じくするものと解するを相当とすべく、従って公訴事実の同一性の範囲内に属するものといわなければならない。」と判示した。

②　昭和三三年五月二〇日第三小法廷判決(刑集一二巻七号一四一六頁)は、「被告人は九州産業交通株式会社代表取締役として同会社の営業を総理しているものであるが、昭和二五年七月一四日頃同会社において被告人保管にかかる同会社資金中より甲が同人所有にかかる同会社株式一万株を被告人に譲渡する代金として金五〇万円を同会社会計課長丙をして勝手に右甲に対し支払わしめて横領した」旨の業務上横領の訴因と、「被告人は九州産業交通株式会社取締役社長であるところ、同会社がその甲名義の株式五千株、乙名義の株式五千株、計一万株を取得するに

際し、法定の除外事由なく、昭和二五年七月一四日頃同会社において、会社資金中より同会社会計課長丙をして金五〇万円を右一万株の代金として支払わしめ、もって会社の計算において不正に右一万株の株式を取得した」旨の商法第四八九条第二号前段違反の訴因とは、公訴事実の同一性を失わない、とした。すなわち、上告趣意が、右両訴因は犯罪の主体（会社取締役と被告人個人）、客体（株式と金銭）、被害者（会社債権者・株主と会社）、成立時期（株式が会社の所有に帰した時と五〇万円が会社から支出された時）、態様（会社の自己株式取得についての会社取締役の責任と五〇万円の横領についての被告人個人の責任）等のすべてを異にし、両者の基本的事実関係が同一でないと主張したのに対し、本判決は、「本件株式一万株に関する事実関係は、被告人Aが本件会社の社長として会社のために右株式を取得し、右株式は会社の所有に帰したと認めるのが相当であり、したがって右株式の対価として甲に支払った金五〇万円は、事実、会社の資金がそのまま使用されたと認めるべきであって、この事実は、本件の五〇万円を被告人Aに対する貸付金とした等の被告人らの事後の処理方法によって変るものではない。されば本件五〇万円が会社資金中から支出された金員であることは両者異なることなく、またこの金員の支出が、被告人A個人の株式取得のためになされた業務上横領行為であるか、あるいは商法四八九条二項前段に違反する会社の自己株取得のためになされた支出行為であるかは、いずれも被告人Aの会社社長としての行為に関するものである以上、同一事実の表裏をなすものにほかならない。それゆえ本来の訴因と追加請求の訴因とは択一的関係にあって公訴事実の同一性を害するものでないとした原審の判断は相当である」と判示した。

③　昭和三四年一二月一一日第二小法廷判決（刑集一三巻一三号三一九五頁）は、「被告人は家畜商を営むものであるが、昭和二五年七月二五日頃家畜商Aより同人所有の馬四頭の売却方を依頼され、同月二九日うち二頭をBに代金六万円で売却しこれを保管中、同月三〇日新潟県西蒲原郡曾根町C旅館において、内金三万円を着服して横領した」との業務上横領の訴因と、「被告人は昭和二五年七月三〇日新潟県西蒲原郡鎧郷村大字西汰上D方から同人が

一時Aより預っていたAの父E所有の牝馬鹿毛および青色各一頭を窃取した」との窃盗の訴因とは、事実の同一性を失わない、とした。一審判決の認定事実等からうかがわれる本件の事実関係は、被告人が家畜商Aに対し曾根町方面に馬を輸送して売却することを勧め、これに応じたAが昭和二五年七月二五日父所有の農耕馬四頭などを曾根町に輸送して同町のC旅館に滞在し、右四頭はD方に預けて被告人にその売却方を依頼していたところ、被告人は同月二九日うち二頭をBに代金六万円で売却する旨を約して六万円を受取り、翌三〇日有坂方から牝馬鹿毛および青色各一頭を引き出してBに引渡す一方、C旅館においてAに対し馬二頭を一二万円で売却したが日曜日で銀行もないので三万円だけ内金として受け取ったと嘘をいって三万円をAに手渡したというものである。つまり、最初の業務上横領の訴因は、被告人がD方から馬二頭を引き出したのは不法領得行為にあたらないとみたのに対し、変更後の窃盗の訴因は、これにあたるとみたのであって、そのように見方が変った事情としては、被告人が当初Aに約したように一頭六万円見当で、しかも、Aの滞在する短時日のうちに売りさばく見込がなく、かつ、Aから馬を秋田方面に引き上げる旨告げられ、AとDに無断でうち二頭を引き出して廉価に売却して代金を取得しようと企てたとの事実が介在していた。そして、本判決は、「前者が馬の売却代金の着服横領であるのに対し、後者は馬そのものの窃盗である点並びに犯行の場所や行為の態様において多少の差異はあるけれども、いずれも同一被害者に対する一定の物とその換価代金を中心とする不法領得行為であって、一方が有罪となれば他方がその不可罰行為として不処罰となる関係にあり、その間基本的事実関係の同一を肯認することができるから、両者は公訴事実の同一性を有する」と判示したのである。

2　これらの判例に示された「両訴因の非両立性」という基準がいかなる内容のものかについては、三つの解釈がありうるであろう。

第一の解釈は、一方の訴因が認められると他方の訴因が法律上当然に認められないこととなる関係をいう、とみる解釈であって、この解釈によるときは、両訴因を構成する行為の間に共通性がある場合はもとより、行為の日時、場所などがまったく異なっていて共通性がない場合でも、同一物に関する窃盗罪と贓物罪のように法律上両立することのない関係が両訴因の間に存する限りは、判例の下で、すべて公訴事実の同一性が肯定されることになるというのである。(1)

右の解釈は、判例の立場に賛成する論者ばかりでなく、反対する論者によっても、広く採用されているが、(2)これについては種々の疑問があり、すくなくとも右の基準がそのような趣旨のものであると断定すべき根拠は存しないように思われる。すなわち、まず、前記各判例が、右の解釈のような一般的な命題を判示しているわけではなく、具体的な事実関係を前提とした判示をするにとどめていることに注目をしたい。窃盗から贓物牙保への訴因変更を認めた前記①の判例は、明確に、「日時の先後及び場所の地理的関係とその双方の近接性に鑑みれば、一方の犯罪が認められるときは他方の犯罪の成立を認め得ない関係にあると認めざるを得ない」と判示し、業務上横領から自己株取得罪への訴因変更を認めた前記②の判例は、被告人が会社社長として金員を支出した行為を業務上横領とみるか自己株取得行為とみるかの差異にすぎないから両訴因は択一的関係にあると判示し、業務上横領から窃盗への訴因変更を認めた前記③の判例も、両訴因の具体的事実を比較検討したうえ、一方が有罪となれば他方が不処罰となる関係にあると判示しているのである。

次に、前記各判例がいわゆる基本的事実関係同一説を採る判例の基本的な流れの中で生れてきたものであることに留意する必要があると思う。すなわち、前記各判例は、判文上明らかなように、両訴因の間における基本的事実関係の同一性の有無を究極の検討主題としたうえで、従前の判例の事例とは異なって両訴因の間における行為・結果の日時・場所などの点でかなりの相違を免れない事例について、なお基本的事実関係の同一性を肯定しうる根拠を「両訴因の非両立性」に求めたものであって、基本的事実関係の同一性と切り離された基準として「両訴因の非両立性」の基準を持ち込んだものではないと解されるのである。現に、前記①の判例が出た後においても、「両訴因の非両立性」の基準を援用することなく、他の理由から公訴事実の同一性を肯定した判例がある。(3) また、「両訴因の非両立性」の基準を基本的事実関係の同一性の基準に代わるものとして定立することは、両者が完全に一致するものといえない限り、判例の変更であって、小法廷では許されなかったはずである。

さらに、右のような意味における非両立性の基準で公訴事実の同一性を判断することには、理論上も問題があるように思われる。すなわち、右の見解は、その理論的根拠を、一方の訴因が認められると他方の訴因が法律上当然に認められないこととなる関係にある両訴因については刑罰権が一個しか存在しないことに求めているが、(4) 刑罰権の個数を公訴事実の同一性の判断基準と解することには疑問がある。実体法上双方を認定して処罰することの許されない関係にある、同一物に関する窃盗罪の訴因と贓物罪の訴因との関係を例にとって考えてみよう。第一に、これら二つの犯罪を同時に認定して処罰すること及び一方の犯罪で処罰した後に他方の犯罪で訴追、処罰することが許されないのは、当然である。しかし、それは刑罰権が一個であるからなのではなく、事実認定上の判断が矛盾するからである。すなわち、これらの犯罪を同時に認定することは、判断の矛盾であって許されないし、一方の犯罪で処罰した後他方の犯罪で処罰することもまた、前の判決が示した判断の拘束力に抵触するので許されないこととなると解されるのである。第二に、右両犯罪を構成する行為が別個のものである以上、一方の犯罪で無罪となった後に他方の犯罪で訴追、処罰するとしても、刑罰権が一個であることと矛盾するとはいえないであろう。同様に、一方の犯罪で処罰がなされた場合であっても、後に再審でこれが無罪とされたときは、他方の犯罪で訴追、処罰することができるはずである。もっとも、憲法三九条にいう「既に無罪とされた行為」を極めて広く理解し、右のような窃盗罪及び贓物罪の各行為は共に右規定にいう一個の行為に含まれるものと解すれば、一方の犯罪が無罪となった後の他方の犯罪による訴追、処罰は許されないこととなるが、このような理解は、右規定が成立した歴史的背景、規定の文言などから導かれる結論とあまりにも離れるものというほかないであろう。

加うるに、右の解釈によるときは、実際上も不都合な結果が生じることを避け得ないであろう。すなわち、上述した窃盗罪と贓物罪の例を用いると、いったん窃盗罪が無罪となれば、同一物に対する贓物罪が当該被告人によって犯されたことが明白であり、しかも、その犯行時期がたとい捜査終了後あるいは窃盗罪の公判中であっても、原則として贓物罪による訴追が禁止されることとなるからである。

このようにみてみると、昭和三三年二月二一日第二小法廷判決(刑集一二巻二号二八八頁)が明らかにしているとおり、法律上両立する両訴因つまりは併合罪の関係にある両訴因の間に公訴事実の同一性を認めることができず、その意味において、両訴因の法律上の非両立性は公訴事実の同一性を肯定するための一要件であることは疑いないが、その逆は当然であるとはいえないのである。

3　「両訴因の非両立性」に関する第二の解釈は、両訴因の記載事実のみを比較して、それらが両方とも生じることのありえない場合をいう、と解するものであって、この解釈によるときは、両訴因の各行為が共通する場合においてのみ公訴事実の同一性が肯定されることになるであろう。

本最高裁決定における上告趣意は右の解釈を主張しているが、前記最高裁判例は明らかにその立場をとっていない。すなわち、前記②の判例は、両訴因における各行為が共通している場合なので、右の解釈によっても説明が可能であるが、①の判例は、両訴因の記載事実だけからみると、必ずしも両立が不可能ではない場合についてのものであり、特に③の判例は、両訴因の記載事実だけからでは、明らかに両立が可能な場合についてのものである。のみならず、たとい両訴因の記載からでは両立しない犯罪のようにみえる場合であっても、証拠上その犯罪が両立するものと認められるときには、公訴事実の同一性を否定するほかないから、両立性の有無は、もともと単なる主張と主張との間の両立性の問題ではないといわなければならないのである。この点は後記**3**で詳述したい。

4　「両訴因の非両立性」に関する第三の解釈は、両訴因の背後にある社会的事実が重なり合って同一の社会的事実を構成している場合において、両訴因が両立しない関係にあることをいう、と解するものである。同一の社会的事実に対する評価として両訴因のいずれか一方しか成立しない場合をいう、といってもよい。(5) この解釈によるときは、公訴事実の同一性を肯定するには、第二の解釈のように両訴因の記載自体からその非両立性が明らかである必要はないが、第一の解釈のように無限定な全社会的事実に照らして両訴因が法律上非両立関係にあると認められるだけでは足りず、上述した意味での一個のものと認められる範囲の社会的事実に照らして両訴因が非両立関係にあると認められることを必要とすることになる。

これを前記各判例についてみると、①の判例においては、同一被告人に対する同一物の窃盗と贓物牙保という法律上両立しない犯罪が問題とされていることから直ちに公訴事実の同一性が肯定されたのではなく、「日時の先後及び場所の地理的関係とその双方の近接性に鑑みれば、一方の犯罪が認められるときは他方の犯罪の成立を認め得ない関係にある」という事実面での非両立関係から公訴事実の同一性が肯定されていることに留意をしたい。すなわち、この事案では、長岡温泉で窃取された背広をその数日後に被告人が東京で所持していたことを中心とする一連の事実経過からみて、被告人を右背広の窃盗犯人とみるか、依頼を受けて買入れ牙保した者とみるかが争われたものであって、まさに同一の社会的事実をどちらに評価するかが争点であったと解されるのである。また、②の判例では、会社資金を不法支出して業務上横領したとの訴因と自己株式を取得したという商法違反の訴因とでは訴因の面での共通性こそないけれども、前者の対象とされた会社資金の支出行為が後者の自己株式取得の準備行為であったという点で両訴因の社会的事実には重なり合いがあり、同一の社会的事実を構成しているものということができる。そして、この同一の社会的事実のもとでは、被告人の行為を業務上横領と商法違反の両方にあたると評価することはできないので、両訴因は公訴事実の同一性をそこなわないと認められるのである。③の判例でも、他人の馬二頭をその預け先から連れ出して六万円で処分し、三万円のみを所有者側に渡したという一連の社会的事実に関し、当初被告人に馬を連れ出して処分する権限があったとみて業務上横領の訴因が主張されたのに対し、後にその権限がなかったとして窃盗の訴因に変更されたにとどまるのであるから、他人の馬二頭をその預け先から連れ出したという部分において両訴因の社会的事実は重なり合い、明らかに両者は同一の社会的事実を構成しているものと認めうる場合であった。

現行刑訴法のもとでの他の最高裁判例の中から、最も論議の多い窃盗罪と贓物罪との関係についての二例を取り上げ、右の解釈のもとで公訴事実の同一性の有無を検討してみよう。まず、昭和二七年一〇月三〇日第一小法廷決定(刑集六巻九号一一二二頁)では、「昭和二五年一二月二日ころMと共謀して堺市のN方で自転車一台とアメ一瓶を窃取した」旨の訴因と、「同日N方付近までMと同行し同人の依頼により同人がN方から窃取した自転車一台とアメ一瓶を大阪市まで運搬した」旨の贓物運搬の訴因につき、「その事実関係は出来事の推移につき多少の異同あるに止まりその同一性を失わない」と判示されているが、この場合、被告人が窃盗犯人Mの依頼で右のような形で贓物運搬をした事実が窃盗罪の共同正犯の証拠となる重要な社会的事実であると同時に、それ自体贓物運搬罪を構成する事実にほかならないから、社会的事実はまさに同一であって、上記の解釈のもとでの「両訴因の非両立性」の基準でも同一性を肯定することができる。また、昭和二九年九月七日第三小法廷判決(刑集八巻九号一四四七頁)では、「昭和二八年九月二一日午前一時ころ、京都市下京区のT方前路上において同人所有のリヤカー一台(時価一万円位)を窃取した」旨の窃盗の訴因と、「同日時ころ、京都市下京区の別の路上で知人から盗品であるリヤカー一台(時価一万円位)を預り贓物寄蔵をした」旨の訴因とにつき、「日時の同一、場所的関係の近接性及び不法に領得されたT所有のリヤカー一台に被告人が関与したという事実に変りはないから、右両訴因の間の基本的事実関係は、その同一性を失うものではない」と判示されたが、この場合も、窃盗の日時ころ近接した場所で盗品を保管していたという行為は、贓物寄蔵を構成する事実であると同時に、窃盗直後の行為として窃盗を立証する重要な社会的事実であるから、両訴因の社会的事実は同一であると認めることができる。

右の意味における社会的事実の同一性が認められる場合は、次の四種類に大別することができると思う。すなわち、(イ)両訴因を構成する犯罪行為の点で共通している場合、(ロ)同一犯罪の正犯と共犯との関係にある場合、(ハ)同一犯罪の先行行為又は準備行為と実行行為との関係にある場合、(ニ)一方の犯罪を構成する行為が他方の犯罪の証拠となる場合である。このうち、特に上記の考え方が意味をもつのは、(ハ)と(ニ)の場合であって、「両訴因の非両立性」の基準が援用された前記②と③は(ハ)の場合にあたり、同じく①と窃盗、贓物罪についての前記二判例は(ニ)の場合にあたる。

同一の社会的事実という概念を導入することは、訴因の変更をめぐる訴訟経過ともよく適合するように思われる。すなわち、訴因の変更は、当初の訴因のもとにおける立証の経過で他の訴因の成立が認められるようになった場合、他の訴因による審理、判決を認める制度であるから、もともと両訴因を証明する社会的事実が同一であることを予定しているものといってよい。また、右にいう社会的事実の同一性の範囲は捜査段階から当然に予想されるのであるから、訴追者に対し、その範囲内において同時訴追の義務を認めても決して不可能又は困難を強いることにはならず、したがってまた、その範囲内において既判力を認めても不当ではない。むしろ、同一の社会的事実をどう評価するかの問題に帰するから、潜在的には、その範囲内の全事実について捜査、訴追がなされているものといってもよいのである。

5　本件最高裁決定の検討に移ろう。

本決定が「両訴因の非両立性」の基準を再登場させたのは、本件の事案の特殊性によるものと考えられる。共謀による収賄を共謀による贈賄に変更しても公訴事実の同一性が失われないと判示した最高裁判例がこれまで二例あるので、これらとの対比において本件の特殊性をみてみよう。昭和二八年三月五日第一小法延決定(刑集七巻三号四五七頁)は、「被告人はAと共謀のうえ甲時イ場所においてBから一人あたり三八三〇円相当の酒食の饗応の賄賂を収受した」という事実と「被告人はBと共謀のうえ甲時イ場所においてAに対し二八三〇円相当の酒食の饗応の賄賂を供与した」という事実とでは、「公訴事実の日附、場所、人及び行為の内容等具体的事実関係をすべて同じくし、公訴事実の同一性を失はない」と判示し、昭和三六年六月一三日第三小法廷判決(刑集一五巻六号九六一頁)は、「被告人はAと共謀のうえ甲時イ場所及び乙時ロ場所においてBから各三〇万円の賄賂を収受した」という事実と「被告人はBと共謀のうえ甲時イ場所及び乙時ロ場所においてAに対し各三〇万円の賄賂を供与した」という事実とは、「基本的事実関係においては、同一であると認められる」と判示している。すなわち、これらの判例は、いずれも、本件と同様、私人と公務員との間に介在して賄賂の授受に関与した被告人につき、これを収賄側の共犯者とみるか贈賄側の共犯者とみるかが問題となった事案ではあるが、両訴因における賄賂授受の日時、場所、人などがすべて同一であって、行為が共通していたのである。これに対し、本件では、両訴因における賄賂授受日時、場所、人などの点では異なっており、ただ本位的訴因において収受したとされる賄賂の一部が予備的訴因において供与したとされる賄賂であるという点においてのみ共通性がある場合であった。そこで、本件の場合には、単純に、両訴因の事実を比較しただけでは、基本的事実関係の同一性を肯定することができないので、前記①ないし③の判例におけると同様、「両訴因の非両立性」の基準が援用されたと考えられるのである。

本件の場合、甲が丙から金員を受領したという枉法収賄の事実は、贈賄の準備行為であるから、この事実を中心として一連の社会的事実は同一であるということができ、かつ、明らかに事実面で両立しない関係にあるということができる。また、この一連の社会的事実を前提とするときは、枉法収賄と贈賄のいずれを認めるかは、評価の差異にすぎないということができる。

このようにして、本決定は、前記第三の解釈によって最もよくその意義を理解することができると思う。

（1）　前掲最高裁判例が出る以前においても、第一の見解のような基準により公訴事実の同一性を判断すべきであるとする見解が、高裁判例や学説にあった。東京高判昭和二七年七月二四日高刑集五巻九号一四八四頁、小西勝・新刑訴法における事実の同一性と訴因（司法研究報告書四輯一号）六一頁。

（2）　坂本武志「公訴事実の同一性について」司法研修所一五周年記念論文集一三八頁、足立勝義・最高裁判所判例解説昭和三三年度六八頁、田宮裕編・刑事訴訟法Ⅰ六〇七頁、鈴木茂嗣・刑事訴訟の基本構造二二二頁は、判例に賛成の立場からのものであり、高田卓爾・注解刑事訴訟法中巻五八一頁、中武靖夫「公訴事実の同一性⑴」ジュリスト刑事訴訟法判例百選（第三版）一〇八頁は、判例に反対の立場からのものである。

なお、本文中で用いた法律上の非両立性と事実上の非両立性との区別は、坂本、足立両判事の右各文献で用いられている区別とは異なったものである。すなわち、坂本判事によると、特定の一罪が成立することによってそれとは別個の独立した犯罪の成立が否定される場合には公訴事実の同一性があり、これには、①法律上成立が否定される場合（例えば、科刑上一罪の場合、結合犯・包括一罪の場合）、②論理上成立が否定される場合（例えば、法条競合の場合、事後処分の場合、共犯・未遂罪の場合）、③ことの性質上、成立する確率が極めて低いため事実上成立しないものとして取扱う場合（例えば、近接した日時における同一場所においての同一物に対する窃盗の場合）の三つがあるとされるが、③の例に挙げられている同一物に対する窃盗についてみると、かりに日時、場所を相当異にしていて、事実上二回起る可能性のある場合であっても、現実に二回起ったことが証明されない限りは、両方の成立を認めるわけにはいかないのであるし、逆に、日時、場所を同じくする同一被害者に対する窃盗であって、二回起ることがほとんど予想しがたい場合であっても、現実に二回起ったことが明らかになったときは、両立するとしなければならない。そうとすれば、③を事実上両立が否定される場合であると解するのは相当でなく、法律上両立が否定される場合であると解するのが相当であろう。同判事は、公訴事実を証拠ないしは社会的事実とは切り離された論理的存在として捉え、主張たる訴因のみを基準として公訴事実の同一性の有無を確定しようとされた結果、右のような区分に至ったものと思われるが、証拠ないしは社会的事実が両訴因の両立することを示しているときは、これに従って公訴事実の同一性を否定せざるを得ない以上、すべて法律上の非両立と解しておいた方が明快であろう。本文にいう法律上の非両立性は、こうした理解のもとに、右の①ないし③をすべて含む意味でこれを用いている。

次に、足立判事は、非両立性には、①事実認定上両者の同時両立が不可能の場合ないしは事実上の排他性がある場合（例えば、特定の物品受領についての恐喝罪と詐欺罪の場合、同一物についての日時場所を接した窃盗罪と贓物罪の場合）、②法律上一罪として処断される関係にある場合ないしは準一罪の場合（例えば、処断上の一罪、包括一罪の場合）、③一方が他方の不可罰的行為として成立を否定される場合ないしは法律上の排他性がある場合（例えば、同一物についての贓物故買と贓物運搬の場合）の三つがあるとされているが、本文では、前同様、これらをすべて本文にいう法律上の非両立性に含ませている。

（3）　例えば、昭和二九年九月七日第三小法廷判決（刑集八巻九号一四四七頁）は、某日午前一時ころ京都市下京区大宮通り丹波口下る路上において某所有のリヤカー一台（時価一万円位）を窃取したとの窃盗の訴因と、同日午前一時ころ京都市下京区七条大宮南入路上で知人より盗品であるリヤカー一台（時価一万円）を預ったとの贓物寄蔵の訴因との間に公訴事実の同一性を肯定し、その理由として、「日時の同一、場所的関係の近接性及び不法に領得されたT所有のリヤカー一台に被告人が関与したという事実に変りはないから、右両訴因の間の基本的事実関係は、その同一性を失うものでないと解するを相当とする」と判示している。

また、昭和三〇年七月一九日第三小法廷判決（刑集九巻九号一八八五頁）も、昭和二四年九月初めころ自宅においてモルヒネ注射液約二五〇本を所持したという訴因と、同日ころ自宅外の某方において右の物を所持したという訴因との間に公訴事実の同一性があるとし、その理由として、「所持の場所はかなり重要な訴因の内容をなすことではあるが、所持の目的物が同一である限りその場所に多少の変更があったとしてもその一事をもって直ちに公訴事実の同一性が失われると解すべきではない」と判示している。

（4）　小西・注（1）六〇、六一頁、坂本・注（2）三八五、三九一頁、田宮編・注（2）六〇七頁。鈴木・注（2）二三二頁以下も、表現を異にしているが、実質上はこれらと同旨と解される。

（5）　平場安治・刑事訴訟法講義一三一頁にいう社会的嫌疑同一説がこれに近い。但し、社会的嫌疑の同一性をいかに判定するかが客観的に明らかにされない限り、公訴事実が同一であることと同義反覆になるおそれがあろう。この点は、判例が採る基本的事実同一説に対し、高田卓爾・注（2）五八一頁、中武靖夫・注（2）九四頁、田宮・注（2）六〇六頁が鋭く批判を向ける点でもある。

なお、鈴木茂嗣・注（2）二三二頁以下は、社会的問題の同一性又は公訴（問題）事実の同一性を基準として提唱し、法益侵害が一個である場合に右の同一性があるとしているが、これは「両訴因の非両立性」に関する第一の解釈と等しく、本文にいう見解とは異なっている。

2　構成要件該当事実が公訴事実の同一性の判断において果す役割

1　公訴事実の同一性に関する有力学説として、両訴因に記載された構成要件該当事実の共通性を重視する、いわゆる構成要件同一説及び訴因共通説があることは、周知のとおりである。これらの学説は、構成要件という客観的な指標を用いる点で同一性の判断を客観化しうる利点を持ち、かつ、犯罪行為の共通説を要件とする点で憲法三九条の二重処罰禁止の要請ともよく適合する利点をもっているので、判例の基準の妥当性を検討するうえでも、これら学説の考察は不可避であると思われる。そこで、以下、本件の事案に即してこれら学説の意義を探ることを通し、判例の理解を深めてみたいと思う。

2　構成要件共通説は、団藤裁判官の提唱にかかる学説であって、その内容は、(イ)基本的事実の同一、すなわち、具体的事実として枝葉の点まで同一である必要はないが、基本的事実関係(重要な事実関係)が同一であること、(ロ)構成要件的共通、すなわち、初めの段階で指示されたA事実が甲という構成要件にあたり、後に判明したB事実が乙という構成要件にあたる場合に、B事実が甲構成要件にも相当の程度にあてはまること、の二つの要件が充たされる場合に公訴事実の同一性がある、というものである(6)。

団藤裁判官は、本件最高裁決定の補足意見において、本件の場合も右の二つの基準を充たしていると論じられたうえ、「私見も多数意見―従来の判例の見解―と基本的に異なるものではない」との注目すべき指摘を付加されている。基本的事実の同一の点は、二元的基準とあわせて、**3**で考究することとし、ここでは構成要件的共通の点を採りあげておこう。

構成要件的共通に関しては、さらに二つの論点を区別することができると思う。第一は、構成要件的共通とは、構成要件自体の共通をいうのか、構成要件該当事実の共通をいうのかである。もし前者であるとすれば、本件の場合、収賄と贈賄の構成要件の間には対向犯となるときのほかは共通性がなく、したがってまた、変更後の訴因である共謀による被告人の贈賄の事実が最初の訴因である枉法収賄の構成要件にあてはまることはないので、構成要件的共通が存しないことになる。しかし、右の説は、訴因を事実の記載であると解し、両訴因の比較により公訴事実の同一性を判断すべきものとの基本的立場に立ってのものであるから、構成要件的共通というのは、甲構成要件に該当するとして記載された事実と乙構成要件に該当するとして記載された事実とを比較してそれらが相当程度に共通することを意味するものと解するのが相当であろう。そして、この考え方によるときは、共通性のない両構成要件に関しても、当然、事実の共通性を肯認できる場合があることになる。

第二の論点は、事実の共通とは、当該構成要件該当事実のみの共通をいうのか、社会的事実を背景として一定の意味又は性質を帯びた構成要件該当事実の共通をいうのかである。訴因に記載された事実自体の共通をいうのか、実体としての事実の共通をいうのかという区別であるといってもよい。もし、記載事実自体の共通をいうとすれば、本件の場合、最初の枉法収賄の訴因で中心をなす事実すなわち免許取得者丙から被告人甲と公務員乙に対する金員の交付と、後の贈賄の訴因で中心をなす事実すなわち被告人甲と免許取得者丙から公務員乙に対する金員の交付とでは、行為においてまったく別個独立であって、事実の共通性はないというほかないであろう。しかし、実体としての事実を比較するとすれば、枉法収賄の訴因における免許取得者丙から被告人甲と公務員乙に対する金員Gの交付(すなわち、丙―G→甲・乙)と、贈賄の訴因における被告人甲と免許取得者丙から公務員乙に対する右金員の一部G′の交付(すなわち、甲・丙―G′→乙)とでは、丙から乙への金員G′の交付(すなわち、丙―G′→乙)という点で共通しており、相違しているのは甲を収賄側たる乙の共謀者とみるか贈賄側たる丙の共謀者とみるかの点と金員の額のみであるから、相当な程度に事実が共通していることは明らかである。かりに、乙が共同被告人であったとすれば、甲と共謀して収賄したか、単独で収賄したかの差異にすぎず、容易に事実の共通を肯定することができることとなるから、甲についてのみこれを否定するのは不当であろう。そして、構成要件共通説は、あくまで実体の裏付けをもつ事実を判断の対象とするものであるから、後の意味において事実の共通を判断するのが、むしろ自然であろう。

このようにみてくると、構成要件共通説において事実が共通である場合は、前記**1**の第三の解釈における「両訴因の非両立性」が認められる場合と実際上ほとんど一致することとなるであろう。

本件最高裁決定における団藤裁判官の補足意見が、「本件の本位的訴因において収賄罪の構成要件に該当するものとされた事実と、予備的訴因において贈賄罪の構成要件に該当するものとされた事実とは、重要な部分において重なり合う」としたうえ、「私見も多数意見―従来の判例の見解―と基本的に異なるものではない」としているのは、上述したような意味と理解してよいと思う。

3　訴因共通説は、訴因として記載された犯罪事実の重要部分が共通する場合、すなわち行為又は結果が共通である場合に公訴事実の同一性を肯定する。(7)この学説によると、同一物の窃盗と詐欺とでは、同一物の不法領得という結果の点で共通しているので、公訴事実の同一性が肯定される。これは、犯罪の結果をある程度抽象化してその同一性を判定することにほかならず、前記2の構成要件共通説における事実の比較とほとんど異ならないことになろう。本件の場合にも、前記のとおり、免許取得者丙から公務員乙への金員の供与という結果において両訴因は共通しているので、公訴事実の同一性が肯定されることになると思われる。

4　判例にいう「両訴因の非両立性」に立ち返ると、もしこれを前記**1**の第三の解釈により理解するとすれば、両訴因の非両立性が認められるのは、まさに社会的事実を背景として一定の性質を帯びた両構成要件該当事実が共通していて両立しないがためであり、犯罪の行為又は結果が共通していて両立しないがためであることになろう。換言すれば、構成要件共通説又は訴因共通説は、実質においては、「両訴因の非両立性」を肯定するための基準であると解することができるように思われるのである。

(6)　団藤重光・刑事訴訟法綱要(七訂版)一四九頁以下。
(7)　平野龍一・刑事訴訟法一三九頁以下。

3　社会的事実が公訴事実の同一性の判断において果す役割

1　最後に、実体物としてのいわゆる社会的事実が公訴事実の同一性の判断において果す役割を検討しておくこととしよう。

訴因として記載された犯罪事実が認定されない場合であっても、無罪が言渡されるにとどまり、訴因そのものが不適法と判断されることはない。その意味において、訴因は、犯罪事実の主張にすぎず、実体物としての社会的事実から独立しているものということができる。同様に、訴因の変更が行われた場合において、両訴因とも証拠の裏付けを欠くときでも、訴因の変更が無効となるわけではないので、公訴事実の同一性という概念もまた、実体物としての社会的事実とは独立して存在し得るものといいうる。しかしながら、このことは、公訴事実の同一性の概念が社会的事実と無関係な操作概念ないしは機能概念にすぎないことを意味するものではなく、単に右の概念が社会的事実と矛盾しない限度においてこれと独立して存在し得ることを意味するにすぎない。(8)

右の点は、「両訴因の非両立性」に関して**1**の第三の解釈を採った場合には自明であるが、実は第一、第二の解釈を採った場合を含めて、公訴事実の同一性の判断にとって必然的なものと思われる。以下、本件の事案に即しつつ、このことを明らかにしてみたい。

2　本件の場合、「被告人甲は、公務員乙と共謀のうえ、乙の職務上の不正行為に対する謝礼の趣旨で、丙から賄賂を収受した」という枉法収賄の訴因と、「被告人甲は、丙と共謀のうえ、右と同じ趣旨で、公務員乙に対して賄賂を供与した」という贈賄の訴因とは、収受及び供与の日時、場所等をまったく異にしているから、各行為の点では共通性がない。それにもかかわらず、両訴因の間に公訴事実の同一性が肯定されるのは、枉法収賄の訴因において賄賂を収受したとされていたことの社会的事実が、贈賄の訴因における賄賂を供与するための予備行為にすぎず、収受の賄賂と供与の賄賂との間に事実上の共通性が存在していたからにほかならない。

右のような社会的事実関係は、単なる検察官の主張として、訴因中に事情の形で記載され又は釈明されるだけで足りるものではなく、実体的な裏付けを必要とするものである。すなわち、かりに検察官の主張として右のような事実関係が示されていたとしても、収受の賄賂と供与の賄賂とが別個の金員であることが証拠上明らかとなった場合には、前記両訴因は両立する関係に立つこととなり、その間における公訴事実の同一性は否定されざるを得ないこととなるのである。

もっとも、例えば前記両訴因とも証拠上の裏付けを欠くような場合には、検察官の主張を基準として公訴事実の同一性を肯定しておくほかなく、その意味においては、公訴事実の同一性は主張たる性質をも有しているが、いったんその主張が証拠ないしは社会的事実と矛盾することが明らかとなり、後者に従うと公訴事実の同一性が否定される場合には、証拠ないしは社会的事実に従って判断が下されることとなる点において、公訴事実の同一性は実体的根拠を有しているといわなければならないのである。

本件以外の最高裁判例においても、社会的事実は、常に公訴事実の同一性の判断において決定的な役割を果してきた。例えば、前記**1**の①の判例の場合に窃盗から贓物牙保への訴因変更が許容されて後者で有罪が言渡されたのは、共に同一の背広に関するものであったからであり、③の判例の場合に業務上横領から窃盗への訴因変更が許容されて有罪が言渡されたのは、共に同一の馬二頭に関するものであったからである。

3　社会的事実が公訴事実の同一性の判断において決定的な役割を果すのは、事柄の本質に由来するものと思われる。すなわち、訴因変更の制度は、変更後の訴因に従って有罪を言渡す余地を認めるためのものであり、したがってまた、訴因変更の許容限度を画する公訴事実の同一性の保持という条件も、変更後の訴因に従って有罪を言渡すための条件であることになる。そうしてみると、変更後の訴因と矛盾するような社会的事実が存在し、変更後の訴因に従って有罪を言渡すことができないときには、さかのぼって公訴事実の同一性が失われると解すべきであるからである。

ここで、いわゆる構成要件共通説が、二元的な判断方法を採り、基本的事実の同一性と構成要件的共通性という二つの要件を充たす場合に初めて公訴事実の同一性が肯定されるとしていることを想起したい。右の場合、例えば同一物の窃盗と詐欺との間には、同一物の不法領得という点で構成要件的共通性が肯定されるであろう。しかし、公訴事実の同一性を肯定するには、それだけでは足りず、さらに、二つの領得行為が別個の社会的事実ではなくて同一の社会的事実についての評価の差異にすぎないことを明らかにしなければならない。右の基本的事実の同一性とは、まさにそのような社会的事実を指すものと解されるのであり、したがってまた、二元的な判断方法は実質的にいって不可避であるように思う。

いわゆる訴因共通説において、両訴因の重要な部分の重なり合い又は行為若しくは結果の同一性といわれる場合にも、実は、その重なり合い又は同一性の判断において、構成要件共通説が問題としている二種類の判断を合わせて行っているように思われる。

なお、このように考えてくると、公訴事実は存在論的基礎を有すると説かれたり[9]、社会的嫌疑ないし社会的関心の同一性が公訴事実の同一性の判断基準となると説かれたりすることも[10]、基本的には妥当であるというべきであろう。

（8）　例えば、田宮・注（2）五九六頁。
（9）　団藤・注（6）一五〇頁。
（10）　平場・注（5）一三一頁。
（補注）　本決定については、米田泰邦・判例タイムズ三六八号八八頁、荒木伸怡・警察研究五〇巻八号九三頁の評釈がある。

20　罰条の変更に関する最高裁判例

〔決　定〕

昭和五三年二月一六日最高裁第一小法廷決定（昭和五二年(あ)第一四三一号暴力行為等処罰法違反、傷害被告事件）、刑集三二巻一号四七頁

〔判示事項〕

一　数人共同して二人以上に対しそれぞれ暴行を加え一部の者に傷害を負わせた場合の罪数

二　起訴状に記載されていない罰条の適用

三　起訴状に記載されていない罰条の適用が許されるとされた事例

〔決定要旨〕

一　数人共同して二人以上に対しそれぞれ暴行を加え、一部の者に傷害を負わせた場合には、傷害を受けた者の数だけの傷害罪と暴行を受けるにとどまった者の数だけの暴力行為等処罰に関する法律一条の罪が成立し、以上は併合罪として処断すべきである。

二　裁判所は、訴因により公訴事実が十分に明確にされていて被告人の防禦に実質的な不利益が生じない限りは、罰条変更の手続を経ないで、起訴状に記載されていない罰条を適用することができる。

三　暴力行為等処罰に関する法律一条の罪にあたる事実が訴因によって十分に明示されている場合には、裁判所は、起訴状に記載された刑法二〇八条の罰条を変更させる手続を経ないで、右法律一条を適用することができる。（二、三につき反対意見がある。）

一　事件の概要と経過

㈠　事件の概要と二審までの経過は、本決定中に以下のとおり要約されている。

一審判決が認定した第三事実に対応する訴因は、「被告人は、Aらと共謀のうえ、昭和五〇年二月二日午前一時四〇分ころ、京都市東山区古門前通大和大路東入三吉町二丁目三三四番地スカイビル二階スナック「B」において、C(当二一歳)、D(当二三歳)、E(当二三歳)、F(当二一歳)に対し些細なことに立腹し、こもごも同人らに対し、殴る蹴るなどの暴行を加え、よって右Cに対し、加療約二週間を要する左胸部打撲、第八肋骨々折の傷害を、右Dに対し、加療約三日間を要する顔面、後頭部等挫傷の傷害を、右Fに対し、加療約二週間を要する頭部打撲症兼挫傷などの傷害を、それぞれ負わせた」というものであり、その罪名及び罰条は、「傷害、暴行　刑法第二〇四条、第二〇八条、第六〇条」というものである。

一審判決は、ほぼ右の訴因に沿った事実を認定し、「被告人は、昭和五〇年二月二日午前一時四〇分頃同市同区古門前通大和大路東入る三吉町二丁目三三四番地スカイビル二階スナック「B」において、飲酒中些細なことに立腹し、前記Aらを呼び集め、ここに右A、G、H、Iと共謀して、C(当時二一歳)、D(当時二三歳)、E(当時二三歳)、F(当時二一歳)に対してこもごも同人らの身体各所を殴る蹴るなどの暴行を加え、よって右Cに対し加療約二週間を要する左胸部打撲傷等の傷害を、右Dに対し加療約三日間を要する後頭部挫傷等の傷害を、右Fに対し加療約二週間を要する頭部打撲症兼挫傷等の傷害をそれぞれ負わせた」と判示し、刑法六〇条、二〇四条、罰金等臨時措置法三条一項一号を適用した。

これに対し被告人から控訴があったところ、原判決は、公訴事実には右Eに対する暴力行為等処罰に関する法律一条(刑法二〇八条)の罪の事実が含まれているから、一審判決がこれに沿う事実を認定した以上右の法令を適用すべきであり、これを遺脱したのは違法であるが、その違法は明らかに判決に影響を及ぼすものではないと判示しつつも、量刑不当を理由に一審判決を破棄し、自判にあたり、右法律一条を適用するとともに、この場合には罰条の変更を要しない旨の判示を付加した。

(二) 上告趣意は、次のように主張した。「訴因、罰条の変更の制度は、被告人としては明示された訴因、罰条に対して防禦方法を講ずれば足るのであって不意討ちを許さないことに重点のあることは学説、判例に異論はないところである。従って検察官によってその変更のない限り裁判所はその訴因、罰条に拘束され自らの判断によって職権的に訴因、罰条を変更することは許されないのである。」「被告人としてはたとえ有罪を認定されても懲役二年以下の暴行罪によって処断されると予期して防禦方法を講じているのに不意討ちに懲役三年を法定刑とする重い罪で処断されるわけで刑事訴訟法三一二条の趣旨に反し被告人の利益を著しく害するものといわねばならない。」「それはひいては法定手続の保障を定める憲法三一条違反である。」

二 本決定の判示

本決定は、上告趣意は適法な上告理由にあたらないとしつつも、職権で次のとおり判示した。

1 暴力行為等処罰に関する法律一条の罪の罪数について

「本件のように数人共同して二人以上に対しそれぞれ暴行を加え、一部の者に傷害を負わせた場合には、傷害を受けた者の数だけの傷害罪と暴行を受けるにとどまった者の数だけの暴力行為等処罰に関する法律一条の罪が成立し、以上は併合罪として処断すべきであるから、原判決のこの点の判断は正当である。」

2　罰条の変更について

㈠　本林、吉田、栗本三裁判官の多数意見「起訴状における罰条の記載は、訴因をより一層特定させて被告人の防禦に遺憾のないようにするため法律上要請されているものであり、裁判所による法令の適用をその範囲内に拘束するためのものではないと解すべきである。それ故、裁判所は、訴因により公訴事実が十分に明確にされていて被告人の防禦に実質的な不利益が生じない限りは、罰条変更の手続を経ないで、起訴状に記載されていない罰条であってもこれを適用することができるものというべきである。

本件の場合、暴力行為等処罰に関する法律一条の罪にあたる事実が訴因によって十分に明示されているから、原審が、起訴状に記載された刑法二〇八条の罰条を変更させる手続を経ないで、右法律一条を適用したからといって、被告人の防禦に実質的な不利益が生じたものとはいえない。したがって、原判決の判断は、この点でも正当である。」

㈡　大塚裁判官の反対意見（決定上の表示は意見）「もともと、認定された事実に対していかなる罰条をあてはめるかは、法令の適用の問題であるから、裁判所の専権に属し、検察官の主張に拘束されるものではない。しかしながら、それは、当事者特に被告人にとって本質的に重要な意味を有することであるから、刑訴法の基本原則である口頭弁論主義にかんがみ、これについても当事者に意見を述べる機会を与える必要があると考える。そして、刑訴法上、起訴状に罰条を記載することが必要とされるとともに（二五六条）、これを追加・撤回・変更する際の手続が厳格に定められていること（三一二条）、また、実際上も、被告人に起訴状に記載されていない罰条についてまで意見を述べて防禦することを期待しがたいことを考慮するときは、起訴状記載の罰条に包含される軽い罰条を適用する場合を除き、検察官に対して罰条の追加・撤回・変更を命じ、又は釈明をすることにより、罰条の適用について意見を述べる具体的な機会を被告人に与えない限り（いわゆる刑訴手続の後見的機能）、裁判所において新たな罰条を適用することは許されない、と解するのが相当である。

それゆえ、原審が、右の手続をとらずに、起訴状記載の罰条より重い罰条を適用したことは、違法であり、かつ、その違法は判決に影響を及ぼすものというべきところ、恐喝など数個の犯罪事実が認定されていて処断刑に変更をきたさない本件においては、これを破棄しなければ著しく正義に反するとは認められないので、上告を棄却した多数意見の結論に同調する。」

三　説　明

1　暴力行為等処罰に関する法律一条の罪の罪数について

(1)　本件は、数人共同して四名の者に対しそれぞれ暴行を加え、そのうちの三名に対し傷害を負わせた事件である。このような場合の罪数関係については、次の三説が考えられよう。

第一説は、傷害を負わせた三名に対する三個の傷害罪と暴行を加えた残りの一名に対する一個の暴行罪が成立し、それらは併合罪となるというものである。昭和二七年七月一一日第二小法廷判決(刑集六巻七号八九六頁)における藤田八郎裁判官の少数意見は、暴力行為等処罰に関する法律によって「保護せられる法益は、単なる個人法益のみではなく公共に関する法益である」と主張していたが、この考えを徹底させると、同法律一条の共同暴行の罪は、相手方が複数であっても、一個の社会法益を侵害する点で一罪ということになるであろう。ただ、本件の場合、三名に対する傷害罪が成立しているので、これに右法律一条の罪が吸収されることになる。そうすると、残りの一名のみに対する関係で右法律一条の罪が適用されると解するのは妥当でないことになるので、その者に対する関係では単純暴行罪が適用されるという解釈が生じうる。本件の検察官は、あるいはこういう考えに基づいて起訴をしたのかもしれない。

第二説は、三個の傷害罪のみが成立し、それらは併合罪になるというものである。そう解する根拠は、第一説と同様、右法律一条の罪を社会法益に対する特別の罪とみることにある。すなわち、この罪は、相手方が複数であっても、社会法益を侵害する一罪であると解したうえ、本件の場合には、その罪が三名に対する傷害罪に吸収されることになるので、残りの一名に対する関係でも、その罪を適用することが許されず、結局三個の傷害罪のみが成立するというのである。一審判決は、あるいはこういう考えによったのかもしれない。

第三説は、本決定が判示するように、三個の傷害罪と一個の暴力行為等処罰に関する法律一条の罪が成立し、以上は併合罪となるというものである。この見解は、右法律一条の罪は個人法益に対する罪であって、本来被害者ごとに成立するものと理解し、ただ重い傷害罪が成立するときは、これに当該被害者に対する右法律一条の罪が吸収されると解するのである。原判決及び本決定は、この考えに基づいている。

考えてみるのに、暴力行為等処罰に関する法律が社会の暴力的風潮に対処するために制定されたものであることは、周知のとおりである。しかし、同法律の罪の刑をみると、刑法の罪の刑がいく分加重されている程度のものであって、個人法益に対する罪を社会法益に対する罪に転ずるほどに重いものではなく、暴力的風潮への対処は立法の動機をなすにとどまったことが、明らかである。それ故にこそ、傷害の結果が発生した場合には、右法律一条の罪がこれに吸収されると異論なく解されてきたのである。そして、傷害を受けた被害者が複数ある場合、原則として被害者ごとに併合罪の関係で傷害罪が成立するのであるから、被吸収関係にある右法律一条の罪も、原則として被害者ごとに併合罪の関係で成立するものと解すべきである。結局、第三説をもって正当としなければならない。

(2)　本決定と同旨の最高裁判例として、昭和三二年一二月二〇日判決(裁判集刑事一一六号二二五頁)がある。「原判決は、本件第一審判決の判示第一事実のように、被告人……の四名が犯意を共通し共同して判示上京税務署員……の七名に対し各別にそれぞれ暴力行為等処罰に関する法律一条一項の違反行為を為し因て右署員中……の三名に対し各別にそれぞれ傷害を与えたような場合には、右三名を除いた他の四名の被害者に対する暴力行為等処罰に関する法律一条一項違反の犯罪が成立するのは勿論、そのほか、右三名の被害者に対するそれぞれの暴力行為の結果たる傷害は、その原因たる違反罪の構成要件の外にあって、他の罪名たる傷害罪に触れ右違反罪に吸収されないから、……右四名の被害者に対する暴力行為等処罰に関する法律一条一項の外右三名の被害者に対する刑法二〇四条に問擬したのは正当であると判示した趣旨と解することができる。そして、第一審判決の判示第一事実の場合には、右各被告人に対しそれぞれ四個の暴力行為等処罰に関する法律違反と三個の傷害罪が成立すること明らかであるから、原判決の説示は、結局正当である。」というのである。

このような先例があるにかかわらず、判例集に登載されなかったためか、その後の下級審の裁判において屡々同じ問題が争われてきた。もっとも、それらの下級審裁判における結論も本決定のそれと同旨であって、暴行、脅迫の被害者ごとに暴力行為等処罰に関する法律一条の罪が成立するというものであった。広島高裁昭和三五年三月二九日判決(高検速報三五年六号――なお、この判決では、傷害を与えた者に対しては傷害罪のみが成立する旨の本最高裁決定と完全に同一の判断が示されている)、高松高裁昭和三九年四月三〇日判決(高刑集一七巻三号三〇八頁)、広島高裁昭和四九年六月二〇日判決(高検速報四九年一三号)、大阪高裁昭和五〇年八月二七日判決(高刑集二八巻三号三一〇頁)などがこれである。

(3) 本決定は、暴力行為等処罰に関する法律一条の罪は被害者ごとに併合罪の関係で成立すると判示しているが、それは勿論原則論としてであって、事案により包括一罪又は観念的競合となる場合のありうることを否定する趣旨ではないと解される(1)。

2　罰条の変更について

(1)　裁判所は、いかなる場合に、罰条の変更手続を経ずに、起訴状に記載されていない罰条を適用することができるのであろうか。これは、言い換えると、起訴状記載の罰条がいかなる限度で拘束力を有するかという問題であって、(イ)罰条も訴因とともに審判の対象を形成するものか、(ロ)刑訴法三一二条の罰条変更の規定は罰条の記載に拘束力を付与する趣旨のものか、(ハ)罰条の記載は被告人の防禦にとって実質上どのような意味を有しているか、という諸問に対しどう答えるかによって、その結論がきまることになる。そこで、以下、右の各問に即してこれまでの論議を回顧し、本決定の意義を探ることとしたい。

(2)　まず、罰条も訴因とともに審判の対象を形成しているかについて考えてみよう。この結果を正面から肯定する見解は見あたらないが、訴因は審判の対象であり、かつ、事実に対する法的評価ないしは法的構成であるとする見解を徹底させると、訴因とならんで罰条もまた審判の対象を形成しているということになり、裁判所が起訴状記載以外の罰条すなわち法的評価をもって被告人を処罰することは許されないことになろう。[2] しかしながら、ここまで当事者主義を徹底した見解は、母法であるアメリカ法に関しても存在しないばかりでなく、これによると、認定された事実に適用すべき法令が存在しないという不都合な結果を招来するし、判決に法令適用の誤がある場合には控訴審又は上告審の裁判所が職権でも判決を破棄しうることとされている法制とも調和しない。結局、異論なく承認されているとおり、法令の適用は裁判所の専権であり、罰条の記載は訴因の意味を明らかにして裁判所による法令の適用と被告人の防禦に資するための手続であると解するのが正当である。[3]

最高裁昭和三四年一〇月二六日決定(刑集一三巻一一号三〇四六頁)は、公訴事実と罪名には窃盗と住居侵入の記載があるのに、罰条としては刑法二三五条のみが掲げられていた事案について、こうした罰条の遺脱があっても公訴提起の効力に影響はないと判示しているが、これはとりもなおさず罰条を審判の対象の一部とはみていないことを意味する。本決定は、このことを明言した。すなわち、その多数意見は、「起訴状における罰条の記載は、訴因をより一層特定させて被告人の防禦に遺憾のないようにするため法律上要請されているものであ」ると判示し、また、大塚裁判官の意見も、この点に関しては、「もともと、認定された事実に対していかなる罰条をあてはめるかは、法令の適用の問題であるから、裁判所の専権に属」すると述べて多数意見に同調しているのである。

(3)　それでは、罰条の変更手続を定める刑訴法三一二条の規定は、どういう意味をもつことになるのであろうか。この点については、大別して二つの説がある。第一説は、三一二条は法令の適用について被告人に弁論の機会を与えるための手続規定であると解し、したがって、裁判所が起訴状に記載されていない罰条を適用しようとするときには常に罰条の変更手続を経なければならないが、罰条の変更命令には形成力を伴うと説く(4)。これに対し、第二説は、三一二条は法令の適用について被告人に実質的な防禦の機会を与えるための一つの手続的規定であると解し、したがって、被告人の防禦に実質的な不利益が生じない限りは、右の手続を経ないでも、起訴状に記載されていない罰条を適用することができると説く(5)。

この両説には、それぞれ相当の根拠があり、いずれが正当かは即断し難い(6)。すなわち、法令の適用について弁論の機会を十分に与え、かつ、三一二条に罰条変更手続が明記されていることを意義あらしめる点では、第一説が優れている。他方、訴因と罰条の機能の相違を重視するときは、第二説に傾く。つまり、訴因の記載には拘束力があり、裁判所が独自に訴因外の事実を認定することは許されないものとすれば、変更命令を含む訴因変更の手続が必要不可欠なものとなる。ところが、前記のとおり、罰条の記載には、訴因におけるような厳格な拘束力はなく、訴因の内容を明確化して防禦に資するという補充的機能しかないと解するときは、罰条変更の手続ごとに罰条変更命令という手続は必要不可欠なものとはいえない。変更命令というのは、訴因の主張のように検察官に権限がある場合において、その適正な行使をうながすことに本来的な機能があり、罰条の適用のような裁判所の職権事項には必ずしも必要不可欠な制度ではないのである。また、訴因の場合でも、罰条の場合でも、変更命令は、検察官に対して発せられるものであって、被告人に対して裁判所の法律見解を示し弁論の機会を与えることを直接の目的とするものではなく、その効果は反射的、間接的なものにとどまるから、被告人に対し弁論の機会を与えるための手段として罰条変更命令を常に用いるべきであると解する必然性もない。弁論の機会は、審理の経過で十分に与えられることもあるし、釈明などの手続によっても確保されるのである。

いずれにせよ、本決定は、前記の第二説を採用した。すなわち、その多数意見は、「裁判所は、訴因により公訴事実が十分に明確にされていて被告人の防禦に実質的な不利益が生じない限りは、罰条変更の手続を経ないで、起訴状に記載されていない罰条であってもこれを適用することができる」と判示している。大塚裁判官の意見も、この点においては多数意見と軌を一にしており、必ずしも罰条変更手続によることを必要とはしていない。

(4)　罰条の変更は、いかなる場合に、被告人の防禦に実質的な不利益を生じさせると認められるか。この点については、大別して三つの説がありうる。第一説は、重い罰条に変更する場合をいうと解する。(7) 第二説は、起訴状記載の罰条に包含される軽い罰条を適用する場合を除き、すべての罰条の変更をいうと解する。第三説は、罰条を除き訴因だけでは公訴事実が十分に明確ではない場合における罰条の変更をいうと解する。

第一説は、防禦上の不利益というより、新たな罰条を適用される不利益を問題にしている点に、難点がある。これに対し、第二説と第三説は、防禦権の行使・不行使を通しての不利益を問題にしている点で共通しているが、被告人において当然に予想すべき防禦の対象範囲において相違している。すなわち、本件の大塚裁判官の反対意見は、「被告人に起訴状に記載されていない罰条についてまで意見を述べて防禦することを期待しがたい」という実際面を重視し、第二説を採るのに対し、本件の多数意見は、訴因により十分に審判の対象が明確に示されている範囲内においては、当然に防禦が可能であるし必要でもあるとの立場に行って、第三説を採っているのである。この多数意見の背後には、法律の適用が裁判所の専権であるとの法原則のもとでは、被告人は検察官の主張にかかわらず常に正しい法適用に関し弁論をする用意が必要であると解する方が自然であることのほか、罰則の適用は事実認定ともからんで流動的であって、それを常に審理面に表わしておくことが妥当かは疑問であること、罰条の適用の適否は上訴審でも争うことができることなどが考慮されているものと理解される。

多数意見と同じ立場の学説をみておくと、「訴因として掲げられた事実がいかなる意味を持ち、いかなる部分が防禦上重要な事実であるかの判断を困難ならしめる場合[8]」とか、「罰条の記載の誤が被告人の防禦に実質的な不利益を生ずるというのは、必ずしも法定刑の高低によるというようなものではなく、その誤記により被告人が実質的な防禦権の行使に重要なる不利益を被るような場合をいうのであろう。例えば、起訴状の犯罪事実が横領であるか背任であるか判然しないような記載となっており、罰条は横領であるような場合には、被告人としては罰条から判断して横領の点に防禦の重点を置くことは当然である。この場合何らの予告なくして判決において突如として背任をもって処断するが如きは、正に被告人の防禦に実質的な不利益を及ぼすものといわざるを得ないであろう。これに反し、単なる誤記(例えば窃盗の事実を記載しておきながら刑法第二三四条を摘示するが如し)の如きは、正当なる法条(刑法第二三五条)を以て処断するのに何らの妨げとなるものではなく、又単なる誤記に非ずとするも特別法を記載すべき場合に一般法を摘示したような場合にも、原則として特別法を以て処断するの妨げとなるものではないと解する。[9]」とか、「公訴棄却、免訴等の職権発動を促し、また証拠の関連性について異議を申し立てる機会を妨げられたかどうか」によって不利益の有無を判断すべきであるとか論じられている。[10]

なお、本決定の多数意見のような考え方によるときは、罰条の記載の誤りにより「被告人の防禦に実質的な不利益を生ずる虞」がある(刑訴法二五六条四項但書)とは、右の誤により当初から訴因の内容が明確性を欠くこととなる場合をいうのに対し、上述したところの「被告人の防禦に実質的な不利益が生じ」るとは、それまで訴因と罰条の記載を総合して明確性を保ってきた訴因の内容が罰条の変更によって明確性を欠くに至る場合をいうことになろう。

(5)　つとに指摘されているとおり[11]、アメリカ法における罰条の取扱いも、上記の多数意見のような考え方の支えになる。すなわち、アメリカ合衆国地方裁判所刑事訴訟規則七条(c)は、「罰条の記載の誤又は遺脱は、それが被告人に不利益をもたらさない限り、正式起訴状もしくは略式起訴状を却下し、又は有罪判決を破棄する理由とはならない。」と規定するが、その趣旨につき規則制定勧告委員会の理由書は、「本項は、制定法及び規則が多いことを考慮し、被告人の便宜のために設けたものである」、「被告人が訴追事実を誤りなく知りうるようにするための一つの手段を提供する規定にすぎない」と説明している。同様の立場は、州法にもみられ、これらを通じて、訴因の記載が特定の犯罪を示すほどに十分に具体的であれば、被告人に不利益をもたらすものではなく、裁判所は職権で別の罰条を適用することができると解されているのである。もっとも、アメリカ法には罰条変更命令の制度はないが、被告人は検察官に対し罰条明細書により罰条についての見解を求めることができる。

(6)　本件の場合には、一般法である暴行罪を適用すべきか、特別法である暴力行為等処罰に関する法律一条を適用すべきかが問題となるにすぎず、争点は専ら法律論であって、訴因そのものは十分に明確である。したがって、本決定の多数意見が、職権で法定刑の重い後者の罰条を適用した原審の措置を支持したのは、当然である。札幌高裁昭和二五年六月二四日判決(高裁刑集三巻二号二三五頁)、同昭和二五年九月三〇日判決(高裁刑事特報一三号一九八頁)は、本件と同じ事案について、本決定の多数意見と同旨の見解を示している。

(1)　この点については、木村栄作「複数人を被害者とする暴力行為等処罰に関する法律一条の共同暴行に関する判決例二題」警察学論集三〇巻二号一四九頁、鈴木茂嗣「暴力行為等処罰に関する法律一条の集団暴行罪の罪数」判例タイムズ三三五号一一八頁参照。

(2) 平野龍一「訴因概説」訴因に関する研究四三頁。
(3) 団藤重光・刑事訴訟法綱要七訂版二〇三頁、平野・注(2)四四頁参照。
(4) 平野・刑事訴訟法一四三頁。小野慶二・法律実務講座刑事編第五巻九五四頁、九九八頁も結論において同旨。
(5) 団藤・注(3)二〇三頁、平野・注(2)四六頁、栗本一夫・新刑事訴訟法上の諸問題七〇頁、ポケット刑事訴訟法五〇六頁〔横井大三〕、青柳文雄・刑事訴訟法通論(1)五訂版五一一頁、井戸田侃・刑事訴訟法要説Ⅱ三四頁、高田卓爾・刑事訴訟法三七九頁。広島高裁岡山支部昭和二四年一一月一六日(高裁刑事特報一号二三八頁、東京高裁昭和二五年七月一八日(高裁刑事特報一六号一一一頁)も同旨。
(6) 平野教授は、注(2)において採られた第一説を注(4)において第二説に変更され、第二説を支持される団藤裁判官も、第一説も十分に支持に値することを示唆される(注(3)二〇三頁)。
(7) 宮下明義・新刑事訴訟法逐条解説Ⅱ一五九頁。
(8) 平野・注(2)四八頁。
(9) 栗本・注(5)七〇頁。
(10) 青柳・注(5)五一一頁。
(11) 平野・注(2)一八頁、栗本・注(5)六九頁、藤井一雄・法律実務講座刑事編第五巻九三八頁。
(追記) 本決定に対する評釈として、田口守一・ジュリスト六九三号(昭和五三年度重要判例解説)一八三頁が公表された。

九　自白法則と伝聞法則

21　共犯者二名以上の自白に関する最高裁判例

〔判　決〕

昭和五一年一〇月二八日最高裁第一小法廷判決（昭和五一年(あ)第七六号詐欺・同未遂被告事件）、刑集三〇巻九号一八五九頁

〔判示事項〕

共犯者二名以上の自白による被告人の有罪認定と憲法三八条三項

〔判決要旨〕

共犯者二名以上の自白により被告人を有罪と認定しても憲法三八条三項に違反しない。

（補足意見がある。）

一　事件の概要と経過

被告人を含む四名の者は、交通事故を偽装した追突事故で受傷して保険金を騙取しようと企て、被告人を含む三名の乗った車に残りの一名が車で追突したうえ、前車の三名がむち打ち症などの傷害を受けたとして入院し、保険会社・郵便局に保険金を請求してその支払を受け、又は受けようとした、として起訴された。

一審で、被告人は、所用で車に同乗していたにすぎないと主張したが、他の共同被告人は、犯行を認めて詳細な供述をした。一審判決は、これら三名の公判における自白を主な証拠として、追突した者を幇助犯とした点を除き起訴どおりの事実を認め、被告人を含む全員を有罪とした。

被告人は、事実誤認等を理由として控訴したが、(共同被告人の判決は一審で確定)、二審判決は、これを容れず、一審における共犯者三名の自白は信用するに足りるものであると判示した。

弁護人は、共犯者の自白のみによって被告人の有罪を認定したのは憲法三八条三項に違反するなどと主張して上告した。

二　本判決の判示と補足意見

本判決は、全員一致の意見により、右の主張を理由がないものと認め、刑訴法四〇八条により上告を棄却したが、全裁判官がこれに補足意見を付している。

1　本判決の判断

「当裁判所大法廷判決(昭和二三年(れ)第一一一二号同年七月一四日・刑集二巻八号八七六頁、昭和二三年(れ)第一六七号同年七月一九日・刑集二巻八号九五二頁、昭和二九年(あ)第一〇五六号同三三年五月二八日・刑集一二巻八号一七一八頁)の趣旨に徴すると、共犯者二名以上の自白によって被告人を有罪と認定しても憲法三八条三項に違反しないことが明らかであるから、共犯者三名の自白によって本件の被告人を有罪と認定したことは、違憲ではない。のみならず、原判決がその基礎とした第一審判決の証拠の標目によると、共犯者らの自白のみによって被告人の犯罪事実を認定したものでないことも、明らかである。」

2　補足意見

(一)　裁判官岸盛一、同岸上康夫の補足意見

「共犯者の自白が憲法三八条三項にいう「本人の自白」に含まれないと解すべきことについては、当裁判所の昭和四九年(あ)第三三二一号同五一年二月一九日第一小法廷判決(刑集三〇巻一号二五頁)の多数意見において述べたとおりであって、その見解は今日においても改める必要を認めない。そして、この見解によるときは、被告人の自白がなく、共犯者一名の自白しかない場合であっても、被告人を有罪とすることが許されるのであるから、本件のように、被告人の自白がなく、共犯者二名以上の自白がある場合には、右の共犯者らの自白を証拠として被告人を有罪としても、憲法三八条三項に違反するものでないことは、いうまでもない。

そもそも憲法三八条三項が「本人の自白」を唯一の証拠として有罪とすることを禁止し、補強証拠の存在を必要としているのは、自白の偏重により誤判を招くことを防止する趣旨なのであるから、本人とは独立した共犯者の自白があって、それにより本人の自白の信用性が認められるならば、本人を有罪としても、憲法の趣旨にすこしも反するものではない。共犯者の自白が相互に補強証拠となりうるのは、この意味において、むしろ当然のことなのである。

共犯者の自白のみによって被告人を有罪とすることを認めず、補強証拠の存在を必要としている外国法制もあるが、それは、憲法三八条三項の趣旨とは異なり、共犯者による無実の他人の巻きこみを防止することに主眼があるのであるから、そのような法制のもとでは、たとえ二名以上の共犯者の自白があるときでも、右の危険を排除することのできるような独立の補強証拠がない限り、被告人を有罪とすることが許されないと解するのが、自然な帰結であろう。しかし、右のような法制のもとにおける法理を憲法三八条三項の解釈に持ち込むことは、その本来の趣旨にそわないばかりでなく、自白した共犯者らは相互に自白が補強されて有罪とされるのに、被告人は自白していないため処罰を免れるという不均衡をもたらすこととなり、妥当ではない。われわれが、共犯者の自白は「本人の自白」に含まれないとする従来の当裁判所の判例の立場をとりながら、自由心証主義の合理的な運用により誤りのない事実認定を期するという解釈方法を選ぶのも、このような点を考慮したからにほかならないのである。」

㈡　裁判官団藤重光の補足意見

「わたくしは、当裁判所の昭和四九年(あ)第三二一号同五一年二月一九日第一小法廷判決(刑集三〇巻一号二五頁)におけるわたくしの反対意見の中で述べたとおり、共犯者の自白も憲法三八条三項にいわゆる「本人の自白」に含まれ補強証拠を要すると解する者である。問題は、共犯者の自白が相互に補強証拠となるかどうかである。

おもうに、一人の被告人のばあいには、その者の自白がいくつあっても、それらが相互に補強証拠となりうるものでないことは、あまりにも当然である。これに反して、共犯者の自白は、いうまでもなく、各別の主体による別個・独立のものである。二人以上の者の自白が一致するときは、たといそれが共犯者のものであろうとも、誤判の危険はうすらぐことになるから、相互に補強証拠となりうるものといわなければならない。ことに、本人も共犯者もともに自白しているようなばあいには、共犯者の自白が本人の自白を補強するものと考えて、本人を有罪とすることができるものというべきである。ただ、本件のように、本人の自白がないばあいに、共犯者二人以上の自白だけで本人の有罪をみとめてよいかどうかについては、右の見地以外に、さらに他の観点からも考察を加えなければならない。けだし、共犯者の自白に補強証拠を必要とすることは、アメリカ合衆国の諸州の法制にみられるところであるが(たとえば、一九七〇年ニュー・ヨーク州刑訴法六〇・二二条一項参照)、そこでは、二人の共犯者の証言があっても、なお、補強証拠を要するものと解されているからである。しかし、こうした法制の背景には、イギリスにおける同様の実務慣行以来の歴史的な沿革があるのであって、その主眼は、共犯者による誤った他人の巻きこみを防止することに置かれている。だから、このばあいに補強証拠が必要とされるのは、一般のばあいのように罪体についてではなく、被告人と犯罪との結びつきの点についてなのである。このような法制は、それなりに合理性をもつものというべきであろうが、こうした沿革をもたないわが国の法制において、憲法三八条三項の解釈としてそのままの結論を導くことは困難だといわなければならない。わたくしが、共犯者の自白も「本人の自白」に含まれ補強証拠を必要とするものと解するのは、英米法制を参照しながら、可能なかぎりで、これに近い取扱いをわが憲法三八条三項の解釈論にも持ちこもうとする意図をもつものであるが、そこには一定の限界がある（団藤・「共犯者の自白」斉藤金作博士還暦祝賀・現代の共犯理論・昭和三九年・六九三頁以下、ことに七〇一―七〇三頁参照）。わたくしは、二人以上の共犯者の自白は相互に補強し合うものであって、否認している本人をこれによって有罪とすることは、憲法三八条三項に反するものではないと解するのである。

なるほど、所論のいうとおり、検挙された者が自分に有利な扱いをしてもらうために、捜査官の誘導や暗示に迎合して、他の者を渦中に巻きこむような、心にもない供述をする危険がないとはいえないであろう。だからこそ、わたくしは、共犯者の自白も「本人の自白」に含まれると解するのである。しかし、だからといって、共犯者の自白が相互に補強証拠にならないとまでいうのは、行きすぎである。二人以上の共犯者の自白があるばあいにも、所論のいうような事態がないとはいえないが、それは事実認定にあたっての自由心証の問題として、また、極端なばあいには捜査官の違法な誘導等による自白という観点から証拠能力の問題として、解決されるべきことである。」

（後略）

㈢　裁判官下田武三の補足意見

「わたくしは、当裁判所の昭和四九年(あ)第三二一号同五一年二月一九日第一小法廷判決（刑集三〇巻一号二五頁）に付した意見において、共犯者の自白も憲法三八条三項にいう「本人の自白」に含ましめ、その証明力を制限的に評価することを相当とすべき旨の見解を述べたのであるが、本件の場合には、共犯者が三人おり、その三人が別個、独立に行った自白の内容が一致するというのであるから、その三人の自白は互いに補強し合って強い証明力を有するに至ったものと認めて差し支えなく、したがってこれを証拠として被告人を有罪としても、憲法三八条三項に違反することにはならないものと考えるのである。そして、その理由の詳細については、団藤裁判官の補足意見に同調する。」

三　本判決における事件処理の方法

共犯者の自白は憲法三八条三項にいう「本人の自白」にあたらず、これによって被告人の有罪を認定してもよい、というのがかねてからの最高裁大法廷の判例（本判決引用のもの参照）であり、昭和五一年二月一九日第一小法廷判決（刑集三〇巻一号二五頁）もこれを確認している。[1] しかしながら、この見解に対しては反対論が根強く、右の第一小法廷判決においても、団藤・下田両裁判官が反対論を展開された。本件では、右の伝統的見解と反対論とが二対二に分れる法廷の構成となったため、その処理が注目されていたのであるが、事案が共犯者二名以上の自白がある場合であって、このような場合にはそれらの自白により被告人を有罪と認定しても違憲ではないとの結論的判断において全員一致となった結果、上告が棄却された。

本件を小法廷で処理したことには、法令上、問題はない。すなわち、法令、解釈等が「憲法に適合するかしないかを判断するとき」でも、小法廷の意見が前に大法廷でした憲法に適合するとの判断と同じである場合には、小法廷で判断することができると定められている（裁判所法一〇条）。そして、「共犯者二名以上の自白によって被告人を有罪と認定しても憲法三八条三項に違反しない」という本判決の判断は、共犯者の自白によって被告人を有罪と認定しても憲法三八条三項に違反しないという大法廷の判断の一部をなすものであって、これと同じである場合とみることができるから、[2] 本件を小法廷で処理したことは、右の定めに適合しているのである。また、本判決は、右の判断を全員一致の結論の形で示したにとどまり、その根拠を二対二の対立した意見で示したものではないから、「小法廷の裁判官の意見が二説に分れ、その説が各々同数の場合」（最高裁判所事務処理規則九条二項二号）にあたらず、その点においても小法廷で処理したことに問題はない。本判決が、大法廷判決を引用するにあたり、大法廷判決の「趣旨に徴すると」という文言を用いているのは、こうした点を考慮したからであると解される。[3] なお、団藤裁判官が、その補足意見の末尾で、「多数意見が従来の大法廷判決の趣旨を援用している点には賛成しがたい」と述べておられるのは、大法廷判決の直接の判旨すなわち共犯者の自白は本人の自白にあたらないとした判旨を援用するものではないことを念のため付記された趣旨と思われる。

四　共犯者の自白と憲法三八条三項

(一)　共犯者の自白が「本人の自白」にあたらないとする伝統的見解によるときは、岸・岸上両裁判官の補足意見に述べられているとおり、本判決の結論は、当然のことになる。すなわち、被告人の自白がなく、かつ、共犯者一名の自白しかない場合であっても、被告人を有罪とすることが許されるのであるから、本件のように、共犯者二名以上の自白がある場合には、被告人の自白がなくても、右の共犯者らの自白を証拠として被告人を有罪としても、違憲でないことは明らかである。ところが、共犯者の自白を「本人の自白」と解する反対説によるときは、本判決のような結論はしかく当然のことではない。共犯者の自白が「本人の自白」とまったく同じものであれば、共犯者二名以上の自白があっても、本人の自白が二個以上ある場合と同様、本人を有罪にはできないことになる。また、共犯者の自白がすべて証明力にとぼしいものだとすれば、共犯者二名以上の自白により、自白していない被告人を有罪と認めることは許されないとも解しうるからである。反対説に立つ団藤裁判官が補足意見でこの論点を詳論されたのは、こうした事情を考慮されたからであろう。[4]

(二)　共犯者の自白と憲法三八条三項との関係については、(イ)共犯者の自白のみで被告人を有罪とすることが許されるか、(ロ)被告人の自白を共犯者の自白で補強して被告人を有罪とすることが許されるか、(ハ)共犯者二名以上の自白のみで被告人を有罪とすることが許されるか、という三つの問題を、整合性をもった論理で解決することが必要である。通常、(ロ)と(ハ)は、共犯者の自白の補強証拠能力の問題として一括して論じられているが、後述するように、これらは異った問題として別個に解決することが可能なものであるから、区別して論じるのが適当であろう。

第一説は、共犯者の自白を本人の自白と完全に同視し、(イ)(ロ)(ハ)のいずれについても消極に解する。(5) 自白の側面をもった供述を証拠とすることの危険性を最大限に重視する見解であるが、憲法三八条三項の文言及び沿革に沿わないという難点は免れない。

第二説は、(ロ)については、被告人の自白を共犯者の自白で補強して被告人を有罪とすることを認めるが、(イ)(ハ)については、消極に解し、共犯者の自白のみでは、何名の自白が重なっても、被告人を有罪とすることは許されないと解する。アメリカの少数州の法制にみられる立場である。例えば、一九七〇年ニューヨーク州刑事訴訟法の六〇・五〇条は、被告人の自白の補強証拠につき、「何人も、訴追された犯罪が行われたことについての他の証拠がない場合において、本人の自白又は不利益事実の承認のみに基づいて、有罪の言渡しを受けることはない。」と規定し、六〇・二二条一項は、共犯者の自白の補強証拠につき、「共犯の証言が被告人と犯罪とを結びつける補強証拠を伴う場合を除き、被告人は、共犯者の証言に基づき、有罪の言渡しを受けることはない。」と規定している。そして、判例は、被告人の自白を共犯者の自白で補強することは許されるが、二人の共犯者の証言は一人の共犯者の証言と同程度に独立の証拠で補強されなければならず、一人の共犯者の自白を他の共犯者の自白で補強して被告人を有罪とすることは許されない、と解しているのである。(6) キャリフォーニア州刑事訴訟法の一一一一条及び同条に関する判例(7)も、共犯者の自白につき、右と同様の立場をとっている。これらの法制において、共犯者の自白に補強証拠を要求しているのは、被告人本人の自白に補強証拠を要求しているのとは違い、共犯者が罪のない他人を犯罪に巻き込んで自己の責任を転嫁・軽減するという危険を避けるためである。したがって、その補強証拠は、他の共犯者の自白以外の独立した証拠でなければならず、かつ、被告人が犯人であることに関するものでなければならないとされているのである。(8)

第三説は、(イ)について、共犯者の自白のみで被告人を有罪とすることは許されないとしつつも、(ロ)(ハ)については、積極に解し、共犯者の自白は、被告人の自白との関係においても、他の共犯者の自白との関係においても、補強証拠能力を有するものと解する。本判決の団藤裁判官の補足意見がこれである。(9) すでにふれたとおり、共犯者の自白に含まれる危険性には、その自白が共犯者によるものであることから生ずる、無実の他人を巻き込むという危険性と、何人の自白であるとをとわず自白というもの一般に含まれている危険性とがある。そして、もし、前者の危険性を重視し、これを排除するために共犯者の自白を「本人の自白」と同視しようとする場合には、罪体について補強証拠を要求しただけでは足りず、被告人と犯罪とを結びつける点にこれを要求しなければならない。(10) また、共犯者の自白による相互の補強を認めないとしなければならない。そうとすれば、結局、第二説のような見解に帰着するであろう。しかし、後者の危険性を重視し、自白強要の防止と自白の偏重による誤判の防止のために、かつ、その限度において、共犯者の自白を「本人の自白」と同視しようとする場合には、被告人本人の自白を唯一の証拠として有罪とする場合に準ずべき事例について、かつ、その事例に限って、共犯者の自白を「本人の自白」と解するることが可能となるように思われる。なお、この立場にあっても、共犯者の自白による被告人の自白の補強を認める方が合理的であって、(ロ)については積極に解することとなる。そこで、これとの対比上、(ハ)についても積極に解するのが自然となる。このようにみると、この見解は、憲法三八条三項の「本人」に「共犯者」が含まれると解する単純な演繹的解釈ではなく、むしろ、上述した限度で、共犯者の自白につき本人の自白と同視することにより、同条項が実現しようとする理念をより一層助長することをねらったコモン・ロウ的解釈である、と理解することができよう。

第四説は、(イ)について、共犯者の自白のみで被告人を有罪とすることを肯定し、その結果として、(ロ)(ハ)についても、積極に解する。判例の伝統的見解及び学説の多数説[11]がこれである。憲法上の文言のほか、共犯者に対しては反対尋問が可能であり、反対尋問を経ない本人の自白より反対尋問を経た共犯者の自白が証明力が強いのは当然であるということが、その根拠とされる。さらに、アメリカの連邦、多数州の法制がこれと同じであること、及び、後述するとおり、共犯者の自白のみで被告人を有罪とすることを認めないというアメリカの一部州法の原則が、本人の自白のみで被告人の有罪認定を禁ずる英米法の支配的原則と、その起源、趣旨を異にすることを、その根拠として付け加えることができるであろう。

(三)　共犯者の自白をめぐる論争は、こうして、一方では、「本人の自白」を唯一の証拠とする有罪認定を禁ずる憲法の理念をどう把えるべきか、憲法上の原理の法解釈による拡張・修正をどの程度に許容すべきか、という憲法解釈の基本に触れており、他方では、共犯者の自白を一定の限度で類型的に「本人の自白」と同視することが可能であり、妥当であるか、という証拠法則上の認識問題に触れているように思われる。本判決を機縁として、こうした点につき、さらに検討が深められることを期待したい。

(1)　高木典雄・法曹時報二八巻四号二〇五頁の解説及び庭山英雄・判例評論二一六号一五九頁（判例時報八三五号一五九頁）の評釈がある。
(2)　本判決が共犯者一名の自白による有罪の認定を憲法三八条三項違反としているものでないことはいうまでもない。
(3)　このことは、本判決から、共犯者の自白は本人の自白にあたらないとした大法廷判決の判断を引き出せないことからも裏付けられる。
(4)　田宮裕「共謀共同正犯における共謀の立証について」現代の共犯理論六〇四頁、同「共犯者の自白」法学教室6〈第二期〉二一四頁は、法廷外供述と法廷供述との差異を重視されるが、この点はここではふれない。
(5)　井上正治・刑事訴訟法原論二〇八頁はその代表である。
(6)　People v. Malone, 199 N. Y. S. 646 (1923); People v. Gwardino, 30 N. Y. S. 729 (1941); People v. Negrin, 201 N. Y. S. 2d 59 (1960).

(7) People v. Greegan, 53 P. 1082 (1898); People v. Marshall, 78 Cal. Rptr. 16 (1969).

(8) 英米法における共犯者の自白(供述)と補強証拠能力の問題については、小早川義則「イギリスにおける共犯者の供述」大阪市立大学法学雑誌一八巻二号五七頁以下、同「アメリカにおける共犯者の供述」同誌二〇巻二号六一頁以下、同「共犯者の自白(一)」同誌二〇巻四号八三頁以下、同「共犯者の自白(二)」同誌二一巻一号一二九頁以下、同「共犯者の供述(一)」刑法雑誌二一巻一号七七頁以下に詳しい紹介がある。

(9) 同補足意見中にふれられているとおり、団藤「共犯者の自白」斉藤博士還暦祝賀六〇九頁以下(特に七〇一―七〇三頁、七〇五頁)ですでに主張されていた。

(10) 平野龍一・刑事訴訟法二三三頁、中武靖夫「共犯者の自白」斉藤博士還暦祝賀五七五頁以下は、この点を鋭くついている。

(11) 平野・前掲二三三頁、同「共犯者の自白」判例百選〈旧版〉一八六頁がその代表である。

(補注) 本判決に対する評釈として、岩田誠「共犯者の自白と憲法三八条三項(再論)」判例評論二一九号一三頁(判例時報八四四号一二七頁)、小早川義則「共犯者の自白と補強証拠」ジュリスト六四二号(昭和五一年度重要判例解説)一八〇頁がある。

(追記) 本判決の評釈には、右のほか、田村達美・法律のひろば三〇巻四号五一頁、荒木伸怡・警察研究四九巻四号四七頁がある。

22　現場写真の証拠能力に関する高裁判例

〔判　決〕

福岡高裁昭和三九年五月四日第一刑事部判決（昭和三七年(う)第九五号公務執行妨害傷害被告事件）、高裁刑集一七巻四号三二九頁

一　事件の概要と経過

大分県教組の役員又は組合員である被告人らは、文部省と同県教育委員会とが共催する昭和三四年度実技講習会の反対運動に参加中、準備のため会場に来たＨ指導主事の入場を阻止する目的で、共謀のうえ、その胸を突いて押し返し、引きずって戻し、取り囲むなどして、公務の執行を妨害するとともに、傷害を負わせた。第一審判決は、この事実を認定するにあたり、右のＨに匿名で郵送されてきた原板から焼き付けた犯行の現場写真四枚を証拠に用い、控訴趣意は、その証拠能力を争った。

二　本判決の判示

「通常の場合写真を証拠とするには、撮影者を公判期日に証人として尋問し、その真正に撮影されたものであることを供述したときにこれが証拠能力を付与されるものと解されるが、作成者不明の場合、若しくは作成者を公判期日に尋問することのできない特別の事情ある場合においても、他の証拠によりその写真が何時、何処で、如何なる情景を撮影したものであるかゞ証明されたときは、なおこれを証拠とすることができるものと解するのが相当で

ある。」

「証人Hの前記証言……によると、右写真四葉は、その各背景、人物及び情景上いずれも明らかに本件当時犯行現場においてHと被告人等との接触の情景を撮影したものと認められ、且つその成立の真正を疑うべき格別の事情も窺われないので、これを証拠とすることができるものと解すべきである。」

三　解　説

1　供述の説明手段としてではなく、独立の証拠として申請される現場写真の証拠能力については、刑事訴訟法に直接の規定がないこともあって、かねてから学説上も実務上も争いがあった。学説上は、㈠　撮影者の報告文書に代わるものであるから、伝聞法則の適用を受けるが、三二一条三項の検証調書に準じ、撮影者を公判期日において証人として尋問し、それが真正に作成されたものであることを明らかにした場合には、証拠能力があるとする説(横川敏雄・刑事裁判の実際一六五頁、藤井一雄＝小野慶二「最近における刑事手続上の諸問題」判タ一八号一四頁など)、㈡　撮影者の報告文書に代わるものであるから、伝聞法則の適用を受けるが、機械力による自動的な録取であるため作為や誤謬の入る余地はないので、三二三条三号により証拠能力をもつとする説、㈢　独立の証拠として用いることは許されず、供述の補助手段として用いうるにとどまるとする説(高田卓爾・刑事訴訟法二二〇頁。旧版では㈠説)、㈣　非供述証拠であるから、伝聞法則の適用はなく、関連性すなわち現場の正確な影像であることが立証されたときは、証拠能力があるとする説(栗本一夫・新刑事訴訟法の諸問題九五頁、同・末尾文献一六〇頁、田中和夫・末尾文献四三二頁、本田正義＝桂正昭「伝聞法則の例外」法律実務講座刑事編八巻一九三七頁、平野竜一・刑事訴訟法二二一頁、平場安治・末尾文献二六五頁、岸盛一・刑事訴訟法要義一九〇頁、藤野豊・末尾文献六八頁、団藤重光・新刑事訴訟法綱要二七五頁など)に分れ、実務上は、㈠と㈣とに分れていた。しかし、今日では、ともに㈣が支配的である。本判決も、どういう場面を写した写真であるかが証明されたときは証拠能力があるとしており、必ずしも撮影者自身が証言することを要件としていないので、㈣の説に立つものと解される（但し、高田・末尾文献四四頁は㈠に立つものと解している）。東京地裁昭和四〇年二月一八日決定（下刑集七巻二号二六六頁）は、より明快に㈣の立場を表明している。

このような見解の対立は、関連する二つの論点をめぐる考え方の相違に起因している。第一は、写真は、供述証拠かどうか、いいかえると、原則として撮影者を反対尋問をしたうえでなければ信用性を認めることのできない証拠であるかどうか、という点であり、第二は、写真に証拠能力を認めるためには、実質上どの程度の関連性の立証を要求するのが妥当か、という点である。

2 まず第一の論点から検討しよう。写真に証拠能力を認めるためには、証明の対象となる事物を写したものであることを要するのは、当然である。逆に、右の事物を写した写真である限り、その証拠能力を否定する理由のないことも、明らかである。問題は、撮影者を尋問しなければ写真の信用性を認めることができないものかどうかである。

反対尋問を経ない供述証拠に証拠能力が認められないのは、供述証拠が供述者の知覚・記憶・表現という過程で提供されるものであるため、その過程につき供述者自身を反対尋問しなければその内容に信用性を認めることができないからである。すなわち、供述の結果の信用性を確かめるためには、供述の過程につき供述者自身を反対尋問するほかないのである。三二一条三項が検証調書に証拠能力を付与するにつき作成者の尋問を条件としているのも、同様の配慮からである（同項にいう「真正」とは、作成名義の真正ばかりでなく、内容の正確性をも意味することは、いうまでもあるまい）。

ところが、写真は、機械的・化学的方法で一定の事物の痕跡がフィルム及び印画紙に残されたものであって、供述の要素を含まないから(平野・前掲二二二頁)、撮影者を反対尋問しなくてもその作成過程の真正を確かめることができるし、目撃者の尋問などによってそれが証明の対象となる事物の正しい影像であるかどうかを確かめることもできる。

偽造変造の疑いのある写真に証拠能力を認めることができないのはもちろんであるが、それは非供述証拠についても常にいいうることであって、撮影者の尋問を不可欠なものと解する根拠にはならない。真正な影像であることが立証されれば、同時にその作成過程が真正であることも立証されるのである。また、供述証拠説でも、例えば自動の隠しカメラが写した窃盗犯人の写真を、撮影者の尋問ができないという理由で証拠から排斥しはしないであろう。そうとすれば、撮影者の尋問が必要であるとする㈠の見解も、その尋問自体を不可欠なものとみているわけではなく、その撮影の過程の立証を通じて内容の真正を確かめうる点を重視するものであることになる。一定の事物を報告する証拠であることも、その証拠に伝聞法則の適用があることの根拠となるものではない。そのような性質は、証拠であることの共通の特質であり、供述証拠にも非供述証拠にも存在する。しかも、ある証拠につき反対尋問で信用性を確かめる必要があるのは、その証拠が事物を報告する性質を有するからではなく、供述過程を通してそれを報告するものだからである。これを要するに、写真は、事物の正しい影像であるという内容上の真正が認められるときは、その証拠能力を肯定することができるものというべきである。英米法においても、右の意味での写真の真正(これを authentication 又は verification という)が認められるときは証拠能力があると解されている。

3　前記第二の論点に移ろう。写真を非供述証拠と解する㈣の説では、証明の対象となる事物を正確に写した写真であるかどうかが中心問題であって、撮影者の尋問は不可欠な要件ではない。写真に写ったと同じ事物を目撃した撮影者以外の者が、写真を見て、事実がそのとおりであったと証言した場合でもよい(平野・前掲二二二頁)。その者が写真に写っている場面の全部を記憶していない場合でも、記憶の一部によって現場の写真であることが認められれば、全体に証拠能力を付与することができる（同一二三頁）。本判決が、被害者Hの供述などにより、問題の写真が現場を写したものであると認めて、その証拠能力を肯定したのは、右の説からみると妥当である。

㈠の説が撮影者の尋問を要件としているのは、その者に撮影の状況を説明させることにより、写真に修正が加えられたかどうかを確かめ、かつ、それが事実と異なった印象を与える結果となることを防止しうる点に、そのねらいがある。そのことは、写真が事物の正確な影像であるかどうかを確かめるうえでも、極めて有用である。ただ、それを唯一かつ不可欠の方法であるとする理由はなく、他の方法で右の点を確かめうるのにその証拠能力を否定するのは、妥当とはいえないのみである。

㈢の説は、証人が証言をするにあたり、写真のとおりであったと述べ、又は写真を用いて説明をする場合に限り、その証拠能力を肯定する。しかしながら、一定の事物を正しく写した写真であることが明らかな場合に、その状況を目撃した証人がいないことを理由として証拠能力を否定するのは、合理的ではなかろう。

4　最後に、写真の証拠能力に関するその他の問題にふれておこう。

捜査官が撮影した現場写真は、撮影の年月日・時間・場所・方法、撮影現場の概況などを記載し、撮影者の官職・氏名・印を具えた写真撮影報告書として申請されることが多い。この場合、右の記載は供述であって伝聞法則の適用を受けるが、三二一条三項の検証調書として証拠とすることができる。添付写真は、右の記載により、独立証拠・説明証拠として証拠能力をもつが、供述と複合した検証調書として一括処理すれば足りる。単なる撮影の年月日・時間・場所・方法の記載は、三二三条で証拠能力を認めてよい場合もあろう。

証人が写真を示して「私の見た状況はこのとおりです」と証言した場合は、写真は、現場の図面と同様、説明証拠として、供述と一体としての証拠能力を有する。この場合には、刑訴規則一九九条の一二第一項の適用がある。独立証拠とならない現場の再現写真でもこの説明証拠に用いうる点に、実益がある。

供述書面の写真は、関連性すなわち原本との内容の同一性が証明されたときは、原本と同じ証拠能力をもつ。原本の署名・押印が正確に撮影されている以上、写真自体にそれらが欠けていても、さしつかえない(平野・前掲二六三頁、平場・末尾文献二六三頁)。

ムーヴィ・フィルムの場合も、編集に伴う証明力への影響を配慮することを要するほかは、上述したところがあてはまる。

〈参考文献〉

田中和夫「写真証拠」法政研究二〇巻二・三・四号四二五頁
栗本一夫「写真・録音テープの証拠能力と証拠調」総合判例研究叢書刑事訴訟法(3)
平場安治「写真の証拠能力」現代法律学演習講座刑事訴訟法二六二頁
藤野豊「フィルムの証拠能力」法学セミナー六九号六八頁
高田卓爾「現場写真の証拠能力」判例評論七四号四三頁
金隆史「写真」証拠法大系Ⅰ一二七頁

一〇　判決と上訴

23　判決の成立と言直しに関する最高裁判例

〔判　決〕
昭和五一年一一月四日最高裁第一小法廷判決（昭和五〇年(あ)第二四二七号窃盗被告事件）、刑集三〇巻一〇号一八八七頁

〔判示事項〕
判決の言直しの効力

〔判決要旨〕
判決は、宣告のための公判期日が終了するまでの間は、判決書又はその原稿の朗読を誤った場合にこれを訂正することも、いったん宣告した判決の内容を変更してあらためてこれを宣告することも、違法ではなく、言直しがあったときは、その内容どおりのものとして効力を有する。

一　事件の概要と経過

(一)　本判決が判示している一・二審の経過は、次のとおりである。
原判決の認定によると、第一審の単独裁判官は、昭和五〇年四月一六日の判決宣告期日において、併合審理していたA、B、Cの三名の共同被告人とともに、被告人に対し判決の宣告をした際、いったん懲役一年六月、五年間の保護観察付き刑の執行猶予とする旨の主文を朗読した後、前刑の執行猶予期間が既に経過しているので保護観察付き刑の執行猶予にしたものであること及び執行猶予期間中は善行を保持しなければならないことなどを説示し、

控訴期間等の告知をしたところ、列席の裁判所書記官から、被告人の犯行が前刑の保護観察期間中のものである旨指摘されたこともあって、他の共同被告人に対し判決の宣告を終った旨を告げてこれを退廷させたうえ、被告人を在廷させたまま記録を検討し、約五分後に、先に宣告した主文は間違いであったので言い直すと告げて改めて懲役一年六月の実刑を宣告した、というのである。

記録によると、第一審の判決書には、右の変更後の判決の主文及びこれに応じた適用法条が記載されており、罪となるべき事実として、「被告人は、第一　C、A、Dと共謀のうえ、昭和四九年一月一七日午前一時ころ、神奈川県横浜市南区永田町一、一八八番地先甲駐車場において、株式会社甲所有にかかる普通貨物自動車一台（時価五七万円相当）を窃取し、第二　C、B、Aと共謀のうえ、同年四月二九日午前〇時三〇分ころ、同県鎌倉市材木座五丁目八番二三号先駐車場において、駐車中の普通乗用自動車内から、E管理にかかるカメラ一台および同人所有にかかるカメラ一台、サングラス一個、たばこ五個（合計時価四万三、九〇〇円相当）を窃取し、第三　同年九月九日ころ、同市材木座五丁目八番三三号F方新築現場において、G所有にかかるトランジスターラジオ一台、電気ドリル一個、電気溝切機用一式（時価合計二万八、〇〇〇円相当）を窃取した」旨が認定されていること、被告人は、昭和四七年二月二九日静岡地方裁判所沼津支部において、窃盗罪、詐欺罪により、懲役一年六月、三年間の保護観察付き刑の執行猶予、未決勾留日数八四日算入の判決を宣告され、同年三月一五日に判決が確定し、本件各犯行は、いずれもこの保護観察付き刑の執行猶予の期間中に犯されたものであるが、第一審の判決宣告期日以前に右の執行猶予の期間が経過していることが、明らかである。

第一審判決に対し被告人から控訴があり、宣告により内部的にも外部的にも成立した判決の内容を変更したのは判決に影響を及ぼすことが明らかな訴訟手続の法令違反であると主張されたが、原判決は、右の変更は適法であるとしてこれを斥け、控訴を棄却した。

(二)　弁護人の上告趣意は、憲法三一条違反・量刑不当を主張し、「判決が外部的にも成立した段階において、その内容の自由な変更を認めるとすれば、(イ)法的安定性を害し、(ロ)裁判に対する信頼を失わしめ、更には、(ハ)判断者としての責任感を弱め、安易な態度で裁判がなされる虞れすら生ずる」と論じた。

二　本判決の判示

1　主　文

「原判決及び第一審判決を破棄する。被告人を懲役一年六月に処する。但し、この裁判確定の日から五年間右刑の執行を猶予し、その期間中被告人を保護観察に付する。」

2　判決の言直しの効力についての判断

「第一審裁判所がいったん宣告した判決の内容を主文を含めて変更し、あらためてこれを宣告したことは、違法ではなく、変更後の判決は、有効なものということができる。」

「判決は、公判廷において宣告によりこれを告知し(刑訴法三四二条)、宣告によりその内容に対応した一定の効果が生ずるものと定められている(刑訴法三四二条ないし三四六条等)。そうして、判決の宣告は、必ずしもあらかじめ判決書を作成したうえこれに基づいて行うべきものとは定められていない(最高裁昭和二五年(れ)第四五六号同年一一月一七日第二小法廷判決・刑集四巻一一号二三二八頁、刑訴規則二一九条参照)。これらを考えあわせると、判決は、宣告により、宣告された内容どおりのものとして効力を生じ、たとい宣告された内容が判決書の内容と異なるときでも、上訴において、判決書の内容及び宣告された内容の双方を含む意味での判決の全体が法令違反として破棄されることがあるにとどまると解するのが、相当である。

また、決定については一定の限度で原裁判所の再度の考案による更正が認められているのに対し（刑訴法四二三条二項）、判決については、上告裁判所の判決に限り、一定の限度でその内容の訂正が認められているだけであって（刑訴法四一五条）、第一審及び控訴審の裁判所の判決については、判決の訂正の制度が設けられていない。このことは、第一審及び控訴審の裁判所の判決は、その宣告により、もはや当の裁判所によっても内容そのものの変更が許されないものとなることを意味する。

ところで、判決の宣告は、裁判長（一人制の裁判所の場合には、これを構成する裁判官）が判決の主文及び理由を朗読し、又は主文の朗読と同時に理由の要旨を告げることによって行うものであるが（刑訴規則三五条）、裁判長がいったんこれらの行為をすれば直ちに宣告手続が終了し、以後は宣告をし直すことが一切許されなくなるものと解すべきではない。判決の宣告は、全体として一個の手続であって、宣告のための公判期日が終了するまでは、完了するものではない。また、判決は、事件に対する裁判所の最終的な判断であって、宣告のための公判期日が終了するまでは、終局的なものとはならない。そうしてみると、判決は、宣告のための公判期日が終了して初めて当の裁判所によっても変更することができない状態となるものであり、それまでの間は、判決書又はその原稿の朗読を誤った場合にこれを訂正することはもとより（最高裁昭和四五年(あ)第二二七四号同四七年六月一五日第一小法廷判決・刑集二六巻五号三四一頁参照）、本件のようにいったん宣告した判決の内容を変更してあらためてこれを宣告することも、違法ではないと解するのが相当である。このように解することの妨げとなる法令の定めのないことはいうまでもなく、また、このように解することにより被告人その他の当事者に不当な不利益を与えたり、手続の明確性・安定性を害するものでもない。」

「本件についてみると、第一審裁判所の裁判官は、いったん保護観察付き刑の執行猶予の判決を宣告した後、その内容を変更して実刑の判決を宣告したが、その変更は、判決宣告のための公判期日が終了する以前にこれを行ったことが明らかであるから、変更後の判決が第一審裁判所の終局的な判断であって、その内容どおりの判決が効力を生じたものというべきであり、かつ、変更後の判決内容にそった判決書が作成されているのであるから、第一審判決及びこれを是認した原判決にはなんら法令の違反はない。」

3　量刑不当についての判断

「しかしながら、第一審裁判所の量刑は、本件の諸般の事情、ことに第一審の裁判官がいったん宣告した主文を変更するに至った経過を考慮するときは、甚しく不当なものというべきであって、同判決及びこれを是認した原判決を破棄しなければ著しく正義に反するものと認められる。

すなわち、㈠被告人には、前記のとおり、保護観察付き刑の執行猶予の懲役刑の前刑があったが、第一審の判決宣告期日以前に執行猶予期間が経過し、刑の言渡しが効力を失っていたため、本件において被告人に対し刑の執行猶予を言い渡すことには法律上の支障はなかった(最高裁昭和四八年(あ)第一三四九号同年一〇月二三日第三小法廷決定・刑集二七巻九号一四三五頁参照)。㈡前記の経過に照らすと、第一審裁判官が保護観察付き刑の執行猶予を実刑に変更したのは、前者が実質的にみて妥当でないとの判断に基づくものではなく、前刑の保護観察中に犯した犯行であるため法律上執行猶予とすることが許されないとの誤解に基づくものと解するほかはない。㈢被告人には、前刑の保護観察期間中に同種の犯行を繰り返したことなど責められるべき点があるが、他面、第一審判決において最も重いとされている同判決の判示第三の罪を含む犯行の手口が特に悪質なものではないこと、被害品はすべて被害者に返還されていること、兄が被告人の監督を誓っていることなどの情状もあり、これらと犯行の動機、被告人の年齢・生活歴・性格、共犯者の量刑など諸般の事情をあわせて考慮するときは、第一審裁判官が当初被告人に対して宣告した保護観察付き刑の執行猶予が必ずしも不当なものであるとはいいがたい。㈣被告人は、原裁判所においいては量刑不当の主張をしなかったため量刑についての判断を受ける機会を失したが、上述した事件の経過からすると、右の主張をしなかったことについて被告人を責めるのは妥当ではない。これらの諸点を総合して考察するときは、第一審裁判官が当初に宣告した刑をもって被告人に臨むのが正義にかなうものというべきであり、第一審判決及び原判決はいずれも破棄を免れない。」

三　説　明

本件は、一審の単独裁判官が、被告人に対し、懲役一年六月、五年間保護観察付執行猶予の刑を言渡した後、書記官の注意を受けて再検討したうえ、主文に誤りがあったとしてあらためて懲役一年六月の実刑を言渡した措置について、その適法性が争われた事案である。被告人には、窃盗・詐欺罪による懲役一年六月、三年間保護観察付執行猶予の前科があり、その猶予期間中に本件各犯行がなされたが、一審判決の時点ではすでに猶予期間が経過していた。このように保護観察付執行猶予期間中に罪が犯された場合、猶予期間満了後に刑の言渡しをするときでも執行猶予が許されないのか否か、かねてから刑法二五条二項但書をめぐって争われてきた。そして、昭和四八年一〇月二三日第三小法廷決定(刑集二七巻九号一四三五頁)において、執行猶予が許される旨の判示がなされたのであるが、恐らく、本件一審の書記官は、このような問題があることのみを裁判官に指摘し、裁判官は、右の判例があることを確認せずに執行猶予が許されない場合であると速断して実刑に変更したものと思われる。

判示事項に取上げられているのは、判決の言直しの効力に関する部分であるが、その前提とされた判決宣告手続に関する部分にも重要な判示が含まれているので、まずその点から検討を進めることとする。

1　判決宣告の意義

1　裁判長が判決宣告の際に判決書又はその原稿を読み間違ったような場合、内部的に成立していた判決の内容と宣告された判決の内容とのいずれが有効になるのか、という論点がある。本判決は、この点について、判決は宣告された内容どおりに効力を生じる、と判示した。従来の高裁判例[1]及び通説[2]の立場を支持したものである。

右のように解する理由として、本判決は、まず、判決は公判廷において宣告によりこれを告知し（刑訴法三四二条）、宣告によりその内容に対応した一定の効果が生じるものと定められている（刑訴法三四二条ないし三四六条等）ことを挙げている。内部的に成立した判決と宣告された判決とが異なる場合、かりに前者が優先するものとすれば、あらためて前者に従った宣告がなされるまで上訴期間の進行その他宣告に伴う法定の効果は生じないものと解するほかないが、それでは「判決の宣告」がなされたこと自体に法定の効果を付与している刑訴法の規定と適応しないことになる。もちろん、この場合、「判決の宣告」がなかったとみれば矛盾はないが、そうなると今度は判決宣告上の違法について判決の不存在という効果まで認めることになり、当然無効と解される判決の場合でも判決の存在に伴う効果を生じること（したがって、確定又は上訴による破棄が当然ありうること）と対比して、当を失する結果となるのである。

本判決は、第二の理由として、必ずしもあらかじめ判決書を作成したうえこれに基づいて判決の宣告を行うべきものと定められていないことを指摘している。この点は、すでに旧刑訴法下の判例（大審院大正一三年一一月二〇日判決・刑集三巻七九七頁、同昭和八年二月四日判決・刑集一二巻二二頁）で認められていたところであり、現行刑訴法になってこれが変更されたとみるべき事情がないばかりでなく、かえって同法の下では旧法の下で区裁判所についてのみ認められていた調書判決の制度が地方裁判所と簡易裁判所の双方に認められたこと（刑訴規則二一九条）によってその趣旨が一層明らかになったので、同法下の判例でも引続き肯定されている（最高裁昭和二五年一一月一七日第二小法廷判決・刑集四巻一一号二三二八頁、同昭和四五年四月二〇日第二小法廷決定・判例時報五九一号九八頁）。また、今日では学説上の異論も見当らない。もちろん、判決主文は、朗読する必要があるので（刑訴規則三五条）、原稿に記載されていなければならないが（前記最高裁昭和四五年四月二〇日第二小法廷決定）、判決理由については、法律上その要請はないのである。そうしてみると、公判廷で宣告されたところが判決になるものと予定されていると解するのが相当であろう。

ところで、本件判決のように宣告優位説をとった場合、内部的成立判決優位説からの有力な批判(3)に対してどのように応えることになるのであろうか。第一の批判は、内部的に成立している判決を他の構成裁判所が間違って宣告した場合又は合議体で内部的に成立している判決を裁判長が間違って宣告した場合、宣告優位説がいうように宣告された内容に従って判決の効力が生ずるものと考えると、宣告した裁判官又は裁判長が権限なしに判決内容を変更することを認めることになりはしないか、という点である。第二の批判は、第一の批判と関連するものであって、宣告優位説をとると、内部的に成立した判決と異なる内容の判決を宣告した場合の違法は宣告された内容に従って判決書を作成しなかったところにあることになり、判決への影響がどうして生じるかの説明に窮することになりはしないか、という点である。しかしながら、これらの批判は、本件判決が判示する二つの前提的解釈、すなわち、宣告優位説の下でも内部的に成立した判決と異なる内容の判決を宣告するのは違法であること及び上訴の規定における「判決」は宣告された判決と判決書の双方を含むことを承認すれば、克服することができるように思われる。宣告優位説は、宣告された内容どおりに判決が効力を生じることを認めるにとどまり、内部的に成立した判決と異なる内容の判決を宣告することを適法と認めるものではない。言い間違いの判決はもとより違法であり、したがってまた、言い間違いによってその内容どおりの判決書を作成する義務が生じるわけではない。そこで、言い間違いがあった場合、自ずとその違法は、宣告された判決と判決書の各内容のくい違いとして表われることになる。そうして、判決については、その宣告と判決書の作成とが共に法令上義務づけられており、しかも、両者の内容は当然一致するものと予定されているのであるから、両者の内容がくい違っているときは、内部的に成立したとおりに判決を宣告しなかった違法があるか、又は宣告された内容と異なる判決書を作成した違法があることになり、かつ、その違法は全体としての「判決」に対し成立上の同一性を損う瑕疵を与えた点で「判決」の破棄事由となるものと解されるのである。(4) 本件判決が「たとい宣告された内容が判決書の内容と異なるときでも、上訴において、判決書の内容及び宣告された内容の双方を含む意味での判決の全体が法令違反として破棄されることがあるにとどまる」と判示しているのは、このような見解に立つものと解される。以上の見解によると、言い間違いの場合に宣告どおり判決が効力を生じると解しても、宣告した裁判官・裁判長に対して判決内容を変更する権限を認めることにはならないし、判決の破棄理由の発見に窮することもないであろう。もっとも、上訴がなくて判決が確定すると、宣告された内容どおりのものとして判決が効力を生じ、前記第一の批判のとおり、内部的に成立した判決と異なる内容のものが判決として通用することになり、言渡した裁判官・裁判長による判決の変更を認めたと同じ結果となる。しかし、これは、一般に違法を帯びた判決でも、当然無効の判決といえない限り、確定に伴ってそのまま効力を生じるのと同一の法律関係であるから、特に異とするにはあたらないと考えられる。第三の批判は、宣告優位説をとると、略式命令の原本上の主文と送達された謄本上の主文が相違していた場合に原本に優先的効力を認め、原本に合致した謄本による送達のし直しを許す判例(最高裁昭和三九年一月二三日第二小法廷決定・裁判集刑事一五〇号二三三頁)と調和しないのではないか、という点である。しかしながら、右の場合に送達のし直しが許されるのは、略式命令の原本と合致しない謄本そのものが謄本としての効力を有せず、したがってこれに基づく送達も無効となるからにほかならないのに対し、公判廷において決定を宣告する場合は、用意した決定書と異なる内容を宣告したときも、宣告の内容に従った効力が生じると解されるのであるから、右判例と本件判決との間に不調和はないと考えられる。

2　判決宣告の後当該裁判所においてこれを変更することが許されるかという論点については、本件判決は、一審及び控訴審の判決に関しては、宣告によりもはや当該裁判所によって内容そのものの変更が許されないものとなる、と判示した。いわゆる判決の拘束力を肯定したものであって、学説上も異論はない。決定については、一定の限度で原裁判所の再度の考案による更正が認められているのに対し（刑訴法四二三条二項）、判決については、上告裁判所の判決に限って一定の限度でその内容の訂正が認められているだけであって（刑訴法四一五条）、一審及び控訴審の判決に関しては判決の訂正の制度が設けられていない。これらは、民事訴訟に関し、判決の変更・補充を許す旨の明文の規定があること（民訴法一九三条の二、一九五条、一九六条の二）と顕著な対照をなす点であって、右判旨を支える根拠とされているのである。

判決の変更は、判決の更正とは区別されなければならない。書き損じなどの明白な形式的誤謬がある場合でも、内容上の誤謬にあたらないため、上訴における破棄理由にはならない。他方、判決の合理的解釈によりそのまま形式的誤謬がない判決としての効力を認めても、不当ではない。そうしてみると、手続の明確性を期する意味で当の裁判所がその誤謬を更正することもまた、当然許されるといってよいと解される。[5] 民訴法のような明文の規定（一九四条）がないことは、右のように解する限り、刑訴法上の判決の更正を否定する根拠とはならないであろう。本件判決が、判決の宣告により「内容そのものの変更」が許されないことになると判示しているのは、形式的誤謬に関する判決の更正と内容の変更とを区別し、前者を許容する余地を残す趣旨と解される。

2　判決の言直しの効力

1　判決の言直しの効力に関する本件判旨の意義は、(イ)判決書又はその原稿の朗読を誤った場合にこれを訂正すること（いわゆる「宣告の訂正」）も、いったん宣告した判決の内容を変更してあらためてこれを宣告すること（いわゆる「内容の変更」）も、共に許されるとしたこと、(ロ)判決の言直しが許される最終時点を「宣告のための公判期日」が終了するまでとしたことの二点にある。

2　初めに従来の判例との関係をみておこう。「宣告の訂正」に関する判例には、次の(イ)ないし(ニ)の四件がある。

(イ)　東京高裁昭和四〇年一一月二四日判決（高検速報一四二八号）は、一審裁判官が罰金四、〇〇〇円の主文を誤って四〇〇〇円と朗読した直後、理由を告げる前に訂正した事案について、言渡の完了前に宣告が訂正されているから、判決の言渡手続に違法はない、と判示した。

(ロ)　東京高裁昭和四一年一二月二七日判決（判例時報四七三号六四頁）は、一審裁判官が懲役一年四月の主文を誤って懲役四月と朗読し、理由及び上訴期間の告知を終って被告人に退廷を許した後、立会検察官の質問で宣告の誤りに気付き、廊下で立話をしていた被告人を再度入廷させて懲役一年四月と言い直した事案について、「判決の宣告にあたり同じく読み誤まり、言い間違い等の過誤を犯した場合であっても、判決宣告手続が完了する以前にその朗読ないし告知の誤まりに気付き、その場でこれを訂正することは許容されるものと解すべきであるが、既に判決宣告手続が完了した後においては、判決の実質に何ら影響を及ぼさない些少明白な誤謬を除き、もはやこれを訂正することはできないものといわなければならない」から、右の言直しは無効であるとし、被告人に対する宣告刑は最初に読み上げられたところに従い拘束力を生じたと判示した。

(ハ)　東京高裁昭和四三年一〇月二八日判決（判例時報五四六号九六頁）は、一審裁判官が被告人及び相被告人に対し判決を言渡した際、被告人（黒崎）に対し判決書の原稿に基づいて「禁錮六月」と朗読し、次に「但し被告人黒崎に対しては本裁判確定の日から五年間」といいかけたが、「もとい、今いった但し書部分は取消す」と述べ、被告人及び相被告人に関する判決理由の朗読を終った後、改めて但し書のない主刑の言渡しをしたという事案について、

「被告人に対する刑の言渡は、告知の誤りが、その場で適法に訂正され、実刑の禁錮六月が判決の内容としてその効力を生じた」ものであるから、宣告刑と判決主文との間に喰い違いの違法はないと判示した。

（ニ）　最高裁昭和四七年六月一五日第一小法廷判決（刑集二六巻五号三四一頁）は、根拠は明らかにされていないが、要旨として、「判決の宣告にあたり、裁判長が主文の刑を懲役一年六月と朗読すべきところを誤って懲役一年二月と朗読し、次いで理由の要旨を告げ上訴期間等の告知を行ない、席を立ちかけたところ、弁護人から質問があったので、即座にその場で懲役一年六月と主文の刑を朗読し直した場合には、被告人に対する宣告刑は懲役一年六月としてその効力を生ずる」旨判示した。これは、上述したような高裁判例及び学説[6]が一致してとっていた見解、すなわち判決宣告手続の終了までは宣告の訂正が許されるとする見解を支持したうえ、説が分れていた右終了の時期をかなりゆるやかに解したものとみることができよう。[7]

次に、「内容の変更」に関する判例としては、次の（ホ）と（ヘ）の二件がある。

（ホ）　東京高裁昭和四七年四月一七日判決（高裁刑集二五巻二号二一三頁）は、一審裁判官が「懲役一年六月、未決勾留日数全部算入、三年間刑の執行猶予、保護観察に付す」旨の主文を朗読し、続いて理由を告げている途中で、立会検察官から累犯前科があり執行猶予の要件が欠けている旨の発言があったため、あらためて「懲役一年六月、未決勾留日数二一一日算入」の刑を言渡したという事案について、「本件の場合、即刻誤りを訂正したことによって直ちに法的な明確性や安定性が損われたとは認められず、また訴訟経済の見地からも、その訂正の方法は上訴に限ると解さなければならない理由は存しないから、原裁判官が判決理由の告知中に、検察官に指摘されたためとはいえ、誤りに気づいて、前叙のような経過で、即刻前記のような訂正をしたことを深く咎めることはできない。それ故に、原審の措置に訴訟手続に関する法令違反があるということはでき」ないと判示した。

（ヘ）　大阪高裁昭和四九年八月七日判決（昭和四九年（う）第三〇八号、判例集不登載）は、「原裁判所は被告人に対する窃盗被告事件の判決宣告期日である昭和四九年二月七日の第二回公判期日において被告人に対し、『懲役一年六月、三年間執行猶予に付す。』と主文を朗読し、その理由を告げるなかで、被告人には前科としては罰金刑しかない云々の説明がされたため、右の主文朗読を聞いた時、被告人には累犯前科があるのに裁判官が、刑の執行猶予の言渡をしたのは間違でないかといぶかっていた立会の裁判所書記官は裁判官が誤解していることが明白になったので、自席から立って検察官に前科関係を確かめたうえ、裁判官に対し、『前科調書をみせて下さい』といったところ、裁判官は記録をめくって前科調書を検討し、被告人に対し『君、こういう前科あるか』と確かめたのち、後ろの被告人席付近にさがっていた被告人を書記官席前の発言台に呼び改めて判決の宣告をすると告げて、『懲役一年六月、未決勾留日数二〇日を右刑に算入する』旨の主文を朗読し、その理由を告げたこと、弁護人は、その間、終始、自席で坐っていたこと、検察官、弁護人、被告人において右言い直しの際、何らの異議を申立てていないこと、原審裁判官は判決宣告手続完了の際は、いつも被告人に対し『下ってよろしい』といってけじめをつける訴訟指揮をしていることが認められる。」と判示したうえ、「判決宣告手続は、判決の主文および理由を朗読し、または主文の朗読と同時に理由の要旨を告げなければならないが、このほか、有罪判決宣告の場合は、被告人に対し上訴期間等の告知をし、また、判決の宣告をしたのち、被告人に対し、その将来について適当な訓戒をすることができるのであるから、これら一連、一体の手続が実質的に終了するまでに判決宣告の誤に気付けば、その判決宣告の訂正は許されるものと解するのが相当である。これを本件につきみるに、裁判官が主文の朗読を終わり、理由等を告げているとき、裁判所書記官から注意を促されたため記録を検討したほか、被告人にも累犯前科の存否を確かめたうえ改めて原判決書どおりの判決の宣告がなされ、その間検察官、被告人、弁護人はそのまま在廷しており、何等異議の申立がなかったのみならず、裁判官が被告人の退廷を許し、または黙示的にもせよ言渡終了による閉廷を宣したことは認められないのであるから、いまだ判決宣告手続は実質的には完了していないものとみるのが相当である。したがって、本件判決宣告の訂正は許されるものといわなければならない。」と判示して、被告人からの訴訟手続の法令違反の主張を斥け、職権で量刑不当を理由に一審判決を破棄して「懲役一年、未決勾留日数二〇日算入」の刑を言渡した。これに対し、被告人から上告がなされたが、最高裁昭和四九年一二月一九日第一小法廷決定(昭和四九年(あ)第一九九三号、裁判集不登載)は、例文でこれを不適法棄却した。もし一審における判決の言直しが無効であるとすれば、最初の執行猶予の言渡しが有効ということになり、被告人のみから控訴がなされた本件の場合、不利益変更禁止の原則からいって、二審で実刑の言渡しをすることは許されなかったはずであるから、この二審判決を結論において支持した最高裁決定は、右の言直しを有効とみたものと思われる。

上記判例との比較における本件事案の特徴は、単なる朗読の誤りを正したのではなくて判決の内容を実質的に変更した点で、(イ)ないし(ニ)と異なり、(ホ)、(ヘ)と共通すること、しかも法律上は誤りのない主文を変更した点で、法律上執行猶予にできない場合に誤って執行猶予にしたのを正した(ホ)、(ヘ)とも異なること、判決の言直しをしたのが控訴期間等の告知後で被告人に対する退廷許可前である点で、(ロ)、(ニ)より早く、(ヘ)とほぼ同時点であることなどである。

3　判決の言直しを認める理由として従来の判例、学説等で指摘されていた点は、(イ)言直しがいっさい許されないとすると、例えば主文と理由との間に不一致を生じ、判決宣告という訴訟行為の内容が無意味になる場合があること、(ロ)上訴を待たないで訂正しても判決の明確性、法的安定性を損わないこと、(ハ)上訴を待って解決することは訴訟経済に反すること、(ニ)宣告の訂正と判決内容の変更との区別は明確でなく、前者のみを認める合理性に乏しいこと、(ホ)等しく判決の訂正といっても、形式的過誤の訂正から内容の変更まであり、また内容の誤りといっても、未決勾留日数算入の誤り、換刑処分の誤りなどから執行猶予の付与の誤りまで様々のものがあり、それらについて一律に変更を認めないとする実質的理由に乏しく、かといってその一部に限定して変更を認めるのも妥当でないこと、(ヘ)判決宣告手続の終了までは判決は外部的に成立せず、拘束力を生じないと考えられること、などであった。そして、これらの理由との関連で、判決の言直しが許される時点についてもいくらかの見解の相違がみられた。

右の理由はいずれも当を得たものではあるが、中でも(ヘ)が本質的な理由であって、判決の言直しの可否及びそれが許される時期をめぐる見解の分れも、この判決の外部的成立をいかに把えるかにかかわっているように思われる。そして、この問題は、さらに、判決の宣告が終了する時期は何時か、また、その時期までは判決の言直しが許されるのか、という二つの角度からこれを考察するのが相当と思われる。

判決宣告の終了時期の点から考察しよう。判決の宣告をする場合、裁判長(一人制の裁判所のときはこれを構成する裁判官)は、主文及び理由を朗読し、又は主文の朗読と同時に理由の要旨を告げるほか(刑訴規則三五条)、保護観察に付するときは被告人に対し保護観察の趣旨その他必要と認める事項を説示し(同二二〇条の二)、被告人の将来について適当な訓戒をし(同二二一条)、さらに、有罪判決のときは上訴期間及び上訴申立書を差し出すべき裁判所を告知するが(同二二〇条)、これらの手続は、全体として一個の判決宣告手続を構成しているものである。そして、「判決を宣告する公判期日」(刑訴法四八条三項、五一条二項等参照)においては、専ら、右の全体としての判決宣告手続が行われるものと予定されているのであって、これに続く訴訟手続は予定されていない。また、訴訟指揮などの中間的訴訟行為の場合は、これを前提とする後続的訴訟行為があるため、その行為の終了と同時に効力を生じる(その反面として原則として自由に変更ができる)ものと解するほかはないが、判決の宣告の場合は、事件に対する裁判所の最終的判断の告知であるから、必ずしもこれを構成する個々の行為の終了と同時に効力が生じるものと解すべき必然性はない。さらに、判決が宣告により効力を生じるのは、単に宣告という事実行為が行われるからではなく、これにより事件に対する裁判所の判断が実質的に告げられるからにほかならない。こうしてみると、判決の宣告は、全体としての判決宣告手続の途中において完了しないことはもとより、これを構成する事実行為が終っても完了せず、「判決を宣告する公判期日」が終了して事件に対する裁判所の判断が最終的に示されたと認められる時点で初めて完了するものと解するのが相当であろう。

次に、右に述べた判決宣告の終了時期まで判決の言直しをすることができるか否かを考察するのに、右の判決宣告の終了時期は同時に判決の効力発生時期であり、また、未だ判決の効力が発生しない間は裁判は成立していないというべきであるから、右の終了時期までは、判決書又はその原稿の朗読を誤った場合にこれを訂正することも、いったん宣告した判決の内容を変更してあらためてこれを宣告することも、共に許されるものと解してよい。判決の主文及び理由を告げた時点までに限り宣告の訂正も内容の変更も許されるとする見解は、右時点で厳密な意味での判決の宣告が終了するとの理解に立つものであるから、右終了時期を前記のように解するときは、採ることができない。また、宣告の訂正は許されるが内容の変更は許されないとする見解は、裁判所の威信と当事者の期待権を重視する正当なねらいをもつものではあるが、いずれの場合も、判決の外部的成立の時期によって画一的に解するのが論理上妥当であって、あえて右のような区分をする理由は見出し難い。

3　量刑不当による職権破棄

最高裁が量刑不当を理由に一・二審判決を職権破棄した事例は、本件で一四件目である。(8) 詳細な判文なので、説明を要しないであろう。

(1)　東京高裁昭和四一年一二月二七日判決(判例時報四七三号六四頁)は、「判決書が既に作成されていて、これに基づいて判決が宣告された場合であっても、もしその主文が誤って朗読されたときは、口頭で宣告されたところがそのまま判決の内容として拘束力を生ずる」と判示していた。

(2)　団藤重光・刑事訴訟法綱要(七訂版)二九七頁注一一、平野龍一・刑事訴訟法二七五頁注五、青柳文雄・刑事訴訟法通論(五訂版)下巻四三〇頁注二。

(3) 横井大三「判決の言い間違いの法律的処理」刑事裁判例ノート(4)一四九頁。
(4) 拙稿「訴訟手続の法令違反」判例タイムズ三六八号三一頁(本書**25**論文)参照。
(5) 団藤重光・前出書二九七頁。この見解は、更正が許され範囲についてはともかくとして、今日広く支持されるに至ったものとみてさしつかえないように思われる。小林充「刑事裁判において更正決定をなしうる限界」判例タイムズ三〇二号一〇一頁参照。
(6) 萩原寿雄「裁判の宣告」刑事実務ノート第二巻二八〇頁、横井大三・前出書一四九頁、出射義夫「裁判の成立と宣告の訂正」刑事訴訟法判例百選新版一九二頁、第三版二〇六頁。
(7) この判例については、小田健司・最高裁判所判例解説昭和四七年度八五頁、清野惇・警察研究四四巻一〇号一三一頁参照。
(8) 従前の事例については、坂本武志・最高裁破棄判決概説(二)刑事編参照。
(補注) 本件判決に対する評釈に、太田幸夫・判例タイムズ三四七号一一〇頁、米山耕二・警察研究四九巻三号六一頁、米田泰邦・ジュリスト六四二号一八三頁がある。

(追記) 本件判決に対する評釈には、右のほか、林修三・時の法令九五九号五八頁、青柳文雄・判例評論二二〇号(判例時報八四七号所収)四六頁がある。

24　訴訟手続の法令違反と判決への影響

一　はじめに

訴訟手続の法令違反（刑訴法三七九条）に関する判例と学説(1)を通覧して、気が付く点が二つある。第一は、日常的な問題であるのに、学説上はもとより、判例上も、見解の分れる争点が極めて多いことであり、第二は、それにもかかわらず、一般的法原則として示された解釈については、例外がないほどに見解の一致が見られることである。例えば、「判決に影響を及ぼすことが明らかなこと」という場合の「判決」には、判決主文ばかりでなく、構成要件的評価に直接又は間接に関係をもつ限り、判決理由も含まれると広く説かれ、また、「影響を及ぼすことが明らかなこと」とは、訴訟手続の法令違反がなかったならば現になされている判決と異なる判決がなされたであろう蓋然性がある場合をいうと異論なく解されているのに、これらの命題をあてはめたときの具体的な結果は必ずしも一致していないのである。

この奇妙な現象が起こる原因は、右の一般的法解釈が中間命題であって、その基礎にこれを支える法原理があり、しかも、その法原理が刑訴法の基本的な法解釈にかかわっていることにあるように思われる。そこで、以下このことを意識しつつ、視点をあらたに、問題点の整理を試みたいと思う。

（1）　通説を代表するものに、団藤重光・刑事訴訟法〔七訂版〕五二一、五二二頁があり、判例を代表するものに、最判昭和三〇年六月二二日（刑集九巻八号一一八九頁）がある。最近の詳細な論稿に、小林充「相対的控訴理由と判決への影響」判例時報七六五号一一六頁、七六七号一三二頁、中武靖夫・注解刑事訴訟法下巻九二頁以下がある。本稿は、これらを含む従来の成果をふまえ、通説・判例の趣旨を一層明確にすることを意図したものである。

二　「判決に影響を及ぼすことが明らかなこと」の意義

1　論　点

判決は、適正な訴訟手続に基づき、適正な事実認定、法令適用、量刑の下でなされなければならない。これらのうち、量刑が不当である場合は、判決の結論に誤があることになるので、判決に当然に影響するが、訴訟手続、事実認定、法令適用に瑕疵がある場合は、必ずしもそうではない。「判決に影響を及ぼすことが明らかなこと」という要件は、このような見方から、後者の瑕疵と判決との間に明らかな因果関係のあることを要求する趣旨で定められたものと解される。

瑕疵と判決との間に右のような因果関係のあることは、控訴理由であると同時に、判決の破棄理由である。したがって、右の因果関係は、瑕疵があることにより判決をそのまま維持することができず、これを破棄すべきことが明らかな場合といいかえることができる。もっと簡単にいえば、瑕疵があることにより判決の有効条件が欠ける場合である。

そうしてみると、「判決に影響を及ぼすことが明らかであること」という要件をめぐる論点は、(イ)「判決」の有効条件とは何か、(ロ)「影響を及ぼすことが明らか」か否かはどういう方法で判定することができるのか、に帰することになる。

2　「判決」の意義

1　判決の有効条件とは何かを論ずるに先立ち、「判決」とは、宣告された判決と裁判書たる判決の双方を含む判決全体を意味すること、及び、その双方に有効条件があり、いずれの有効条件が欠けても判決全体が破棄されることに留意をしておきたい。最高裁判例[2]は、判決の言直しに関連して、「判決は宣告により、宣告された内容どおりのものとして効力を生じ、たとい宣告された内容が判決書の内容と異なるときでも、上訴において、判決書の内容及び宣告された内容の双方を含む意味での判決の全体が法令違反として破棄されることがあるにとどまる」と判示し、右の理を明らかにしている[3]。

2 判決の有効条件は、(イ)判決の成立上の有効性を保つ条件、(ロ)判決の形式上の有効性を保つ条件、(ハ)判決の内容上の有効性を保つ条件、とでも呼びうる三種類に区別することができると考える。以下、これらのそれぞれについて説明してみよう。

3 まず、(イ)の判決の成立上の有効性を保つ条件というのは、例えば、宣告された判決と判決書とが同一性を有すること、被告人の出頭のもとに判決宣告を行うことなど、判決が有効に成立するための手続条件であって、これらを欠くときは、判決の形式・内容を問題とするまでもなく、判決は破棄されることになる[4]。

4 次に、(ロ)の判決の形式上の有効性を保つ条件というのは、判決に必要最小限度の主文と理由が付されていることである。判決書についていうと、主文と理由のそれぞれに必要な記載がなされていること、及び、主文と理由又は理由相互間にくい違いがないことが、その実体をなしている。

刑訴法四四条は、裁判には原則として理由を付さなければならないと規定し、同法三三五条一項は、有罪判決について、より具体的に「罪となるべき事実、証拠の標目及び法令の適用」を示さなければならないと規定している。他方、刑訴法三七八条四号は、「判決に理由を附せず、又は理由にくいちがいのあること」を絶対的控訴理由に掲げている。有罪判決の場合、この三七八条四号の前段にいう理由と三三五条にいう「罪となるべき事実、証拠の標目及び法令の適用」とが、完全に一致するのか、それとも前者は後者の重要部分のみをいうのかは、一個の問題であるが[5]、いずれにしても後者の全部又は重要部分が判決から欠落すれば当然に判決が破棄されることは疑いない。

もっと詳細に述べると、「罪となるべき事実」(犯罪事実)は、刑罰構成要件に該当する具体的事実を明らかにし、かつ、犯行を特定するに足りる程度に判示しなければならない。最高裁判例は、この前段について、「罪となるべき事実とは、刑罰法令各本条における犯罪の構成要件に該当する具体的事実をいうものであるから、該事実を判決書に判示するには、その各本条の構成要件に該当すべき具体的事実を該構成要件に該当するか否かを判定するに足る程度に具体的に明白にし、かくしてその各本条を適用する事実上の根拠を確認し得られるようにするを以て足る」(6)と判示し、後段について、「各個の行為の内容を一々具体的に判示し更らに日時、場所等を明らかにすることにより一の行為を他の行為より区別し得る程度に特定し、以って少くとも各個の行為に対し法令を適用するに妨げなき限度に判示することを要する」(7)と判示している。

「証拠の標目」には、罪となるべき事実を認めるに必要かつ十分な証拠を挙示しなければならない。(8)

「法令の適用」は、罪となるべき事実として認定された事実がいかなる罰条に該当し、どのような法令上の根拠により主文が導き出されたかが明らかになる程度に判示しなければならない。(9)

5　判決の内容上の有効性を保つ条件というのは、判決の内容中に、判決の有効性を損うような重大な誤がないことである。重大な誤がないというためには、有罪判決に関しては、①主文の同一性が保たれること、②犯罪事実の同一性が保たれること、③犯罪事実の法的評価の同一性が保たれること、④主文を導き出す直接の根拠規定及び加重減免に関する効力規定の適用に誤がないこと、が必要と思われる。これらの点については論議が多いので、今すこし詳細に考察しておこう。

①　主文に表われる主刑、附加刑その他の事項は、判決の結論であるから、これらに変更を生じるような誤があるときは判決を破棄するほかはない。したがって、主文の同一性が保たれることは、疑いもなく、判決の内容上の有効性を肯定するうえでの条件をなしている。

②　理由中の罪となるべき事実の判示が十分なものであっても、その内容に誤があり、犯罪事実の同一性を保つことができないときは、判決はその事実面での基礎を失うので、破棄を免れない。前記のとおり、罪となるべき事実の判示が十分なものでない場合に当然に判決が破棄されるとすれば、その内容に同一性を失わせるような誤がある場合も、正しい事実の判示がされていないわけであるから、当然に判決は破棄されることになるのである。ここにいう犯罪事実の同一性は、正当に認定されるべき事実と現に認定されている事実とを置き換えても、罪となるべき事実の判示を要求している法の趣旨を満たすと認められる場合に、これを肯定することができる。したがって、構成要件を異にする場合はもとより、未遂・既遂の間の変動、共犯規定の適用の誤も、犯罪事実の同一性を失わせるが、同一法条中の些細な具体的事実の誤認は右の同一性を失わせない。「事実の誤認があってその誤認が判決に影響を及ぼすことが明らかであること」（刑訴法三八二条）とは、まさに右の場合をいうものと解される。

③　「法令の適用」は、法令の面から主文のよってきたる根拠を示すものであり、ことに犯罪事実に対する法的評価を示す法令の適用は、その事実がいかなる刑罰構成要件に該当するかを明らかにして判決が正当な法的基礎に基づくことを示すものである。法令の適用の不備が判決の絶対的控訴理由とされているのも、そのためと解される。そうとすれば、犯罪事実に対する法的評価を示す法令の適用に重大な誤がある場合は、犯罪事実の認定に重大な誤がある場合と同様に、当然に判決の破棄理由になるといわなければならない。重大な誤か否かを判断するについては、②と同様の考え方があてはまる。すなわち、正当に適用されるべき法令と現に適用されている法令とを置き換えても、法令の適用を要求している法の趣旨を満たすと認められる場合には、法令適用の同一性が保たれるものとして、その誤は判決の無効を導かないのに対し、右の同一性を欠くような法令適用の誤は判決の無効を導くものといってよい。例えば、刑法一六二条二項（有価証券虚偽記入）を適用すべきところを誤って同条一項（有価証券偽造）を適用した事例につき、「同条一項と二項とは、その罪質も法定刑も同じであるから、原判決の右違法は、判決に影

響を及ぼすものではなく」と判示した最高裁判例があるが(10)、これは刑法一六二条を適用すれば足りる場合であって、一項と二項の誤は法令適用の同一性を害さないからであると説明することができる。高裁判例の中にも、二四六条(詐欺)の一項と二項との適用の誤など、法定刑を同じくする同一法条中の項、号の間の適用の誤について、判決破棄の理由とならないとしたものが多いが、これらも右と同様の考え方で説明することができる。これに対し、銃を発射して傷害を負わせたという事実を認定しながら、暴力行為等処罰に関する法律一条の二(加重傷害)を適用せず、刑法二〇四条(傷害)を適用しているような場合には、もはや同一性を保つ範囲内での法令適用の誤とはいえないので、当然にその判決は破棄されなければならない。

④　加重減軽に関する法令適用に誤があっても、主文(量刑)に影響しない限り、判決破棄の理由とはならないという見解があるが、すくなくとも右の誤のうちのある種のものについては、当然に判決破棄の理由になると解すべきである。すなわち、例えば、複数の犯罪事実を認定したうえ、それらの該当法条を摘示しただけで、法令適用を終り、処断刑を導き出すための併合罪等の規定の適用を欠く場合には、明らかに理由不備にあたるのであるから、これとの対比上、加重減軽事由が存在しないのに誤って加重減軽規定を適用している場合又は加重減軽事由が存在するのに誤って右規定を適用しない場合でも、それらの誤の程度が理由不備に比すべき重大なものであるときには、判決の正当な基礎が失われ、当然に判決破棄の理由となると解さなければならないであろう。

どういう場合に加重減軽規定の適用の誤が判決の内容上の有効性に影響するかは、ここでも、右の規定の摘示を要求している刑訴法三三五条一項の趣旨に照らして決すべきである。すなわち、加重減軽規定の摘示を要求している法の趣旨は、加重減軽事由の有無を明らかにし、かつ、正当に処断刑が導き出されたことを明示するにあると解される。したがって、最も厳格に解釈すれば、加重減軽事由の有無を誤って判断しただけで当然に判決破棄の理由とすべきことになる。しかし、わが刑法のもとでは、量刑は処断刑の範囲内において総合的な情状判断に基づいてなされるべきものと定められているので、処断刑に関係しない限り、加重減軽事由は量刑の情状として考慮されるにすぎない。そうしてみると、処断刑に変更を生じない場合には、加重減軽規定の適用に誤りがあっても、当然には判決は破棄されず、量刑への具体的影響が認められて初めて判決が破棄されるものと解してよい。さらに、処断刑に変更を生じる場合でも、最高裁判例によると、加重減軽に関する規定の適用の誤りが当然には判決の破棄理由にならないときがある。

すなわち、最高裁判例(11)は、まず、一罪と認めるべきところを併合罪と認めたため、罰金額の多額の合算額が正当な合算額を超えていた場合について、宣告刑が正当な合算額の範囲内にあり、しかもそれが甚だ低いものであるから、判決の結論に影響を及ぼすことが明らかではないと判示し、量刑への影響がある限りにおいて判決破棄の理由になるとしている。この考え方によると、懲役刑・禁錮刑の併合罪規定の適用に誤がある場合でも、量刑に影響しない限り、判決は破棄すべきでないことになろうが、累犯加重規定の適用に誤がある場合にほとんど例外なしに判決を破棄している実務とこれとをどう調和させることができるであろうか。考えてみるのに、加重減軽事由には、さらに、認定された犯罪事実の性質に基づく事由と犯罪事実外の事情に基づく事由とがある。併合罪加重は、前者の事由に属するものであって、その重点は、事案によって一罪の法定刑を超えて量刑をする余地を与える点にあり、加重をすると否とにかかわらず、認定された犯罪事実は、量刑の判断対象とされているのである。したがって、このような場合は、量刑への具体的影響が認められない限り判決の破棄理由とはならないと解してもよいであろう。これに対し、累犯加重は、後者の事由に属するものであって、その重点は、犯罪事実外の累犯前科の存在を理由として処断刑を加重する点にある。したがって、その認定に誤りがあって処断刑に変更を生じるときは、判決が基礎とした罪責判断の対象に変動がなかったものとはいいがたく、当然に判決の破棄理由となると解するほかはない。

最高裁判例(12)は、また、併合罪加重をするにあたって刑法一四条を適用しなかった違法があっても、宣告刑が正当な処断刑の範囲内にあり、かつ、犯罪事実の内容その他情状に徴し宣告刑が重きに過ぎるものと認められないときは、その違法が判決に影響を及ぼすものではないと判示し、量刑への影響がある限りで判決破棄の理由となることを明らかにしている。この判旨が併合罪加重の場合に限定されるものかどうかは明確でないが、すくなくとも併合罪加重に関しては、前掲の判例について述べたと同様の理由で、その判旨は正当ということができよう。

3　判決に「影響を及ぼすことが明らかであること」の意義

1　判決に「影響を及ぼすことが明らか」であるか否かは、どういう方法で判定することが可能であろうか。この点を明確にするためには、訴訟手続の法令違反等の瑕疵が、どのような経緯で、上述した判決の有効条件に影響してその欠如をもたらすか、を検討する必要がある。以下、上述した三種類の判決の有効条件に即して考えてみたい。

2　まず、判決の成立上の有効性を保つ条件に影響する場合についてみるのに、刑訴法三七七条各号の絶対的控訴理由があるときは、法律上当然に影響するものとされている。このうち、一号の「法律に従って判決裁判所を構成しなかったこと」、二号の「法令により判決に関与することができない裁判官が関与したこと」は、確認的な規定であり、三号の「審判の公開に関する規定に違反したこと」は、創設的な規定であると解される。相対的控訴理由としての訴訟手続の法令違反の中にも、被告人の不出頭のままに判決宣告を行った場合のようにこの類型に属するものがあるが、こうした場合には、法令違反の結果として判決自体が無効となり、当然に破棄されることとなるから、判決への影響は直接的であり、かつ、明白である。したがって、検討すべき問題は、どのような法令違反がこの類型に属するのかという点につきることになる。

なお、この場合の法令違反の効果は絶対的控訴理由にあたる場合のそれと同じであるが、例えば判決の宣告期日における被告人の出頭についても、必要な場合と不必要な場合とがあるから、宣告期日における被告人の不出頭という事由は、やはり相対的控訴理由であるにとどまる。

3　次に、判決の形式上の有効性を保つ条件すなわち判決に必要最小限度の主文と理由とが付されていることという条件に影響する場合は、刑事訴訟法三七八条四号に、絶対的控訴理由として、「判決に理由を附せず、又は理由にくいちがいがあること」と掲げられているので、相対的控訴理由としての訴訟手続の法令違反の問題としてこれを取上げる必要はない。

4　判決の内容上の有効性を保つ条件に移ろう。刑訴法三七八条一号ないし三号に掲げられた絶対的控訴理由は、右の判決の内容上の有効性に当然に影響を及ぼす場合であるが、以下では、有罪判決に対する相対的控訴理由に考察対象を限定することとする。

訴訟手続の法令違反等の瑕疵がもたらす効果には、判決以外の訴訟行為の無効を招来する場合と、訴訟・判決に対して事実上の効果を及ぼす場合の二種類がある。必要的弁護事件において弁護人不出頭のまま審理したり、証拠能力のない証拠を採用した場合が前者の例であり、違法に証拠申請を却下したり、異議申立の機会を奪った場合が後者の例である。

証拠調の結果が無効である場合に、これに基づいて犯罪事実が認定されているときは、その認定は誤となる。判決の内容上の誤は、犯罪事実以外の部分に生じることもある。例えば、第三者没収における第三者の参加手続が無効である場合には、主文中の第三者没収の言渡しは基礎を失うことになる。このようにして、訴訟行為が無効となる前者の場合にあっては、無効となる部分を除外してもなお判決の内容上の有効性を維持することができるか否かを検討しなければならず、明らかにこれを維持することができないときには、当該法令違反は明らかに判決に影響を及ぼしていると判断されるのである。

他方、法令違反が訴訟に対し事実上の効果を及ぼす場合においても、その事実上の効果を除外してなお判決の内容上の有効性を維持することができるか否かを検討することになるが、この場合の効果は積極的なものと消極的なものがあるので、当該法令違反がなかったとすれば判決の内容にどういう変動が生じたであろうかという観点から判決への影響の有無を判定する必要がある。例えば、違法に証拠申請を却下した場合においては、これを却下せずに採用していたとすれば犯罪事実等の認定に変動が生じたか否かを検討し、明らかにこれが肯定されるときには、右の違法は明らかに判決に影響を及ぼしていると判断すべきである。また、例えば、不法な意見陳述を許して事件についての予断を与えたことが問題となる場合には、その意見陳述を除外しても犯罪事実の認定が可能かどうかを検討して、判決への影響の有無を判断することになるのである。

5　相対的控訴理由のうち、事実誤認と法令適用の誤については、判決に対して及ぼす事実上の効果を問題とすれば足りるが、訴訟手続の法令違反については、訴訟行為の無効を招来する場合と訴訟・判決に対して事実上の効果を及ぼす場合の双方を問題とする必要がある。そして、もし訴訟手続の法令違反が訴訟行為の無効を招来し、ひいては判決の無効をもたらすと認められるときは、そのことを理由として判決を破棄すれば足り、事実上の効果を問題とする必要はない。

6　ところで、通説及び最高裁判例(13)は、「判決に影響を及ぼすことが明らかであること」とは、「訴訟手続の法令違反等の瑕疵がなかったならば現になされている判決と異なる判決がなされたであろうという蓋然性がある場合」をいうと解しているようであるが、果してこの定式で判決に影響を及ぼすことの明らかな瑕疵か否かをすべて判定することができるのであろうか。

瑕疵がもたらす効果が事実上のものであるときは、右の定式が極めて有効である。すなわち、事実認定又は法令の適用上の誤の効果は、常に事実認定又は法令の適用をした場合の判決内容と実際の内容との相違として表われるから、右の定式によって判決への影響の有無を判定することができる。また、訴訟手続の法令違反の中でも、違法に証拠申請を却下したというような、事実上の効果のみが問題となる場合については、違反の効果は、却下せずに証拠を採用したときの判決内容と実際の内容との相違として表われるので、右の定式が有効である。

しかしながら、訴訟手続の法令違反が訴訟行為の無効を招来する場合には、そうではない。すなわち、右の定式のうち、訴訟手続の法令違反がなかったならばという部分は、訴訟手続が適法に行われたならばという意味であると解されるが、(14)そうなると、適法に行われたならばということの解釈のいかんによっては、訴訟行為の無効を招来するような法令違反があっても判決への影響はほとんど肯認されない結果を生じてしまう。例えば、被告人の出頭なしに判決の宣告がされた違法があっても、被告人の出頭をまって判決を宣告しても異なる内容の判決がなされたとは考えられないので、その違法は判決に影響を及ぼすものではない、と判示した高裁判例があるが、(15)これは判決言渡しという訴訟行為が無効となる点を看過しており、明らかに不当である。

このような不当な結果を避けつつ前記の定式を維持するためには、無効となるような訴訟行為を行わないことを違法がないことの内容をなすものと解するほかはないが、これでは、判決への影響の有無を判断するに先立ち、訴訟行為の有効・無効の判断をする必要があることになり、前記の定式の判定機能は低下してしまう。

したがって、前記の定式は、瑕疵が事実上の効果をもたらす場合のものと限定的に理解する方が、論議の混乱を回避するうえでも、妥当なように思われる。実際、前記の最高裁判例は、起訴状朗読前に予断偏見を生ぜしめる虞のある被告人らの発言を許したことなどの影響つまりは瑕疵の事実上の効果が問題となった事案に関して判示されたものであって、そのような事案に限定された判示と解することができるのである。

（2）　最判昭和五一年一一月四日（刑集三〇巻一〇号一八八七頁）。本書**24**論文はその解説である。

（3）　この区分は、既に平野龍一・刑事訴訟法三二一頁、小林・前掲七六五号一一六頁、高田卓爾・刑事訴訟法〔改訂版〕四八一頁において明らかにされている。
(4) 詳細は**4**を参照。
(5) 最判昭和四八年二月一六日(刑集二七巻一号四六頁)は、刑法一四条を摘示が必要な規定であるとしつつも、その適用の遺脱を相対的控訴理由の問題として取扱っている。
(6) 最判昭和二四年二月一〇日(刑集三巻二号一五五頁)。
(7) 最大判昭和二四年二月九日(刑集三巻二号一四一頁)。
(8) 最判昭和三〇年八月二日(刑集九巻五号二〇四九頁)。
(9) 最判昭和二八年一二月一五日(刑集七巻一二号二四四四頁)。
(10) 最決昭和三二年一月一七日(刑集一一巻一号二三頁)。
(11) 最大判昭和三〇年三月一六日(刑集九巻三号四六一頁)。
(12) 最判昭和四八年二月一六日(刑集二七巻一号四六頁)。
(13) 最大判昭和三〇年六月二二日(刑集九巻八号一一八九頁)。
(14) 小林・前掲七六五号一一九頁。
(15) 東京高判昭和二七年七月一日(高裁特報三四号九六頁)。

4　判決自体の有効性に直接影響を及ぼす法令違反

1　訴訟手続の法令違反が直接判決の無効をもたらす場合は、大別して三つあると思う。

第一は、判決宣告手続上の効力規定に違反している場合である。これには、まず、被告人の出頭を要する事件において被告人の出頭のないまま判決を言渡すなど(刑訴法二八五条二項違反)、判決宣告期日の手続が無効となる結果として判決の宣告そのものが無効となる場合がある。さらに、既に内部的に成立している裁判書を判決裁判所以外の裁判所が宣告する際に、読み違った場合(刑訴規則三五条二項違反)も、この類型に含まれよう。

第二は、判決作成上の効力規定に違反している場合である。これには、まず、判決書を作成しない場合(刑訴規則五三条違反)がある。この場合、判決が破棄されるのは、判決の内容を証明することができないからであるという見解があるが、そうではなく、刑訴法三七八条四号からも明らかなように、判決を構成する判決書の記載についても控訴理由の有無が判断されることになっているため、判決書の存在していることが当然判決の有効条件になると解さざるをえないからである。もちろん、控訴なしに一審の判決が確定したときは、宣告された判決内容どおりのものとして判決は効力を生じるが、そのことと控訴理由の有無とは別論である。以上の点は、判決書の記載内容をめぐる法令違反の効果を考えるうえでも、重要と思われる。すなわち、その効果は、判決を構成する、文書たる判決書の有効性の問題として考えるのが相当であって、裁判官の定年退官後に判決書が作成されたとき、判決書の作成日付が口頭弁論の終結前になっているとき、裁判官の署名押印がないときなどは、いずれも判決書の有効条件を欠くものとみるほかないので、これを含む判決全体が破棄されることになる。これに対し、被告人の氏名等や立会検察官の氏名は、裁判書の対象を特定させるために記載が要求されているものであるから、特定性を害するほどの誤記・欠落がない限り、判決書つまりは判決の無効をもたらさない。最高裁判例も、[16] 判決書に判決をした裁判官所属の官署である裁判所の表示がない違法は、判決書に判決裁判所を構成した裁判官全員の署名押印があり、判決裁判所の特定に欠けるところがないときは、判決に影響を及ぼさない、としている。なお、判決書がいったん有効に成立した後に滅失した場合は、その内容が他の資料によって明らかである限り、判決の無効を導かない。

第三は、審理を終結させたことが違法であるため、これに基づく判決が無効となる場合である。その典型的な例は、検察官の主立証の途中で突如審理を打ち切り、無罪を言渡したとき、[17] あるいは、主立証が終り反対立証がされない段階で突如審理を打ち切り、有罪を言渡したときである。こうした事例を、刑訴法二九八条が定める当事者の証拠調請求権の侵害又は裁判所の職権による証拠調義務の違反と法律構成するか、審理不尽と法律構成するかはともかくとして、終結に適さない状態で審理を打ち切って判決することは、判決の成立上の有効条件を欠くものというほかはないであろう。もっとも、単に一部の証拠決定を留保したまま終結したときは、却下とみるべきであって、この類型に含める必要はない。

2　以上のような判決の成立の有効条件に影響を及ぼす法令違反があるときは、それだけで判決は破棄されることになり、判決の内容上の有効性は審査されない。

3　いわゆる抽象的因果関係説は、個人の基本的人権を侵害し、あるいは、適正な手続に著しく違反するような場合は、たといそれが審理の一部にだけ存するときでも、判決の破棄理由とすべきであると主張している。[18] これは、アメリカ法において、判決に影響のない瑕疵(harmless error)の原則に対する例外として認められている、憲法上の瑕疵(constitutional error)の原則に通ずる主張であって[19]、そのねらいには共感を覚えるが、現行法の解釈としては、訴訟手続の法令違反が相対的控訴理由とされていること、「明らか」という要件が付加されていること、これらの立法が違憲とはいいがたいことからして、賛成できない。また、判決又は手続の無効という法解釈技術によって、抽象的因果関係説のねらいの大部分は達成できるように思われる。[20]

三　「訴訟手続の法令違反」の効果と判決への影響

1　論　点

これまでの検討から明らかなように、相対的控訴理由たる訴訟手続の法令違反は、法令違反の効果に三つの型があることの結果として、三つの経過を経て判決に影響を及ぼすものと認められる。約言すれば、㈠訴訟手続の法令の遵守が判決の成立上の有効性を保つ条件となっていて、その法令の違反が直接判決の無効をもたらす場合、㈡訴訟手続の法令の遵守が訴訟行為の有効要件となっていて、その法令の違反が訴訟行為の無効を導き、ひいては判決の無効をもたらす場合、㈢訴訟手続の法令違反が訴訟に事実上の効果を及ぼし、ひいては判決の無効をもたらす場合、の三つである。

そうしてみると、ここでの論点は、(イ)どの法令違反が右の三つの場合のどれにあたるか、(ロ)その法令違反がどういうときに現実に判決の無効を導くのか、につきることになる。ところで、法令違反の効果いかんは、それぞれの法令の趣旨によってきまることであり、その判断は法解釈の問題である。したがって、この小論において、すべての訴訟手続の法令について右の論点を考察することは、不可能であるし、不必要でもある。そこで、右の三つの場合ごとに、具体例をあげながら、できる限り類型的に考察を進めていきたいと思う。

2 訴訟行為の無効を通して判決の内容上の有効性に影響を及ぼす法令違反

1 訴訟手続の法令違反が訴訟行為の無効をもたらす場合は、大別して三つあると考えられる。

第一は、当該法文中に、訴訟行為の効力要件が明示されていて、その要件を欠く場合に訴訟行為が無効となることが明らかである場合である。例えば、刑訴法二八九条一項には、「死刑又は無期若しくは長期三年を超える懲役若しくは禁錮にあたる事件を審理する場合には、弁護人がなければ開廷することはできない。」と規定されているので、これに違反する審理が無効となることは規定上も明らかである。同法三一九条以下の規定に違反し、証拠能力のない証拠を採用した場合なども、同様である。

第二は、一定の訴訟手続の法令が他の法令に基づく訴訟行為の効力要件を定めているため、前者の違反が後者の無効を招く場合である。例えば、刑訴法一五四条には、「証人には、この法律に特別の定のある場合を除いて、宣誓をさせなければならない。」と規定されているが、これは明らかに証言の効力要件を定めたものであるから(同法一五五条一項参照)、宣誓をさせずにした証人尋問は無効としなければならない。弁護人に対して公判期日の通知(同法二七三条三項)を怠った場合なども、その審理は無効と解するのが相当である。

第三は、法全体の趣旨からみて、一定の訴訟手続の法令の遵守が後に続く一定の訴訟行為の有効要件をなしていると解されるため、その法令の違反が訴訟行為の無効を招く場合である。その例として、国選弁護人の選任が遅滞した場合をあげることができよう。刑訴規則は、必要的弁護事件について公訴の提起があった場合において、被告人に弁護人がないときは、裁判所は、遅滞なく、被告人に対し、弁護人を選任するかどうかを確かめなければならず、一定の期間内に回答がなく又は弁護人の選任がないときは、裁判長は、直ちに被告人のため弁護人を選任しなければならないと規定し、必要的弁護事件における国選弁護人の選任時期を一般的に定めている。これは、刑訴法二八九条の要求する弁護人の審理への立会を可能にするための規定であるばかりではなく、その内容からみて、公訴提起後すみやかに弁護人を附することによって被告人に対し十分な弁護権を保障するねらいをもった規定であり、その意味で同条及び憲法三七条三項の趣旨をより一層実効あるものとするための規定と解することができる。そうしてみると、右の規則一七八条に違反して直ちに国選弁護人を選任しなかった場合で、これにより被告人の弁護権に重大な侵害をこうむらせたときは、審理は無効となると解さなければならない。すなわち、これは実質的な弁護権の侵害の有無の問題であるから、弁護人なしで審理した場合のように、直ちに審理を無効とするわけではなく、その侵害の性質・程度を具体的に検討し、審理を無効とすべきほどに重大な弁護権の侵害があるかどうかを決すべきである。また、国選弁護人の選任が遅滞した場合には、裁判所は、十分な弁護活動ができるよう、事案に応じ、期日の変更などの適切な措置をとるべきであり、そのことにより以後の手続を適法に進めることができるのである。以上の法律関係は、刑訴法二八九条二項により国選弁護人を選任して審理を進める場合、及び同法三六条により任意的弁護事件において国選弁護の選任請求があった場合も、同じである。最高裁判例は、国選弁護人の不出頭のため公判期日の当日に新たに選任された国選弁護人（ただし、一審以来の相被告人の弁護人）が記録を精読するに十分な時間をもたなかったとしても、被告人・弁護人に異議がなく、弁護人が審理に立ち会って弁論を終了したときは、弁護権の行使を不法に制限したことにはならないとし[21]、また、前記規則一七八条が定められる以前の必要的弁護事件において、早い時期に国選弁護人の選任請求がありながら公判期日の前日にこれを選任して審理をしたとしても、その一事により直ちに弁護権の行使を不法に制限したものとはいえず、被告人・弁護人から公判期日の延期の申出がなく異議なく弁論を終了したときは、不法な弁護権の制限にはならないとしているが[22]、これらは上述した考え方で説明することができる。

2　訴訟手続の法令違反が訴訟行為の無効をもたらす場合であって、無効となる部分を除外すると、明らかに判決の内容上の有効性を保つことができないこととなるときには、その法令違反は明らかに判決に影響を及ぼすものといいうる。これに対し、無効となる部分を除外しても、判決の内容上の有効性を保つことができるときには、判決に影響を及ぼさないことになる。

最高裁判例は、証拠能力のない書面を証拠とした違法があっても、その書面を除外しても犯罪事実を認めることができる場合には、右の違法は判決に影響を及ぼすものではないとしている[23]。これは、上述した考え方と同じである。必要的弁護事件において、弁護人を立会わせることなしに審理を行った場合も、その部分の審理（証拠調）の結果を除外しても判決を維持することができるか否かにより、判決への影響の有無を判断すべきである。したがって、有罪判決の基礎をなす実体的審理の全体が弁護人なしで行われた場合は、当然に判決に影響を及ぼすことになる[24]。

3　必要的弁護事件において弁護人の立会のないまま審理がなされ、無罪が言渡された場合、検察官から控訴があれば、これを破棄するほかないであろうか。この点については、弁護人は被告人の利益の保護のために附されるものであるから、弁護人がなくても無罪となった場合には、弁護人のなかったことは判決に影響を及ぼしていないとする見解[25]があるが、これでは有罪となった場合に判決への影響が明らかであることを説明できないように思われる。そこで、「検案官は、もっぱら被告人の利益のために設けられている法規の違反を「被告人の不利益に破棄するために主張することはできない」という西ドイツ刑事訴訟法三三九条の考え方を援用する見解が生れるが[26]、むしろ、ここでは片面的無効という考え方を用い、もっぱら被告人の利益のために設けられた必要的弁護の規定を被告人の不利益に考慮して審理を無効とすることは法の趣旨に反するので、これを有効と解するほかない、と説明するのが相当ではなかろうか(27)。

なお、右の片面的無効という考え方を用いると、必要的弁護の規定の違反がある場合ばかりでなく、かなり広く法令違反による無効に伴う判決の破棄を防止することができる。

3　事実上の効果を通して判決の内容上の有効性に影響を及ぼす法令違反

1　訴訟手続の法令違反が訴訟・判決に事実上の効果を与え、これを通して判決の内容上の無効を招来する場合は、個別的、具体的な判断が必要であって、必ずしも類型化に親しまないが、次の二つに分けて考察するのが便宜であろう。

第一は、証拠調に関する瑕疵であって、証拠能力のある証拠を、ないとして却下した場合、適法に証拠調をしていない証拠に基づいて犯罪事実を認定した場合などがこれにあたる。

第二は、意見陳述・異議申立などの訴訟活動に関する瑕疵であって、違法にこれを制限したり、逆に違法にこれを許容した場合がその例である。

2　右のような瑕疵があるときは、それがなかった場合の結果を検討することにより、その効果が判決に影響を及ぼしているか否かを決定することになる。右の第一の瑕疵の場合は、当該証拠を正当に採用し又は利用しなかったときの効果が直接的なものであるだけに、比較的容易に判決への影響の有無を判定することができるが、第二の瑕疵の場合は、認定事実との関係が間接的であることが多いので、必ずしも判定は容易ではなく、したがってまた、判決への影響が「明らか」でないことが多い(28)。

最高裁判例は、適法な証拠調を経ていない証拠を他の証拠と総合して犯罪事実を認定した違法があっても、その証拠調を経ない証拠を除外しても当該犯罪事実を認めることができる場合には、右の違法は判決に影響を及ぼすものではないとしている。[29] この考え方は、さらに一般化することが可能であり、違法の効果を除外しても判決の内容に変動が生じないときは、判決への影響は存しないものといってよい。

(16) 最決昭和四九年四月一九日(刑集二八巻三号六四頁)。
(17) 東京高判昭和三三年二月一八日(高裁特報五巻二号四五一頁)。
(18) いわゆる抽象的因果関係説は多義的であるが、その共通する主眼はこの点にあるといってよい。滝川幸辰ほか・刑事訴訟法コンメンタール五四一頁、平場安治・刑事訴訟法講義五四八頁、横川敏雄「〈座談会〉刑事訴訟法の問題点について(1)」判タ三一号一五頁、青柳文雄・刑事訴訟法通説〔五訂版〕下巻五三三頁以下、中武・前掲九九頁以下参照。小林・前掲は、例えば被告人の身体を拘束して審理を行った場合は、たといその際の無効な証拠調の結果を除いて判示事実を認定できるときでも、いわゆる第一類型の違法(判決の有効性が失われる場合)として、判決の破棄理由になると主張しているので、その実質は抽象的因果関係説であるといってよい。
(19) この原則をめぐる近時の判例、学説については、Jerold H. Israel and Wayne R. LaFave, Criminal Procedure in a Nutshell: Constitutional Limitations, 2nd ed. (1975) p.311 et al.; Martha A. Field, Assessing the Harmlessness of Federal Constitutional Error —— A Process in Need of a Rationale, 125 U. Penn. L. Rev. 15 (1976) を参照。
(20) この点は、つとに平野・前掲三一三頁で指摘されている。
(21) 最判昭和二三年八月五日(刑集二巻九号一一四〇頁)。
(22) 最大判昭和二四年七月一三日(刑集三巻八号一三〇四頁)。
(23) 最判昭和二八年六月一九日(刑集七巻六号一三四二頁)。
(24) 最判昭和二七年三月二八日(刑集六巻三号五五九頁)。
(25) 東京高判昭和三二年三月二日(高刑集一〇巻二号一二三頁)、高田・前掲四八二頁。
(26) 平野・前掲三一四頁。
(27) 訴訟行為に関するものではないが、道路標識の相対的無効を認めた最決昭和四八年二月一二日(刑集二七巻一号八頁)と児童遊園設置認可処分の相対的無効を認めた最判昭和五三年六月一六日(判タ三六六号一九二頁、判時八九三号一九頁)が参考となろう。

(28) 第二の瑕疵に関する最高裁判例としては、不当な意見陳述を認めた事案に関する最大判昭和三〇年六月二二日(刑集九巻八号一一八九頁)、公判調書の記載の正確性について異議申立権を行使する機会を与えなかった事案に関する最判昭和四七年三月一四日(刑集二六巻二号一九五頁)がある。

(29) 最判昭和二五年一月一九日(刑集四巻一号三〇頁)、同昭和二七年三月六日(刑集六巻三号三六三頁)。

四 「訴訟手続の法令違反」の意義

1 論点

「訴訟手続の法令違反」と「法令適用の誤」との区別が論議の対象となっているので、これまでの論述を補充する意味をかねて、この点について簡単にふれておきたい。

2 「法令適用の誤」との区別

1　通説は、訴訟手続の法令違反と法令適用の誤との区別は、実体法の違反と訴訟法の違反の区別であると解している。この区別はまた、訴訟記録等と対照しなければはっきりしないような法令違反と訴訟記録等の援用を要しないで判決自体が審査できるような法令違反との区別にほぼ対応するが、例えば未決勾留日数の違法算入のように訴訟記録等と対照しなければはっきりしない実体法の違反もあるから、必ずしも右の区別と一致するわけではない(30)。むしろ、刑訴法三八〇条にいう「法令の適用」は、同法三三五条一項の「法令の適用」を受けており、後者の法令が認定事実に対する刑罰的評価を下して宣告刑を導くための法令を意味するところから、前者の法令は実体法を意味することになるとみるべきであろう。そして、この意味での法令の適用の適否は、判決の記載を手がかりとして自ずと判明することであり、法令の適用を任務とする裁判所の当然の審査事項としてよい事柄であるから、訴訟記録等の援用が必要とされていないものと考えられる。

2　上述したところによると、法令適用の誤と訴訟手続の法令違反の区別は、判決内容の誤か否かの区別ではなく、内容の誤を導いた法令の性質上の区別である。実体判決をすべきであるのに免訴判決をした場合又はその逆の場合は、訴訟法の解釈適用を誤った結果生じた判決(主文)内容の誤であるから、訴訟手続の法令違反にあたると解される。訴訟費用の負担を誤った場合も、同様である。

3　自白を唯一の証拠として犯罪事実を認定した場合も、判決内容の誤を導いた原因が手続法令(刑訴法三一九条二項)の解釈適用の誤にあるから、訴訟手続の法令違反と解される。

4　訴因変更手続を経なければおよそ認定ができない事実を認定し場合、例えば窃盗の訴因なのに住居侵入もあわせて認定した場合は、最高裁判例によると、刑訴法三七八条三号違反になると解されているが[31]、当事者に実質的な不利益を与えない限度で訴因変更手続を経ないで認定ができる場合に、判断を誤って、当事者に実質的な不利益を与えるのに右の手続を経ないで事実を認定したときは、訴訟手続の法令違反にあたり、かつ、当然に判決の内容性を損うものとして破棄理由になると解される。

(30)　中武・前掲九四頁は、一致すると解している。

(31)　この点については、西村清治「刑事控訴審の研究〔第六回〕」判タ三五二号八三頁以下参照。

25　控訴審における事実誤認の審査

一　問題点

第一審判決に事実誤認があり、それが判決に影響を及ぼすことが明らかであるときは、控訴審判決によって第一審判決は破棄される(刑訴法三八二条・三九七条一項)。また、控訴審判決に事実誤認があり、それが判決に影響を及ぼすべき重大なものであり、判決を破棄しなければ著しく正義に反するときは、上告審判決によって控訴審判決は破棄される(刑訴法四一一条三号)。さらに、有罪の言渡しをした確定判決に事実誤認があると認めるべき明らかな証拠を新たに発見したときは、再審の請求をすることができ、請求を受けた裁判所は、その理由があるときは再審開始の決定をしなければならない(刑訴法四三五条六号・四四八条)。

このように事実誤認のないことが判決が有効なものであるための要件であることは明らかであるが、判決の破棄事由となる事実誤認とはいかなる状態をいうのかは必ずしも明らかではなく、いまだに見解の一致をみていない。そこで、以下、控訴審における事実誤認の審査を中心に事実誤認の意味について検討し、判決における事実認定の本質に迫る手掛かりを探りたいと思う。

控訴審における事実誤認をめぐる見解の対立は、控訴審においても必要があれば第一審におけると同様に争点につき心証を形成することによって第一審判決に事実誤認があるか否かを判断するのか、それとも、控訴審においてはより控え目に、単に心証が異なるからといって第一審判決に事実誤認があるとはせず、第一審判決の判断過程またはその結論に支持しがたい不合理性が認められる場合に限り第一審判決に事実誤認があると判断するのかにある。

前者は心証比較説または心証優位説、後者は非心証比較説または心証劣位説と呼ぶことができよう。

　これまでの学説では、控訴審における事後審性、事実認定における自由心証主義または証拠調べにおける直接主義の三つの根拠のいずれかに基づいて後者の非心証比較説を支持するものが有力であったが、最近では前者の心証比較説を支持するものが有力化しつつある。そこで、本稿では前者が根拠とする諸点を順次検討してこの対立について私見を展開してみることとする。(1)

(1)　後者に立つものに、安平政吉『刑事上訴手続論』（一九五二年）一六七頁、団藤重光「自由心証主義」日本刑法学会編『刑事法講座6』（一九五三年）一二二六頁以下、平場安治『改定刑事訴訟法講義』（一九五四年）五三九頁、岸盛一『刑事訴訟法要義』（一九六一年）一七九頁、長島敦「自由心証主義と挙証責任の諸問題」団藤重光編『法律実務講座刑事篇九巻』（一九六六年）二一〇九頁（同『刑事司法をめぐる学理と実務』（一九九〇年）所収）、青柳文雄『犯罪と証明』（一九七二年）四二〇頁以下、藤野英一「刑事控訴審（事後審）における事実審査・量刑審査について」法曹時報三三巻三号（一九八一年）一六頁、船田三雄「控訴審における事実審査の在り方」法曹時報三四巻一〇号（一九八二年）一頁以下、同「刑事控訴審における事実審査」判例時報一三一一号（一九八九年）一九頁以下、高田卓爾『刑事訴訟法』［二訂版］（一九八四年）五二〇頁、平田元「上訴審における自由心証主義のコントロール」九大法学五二号（一九八六年）四五頁以下、藤永幸治＝河上和雄＝中山善房編『大コンメンタール刑事訴訟法第六巻』（一九九六年）二四五頁［原田國男］がある。
　これに対し前者に立つものに、荒川省三「自由心証主義の内容と限界」法律時報二七巻六号（一九五五年）一八頁、斎藤朔郎『刑事訴訟論集』（一九六五年）九七頁、一〇九—一一〇頁、田宮裕『刑事訴訟とデュー・プロセス』（一九七二年）三六六頁、同『刑事訴訟法』［新版］（一九九六年）四八三—四八四頁、青木暢茂「事実誤認」判例タイムズ三五三号（一九七八年）七四—七五頁、石松竹雄「控訴審における事実判断」小野慶二判事退官記念論文集『刑事裁判の現代的展開』（一九八八年）三一四頁、後藤昭『刑事控訴立法史の研究』（一九八七年）三〇五頁以下、同「自由心証主義・直接主義と刑事控訴——平田元氏の論文を契機として——」千葉大学法学論集二巻二号（一九八八年）二一頁以下、阿部文洋「控訴審——裁判の立場から」三井誠＝中山善房＝河上和雄編『刑事手続（下）』（一九八八年）九五四頁以下、平田勝雅「刑事控訴審の構造」西南学院大学法学論集一九巻一号（一九八六年）五〇頁、渡部保夫「職業裁判官と事実認定」刑法雑誌二九巻三号（一九八九年）四三〇頁、平良木登規夫『刑事控訴審』（一九九〇年）五六頁以下、松尾浩也『刑事訴訟法下』［新版］（一九九三年）二三五—二三六頁、野間禮二「犯罪の証明——確信と合理的疑いを超える証明」判例タイムズ八八八号（一九九五年）四頁、同「犯罪の証明——再論」判例タイムズ九二一号（一九九六年)二八頁以下がある。

二　控訴審における事後審性との関係

1　事後審性それ自体との関係

(1)　控訴審が覆審である場合には、控訴審は、完全に審理をやり直すので、第一審の事実認定とは独立に事実認定をすることになる。また、控訴審が続審である場合にも、控訴審は、第一審判決直前の状態から審理を続けるので、第一審の事実認定とは独立に事実認定をすることになる。したがって、このいずれの場合にも、控訴審が第一審と同様の方法で争いのある事実について心証を形成し、その心証が第一審裁判所の心証に優越することは、当然である。これに対し、控訴審が事後審である場合には、控訴審は、争いのある範囲で第一審の事実認定の当否を審査するにとどまるので、第一審とは独立に事実認定をすることはなく、その事実認定に誤認があるか否かを判断すれば足りることになる。そして、現行の控訴審は、事後審であると理解されている。(2)

この控訴審の事後審性それ自体から、控訴審における事実認定の審査は第一審における事実認定とは本質的に異なるという結論を導く見解がある。その見解にも、これまでニュアンスの違う次の三つのものがあったように思われる。

(2)　第一の見解は、控訴審では第一審の事実認定の判断過程を審査するにとどまるという見解である。すなわち、事後審査という以上、控訴審が自らの心証を形成して第一審の事実認定の当否を判断するのではなく、それとは別の方法で第一審の事実認定の当否を審査すべきであるから、結局、第一審の事実認定に至る判断過程の審査を行うものと解するほかないというのである。(3)

この見解に対しては、第一審の判決にはその判断過程が示されるとは限らないこと、控訴審では新証拠(刑訴法三八二条の二第一項・三九三条一項ただし書）が資料とされることがあるのにこれを考慮して第一審の判断過程を審査するというのは矛盾していることなどの批判が妥当するであろう(4)。また、かりに第一審の判断過程に誤りがあっても、関係証拠全体を総合的に検討しなければ、事実誤認があるか否かを判断することができないことが多いという批判もあり得るであろう。

さらに、右の見解は、事実認定をすることと事実について心証をとることとを同視している点で妥当とは思われないばかりか、事後審査をすることと事実について心証をとることとが矛盾するという前提に立っている点に本質的な問題を含んでいるように思われる。すなわち、事後審において事実認定をやり直さないのは、審理をやり直さないという建前をとったことの結果であるにとどまり、それ自体が目的であるわけではない。このことは、第一審の証拠のみに基づいて事後審査をする厳格な事後審においては明らかであるが、現行法のように部分的に新たな事実の取調べをする場合でも同様というべきである。つまり、その取調べは、いわばこれが第一審で行われていたものと仮定して、その結果を第一審の証拠と併せて事後審査の資料とするためのものであって、控訴審が自らの事実認定をするための審理として行うものではないのである。もっとも、控訴審が自判をするときには、自らの事実認定を行うことになるが、そうすることが許されるのは、事後審査の結果第一審判決に破棄事由があり、かつ、それまでの事実の取調べが事実の審理と同様の実質をもつ限度においてであり、いいかえれば、破棄と同時にそれまでの手続を続審とみることができる限度においてである。右の実質を欠くときに新たな事実認定が許されないのは、そのためであると理解される。このように考えると、事後審査においては、事件に直面した事実認定を行ってはならないというにとどまり、事実について心証をとってはならないわけではないことになる。

事後審査において心証をとるか否かは、そうする必要があるか否かで決まる事柄であると考えられる。結論は、場合によって異なり、心証を形成するまでもなく当否の判断が可能な場合とそうではない場合とがある。

すなわち、控訴理由が特定の証拠の評価の仕方または特定の証拠からある事実を推定する過程の不合理性を指摘する場合などにおいては、その事実について心証を形成するまでもなく理由の当否を判断することが可能なことが多い。例えば、ある証拠の信用性が争われる場合において、その証拠を検討するだけで信用性の有無を判断することができることがある。また、控訴理由が事件全体の事実認定を争う場合であっても、それを支える主張自体に根拠がないと認められる場合であれば、事件全体について心証をとるまでもなく主張を斥けることができる。

他面、事実について心証をとることによって事実誤認の有無を判断するほかない場合もある。例えば、第一審が証拠の総合評価に基づき事実の存在を認め、控訴理由がその存在を全面的に争うような場合において、控訴理由がないと判断するには、控訴理由を構成する個々の主張の当否を判断するだけでは足りないのであって、多くは、証拠の総合評価に基づき、争われている事実が存在するという心証を積極的にとり得ることが必要である。第一審が証拠の総合的評価に基づいて事実の存在を認めず、無罪とした場合において、控訴理由が有罪を主張するときにも、事実の存否について積極的に心証を形成しなければ結論を導き得ない場合が多い。さらに、控訴審であらたに取り調べた証拠により事実誤認の有無が争われる場合には、第一審の証拠で認められる事実関係があらたに取り調べた証拠によっていかなる影響を受けるかを検討するほかなく、心証を形成することが不可避となるのである。

(3)　第二の見解は、控訴審が第一審の事実認定の結論を審査することを認めつつも、改めて事実認定をするとすれば、それは事後審査とはいえないので、事後審である控訴審としては、第一審の事実認定が真実に反することの高度の蓋然性があるか否かについてのみ審査を行うことになるというものである。(5)

しかし、すでに指摘されているとおり、この見解は、現行法では単純な事実誤認を控訴理由と認めていることと調和しない。(6)また、有罪判決を受けた被告人は、合理的な疑いを証明するだけでは有罪判決の破棄を求めることができず、無実の高度の蓋然性を証明しなければならないことになる。(7)

(4)　第三の見解は、事後審査とは第一審の事実認定が不合理か否かを判断することであるから、控訴審の心証が第一審の事実認定と異なる場合であっても、その事実認定が不合理であることの説明ができないときには、破棄することはできず、特に、第一審の無罪判決について、それが不合理であることの説明ができないのに、これを破棄することは許されないというものである(8)。

ここにいう心証とは、合理的な疑いを容れない事実認定であることの心証であり、また、不合理な事実認定とは、合理的な疑いがあるのに有罪の事実認定をし、または合理的な疑いを容れないのに無罪の事実認定をした場合をいうはずである。したがって、第一審の事実認定が不合理であることの説明ができない場合には、その事実認定は合理的な疑いを容れないものであり、これとは異なる控訴審の心証は不合理なものというべきである。結局、この見解にいう事実認定が合理的なものか否かの審査は、通常の事実認定の審査と異なるものではなく、第一審の事実認定と控訴審の心証との乖離は生じないというべきである。

そうすると、控訴審の事後審性それ自体を根拠として控訴審の審査の特殊性を基礎づけるこれまでの試みは、成功していないと考えられる。

2　事後審査の手続的特徴との関係

(1)　控訴審における事実誤認の審査には、事後審査に伴う手続的特徴があり、これに伴い、その判断には、第一審の事実認定とは異なる特徴があるという指摘がある。このことから控訴審における事実誤認の審査と第一審の事実認定との本質的な相違を導くことができるか否かを検討しておこう。

(2)　第一は、控訴審の事実誤認の審査は、分析的、論理的、演繹的なもので、合理的な疑いの有無という観点から行われるものであり、第一審の事実認定が総合的、直観的、帰納的なもので、証拠調べの結果おのずと浮かび上

がる心証に基づくものであるのと対照的であるという指摘である。(9)

これは、控訴審が控訴理由を判断の対象とし、第一審の事実認定の当否を事後審査するという特徴を巧みに表現したものであるが、第一審の事実認定においても、浮かび上がった心証を合理的な疑いの有無という観点から分析的、論理的、演繹的な観点から検討しているのであるから、本質的な相違とはいえず、このことから控訴審における事実誤認の審査と第一審の事実認定との本質的な相違を導くことはできないように思われる。(10)

(3)　第二は、第一の指摘と同旨の立場に立ちつつ、上訴審(控訴審及び上告審)が原審の事実認定の当否を事後審として判定する作業においては、それまでに取り調べられた証拠によっては原審のような認定はできないとの判断に到達すれば足り、それ以上に「誤認」であることの確定を要求することはできないとし、実際にも、原審の認定が「誤認」であることを確定できる場合と、さらに証拠を補充すれば原審のような認定ができるかもしれないが、それまでに取り調べられた証拠からだけでは確定できない場合とがあるので、後者の場合には事実誤認の「疑い」で破棄することができると解すべきであるとする指摘である。(11)

控訴審において事実を確定することができる場合とできない場合があることは所論のとおりである。また、確定できる場合であっても、確定する必要がない場合のあることも所論のとおりである。ただ、心証を形成することが可能であり、かつ、そうしなければ控訴理由の当否を判断することができない場合のあることは、否定しがたいであろう。

3　小　括

事後審においては、覆審または続審とは違い、控訴理由である事実誤認の主張に対して判断をすれば足りるから、控訴審は、控訴理由によっては第一審の事実認定の当否についての自らの心証を明らかにするまでもなくその主張を斥け得ることがある。しかし、全面的、総合的に証拠評価の当否が争われる場合などにおいては、控訴審は、第一審の事実認定の当否の判断を迫られ、自らの心証を明らかにするほかないことがある。

そのような場合であっても、控訴審は、第一審の事実認定が不合理なものか否かを判断すれば足りる。しかし、この不合理な事実認定か否かという判断は、合理的な疑いがある場合であるのに有罪の認定をしているか否かという判断であるか、または、合理的な疑いがないのに無罪の認定をしているか否かという判断であるかのいずれかに帰する。第一審判決の事実認定が不合理なものとはいえなければ、それは正しい事実認定であるという心証に達したということなのであり、逆に第一審の事実認定が不合理なものといえれば、それは誤った事実認定であるという心証に達したということなのであるから、第一審の事実認定を不合理なものとはいえないが、自らの心証とは異なるという中間的な場合はあり得ないことになる。

このようにして、控訴審の事後審性を根拠として、事実誤認の審査の基準が第一審の事実認定の基準と異なることを論証するのは困難と考えられる。

(2)　平野龍一「控訴審の構造」日本刑法学会編『刑事法講座六巻』(一九五三年)一四八頁、同『刑事訴訟法』(一九五八年)三〇四頁。この点については今日ではほとんど異論がない。
(3)　青柳・前出注(1)四〇〇頁、四二一頁、高田・前出注(1)五二〇頁。
(4)　後藤・前出注(1)刑事控訴立法史の研究三〇七頁。
(5)　平場・前出注(1)五三九頁。
(6)　田宮・前出注(1)刑事訴訟法四八三頁。
(7)　後藤・前出注(1)刑事控訴立法史の研究三〇七―三〇八頁。
(8)　青柳・前出注(1)四二〇頁、藤野・前出注(1)一六頁、藤永ほか・前出注(1)二四五頁。
(9)　中野次雄「刑事控訴審における若干の問題」岩田誠先生傘寿祝賀記念論集『刑事裁判の諸問題』(一九八二年)三三六頁(同『刑事法と裁判の諸問題』(一九八七年)所収)。

（10）　後藤・前出注（1）刑事控訴立法史の研究三〇九―三一〇頁、田宮・前出注（1）刑事訴訟法四八三頁。
（11）　佐藤文哉「上訴審の機能」石原一彦＝佐々木史朗＝西原春夫＝松尾浩也編『現代刑罰法大系6』（一九八二年）二五〇頁。

三　自由心証主義との関係

1　自由心証主義と内的確信との関係

（1）　事実の認定は、裁判官の自由な心証に基づいて行われる（刑訴法三一八条）。そのため控訴審の事実誤認の審査に制約が生じるという見解がある[12]。

すなわち、第一審での有罪の事実認定は、「合理的な疑いを超える証明」があり、かつ、裁判官の内的確信がある場合に初めて行われるものである。刑事裁判における証明は、裁判官に内面的必然性をもつ確信が生じているとしても、客観的に評価して合理的な疑いをさしはさむ余地のあるものであってはならないが、逆に、裁判官に内面的必然性をもつ確信が生じないのに、客観的にみて合理的疑いを超えるというだけの理由で証明がついているとの判断を要求するものではない。そして、控訴審が第一審の有罪の事実認定を審査する場合において、積極的に無罪の心証が生じるなどして、その事実認定に合理的な疑いが生じたときには、当然破棄すべきであるが、単に有罪の心証が生じないという程度のときには、その事実認定に合理的な疑いが生じたとはいえないので、破棄すべきではなく、第一審裁判官の全人格的、理性的直感による判断を優先すべきである。そして、これが自由心証主義の必然の帰結であるというのである。他方、控訴審が第一審の無罪の事実認定を審査する場合においては、合理的な疑いを超える証明があるのに無罪の事実認定をしているときは、破棄してよい。この場合、第一審裁判官は、合理的な疑いを超える証明があったときでも、内的確信がないとして無罪の判決をする自由があるとすれば、破棄は許されないことになるが、控訴審では合理的な疑いを超える証明があったか否かという点についてだけ審査を行うべきものと考えるべきであるから、破棄することが許されるというのである。

(2)　この見解に対しては、第一審では内的確信が欠けるだけで無罪としてよいのに、控訴審では合理的な疑いを超える証明があれば第一審判決が破棄されることになり、正しかった有罪判決が誤りになるという矛盾が起きるという批判がある。(13)

もっとも、前記の見解は、積極的に無罪の心証が生じるときは合理的な疑いが生じたといい得るとしているので、合理的な疑いを超える証明と内的確信とを別個のものと考えているのではなく、内的確信によっても合理的な疑いを超える証明があるといい得る場合に初めて有罪の判決をすることが許されるとしているものとも理解される。もしそうであるとすれば、控訴審裁判官がその内的確信によって合理的な疑いを超える証明があると考えるときは、第一審判決を破棄することが許されることになるであろう。これは、結局、合理的な疑いを超える証明があると確信したときに有罪の判決が許され、その確信が得られないときには無罪の判決をすべきであるということであって、心証優位説と異ならないことになる。

(3)　また、前記の見解に対しては、合理的な疑いを超える証明があるという客観面とそのことの内的確信があるという主観面とは表裏一体であり、合理的な疑いを超える証明があるという認識が内的確信にほかならないから、合理的な疑いはないが内的確信が得られないとして無罪とすることは許されないという批判がある。(14)

前記の見解は、単に有罪の心証が形成されないというだけでは合理的な疑いが生じたとはいえないとしているから、有罪の心証が形成されたとしても合理的な疑いを超える証明があったとはいえないとしていることになる。そして、この見解の要点は、右の心証と合理的な疑いを超える証明との間に差異があることを指摘することにあるものと解せられるのである。これは正当な指摘と考えられるが、問題は、裁判官の事実認定の判断を、そのような心証を形成する程度でとどめることが許されるか否かにあると思われる。すなわち、裁判官としては、証拠に基づいて事実認定を進めるにあたり、合理的な疑いを超える証明があったか否かの結論に到達するまで思考を停止すべきではなく、必ずいずれかの結論に到達するまで思考を重ねるべきであり、そうすることは常に可能であると考えられる。そうとすると、右の批判が指摘するとおり、客観面と主観面とは一致することになると考えられるのである。

2 自由心証主義と事後審査との関係

(1) 以上とは別の角度から、自由心証主義を根拠として控訴審の事実誤認の審査基準の特殊性を説く見解がある。すなわち、控訴審が覆審または続審である場合には、控訴審で新たに事実認定を行い、それが当然に第一審の事実認定に優先することになる。つまり、控訴審の自由心証が当然に第一審の自由心証に優越することになる。これに対し、控訴審が事後審である場合には、事後審査によって第一審の事実認定が誤りであると判断された後、初めて控訴審が自らの心証を明らかにすることになる。そして、控訴審が事後審査において自由心証主義に基づいてした第一審の事実認定を誤りであるといい得るのは、第一審の事実認定に経験法則または論理法則の違反があると認められる場合に限られるべきであって、たとえ控訴審の心証が第一審の事実認定と異なるときでも、そのような法則違反がなければ第一審の事実認定を誤りと判断してはならないというのである。(15)

(2) 右の見解は、次の二つの点に疑問がある。

第一に、右の見解は事後審査をすることと事実について心証をとることとが矛盾するという前提に立っていると思われるが、すでに検討したとおり(二1(2))、両者は矛盾するものではないと考えられる。

第二に、確かに、事後審査によって第一審の事実認定を誤りという際には、単に自らの心証と異なることを指摘するのみでは足りず、その事実認定が不合理なものであることを明らかにしなければならないであろう。しかし、その判断は、すでに検討したとおり(二1(4))、合理的な疑いを容れない事実認定であるか否かという統一的な基準で行われるべきものであって、控訴審が徹底した事実誤認の審査を行うならば、自らの心証と事実誤認の審査の判断との間に乖離は生じないと考えられる。

3　小　括

このように、自由心証主義に基づいて控訴審の事実誤認の審査基準の特殊性を導くのは困難と思われる。むしろ、この見解は、実質的には、自由心証主義を根拠とするものではなく、次に検討するように、控訴審の審査が直接主義に基づかないものであることを根拠とするものと考えられるのである。[(16)]

(12)　長島・前出注(1)二一〇九頁以下。なお、平田元・前出注(1)四五頁以下は、同様の理由から無罪判決に対する上訴は認められないと主張する。
(13)　後藤・前出注(1)刑事控訴立法史の研究三〇八頁、田宮・前出注(1)刑事訴訟法四八三頁。
(14)　野間・前出注(1)判例タイムズ八八八号四頁。
(15)　団藤・前出注(1)一一二七頁、岸・前出注(1)一七九頁、船田・前出注(1)法曹時報一一頁、判例時報二〇頁など。
(16)　この点は、次に直接主義との関係について検討する際に触れることとする。

四　直接主義との関係

1　控訴審における証拠調手続との関係

(1)　第一審の事実認定は、直接主義に基づいて事実審理を行い、当事者の攻撃防御を経て行われる。これに対し、控訴審においては、第一審の記録と証拠物が証拠調手続を経ることなく事実誤認の審査に用いられる(刑訴法三九四条)。また、控訴審において、当事者の請求または職権で、一定の範囲で事実の取調べが行われる場合でも(刑訴法三九三条一項)、通常、証拠調手続によって行われているものの、法律上はその必要があるわけではない。このように、直接主義に基づく証拠調べを経ない事実の取調べにより事実誤認の審査が行われることとされているのは、事実誤認の審査が必ずしも事実認定をすること、つまりは自らの心証を形成することを予定していないことを意味するという見解がある(17)。

(2) しかし、すでに述べたとおり、事後審査をすることと事実について心証をとることとは矛盾するものではなく、ただ心証をとらなくても事後審査が可能な場合があるにとどまると考えられる(二1(2))。また、控訴審では自判も許されており、その場合には明らかに事実認定が行われている(刑訴法四〇〇条ただし書)。したがって、右のような控訴審における証拠調手続の特殊性から、控訴審が事実認定を行わず、自らの心証を形成することがないということはできないと思われる。

2 控訴審における証拠の範囲との関係

(1) 控訴審において事実誤認の審査に用いられる証拠の範囲は、1で述べたように、第一審の事実認定に用いられた証拠より広い部分があるが、その証拠より狭い部分もある。すなわち、第一審で証人尋問が行われた場合には、その証人の証言態度も証拠になり、信用性の判断に用いられることになろうが、その態度証拠は記録化されていない場合が多い。また、控訴審では証人尋問の繰返しは保障されていない。そのため、その証人の態度証拠が控訴審における事実誤認の審査から落ちる場合が多い。事実誤認の審査を巡る問題の中心は、実はこの点にあると考えられるのである。そして、直接主義に基づく第一審の事実認定を重視すると、控訴審における事実誤認の審査は、自らの心証を形成して第一審の事実認定より優位性を主張するのではなく、もっと控え目なものとなるであろう。事後審性及び自由心証主義を根拠として控訴審における事実誤認の審査基準を厳格に解する学説も、実質的には、この点を本質的な根拠としているものと解せられるのである(18)。

(2)　しかしながら、右の見解によると、第一審が証人の証言の信憑性についてした判断は控訴審においては原則として覆すことができないことになるであろうが、それでは現行法の建前と調和しないと考えられる。すなわち、まず、現行法の下では、当事者は、第一審の記録と証拠物に基づいて事実誤認の控訴趣意を主張することが許されており、控訴審は、同様の証拠に基づいて事実誤認の審査をすることが許されている。さらに、第一審において裁判官が交替した場合には、弁論の更新手続を経るだけで、それまでの記録と証拠物を前提として審理を継続することができるという建前がとられている。右の見解によると、この弁論の更新の場合と控訴審の事実誤認の審査の場合とが異なるという理由を説明することができないであろう。(19)

3　小　括

このようにして、直接主義を根拠として控訴審における事実誤認の審査基準を限定することは困難というべきであろう。

しかしながら、直接主義を根拠とする見解が指摘する問題点は、次に述べる心証比較説をとる場合においても、検討を迫られるものであって、これを克服しなければ心証比較説が現行法の建前であると主張することはできないと思われる。

(17)　船田・前出注(1)判例時報二〇頁。

(18)　例えば、団藤・前出注(1)一一二七頁は、「心証の形成は直接に審理にあたった裁判官によってはじめて充分に行われるのであり、上訴審が書面審理によって獲得する心証は価値においてこれに劣るものといわなければならない。このことは公判廷の供述が証拠とされたばあいを考えれば明白であろう。原審では供述から直接に新鮮な、しかも細微にわたる心証をとることができるのに反して、上訴審ではその供述を調書の記載によって知るほかないのである。上訴審で、積極的に経験法則ないし論理法則に反するものとみとめるばあいにかぎって、破棄が可能とされるのは、かような理由によるのである。」と説き、岸・前出注

(1)一七九頁は、「証拠の評価が明らかに不合理とは認められず、上訴審と第一審の判断がくいちがう場合には、事後審であり書面審理を中心とする上訴審の判断よりも弁論主義が強化され事実審理が充実された第一審の判断が優先すべきである。」と説き、船田・前出注(1)法曹時報一〇頁は、「例えば、証人尋問の例においても、直接口頭でこれを聞くときは、証人が証言するに際し、口ごもり、絶句し、赤面し、激怒し等々、直接に供述内容にはあらわれない態度を観察し、その証言の信憑性を考えることは、第一審の裁判官にとっては可能であり、実務上屢々あることである。しかし、仮りに証人の供述を速記録に残したとしても、控訴審はその供述内容を文言の記載のみによって知るのであるから、その証人の証言の信憑性の有無について、判断がむずかしい場合が少くない。また、証言の信憑性を認め、他の証拠と相俟ってこれらを綜合し一つの事実を認定する際には、直観的な判断にたよることが少くないのである。そしてこの点は、事実審理にあたる裁判所に許された自由心証主義(刑訴法三一八条)の問題である。これらの自由心証に基づく第一審の事実認定について、控訴審が事実審査をするのであるから、当然に抑制的にならざるを得ないであろう。」と説いている。

(19)　控訴審が書面審査によって事実誤認の審査を行うことが必ずしも直接主義の原則に反しないとする指摘は、すでに青木・前出注(1)七五頁、平良木・前出注(1)三一七頁、阿部・前出注(1)九五五頁が指摘している。

五　心証比較説の検討

1　心証比較説の検討課題

以上のように事実誤認の審査を限定する非心証比較説の試みには難点があるところから、事実誤認とは第一審と控訴審の事実認定が一致しないことをいうのであって、法は控訴審の心証を第一審のそれに優越させたものであるという心証比較説の見解が生まれることになる。ただ、この見解においては、克服しなければならないいくつかの基本的な問題点がある。

その一は、直接主義に基づいた第一審の事実認定より書面審理に基づいた控訴審の事実認定の方がなぜ優越するのかを説明することである。

その二は、直接主義その他の刑訴法の基本原理との関係で控訴審の審理にいかなる制約があるかである。

2　心証比較説の根拠

(1)　控訴審の心証が第一審の心証に優越するのは、制度的には、事実認定の争いを上訴で処理することとしたのに伴う当然の帰結であると考えるほかはないであろう[20]。

(2)　もっとも、右のように理解する場合でも、法が直接主義に基づかない控訴審の心証をなぜ第一審のそれに優越するとしたのかについて、さらに実質的な説明をする必要があるであろう。この説明には、大筋で次の二つのものがあると考えられる。

第一は、控訴審の心証の方が真実に近いと考えられるからであるという説明である。これには控訴審と第一審の裁判官の経験の差などの根拠が挙げられるであろうが、もっとも実質的な根拠として、控訴審では当事者の主張によって事実問題の争点に新たな照明があたり、そこに注意が集中し、必要に応じて事実の取調べを行うことができることが指摘されている[21]。

第二は、第一審の心証と控訴審の心証の差が微妙なものである場合に、誤っているかもしれない控訴審の心証を優越させるのは、そうすることにより不正義となる場合を少なくすることができるからであるという説明である。この説明によると、控訴審の心証を優越させることが許されるのは、有罪判決を無罪とする方向においてのみであり、その場合には真実は有罪の者を誤って無罪としても真実は無罪の者を誤って有罪とするときよりも不正義が小さいからであるというのである[22]。

このいずれの説明も核心に迫っているが、なお検討すべき余地を残しているように思われる。すなわち、いずれの説明においても直接主義に基づく前記**四**の見解、特に控訴審の記録に反映していない証人の態度証拠を抜きに控訴審が正しい心証を形成することができるのかという疑問に十分に答えることができないからである。そこで、本稿では、次の第三の説明を提唱したいと思う。

法は、第一審の事実認定が控訴審の書面審査に基づく事実認定によっても支持されるような場合に初めてそれを判決の基礎と認めることとし、資料に現れない態度証拠を加えて初めて支持されるような第一審の事実認定は判決の基礎から排除することとしたものと解することができる。第一審の判決が有罪判決であった場合には、この理解は、第一審の資料によると合理的な疑いのある有罪の事実認定を排除することになり、確実な有罪の事実認定を保つことができるであろう。

第一審の判決が全部または一部の無罪であった場合にも、控訴審の審査は同様に行われることになるが、この場合には直接主義に基づかないで有罪の事実認定をしてはならないという要請から、別個の配慮が働く。すなわち、控訴審が書面審査のみに基づいて第一審の無罪判決を破棄したときは、事件を第一審に差し戻し、第一審に事実認定を行わせるべきである。そして、控訴審が争点について新たに証拠調べを経たときに限り、直接主義の要請を充たすので、破棄有罪の自判をすることができる。これが法の立場であり、判例の立場であると考えられるのである。

(3) 実務における事実誤認の審査は、争いのある事実について心証を形成するまでもなく控訴理由を判断することができる場合を除き、心証を形成して第一審の判決と比較するという方法で行っていると思われる。このことは、事実誤認に対する控訴審判決を見れば明らかであろう。もちろん、判断の過程においては、第一審に示された判断過程をも検討することになるが、それは控訴審の判断の正当性を説得するための手段であり、それ自体が目的であるわけではないと考えられる。

3 心証比較説の制約

(1) 心証比較説にもある程度の制約があると考えられる。

それは、控訴審が事後審査において自らの心証を示すにとどまらず、自判においてあらたな事実を認定して無罪を有罪に変更するような場合である。

この場合、判例（最大判昭三一・七・一八刑集一〇・七・一一四七）によると、「直接審理主義、口頭弁論主義の原則」を充たすような証拠調べを行わない限り書面審査だけで有罪の自判をすることは許されない。

控訴審では、第一審の証拠は、証拠調べを行うまでもなく当然に事後審査に用いることができる。しかし、それは事後審査を行うためであって、事実認定を行うためではなく、その限度に止まる限りは口頭弁論も行われない。そのような状況であらたな事実を認定することは、刑訴法の基本原理である上記の原則に背馳することになる。

第一審の証拠についてあらためて証拠調べを行えば、右の原則を充たすことになるであろうが、そのような手続は法律上は予定されていない。判例が、「事件の核心」ないしは「主要な争点」について証拠調べが行われた場合にあらたな事実を認定することが許されるとしているのは、そのためと考えられる。もっとも、その場合であっても、第一審の証拠についてあらたに証拠調べが行われることはないが、あらたな事実調べをすることにより争点について実質上証拠調べが行われ、口頭弁論も可能となるところから、第一審の証拠については弁論の更新に準じる証拠調べが行われていたとみなして、その結果をあらたな事実認定の基礎とすることを認めていると解されるのである。

(2)　次に、心証比較説の制約として考慮すべきは、右のあらたな事実を認定する場合の極限である無罪を有罪に変更するときの問題である。

この場合、第一審が証人の証言態度を考慮して証言の信用性を否定または肯定し、結論を導いていると認められれば、かりにその証言態度が記録に現れていないときでも、控訴審としては慎重に再度証人尋問をするなどして信用性を吟味した上判断を下すのが普通であろう。ただ、原理的には、最初の問題の一部として、これと統一的に問題を処理することができると考えられる。

4　総　括

非心証比較説が依拠する基本的な根拠は、控訴審の事後審性と事実認定における直接主義であると考えられる。このうち、控訴審の事後審性についてみると、事実認定をしないことと事実について心証を形成しないこととは、異なっている。のみならず、事後審において事実認定をしないのは、審理をやり直さないという建前をとったことの結果であって、それ自体が目的であるわけではない。したがって、控訴審の事後審査において審査に必要な場合に事実について心証をとることとは、矛盾するわけではなく、実際上も心証をとることが不可欠なときがある。また、事実認定における直接主義についてみると、控訴審の事実誤認の審査においては、第一審で弁論の更新が行われたときと同様に、記録と証拠物から認定されるべき事実と第一審の事実認定とが一致しているか否かを審査することが予定されているものと解される。

もっとも、それは、あくまでも事後審査にとどまる場合であって、事後審査の結果第一審判決を破棄して自判をする場合には、事実認定を行うことになるから、あらたな事実を認定するときには当然直接主義と口頭弁論主義の要請を充たすような手続を踏む必要がある。また、第一審が記録に現れない証人の態度証拠を考慮していることが窺われるときは、事後審査にあたっても、慎重な配慮が必要であろう。ただ、それらは、事実認定やその審査を行う場合において当然に配慮すべき事柄であって、控訴審における事実誤認の審査に特有の問題とはいえないというべきであろう。

(20)　田宮・前出注(1)刑事訴訟とデュー・プロセス三七〇頁。
(21)　松尾・前出注(1)二三六頁。
(22)　藤永ほか・前出注(1)二四四頁は、心証比較説の帰結としてこのことを示唆している。

26　上告理由としての憲法違反

一　争点と視点

上告理由は、憲法違反と判例違反に限定されている（刑訴法四〇五条）。しかも、上告趣意が憲法違反等を上告理由として主張しても、当然に適法な上告理由の主張と認められるわけではなく、他にいくつかの条件が充たされないときは、不適法として、決定で上告が棄却される（刑訴法四一四条、三八六条一項三号）。そこで、いかなる条件を欠くときに憲法違反等の主張が上告理由として不適法となるのかが重要な争点になる。

これを憲法違反について見ると、上告理由の適法条件は、次の三つの視点から導き出されると考えられる。第一は、高等裁判所がした判決（原判決）を対象としてその憲法違反を主張するものでなければならないという上告制度からの視点である。第二は、憲法違反の主張も法令違反の主張の一場合であって、かりに法令違反が適法な上告理由とされた場合には必要になる適法条件をも充たすものでなければならないという上訴制度一般からの視点である。第三は、最高裁に憲法判断を求める憲法違反の主張は一般の法令違反の主張とは異なり、具体的な憲法違反の理由を伴うものでなければならないという憲法訴訟制度特有の視点である。以下、これらの視点に即して、判例の立場を検討した上、学説上の論争に及ぶこととする。

二　上告制度からくる適法条件

1　憲法違反の事由が原判決に存在しなければならないこと、及び、その事由が「憲法の違反があること」又は

「憲法の解釈に誤りがあること」でなければならないことは、規定(刑訴法四〇五条)の文言上明らかである。前者は、上告理由が原判決の破棄を求める理由であるべきであるという上告制度からの当然の要請であり、後者も、この要請から導き出されるものと考えられる。これらの要請と、刑事訴訟における控訴審が原則として事後審であって自ら事実を認定して法令を適用するわけではないこととが相まって、「控訴審で主張判断されていない一審の憲法違反の事由については、原判決の憲法違反と言えないので、これを上告理由とすることはできない」という原則が導き出される。

2　最高裁は、違憲な訴訟手続(例えば非公開での審理)に基づいてされた一審判決は違憲であって、控訴審でそのことを争わなかったときでも原判決に憲法違反があることになるとの上告理由については、当初から不適法としていた。しかし、違憲な罰則を適用した一審判決を原判決が職権で是正しなかった場合には原判決にも憲法違反があることになるとの上告理由については、当初は不適法とせずに判断を加えていたが、後に改め(最大判昭和三九・一一・一八刑集一八巻九号五九七頁)、不適法とした。原判決には、憲法についての判断が示されているわけではないから憲法の解釈はなく、控訴棄却をしただけで自ら法令を適用したわけではないから憲法の違反もないことになるのである。この場合、最高裁が違憲の法令を適用した一審判決を是正しようとすれば、原判決にその違法を是正しなかった審理不尽の違法(法令違反)があるとしてこれを職権で破棄し(刑訴法四一一条)、自判の中で一審判決を破棄することになる。

これに対し、一審判決の憲法違反を控訴理由で主張して原判決の違憲又は合憲の判断を得ている場合には、その判断に憲法の解釈の誤りがあるとして適法に上告することができる。

また、原判決に憲法の解釈がない場合でも、原判決が一審判決を破棄して自判しているときは、その適用した罰則が違憲であることを内容とする原判決自体の憲法の違反を主張して適法に上告することができる。ただ、原判決が一審判決の量刑不当を理由として破棄自判したときのように、原判決が自ら事実の認定又は法令の適用をしていないときは、原判決には憲法の解釈も憲法の違反もない結果、適法に上告理由を主張することはできない（最決昭和二九・一二・二六裁判集九二号八一五頁）。以上が判例の立場であり、通説もこれを支持していると言ってよいが、原判決が破棄自判して罰則を適用した場合については、黙示の合憲判断があったとみて、その憲法の解釈の誤りを上告理由とすることができるとの有力学説がある。しかし、その場合には憲法の解釈の誤りの前に原判決に憲法の違反があると言うべきであろう。

一審判決の憲法違反を控訴理由として主張したのに原判決がこれに対し判断を怠った場合については判例がない。判断を怠った点が憲法三一条又は八一条違反になるという見解があるが、この場合には、むしろ憲法違反の控訴理由を斥ける黙示の判断があったと解されるので、上告理由において憲法の解釈の誤りを主張することが許されると言うべきであろう。

3　憲法八一条は、最高裁の最終的な違憲審査権を規定している。そこで、一審の憲法違反を控訴理由として主張しておかなければ上告理由においてこれを主張することが許されないことになるという原則は憲法八一条に違反しないかが問題になる。

憲法八一条は、最高裁による最終的な違憲審査権の途を保障することを要請しているにとどまり、いかなる場合にも上告理由として憲法違反を主張することまでも保障したものではないと解される。したがって、特定の訴訟手続（特に上訴手続）を採用した結果、その手続に従わなかったことにより、憲法違反の主張をする機会が失われたとしても、憲法八一条違反とは言えない。

4　憲法の違反と憲法の解釈の誤りの区別が問題とされている。

すでに述べたところから明らかなように、憲法の違反は、原判決又はその訴訟手続に、憲法違反がある場合を言い、憲法の解釈の誤りは、広義では憲法の違反と言えないわけではないが、特に原判決の憲法上の判断に誤りがある場合を言う。これが判例通説であるが、有力学説には、両者を控訴審における訴訟手続の法令違反と法令適用の誤りの区別と同視する見解がある。仮に二審限りの上訴制度を採用し、上告理由を憲法違反に限定したとすると、一審における憲法違反を内容とする訴訟手続の法令違反も法令適用の誤りも、共に憲法の違反に当たることになるので、憲法の解釈の誤りという事由は不必要となるであろう。控訴審を認めた場合でも、覆審又は続審である場合には同様であろう。しかし、事後審である控訴審を採用した結果、一審に憲法違反があったとの主張に対し控訴審が判断を示しても、それは法令を適用したものとは言えず、その判断に憲法解釈の誤りがあったとしても憲法の違反とはならないので、これを憲法の解釈の誤りという別の概念で捉えることとしたものと解される。

三　上訴制度一般からくる適法条件

1　控訴理由としての訴訟手続の法令違反及び法令適用の誤りの場合には、その違法が判決に影響を及ぼすべきことが適法条件とされているが（刑訴法三七九条、三八〇条）、上告理由については、この条件は明示されていない。そこで、学説の中には、判決への影響の有無を問わないというものもあるが、通説判例は、これを当然の適法条件と解している。

一般に承認されているとおり、上告も上訴制度の一環であるから、上告理由が判決に影響を及ぼすべきものに限定されるのは当然であろう。ただ、控訴理由の場合には、判決への影響を具体的に主張しない限り、控訴理由は不適法となるのに対し、上告理由の場合には、その主張を欠くときにも、それだけでは不適法とはならないであろう。また、控訴理由の場合には、明らかに判決への影響がないときに不適法になるのに対し、上告理由の場合には、判決に影響を及ぼすべき事由が主張されている限り不適法とはならず、ただ、その事由があっても判決に影響を及ぼさないことが明らかなときに棄却されるにとどまる(刑訴法四一〇条一項但書)。

右の原則の適用として、主張された事由自体からみて原判決の結論に影響のないことが明らかな憲法違反(傍論など)を言うものは、適法な上告理由にならないと解されている。このことは、いわゆる舞鶴事件に対する判例(最決昭和三九・一二・三刑集一八巻一〇号六九八頁)で示されたもので、実務上、舞鶴方式と呼ばれている。

2　上訴制度一般からくる第二の適法条件は、原判決に対する具体的な論難であることである。判例(最判昭和二五・七・二五刑集四巻八号一五二三頁)によると、原判決の憲法違反を言うためには、原判決のいかなる点が、いかなる理由で、憲法のいかなる条項に違反するかを、具体的に示さなければならない。この条件は、**四**2で述べる憲法訴訟制度上の適法条件として重要であるが、法令違反をいう上訴理由にも共通するところがあると言うべきである。

四　憲法訴訟制度からくる適法条件

1　憲法訴訟制度からくる条件の第一は、憲法違反に名を借りた単なる法令違反、事実誤認、量刑不当の主張は不適法であることである(最決昭和二五・二・一刑集四巻二号一二七頁)。原審が審理を尽くさなかったのは憲法三一条違反であるとか、実刑に処したのは憲法三六条違反であるとか主張する場合のように、内容から見て単なる法令違反等の主張を出ず、これに違憲の名を付したに過ぎないものは、法令違反等として処理することが可能であり、かつ、これを適法な上告理由と認めていない趣旨に鑑み、不適法と言うべきである。

2　憲法訴訟制度からくる更に重要な第二の条件は、**三**2で触れたとおり、憲法違反の主張には具体的な理由を伴うべきであり、特に主張に前提を必要とするものには前提の立証を伴うべきであるというものである(最大判昭和二五・四・二六刑集四巻四号二六頁)。

違憲審査権は、具体的な訴訟の解決にとって必要な限度で行使されるべきものである。この付随的違憲審査制度は、訴訟の当事者が具体的に違憲の主張をし、裁判所にその当否の判断を求めることにより最も適切に維持されると考えられる。

憲法違反の主張は、事実上又は法律上の前提を置いていることが多い。例えば、迅速な裁判の保障に反するとして憲法三七条一項違反を主張するような場合、迅速性を欠くことを示す事実が必要であるが、この事実の主張又は証拠を欠くときには、不適法な上告理由と言わなければならない。違憲審査に必要な立法事実を欠く場合も同様である。実務上、このような前提を欠くことを欠前提と呼んでいる。最高裁の大法廷が憲法判断を示した事項について再度憲法違反として争う場合、大法廷の論理に基づきながら、その論拠とする前提事実の変化や具体的事件の特殊性を強調し、大法廷判決と異なる結論を求める上告理由が多くなるが、この場合にも、前提とする変化や特殊性が認められないときは欠前提により不適法な上告理由となる。

〈参考文献〉

伊達秋雄「上告理由」法律実務講座刑事篇一一巻
近藤和義「刑事裁判における上告理由としての違憲の主張」中野次雄判事還暦祝賀、阪村幸男「上告理由としての憲法違反」公判法大系四巻
真野英一「上告理由としての憲法違反の意義」刑事訴訟法の争点(旧版)

27　他事件で法定通算された未決勾留の重複算入に関する最高裁判例

〔判　決〕
昭和五二年七月一日最高裁第二小法廷判決（昭和五二年(あ)第一六七号窃盗被告事件）、刑集三一巻四号六八一頁

〔判示事項〕
他事件の本刑に法定通算された未決勾留の期間と暦のうえで重複する未決勾留の裁定算入又は法定通算

〔判決要旨〕
他事件の本刑に法定通算された未決勾留の期間と暦のうえで重複する未決勾留を、さらに本件の本刑に裁定算入又は法定通算することは、違法である。

一　事件の概要と経過

1　事実関係

本判決は、事実関係を次のとおり要約して示している。

「被告人は、本件犯罪事実の一部について昭和五〇年五月三一日大阪地方裁判所に求令状起訴され、同日その事実について発せられた勾留状の執行を受け、勾留のまま昭和五一年七月八日同裁判所において、本件犯罪事実について、懲役一年八月、未決勾留日数四〇日の本刑算入の判決を言い渡された。他方、被告人は、本件とは別に、窃盗被告事件（以下「別件」という。）について昭和四六年一二月六日勾留状の執行を受け、同月一五日大阪簡易裁判所に起訴され、同月二一日保釈されたが、昭和五〇年三月二三日右保釈を取り消されて収監され（原判決が収監日を三

月二二日と判示しているのは記録上明らかな誤りである。)、その後勾留のまま同年七月七日同裁判所において、懲役一年四月、未決勾留日数八〇日の本刑算入の判決を言い渡され、その自然確定に伴って同月二二日刑の執行を受け、昭和五一年八月一八日これを受け終った。」

2 争　点

本判決は、本件の争点を次のとおり判示している。

「右の事実関係によると、本件における第一審の未決勾留は、その最初の日である昭和五〇年五月三一日から同年七月六日までの三七日間については別件の第一審判決前の未決勾留と重複し、同月七日から二一日までの一五日間については別件の控訴の提起期間中の未決勾留と重複し、また、同月二二日以降の分は別件の刑の執行と重複していることになるので、もし別件の刑の執行と重複する本件の未決勾留期間のほか、別件の控訴の提起期間(刑訴法四九五条一項参照)と重複する本件の未決勾留期間についても本件において裁定算入することが許されないものとすれば、本件における裁定算入の可能な未決勾留日数は三七日になる(なお、別件の第一審判決において未決勾留日数八〇日が裁定算入されているが、その判決前の未決勾留のうち本件の未決勾留と重複していないものが八五日あるので、この八〇日の裁定算入と本件の右三七日の裁定算入とが重複算入となることはない。)。検察官は、右の解釈を前提とし、裁定算入の違法を主張して控訴したが、原判決は、これを容れず、最高裁判所昭和四〇年(あ)第二三〇号同年七月九日第二小法廷判決(刑集一九巻五号五〇八頁)を引用したうえ、『別件の懲役一年四月の刑に算入されたのは、合計一三八日間の未決勾留日数のうち裁定算入八〇日、法定算入一五日の計九五日であり、これを差引くと別件未決勾留日数は四三日間残存することになるから、別件と本件の未決勾留が重複する五二日のうち四三日までは本件の本刑に算入しうるものと言わなければならない。』と判示した(但し、前記のとおり、保釈取消による収監日に誤りがあるので、右判示中に一三八日間、四三日間、四三日とあるのは、それぞれ一三七日間、四二日間、四二日ということになる。）。検察官の上告趣意は、右第二小法廷の判例は法定通算の期間と重複する未決勾留の裁定算入を違法とする趣旨であるとして、判例違反を主張するのである。」

二　本判決の判示

1　本判決の主文は、次のとおりである。

「原判決を破棄する。第一審判決中『未決勾留日数中四〇日を右刑に算入する。』との部分を破棄する。第一審における未決勾留日数中三七日を本刑に算入する。その余の部分に対する検察官の控訴を棄却する。」

2　本判決は、その理由として次のとおり判示している。

「未決勾留日数の本刑算入の制度は、法定通算、裁定算入の別なく、算入された日数について刑の執行があったものとする制度であり、未決勾留期間中の暦に従った特定の日を起算日として刑の執行があったこととするものではない。その意味において、本刑に算入された未決勾留の日数は、法定通算、裁定算入の別なく、刑の執行があったとされる刑量を示すにすぎないものとしてこれを扱うべきである。

しかしながら、このことは、どの期間の未決勾留について法定通算又は裁定算入がなされたかを考慮外としてよいことを意味するものではない。本刑に算入された未決勾留日数は、刑量を示すものではあるが、その算定が特定の未決勾留期間の日数に基づいてなされたものである以上、これと重複する未決勾留がある場合において重複算入の有無、範囲などを確定するためには、当然、いかなる期間の未決勾留について算入がなされたかを検討することが必要である。

思うに、刑訴法四九五条は、未決勾留が所定の訴訟目的に用いられたことを要件としてその期間中の未決勾留日数を特に本刑に法定通算することとしているのであるから、当該訴訟の経過中暦のうえで具体的に定まる期間についてその日数が通算されることになる趣旨と解するのが相当であり、全体を通じる未決勾留期間について右の日数が通算されるものとみるべきでない。そのように解さず、他事件の本刑に法定通算された未決勾留の期間と暦のうえで重複する未決勾留を、さらに本件の本刑に裁定算入又は法定通算することは、同一日の未決勾留について重複して算入することに帰着し、同条及び刑法二一条の趣旨に反するものというべきである。これと異なる原判決の判断は、違法というほかはない。

所論が引用する前記第二小法廷の判例は、『一般に、未決勾留が、他事件に対する裁判確定によりその本刑たる自由刑に算入されてすでにその執行に替えられた他の未決勾留と重複している場合に、かような未決勾留をさらに本刑たる自由刑に算入することは、刑の執行自体と重複している場合と同様、被告人に不当な利益を与えるもので、刑法二一条、刑訴法四九五条本来の趣旨に違反し許されない』としたうえ、括弧書で、『もっとも、右算入に充てられる未決勾留の日数は、年、月、日のいずれをもって示されるを問わず、刑の執行があったとされる刑量を示すにすぎないものとして扱われるべきであるから、当該未決勾留日数につき、未決勾留期間中の暦に従った特定の日を起算日として刑の執行があったものとし、右重複の有無、範囲を論ずることの失当であることは当然である。』と判示しているが、それは、単に、右重複の有無、範囲を論ずるにあたっては、算入された当該未決勾留日数につき、未決勾留期間中の暦に従ってさかのぼって算出した『特定の日を起算日として』その算入された期間刑の執行があったものとみなす趣旨ではないとするにとどまり、そのことから本件の争点に対する結論が直ちに導き出されるものとはいえないので、右判例は本件に適切ではないものとみるのが相当である。」

三　説　明

1　争　点

その事件の争点は、(イ)　他事件の本刑に法定通算された未決勾留の期間と暦のうえで重複する未決勾留は、他事件の刑の執行重複している場合と同様、裁定算入又は法定通算の対象から除外すべきか、(ロ)　最二判昭和四〇年七月九日(刑集一九巻五号五〇八頁)はその旨の判断を示しているか、ということである。[1]

2　法定通算の意義と効果

1　まず、初めの争点から検討しよう。刑法二一条による裁定算入及び刑訴法四九五条による法定通算は、未決勾留というものが、身柄の拘禁によって個人の法益を侵すところが少なく、また、自由刑の執行と相通じる実態をもっているところから、その一定日数を本刑に算入(裁定算入及び法定通算の双方を単に算入と呼ぶ)して刑の執行に替え、もって衡平を維持する趣旨にでたものである(最大判昭和三二年一二月二五日・刑集一一巻一四号三三七七頁、最二小判昭和三三年一一月七日・刑集一二巻一五号三五〇四頁)。この趣旨からすると、他事件の刑の執行と重複する未決勾留期間の日数又は他事件の自由刑に算入された未決勾留日数と重複する日数を本件に算入することは、二重算入となるので、ともに法の趣旨を逸脱し、違法ということになる(前者につき前記二判例、後者につき最二小判昭和四〇年七月九日・刑集一九巻五号五〇八頁)。前記第一の争点を考えるにあたっては、右の未決勾留日数算入の趣旨特に重複算入の有無を考慮することが必要である。

2　本判決が説くように、未決勾留日数の本刑算入の制度は、法定通算、裁定算入の別なく、算入された日数について刑の執行があったものとする制度であり、未決勾留期間中の暦に従った特定の日を起算日として刑の執行があったこととするものではないのであって、その意味において、本刑に算入された未決勾留の日数は、法定通算、裁定算入の別なく、刑の執行があったとされる刑量を示すにすぎないものとして扱うべきである。

しかしながら、本判決が判示するとおり、算入された未決勾留日数が刑量を示すものかどうかということと、いかなる期間の未決勾留について算入がなされたかということとは、別個の問題である。そして、未決勾留日数の算定が特定の未決勾留期間の日数に基づいてなされるものである以上、これと重複する未決勾留がある場合において重複算入の有無、範囲などを確定するためには、いかなる期間の未決勾留について算入がなされたかを検討することが必要となるのである。

3　そこで、法定通算の対象期間と裁定通算の対象期間とを一体のものとして扱うべきか、それとも別個のものとして扱うべきか、を検討しなければならない。この点については、次の三説が考えられる。

甲説は、両者を一体のものとみる。そして、法定通算と裁定算入との相違は、前者がいわば擬制された裁定算入であって、裁定をまたずに所定の日数を通算する点にあるにすぎない、と解するのである。原判決の結論は、この説によるとよく理解することができる。

乙説は、両者を別個のものとみる。すなわち、法定通算は独自の根拠からその対象期間中の日数を通算するものであるから、その期間は裁定算入の期間とは別個に取り扱うべきである、と解するのである。本判決は、この説によっている。

丙説は、両者を別個のものとみるが、暦のうえで法定通算期間と重複する未決勾留期間を算入の対象から当然に除外すべきではなく、本件の未決勾留日数から他事件の法定通算日数を控除すれば足り、残日数については算入することができる、と解する。

4　本判決が説くとおり、刑訴法四九五条は、未決勾留が所定の訴訟目的に用いられたことを要件としてその期間中の未決勾留日数を特に本刑に法定通算することとしているのであるから、当該訴訟の経過中暦のうえで具体的に定まる期間についてその日数が通算されることになる趣旨と解するのが当然であろう。すなわち、裁定算入が、全体の未決勾留日数中の幾日分を算入するものとし、その日を特定しないのと、異なっているのである。そうとすれば、甲説は相当でない。このように解さないと、本判決のいうとおり、同一日の未決勾留について重複算入を許すことになる。たとえば、他事件で全部の未決勾留が裁定算入された場合、これと重なる期間の法定通算をすることは、刑の執行と重なる期間について法定通算をするのと同様、明らかに二重通算ということになろう。その逆も同じである。また、他事件で算入された未決勾留の期間と本件の控訴審での未決勾留とが重なる場合、控訴棄却があると、たとい本件の右勾留が法定通算されるべきときでも(刑訴法四九五条二項一号参照)、重複算入となるため法定通算されないことになるのに対し、破棄されると、一、二審の未決勾留期間が一本になるため、甲説によるとそれが法定通算されるという不都合が生じる。

このように、他事件の法定通算と裁定通算の各期間を別個に扱うべきものとすれば、法定通算の期間の日数については本件の算入の対象から除外するのが当然であるから、その日について重ねて算入することは許されないといわなければならない。丙説は、他事件と本件の法定通算期間が重なる場合に重複通算を許すものであるから、結局は同一日についての重複通算を許すことに帰着し、法の趣旨に反するというべきである。なお、他事件で裁定算入された期間についても、これと重複することになる期間の未決勾留は、算入が許されない。

以上のようにして、乙説が法律の趣旨に最もよく適合するものと考えられる。(2)

5　この事件で直接に争われたのは、本件における裁定算入の適否についてであるが、問題は、本件における法定通算についても共通である。本判決がこの双方について判示しているのは、そのことを配慮したからであろう。

3　第二小法廷判決の検討

第二の争点に移ろう。前記第二小法廷判決の判決要旨は、「重複の有無、範囲を判断するにあたり、本刑に算入された未決勾留の日数は、刑の執行があったとされる刑量を示すにすぎないものとして扱うべきで、未決勾留期間中の暦に従った特定の日を起算日としての刑の執行があったものとすべきではない」というものである。

右のうち、刑量を示すにすぎないという点は、前述のとおり、この事件の争点とは直接の関連をもたない。本判例と統合して表現するには、右の判文における「刑の執行があったとされる刑量を示すにすぎない」の前に、「法定通算期間及び裁定算入期間のそれぞれについて」という文言を挿入すれば足りるのである。特定の日を起算日として刑の執行があったものとすべきではないという点も、本判決の判示するとおり、この事件の争点に対する結論と直ちに結びつくものではない。

もっとも、右判決が別件の控訴提起期間中の九日を当然に控訴している点は、本判決の結論と一致しているが、この部分は直接の判断事項とみるべきではあるまい。

4　補　説

本判決は、一審判決中の未決勾留算入部分のみを破棄している。これまで、二審判決中の未決勾留算入部分のみを破棄する事例は多かったが、一審判決について部分破棄したのは今回が最初である。なお、最高裁がこのような取扱いをしたからといって、控訴審裁判所が一審判決を破棄する場合について同様の取扱いを認める趣旨を含むものでないことは、いうまでもあるまい。

（1）　上告趣意に添付された図面を借用して、本件事案〔第二図〕と第二小法廷判決〔第一図〕を図示しておこう。

（2）　法務省の通達に本判決と同旨と思われるものがあるので、掲げておく。

〔**第一図**〕 40.7.9 第二小法廷判決（本件控訴審未決90日算入の適否）

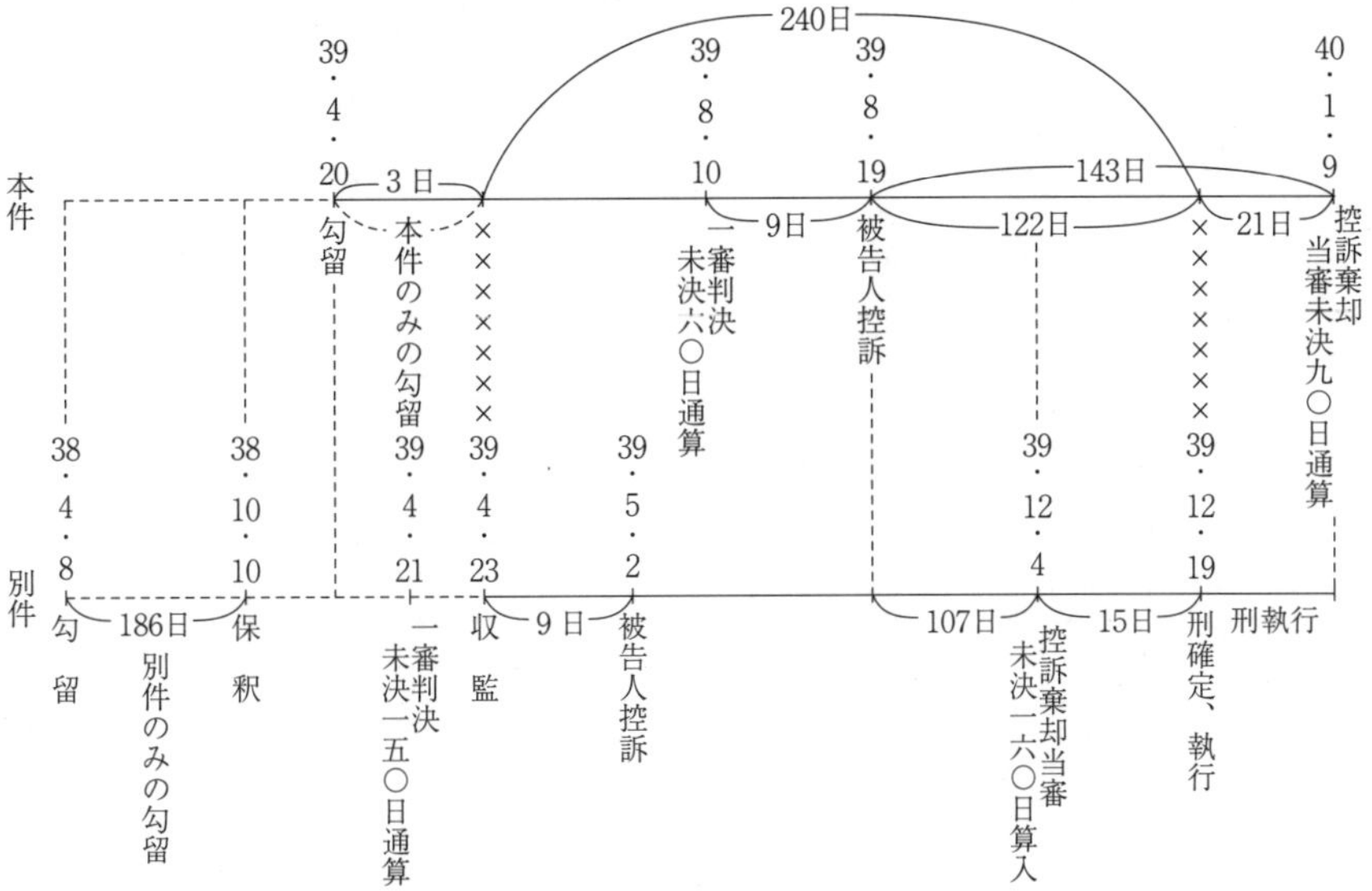

〔**第二図**〕 本件事案（本件一審判決未決40日算入の適否）

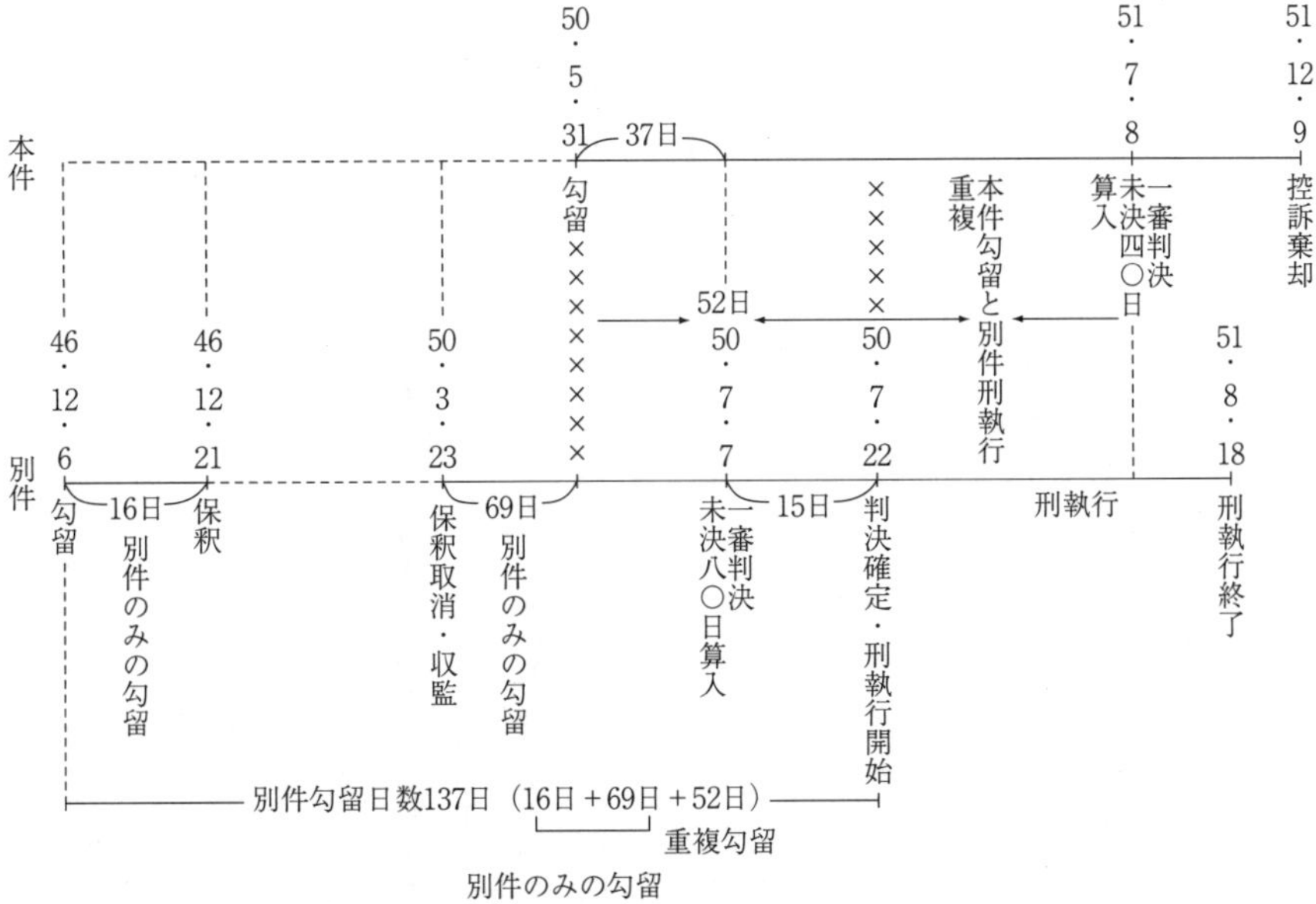

◎**通算日数の算定について**

（昭和二八、三、一四矯保甲第二七四号矯正局長通達）

標記に関する別紙甲号大阪矯正管区長照会に対して、乙号のとおり回答したから参考のため送付する。

別紙甲号

（昭和二八、一大管甲第八八号大阪矯正管区長照会）

標記の件別紙写の通り加古川刑務所長より照会がありましたが、第一の罪につき受刑中第二の罪につき刑の言渡を受けた場合の未決勾留日数の算入については昭和二十四年八月十六日検務第二三五二一号並に昭和二十四年九月検務第二六一六七号通牒により明らかでありますが本設例の如く第一の罪の未決勾留と第二の罪の未決勾留とが並存する場合に於ける未決勾留日数の算入については前例もありませんが法定通算が重複することは一応不当と考えられるも第一の罪に裁定通算があった場合これと第二の罪の法定通算が並存することは差支えないものと思考せられますが聊か疑義がありますので何分の御回示を御願いします。

（昭和二七、一二加刑第一六一三号加古川刑務所長伺）

添附別紙

当所在監　某

本　籍　神戸市葺合区小柄通六丁目二七

第一刑　神戸地方裁判所　昭和二十五年十月五日言渡
窃盗　懲役一年六月　裁定　四十日通算
法定　十五日通算　減刑により一年一月十五日と変更但し既に執行済

第二刑　大阪高等裁判所　昭和二十六年二月六日言渡
窃盗　住居侵入　強盗　同未遂　懲役八年
法定六百八十九日通算現に執行中

昭和四年六月八日生

右の者昭和二十五年十月二十日より頭書第一刑を執行中のところ当時控訴審繋属中の第二刑が昭和二十六年二月二十一日判決確定し第一刑の刑期終了後に引き続き現に執行中のものでありますが、別紙の通り第一刑の裁定通算四十日並びに法定通算十五日と第二刑の法定通算六百八十九日とを各々その通算の基礎算定の基準月日を照査するとき重複して通算され居るものと思料されますので、この点大阪高等検察庁に対し照会したるところ同庁より第二刑の通算日数六百八十九日を十五日(第一刑法定通算日数に相当)控除する旨の訂正がありましたが、本件の如き事例に関する昭和十三年行丙第二四四五号行刑局長通牒及び昭和二十四年検務第二六五九五号検務局長通牒の趣旨より見ても、なお且つ前記第二刑未決通算日数は第一刑に通算したる日数を控除したる六百三十三日が至当と思料され些か疑義がありますので関係書類な添え何分の御教示煩し度く御伺い致します。

(図　表)

第一刑

窃盗　懲役　一年六月

(本年の減刑令第一一八号により懲役一年一月十五日に変更)

通算　裁定　四十日
　　　法定　十五日

第二刑

窃盗、住居侵入、強盗　同未遂

懲役八年

通算　法定　六百八十九日

昭和二十五年六月二九日　勾留状発布
昭和二五年七月一三日　公判請求
法定一〇六日通算
昭和二五年一〇月五日　神戸地裁宣告
昭和二五年一〇月二〇日　判決確定
法定十五日通算

昭和二一年　七月一〇日　勾留執行停止
昭和二三年　六月　二日　神戸地裁宣告
同　　年　六月　七日　控訴申立
同　　年　七月一九日　神戸市灘警察員により逮捕
同　　年　七月二〇日　勾留状執行
同　　年　七月二五日　公判請求
同　　年　九月二二日　東京地裁宣告
同　　年　九月二三日　控訴申立
昭和二四年　四月二七日　勾留執行停止
法定五八三日通算
昭和二五年　七月　六日　勾留執行停止取消収監
昭和二五年一〇月二〇日　他罪受刑（第一刑を指す）
昭和二六年　二月　六日　大阪高等裁判所　宣告
（理由あり）
昭和二六年　二月二一日　判決確定

備　考

（1）　第一刑は昭和二十五年十月二十日より刑執行中の処昭和二十七年一月十一日執行順序変更指揮により第二刑の執行に着手し目下第二刑執行中である。

（2）　第二刑、神戸地方裁判所判決に対する控訴申立と東京地方裁判所判決に対する控訴申立とを控訴審において大阪高等裁判所が併合審理して判決したものと思われる。

別紙乙号

（昭和二八、三矯保甲第二七四号矯正保護局長通達）

本年一月二十六日大管甲第八八号照会標記の件は、第二刑（窃盗、住居侵入、強盗、強盗未遂、懲役八年）の法定通算の対

象となる六百八十九日より、第一刑（窃盗　懲役一年六月）に通算されている法定通算十五日と裁定通算四十日の合計日数を控除し、これに第一刑の勾留状の執行された昭和二十五年六月二十九日より同年七月五日までの七日を加えた日数、すなわち六百四十一日を通算するを正当と思料する。追って本件については法務省刑事局も同意見であるから申添える。

（補注）本判決に対する評釈に浜邦久・研修三五五号二八八頁がある。

（追記）本決定に対する評釈には、右のほか、大堀誠一・警察学論集三一巻四号一三九頁、森岡茂・警察研究五一巻四号六六頁がある。

二一　決定と上訴

28 刑事抗告審の構造

一　課題と方法

この小論は、広義の抗告審をめぐる総論的な論争点を取り上げ、いくぶん従来とは異なる視点からこれを考察したものである。

抗告審の構造に関する従来の業績(1)には、ほぼ共通して、方法上の二つの特徴があるように思われる。一つは、控訴審の構造を分析する際に用いられている事後審という概念を利用していることであり、他は、抗告審における簡易迅速な事件処理の要請といった法利益ないしは法原理が論争点の解決に援用されていることである。確かに、これらは、明文の規定に乏しい抗告審の構造を解明するうえで、必要な手懸りであったし、有用な手法でもあった。しかし、論争が進むにつれて、これらの方法上の特徴は、同時に弱点をも示すようになったように思う。すなわち、事後審の概念が論者により区々に用いられているため、その利用がかえって論争を混乱させる結果ともなった。また、時として、事後審という概念自体から演繹的に結論が引き出される傾向も生じた(2)。更に、等しく簡易迅速性の要請を重視する論者の間で、まさにその要請から逆の結論が導かれるという現象も起ったのである。

本稿では、こうした事情を考慮し、まず、事後審という概念を用いずに論争点を検討することとした。また、抗告審をめぐる法利益から直接に結論を導くことを避け、抗告審の審理についての規定及び原審が対象とする事件についての規定に着目して法の趣旨を探ることに努めた。ささやかな試みではあるが、この分野において蓄積された優れた研究に何かを加えることができればまことに幸いである。

（1）①　戸田弘「抗告」法律実務講座刑事編一一巻二六四五頁（昭三二）、②　横井大三「抗告審の構造」刑訴裁判例ノート⑸三四七頁（昭四六、研修一五七号（昭三六）から再録）、③　戸田弘「保釈却下決定に対する準抗告」実例法学全集刑事訴訟法、旧判四九頁（昭三八）、新版五八頁（昭五二）、④　藤井一夫＝角谷三千夫「抗告」総合判例研究叢書刑事訴訟法⒁（昭三八）、⑤　清水勇男「勾留に関する準抗告制度の理論と実務上の問題点」司法研修所創立二〇周年記念論文集三巻四六七頁（昭四二）、⑥　篠田省二「勾留の要件としての『犯罪の嫌疑』『勾留の必要性』」（上）警察学論集二一巻一二号一一〇頁（昭四三）、⑦　磯辺衛「準抗告審において取調べ審査しうる事項」刑事実務ノート三巻二五四頁（昭四六、判例タイムズ二三二号（昭四四）から再録）、⑧　小林充「被疑者の勾留に際してどの程度事実の取調ができるか」令状基本問題七五問一三五頁（昭四四）、⑨　木谷明「勾留請求却下の裁判に対する準抗告審で原裁判を取り消し、勾留状を発付すべき場合の手続」令状基本問題七五問一五三頁（昭四四）、⑩　小林充「準抗告審の構造と事実の取調」法曹時報二三巻三号六三頁（昭四六）、⑪　西村好順（勾留・保釈に関する準抗告の研究」（昭四七）、⑫　萩原昌三郎「準抗告の諸問題」捜査法大系Ⅱ三〇七頁（昭四七）、⑬　小林充「抗告」高田卓爾＝田宮裕編・演習刑事訴訟法四六九頁（昭四七）、⑭　庭山英雄「準抗告審の性格・構造」判例タイムズ二九六号四二四頁（昭四八）、⑮　杉山伸顕「準抗告審における事実の取調」判例タイムズ二九六号四二八頁（昭四八）、⑯　千葉裕「抗告審の運用状況」公判法大系Ⅳ三五一頁（昭五〇）、⑰　松尾浩也＝後藤昭「抗告審の構造」ジュリスト増刊刑事訴訟法の争点二七二頁（昭五四）を抗告審の構造に関する文献として指摘することができよう。以下の注では、この番号で引用することとする。

（2）　松尾＝後藤⑰二七五頁参照。

二　抗告審の審判対象

一　抗告審における審判の対象は、決定、命令、処分がなされるべき事件そのものであろうか、その事件に対してなされた原決定、命令、処分を取り消すべき瑕疵の存否であろうか。

二　後説が正当と思う。その根拠は、抗告の理由に関する刑訴法の規定の仕方にある。

すなわち、刑訴法四二六条、四三二条、四三四条によると、抗告が理由のないときは抗告を棄却し、抗告が理由のあるときは原裁判（原処分を含む。以下、文脈から別の意味に解される場合のほかは同じ。）を取消すべきものとされている。そして、ここにいう抗告の理由とは、刑訴法四二〇条三項に、勾留に対しては犯罪の嫌疑がないことを理由として抗告をすることができないと規定され、また、四三三条に、最高裁判所に対する特別抗告は四〇五条に規定する事由があることを理由とする場合に限り申立てることができると規定されていることからうかがわれるように、原裁判の瑕疵を意味している。控訴の場合に控訴の理由が明らかに原判決の瑕疵の意味で用いられていることも、右のような理解の支えとなるであろう。

通説も、抗告審の審判対象が原裁判の瑕疵であることを承認しているが、[3]その根拠としては、本案に関する控訴審の審判対象が原判決の瑕疵である以上付随的手続に関する抗告審の審判対象も原裁判の瑕疵であると解するのが自然であること及びそう解するのが抗告審における簡易迅速性の要請に合致することを挙げる見解が多い。[4]しかしながら、控訴審と抗告審の各審判対象をいかに定めるかは、もっぱら立法政策の問題であって、これらを同一に定めるべき論理的関連性は存しない。したがって、この点は、前述したとおり、控訴審と抗告審における各申立の理由に関する立法形式が同一であることを通して、かつ、その限度において、参考にすべきものであろう。また、抗告審において簡易迅速性が要請されること及び抗告審の審判対象を原裁判の瑕疵とするのがこの要請に最もよく合致することは疑いないが、それにもかかわらず立法上他の要請を重視して事件そのものを審判対象として定めることも十分に考えられるのであるから、この点も副次的な根拠にとどまるものというべきであろう。もともと事件に対する原裁判自体、書類の調査を中心とする簡易迅速な手続でなされるものであるから、抗告審が事件に対してあらためて判断を下すこととしても、簡易迅速性を甚しく損なうわけではなく、反面、そうすることにより、手続の繰返しが避けられ、かえって簡易迅速に処理ができる場合もありうるのである。[5]

三　抗告審の審判対象を事件そのものであると解する少数説は、刑訴法四二六条二項の文言がその根拠となると説いている。[6]同条項には、抗告が理由のあるときは、決定で原裁判を取り消し、必要がある場合には、更に裁判をしなければならないと規定されている。そして、右の裁判が自判の意味であるとすると、抗告審としては、義務的に自判を行うため、常に事件そのものに対し自らの判断を形成する必要があることになる。これが右少数説の論理であると思われるが、この見解については、右条項にいう裁判を自判と解する点に疑問がある。すなわち、控訴審の場合、原判決を破棄した後の措置については、刑訴法三九八条ないし四〇〇条、四〇三条に差戻、移送、自判などに区分した具体的な規定が置かれている。また、自判については、厳格な手続を基礎として事実認定をする必要があるため、例外的に許される旨が規定されている。これに対し、抗告審の場合、原裁判を取消した後の措置については、刑訴法四二六条二項が置かれているにすぎず、また、犯罪事実の認定と違って厳格な手続を基礎とする必要がないために自判が許される範囲を限定的に定めることを要しない。したがって、抗告審については、原決定を取消した後に事件について措置をとる必要がある場合に更に何らかの裁判を行うことを抗告裁判所に義務づけるとともに、その内容を抗告裁判所の判断に委ねておけば足りることになる。そうしてみると、更に裁判をしなければならないとする右規定は、更に自判、差戻など必要な裁判をしなければならないことを定めたものであって、自判を義務づけたものではないと解するのが相当であろう(7)。

(3)　戸田①二六四八頁、③新版五九頁、横井②三五二頁、藤井＝角谷④八頁、小林⑩六九頁、⑬四七〇頁など。
(4)　藤井＝角谷④八頁、小林⑩六九頁、⑬四七〇頁など。
(5)　岸盛一・刑事訴訟法要義新版三八〇頁(昭三八)は、まさにこの見地から原裁判後に生じた事実の取調が認められる、としている。また、横井②三五二頁は、つとに、抗告審における簡易迅速性から資料の制約が生じるのではない、と指摘していた。
(6)　ポケットコンメンタール刑事訴訟法改訂版九三一頁(栗本一夫担当、昭四一)。
(7)　同旨、岸・注(5)三八三頁、柏木千秋・刑事訴訟法四〇一頁(昭四五)、高田卓爾・刑事訴訟法〔改訂版〕五四二頁(昭五三)。「裁判」を自判と解しつつも、自判が義務づけられる場合を限定する見解として、戸田①二六七三頁、木谷⑨一五五頁、小林⑩七三頁。

三　抗告審決定の基準時

一　抗告審においては、いつの時点を基準として原裁判の瑕疵の存否を判断すべきものであろうか。

二　一般に審査の基準時を決定する要因となる法の規定には、二つのものがあると思う。一つは、いつまでに生じた事実を基準として審査すべきかを直接定めた法の規定であり、他は、原裁判の対象事件について解決の課題を定めた法の規定である。前者の規定があるときは、その基準時が当然に審査の基準時となる。例えば、控訴審の場合、原判決の事実認定の審査に関しては、原審の証拠に表われている事実又は原判決の時点までに生じた事実を基準として審査を行うべき旨の規定（刑訴法三八二条、三八二条の二）があるので、事実認定に関する審査の基準時も原判決の時点ということになる。(8)ところが、抗告審の場合には、このような事実についての基準時の定めがないので、この点から直接抗告審決定の基準時を導き出すことはできない。そこで、審査の基準時を決定するいま一つの要因、すなわち、原裁判の対象事件についての法の規定が何を解決の課題として定めているかに着目する必要がある。

三　後の点に着目して抗告審に関する事件の規定をみると、以下の三類型にこれを区分することができると思う。

(一)　第一の類型は、原審が参酌することのできる資料のみに基づいて、その時点における要件事実の存否を判断すべきものとしている事件の規定である。このような場合には、原審、抗告審を通ずる解決の課題は、原審当時の資料による事実の存否であるから、抗告審決定の基準時は、もちろん原裁判の時点となる。

右の類型に属する規定としては、勾留又は勾留請求却下の裁判を定める刑訴法六〇条、二〇七条二項がある。すなわち、勾留をするには、「罪を犯したことを疑うに足りる相当な理由」、「罪証を隠滅すると疑うに足りる相当な理由」、「逃亡し又は逃亡すると疑うに足りる相当な理由」などの要件を充たさなければならないが、これらの要件は、「疑うに足りる相当な理由」という文言に示されているとおり、勾留の裁判を行う時点において相当な嫌疑を抱かせる資料が存在することを要求するものである。つまり、ここでは、被疑者が真に犯罪を犯したのかなどが問題なのではなく、犯罪を犯したと疑うに足りる相当な資料があるかなどが問題なのである。それ故、勾留の裁判を行う時点において、右の相当な資料が存在しないときは、勾留は許されないのであって、かりにその後の調査で右の資料が発見されたからといって遡って適法に勾留することはできないことになる。逆に、勾留の裁判の時点において勾留をすべき相当な資料が存在していたときは、後にその被疑者が真犯人でないことが判明しても、前の勾留は適法であって、後の事情は勾留の取消などの制度によって処理すべきものである。

(二)　第二の類型は、資料の点では制約を課してはいないが、時の経過とともに変動が予想される事実を要件とし、事実の変動に対応して新たな申立、裁判を行うことを予定しているところから、原審当時における要件事実の存否を解決の課題としていると解される事件の規定である。この場合、原裁判後に事実が変動したときには、これに対応して別個の申立、裁判がなされるべきであるから、抗告審においてこの事実を参酌すべきものではなく、したがって、その決定の基準時は、原裁判の時点となる。

右の類型に属する規定の適例は、保釈に関する刑訴法八九条以下に求められる。すなわち、保釈の場合、必要的保釈の除外事由の中には、「罪証を隠滅すると疑うに足りる相当な理由があるとき」(刑訴法八九条四号)のように事実の変動が予想されるものがあり、また、裁量保釈については、保釈を相当とする事由の変動が常に予想されている。これに対応し、保釈請求却下の後に保釈を相当とする新しい事情が生じたときは、新たに保釈の請求をすることが許されるし、保釈の後に保釈を取消すべき事由が生じたときは、保釈の取消ができることになっている(刑訴法八九条)。

このような制度のもとで、もし抗告審が原裁判後に生じた事実を参酌して決定を下すべきものとすると、新たに請求のあった事件に対する判断と矛盾することともなり、不当である。したがって、抗告審の決定は、原裁判の時点に存在した事実を基準として、原判決の瑕疵の存否を判断すべきものと解するのが、相当である。
この類型に属する事件としては、他に、押収又は押収物の還付に関する裁判又は処分の事件などが挙げることができる。

㈢　第三の類型は、一個の申立に対する裁判が確定した後には、再度の申立、裁判を許さないものとしているところから、原審及び抗告審を通じる要件事実の存否を解決の課題としていると解される事件の規定である。これには、更に二つの場合がある。その一つは、一個の申立に対する裁判が確定した後に同一事件に対する再度の申立をすることが法律上許されていない場合であり、他は、事件に対する申立期間が限定されているために再度の申立が事実上許されないこととなる場合である。いずれの場合であっても、一個の申立に対する裁判によって事件に終局的な結着をつけることが予定されているのであるから、事件の要件に関連をもつ事実である限り、原裁判後に生じたものであっても、抗告審において原則としてこれを参酌することが許されるものというべきであり、この意味において、抗告審決定の基準時は抗告審決定の時点である。

一個の申立に対する裁判が確定した後に再度の申立、裁判を許さないこととしている事件には、再審請求事件がある。すなわち、再審の請求が理由のないものとして棄却決定されたときは、何人も、同一の理由によっては、更に再審の請求をすることができないとされているのである（刑訴法四四七条二項）。出頭義務違反の証人に対する過料制裁事件（刑訴法一五〇条一項）、保釈保証金没取事件（刑訴法九六条二、三項）、刑執行猶予取消請求事件（刑訴法三四九条以下、刑法二六条ないし二六条の二）、少年の保護処分決定に対する抗告事件（少年法三二条）なども、同様である。これらの場合、過去の一定の事実が要件とされていることが多いため、原審後の事情の変更を考慮する必要のある事例は比較的稀ではあろうが、後述のとおり、ないとはいえないのである。また、例えば刑法二六条の二第二号による刑執行猶予の取消の場合、保護観察遵守事項に違反してその情状が重いことが取消事由とされているので、一度取消請求が認められなくても、後に事情の変更があれば再度請求することが許されることになるが、逆に最初の請求を認容する取消決定が確定してしまうと取消を受ける者の情状立証の途がとざされるので、抗告審決定の時点まではこれを認める必要がある。

事件に対する申立期間が限定されているために再度の申立が事実上許されないこととなる場合としては、付審判請求事件（刑訴法二六二条以下）、訴訟費用執行免除申立事件（刑訴法五〇〇条）などを指摘することができる。すなわち、これらの事件においては、申立期間は、不起訴の通知を受けた日から七日以下（刑訴法二六二条二項）、あるいは訴訟費用の負担を命ずる裁判が確定した後二〇日以内（刑訴法五〇〇条二項）と定められているため、原裁判後の事情の変更を理由として再度の申立をすることが事実上不可能である。したがって、このような場合にも、別異に解すべき法の根拠がない以上、原裁判後に生じた事実も抗告審に参酌することが許されるものといってよいであろう。

（8）　平野龍一・刑事訴訟法三〇五頁（昭三三）。

四　抗告審における新資料の取調

一　抗告審においては、原審で取調べられなかった新資料をいかなる限度で取調べ、参酌することが許されるのか。また、いかなる限度で右の新資料を取調べ、参酌することが義務づけられるのか。

二　まず、新資料を取調べ、参酌することの許される限度について考察しよう。この限度を決定する要因としては、抗告審の審判対象、抗告審決定の基準時、その他の事由の三つが考えられる。このうち、抗告審の審判対象と資料との関連については、特に論じるまでもない。

(一)　そこで、抗告審決定の基準時と資料との関連について、先に抗告審決定の基準時に関して指摘した三類型の事件ごとに、新資料の取調の限度という角度から、結論を整理するとともに、この点をめぐる論争について言及しておこう。

(1)　前記の第一類型に属する勾留の裁判の場合には、その裁判の時点で存在した事実のうち、裁判官(所)が参酌し又は参酌することのできた事実のみを基準として判断を下すべきであるから、控訴審においては、原審に参酌する意思があればそうすることのできた資料のみを追加し取調べることが許されると解さなければならない。したがって、控訴審においては、原審当時に判明していなかった目撃者の供述などは参酌することが許されない。

これに対し、学説の中には、勾留請求に対する裁判を念頭においたうえ、具体的な妥当性を図るため、原裁判の結論に影響を及ぼすことが明らかな新たな事実であって、すみやかに取調べうるものについては、抗告審においても取調が許されると解する見解がある。(9) しかしながら、勾留請求却下の裁判がなされるべきであったのに勾留の裁判がなされた場合、その後に勾留の要件が備わったことを理由として、抗告審が棄却の決定をするのは、明らかに不当であろう。そうとすれば、勾留の裁判の後に勾留の要件が失われたことを理由として、抗告審で原裁判を取消したうえ勾留請求を却下することも、等しく不当としなければならないであろう。もっとも、勾留の裁判がなされるべきであったのに勾留請求却下の裁判がなされた場合において、その後に勾留の要件が失われたことが明らかであるときは、抗告審において原裁判を取消しても、自判で勾留の裁判をすることができないので、取消の実益がないとして抗告を棄却しなければならない。

更に、学説の中には、勾留請求に対する裁判は勾留請求当時に存在していた資料に基づいて行わなければならないとの見地から、控訴審における資料の取調をその範囲に限定する見解がある。(10) しかしながら、右の裁判は、検察官の請求に対して行うものであり、かつ、「法に定める勾留の理由が存在することを認めるべき資料」の提出義務が検察官に課されてはいるが(刑訴規則一四八条一項三号)、検察官の側に勾留請求を行う相当の理由があったか否かを審査するものではなく、あくまで裁判官の立場で勾留の理由の存否を判断するものであるから、その際に取調べるのが相当であった資料は、控訴審においても取調が許されるというべきであろう。

(2)　第二類型の事件、すなわち、事実の変動に対応して新たな申立、裁判を行うことが予定されている事件については、原裁判当時の事実を基に抗告審の決定を行うべきであって、原裁判後に生じた事実を取調べ、参酌することは許されない。

学説は分れるが、否定説が右の類型に属する事件、ことに保釈の裁判を念頭に立論している点は、注目に値しよう。[11]

(3)　第三類型の事件、すなわち、一個の申立に対する裁判の確定後は、再度の申立、裁判が許されない事件については、前述のとおり、原裁判当時に存在した事実についての新たな資料はもとより、その後に生じた新事情についての資料もまた、抗告審において取調べることが許されるものと解すべきである。[12]

例えば、保釈保証金没取事件（刑訴法九六条二項）において、没取決定後、逃亡した被告人が自ら収監のため出頭し、又は保証金納付者が逃亡した被告人を同行した事実を考慮して抗告審で保証金の没取額を減額する場合、再審請求事件（刑訴法四三五条以下）において、新証人の原決定後の言動を証拠の明白性の判断資料として参酌する場合、訴訟費用免除申立事件（刑訴法五〇〇条）において、有罪判決の言渡を受けたため失職が予想されることを理由に免除の申立をして棄却された後、現実に失職した事実を考慮して抗告審で申立を許容する場合など、実際上も抗告審で新事情を考慮することが妥当な場合も少なくないように思われる。

加えて、一般に裁判の事後審査においては、特別の事情のない限り、審査の時点を基準に判断するのが自然であり、[13]かつ、右類型の事件においては、新事情の参酌を禁ずべき規定上の根拠が見当らないことを指摘しておくべきであろう。[14]

(4)　学説上は、右の第三類型を含むすべての抗告事件につき、新事情の参酌は許されないとの見解が有力である。これを許すことは本来簡易迅速な手続であるべき抗告手続を不当不必要に弛緩させるおそれがあるというのである。[15]しかし、右の要請は、上述したとおり、副次的な考慮要素であるにとどまるし、後述のとおり、新事情を参酌することが許されるからといって、抗告審がこれを無制限に参酌することを義務づけられるものではなく、合理的な裁量により、決定までに生じた事実を参酌してよいというにとどまるから、手続を不当に弛緩するおそれもないように思う。[16]

(二)　抗告審において新資料の取調、参酌が許される場合であっても、そうすることが妥当でないことがある。抗告審の場合を含めて、一般に決定手続における事実の取調は、裁判所の職権によるものであって、その合理的な裁量に委ねられている(刑訴法四三条三項、刑訴規則三三条三項)。しかし、この裁量には、上述したような判断の基準時等からの許容限度及び後述するような決定手続の特殊性からの規制があるほか、制度目的からくる合理的な制約がある。すなわち、抗告審では原裁判の瑕疵が審査の対象であるから、これによって自ら審査の方法も限定される。原裁判後の新事情の取調、参酌が許される場合であっても、合理的な範囲における右の審査の過程で判明したものを相当な限度で参酌すれば足り、常に積極的に新事情の調査をしたり、その発生を待つような必要はないのである。また、各事件のもつ特徴(特にその重要性、迅速処理の要請、抗告審決定後の再申立の許否)、資料の性質(特にその重要性、入手の難易)などを合理的に考慮し、新資料の取調を限定すべき場合もありえよう。[17]

なお、この点につき、当事者が当然に原審に提出すべき証拠の提出を怠り、自己に不利益な裁判を受けた後、抗告審でその取調を求めた場合は、原則としてこれを拒否すべきであるとの見解があるが、[18]こうした当事者の態度を一つの要因として考慮することが許されるにしても、多くの例外を認めざるを得ないので、原則論としてこれを肯定するには問題が多い。[19]

三　次に、抗告審においては、いかなる限度で新資料の取調、参酌が義務付けられるか、を考察しよう。

原裁判が対象とする事件は、一方当事者の申立又は職権で審理が開始され、特別の規定のある場合のほかは相手方の意見は聴取されない。また、事件に対しては自由な証明で認定がなされるため、一方又は双方の当事者が認定資料について反証の機会をもたないのが普通である。更に、認定資料は開示されないことが多いから、一方又は双方の当事者が資料の存在又は内容を知らない場合もある。

こうした決定・命令手続の特殊性を考慮するときは、意見の聴取に伴う資料提出の機会が与えられなかった当事者から申請された資料又は反証の機会が与えられなかった資料について当事者から申請された資料については、相当な限度、方法で取調べる義務が抗告審裁判所にあるものというべきであろう。原審で当然に取調べるべきであった資料についても、同様である。[20]

(9)　礒辺⑦二六三頁以下、特に二七〇頁。
(10)　篠田⑥二一〇頁。
(11)　戸田①二六四八頁、二六七〇頁、③新版六〇頁、藤井＝角谷④八頁、小林⑩八三頁。礒辺⑦二七〇頁も、この点では同旨。
(12)　青柳文雄・五訂刑事訴訟法通論下巻五二四頁、五二五頁(昭五一)が、決定の種類によって斟酌できる資料の範囲を別異に解してよく、「少年の保護処分決定のようにそれ自身が終局裁判の場合」には原決定後の事情を斟酌してよいとし、千葉⑯三五七頁が、事件の性質に着目しているのは、示唆的である。
(13)　平野・注(8)三〇四頁。
(14)　清水⑤四六九頁、西村⑪五二頁は、新事情の参酌を広く肯定し、これを禁止する規定のないことを根拠に挙げるのは、第三類型の事件に関しては正当と思う。
(15)　戸田①二六四八頁、③新版五九頁、藤井＝角谷④八頁、小林⑩八五頁など。
(16)　この点で、戸田③五九頁が、抗告審における事実の取調が裁判所の合理的な裁量に委ねられていることを前提にしたうえで、「原裁判後に生じた事実に関するものを除いてあらたな資料の取調・参酌を許すということで、運用にしまりができ、不当に窮屈でもなく、ちょうど適当だろう」と説き、解釈、運用上の余地を残していることが特に注目される。

(17)　高田卓爾・注(7)五三八頁が、資料の取調の範囲は「抗告の対象たる問題の性質とあらたな資料の入手の難易を主たる基準として決定すべきである」と論じ、礒辺⑦二六八頁が、準抗告について同様の方向を説き、西村⑪四二頁が、準抗告について原裁判より著しく遅れた事実は参酌すべきでないと主張しているのは、いずれもこの点で参照に値する。

(18)　小林⑩七九頁。岩田誠「上訴」法律実務講座刑事編一〇巻二一八〇頁も同旨。

(19)　小林⑩七九頁以下でも、この点は正当に考慮されている。

(20)　小林⑩五一一頁、五一二頁で新資料の取調が許容される場合として挙げられているのは、むしろ義務とされる場合と解してよいと思う。なお、被疑者の勾留に際しての事実の取調方法については、小林⑧参照。

五　抗告の理由

一　原裁判の取消事由となる瑕疵すなわち抗告の理由には、いかなるものがあるか。これには、大別して、三種類があると思う。原裁判の手続上の瑕疵、形式上の瑕疵、内容上の瑕疵である。以下、これらの順にその内容を概観してみよう。

二　原裁判の対象たる事件の要件事実は、自由な証明で認定されるので、抗告審においてもこれを自由な証明で認定しなおすことが許されるし、手続問題と離れて要件事実自体を審査することもできる。したがって、抗告審においては、控訴審の場合と異なり、要件事実と別個に手続を問題とする必要性に乏しい。しかしながら、少なくとも、申立の適否、必要的口頭弁論の経由の有無(刑訴法三四九条の二)、意見聴取の有無は、原裁判の手続上の有効性を審査するうえで、軽視することができない。

三　原裁判の形式上の瑕疵とは、決定又は命令の裁判書が法令上の有効条件を備えていないことをいう。この点も、自由な証明で自判が許される抗告審の場合には、控訴審ほどには重要性をもたないが、抗告の申立の適否や審査対象を判定するうえでは逸することができない。そこで、決定、命令に付すべき理由を取り上げて検討してお こう。

刑訴法四四条によると、上訴を許す決定又は命令に理由を付さなければならないと規定されているが、要求される理由の内容については、令状に関する場合(刑訴法六三条など)を除き、有罪判決に関する刑訴法三三五条のような規定を欠いている。それ故、上訴の審査に資するという制度の目的からこれを考えるに、裁判の意思内容が特定されていること及びその法令上の根拠が推認されることは、もとより必要であろう。問題は、右の根拠法令の要件事実に該当する具体的事実をどの程度裁判書に記載すべきかであって、これには各事件の規定内容に即して二つの場合を区別することができると思う。一つは、執行猶予の取消の規定(刑法二六条ないし二六条の三)のように、当該刑事訴訟の記録上明らかではない歴史的、客観的な事実の存否が要件とされている場合であって、この場合にはその具体的事実が裁判書に特定されなければならないであろう。いま一つは、保釈に関する規定(刑訴法八九条ないし九一条)のように、当該刑事訴訟の記録上明らかな事実又は抽象的、判断的な事由の存否が要件とされている場合であって、この場合は根拠法令又はその条項が裁判書に特定されていれば足りるであろう。

このようにして、決定、命令の理由には、実質上裁判の結論が示されているだけで足りるものから、有罪判決のように具体的な事実の記載を要するものまで、区々であって、これに対応し、要求される抗告の理由の記載の程度にも差異が生じると考えられるのである。

四　原裁判の内容上の瑕疵には、法律問題の対象となるものと事実問題の対象となるものの二つがあり、後者は更に、各事件の要件に即し、具体的又は抽象的な事実、必要性の判断及び適当であることの判断の三つに分れる。これら三つのうち、必要性の判断、適当性の判断は、その性質上、裁量事項であり、他は非裁量事項である。

判例(最高裁昭和二九年七月七日第一小法廷決定・刑集八巻七号一〇六五頁)は、「保釈を許す決定に対する抗告事件において、抗告裁判所は、原決定が違法であるかどうかにとどまらず、それが不当であるかどうかをも審査しうるものである」旨を判示し、保釈の裁量の当否に審査権が及ぶことを肯定したが、その趣旨からすると、控訴裁判所は、右の事実問題における三つの面のすべてにわたり、かつ、裁量事項、非裁量事項の双方につき、判断の当否を審査することができることになる。

必要性の判断に関しては、問題がないわけではない。いわゆる国学院大学映研フィルム事件においては、差押許可状に基づいて行った差押につき、その必要性を準抗告審裁判所が審査しうるか否かが争われ、捜査における差押の必要性の判断は捜査官の裁量に委ねられていて裁判所の審査には服さないと主張された。しかし、判例(最高裁昭和四四年三月一八日第三小法廷決定・刑集二三巻三号一五三頁)は、刑訴法二一八条一項が「犯罪の捜査をするについて必要があるとき」に検察官等が差押ができる旨規定していることを根拠として、準抗告裁判所は右の差押の必要性についても審査することができると判示した。右の点について審査ができないと解するには、「必要があるとき」という要件を検察官等が「必要があると思料したとき」の意味に理解するほかないが、この理解は裁判所による差押に関する刑訴法九九条一項などの規定と対比して正当とはいえないであろう。しかし、実質的な争点は、むしろその先にあったように思われる。すなわち、準抗告裁判所は、いかなる基準に従って右の必要性の有無を判断すべきかである。そして、この点の審査にあたっては、捜査のための差押について、法が必要性という概括的な要件によってこれを規制し、裁量の余地を広く認めていることを十分に考慮すべきものであろう。右判例が、「明らかに差押の必要がないと認められるときにまで、差押を是認しなければならない理由はない」と判示しているのは、この点からみて極めて示唆的である。

右の判例からもうかがわれるように、抗告審における裁量事項の審査については、各事件の規定が裁量を許容している趣旨、特に裁量の範囲、裁量の行使者、その者が訴訟手続の主催者であるか否か、などの要因を考慮し、当該裁量権行使の当否を判断すべきであって、性急に審査裁判所自身が原審の立場で裁量権を行使したうえ、その結論との比較によって原判断の当否を決すべきものではない。控訴審の審査対象が原裁判の瑕疵すなわち原判断を誤りであるとすべき事由の有無であることは、この場合の審査において特に意義を有しているものというべきであろう。

五　以上の検討を基礎として、抗告申立書に抗告の理由を記載することの要否とその程度を考えておこう。

抗告審の審判対象が、事件自体ではなく、原裁判の瑕疵つまりは抗告の理由であるとすれば、抗告申立書に抗告の理由を記載しなければならないのは、当然のように思われる(21)。刑訴規則には、特別抗告についてのみ、抗告申立書に抗告の趣意を簡潔に記載しなければならない旨の規定(刑訴規則二七四条)があるが、これは、上告審での判例違反の主張には上告趣意書に判例を具体的に記載しなければならないとの規定(刑訴規則二五三条)があることとの対比で特に設けられたものと解しうるので、必ずしも他の抗告について申立書に理由の記載を要しないものと解すべき根拠とはならないであろう。

もっとも、先に原裁判書の形式について考察したとおり、各裁判事件の要件の中には、具体的な事実の認定を必要とするものもあれば、事情を総合したうえ結論的な判断を下せば足りるものもあり、例えば、裁量による保釈を許可し又はその請求を却下した場合には、争点は裁量の当否という一点に限定されることになるから、この裁判を不服とする抗告も、その点の判断の不当を主張する趣旨であると解することができる。他にも、原裁判の結論が否定的なものである場合などには、その理由が一点に限定され、抗告の理由も自ら特定されることがある。したがって、こうした場合には、抗告申立書に具体的な理由が記載されていなくても、不適法とすべきではない。

なお、抗告の理由は、原裁判のいかなる部分に不服があるか、すなわち、原裁判のどの部分に瑕疵があるかを指摘すれば足り、必ずしも、証拠の援用や根拠の摘示を要するものではない。

(21)　戸田①二六六五頁。

六　職権調査と自判の限度

一　抗告審裁判所は、抗告の理由となる原裁判の瑕疵を職権で調査し、原裁判を取消すことができるであろうか。また、自判を目的として資料を取調べ、原裁判を取り消したうえで自判することが許されるであろうか。

二　まず、職権調査の可否から検討しよう。

控訴審については、職権調査を許す旨の明文の規定（刑訴法三九二条）があるのに、抗告審については、その旨の規定がない。しかし、原裁判の瑕疵を審査する上級審が、職権でこれを審査しうることは、反対趣旨の規定がない限り、むしろ審級制度上当然に予定されていると解すべきであろう。抗告審の場合には、反対趣旨の明文の規定がないばかりでなく、かえって自判を許す明文の規定（刑訴法四二六条二項）がある。これは、原裁判を取り消した後、事件自体つまりは取消の原因となった瑕疵以外の部分についても自ら事件に対して判断を下し、他の瑕疵を実質上是正することを予定したものである。そうしてみると、原裁判の審査の際に職権で瑕疵を審査することをも許す趣旨といってよい。控訴審についての明文の規定は、控訴趣旨が限定した関係で事実の取調の範囲を限定したため、職権調査のための事実の取調を許容する旨の規定（刑訴法三九三条）とあわせて特に設けたものと解してよいと思う。このようにして、職権調査を許す通説の見解が正当である。(22)

なお、以上のように解するときは、抗告の理由が特に限定されている場合、すなわち特別抗告（刑訴法四三三条一項）と再審（刑訴法四三五条以下）については、原則として職権調査を予定していないものというべきであろう。

三　抗告審においては、原裁判に瑕疵があって取消が予想される場合、自判を目的とした資料の取調を行ったうえ、原裁判を取り消すと同時に自判をすることが許されるであろうか。

新資料を追加することによって自判が可能となる場合には、合理的な裁量により、右のような取調、自判も許されると思う。[23] その理由は、原裁判の瑕疵の審査と自判のための審査の範囲が事実上一致すること、及び抗告審においては自由な証明により新しい事実を認定することが許されることにある。控訴審における量刑の審査の場合と対比して考えてみよう。この場合、原審の資料のみを基礎にして量刑不当がすでに明らかなときであっても、他の資料を加えれば量刑が正当であることもあるし、量刑不当が一層明白になることもあるので、新資料の取調は必要である。また、量刑は自由な証明で認定した事情を基にして行うことができるので、控訴審において新資料が追加されても、直ちに自判で量刑をすることが許される。抗告審においては、事実認定の審査であっても、事情は同様である。これに対し、控訴審における事実認定の審査の場合には、瑕疵の審査と自判の審査の範囲の点ではこれらと大差はないが、犯罪事実の認定が厳格な証明によってなされるため、審査のための事実の取調で直ちに新たな事実の認定をすることが許されず、したがって自判をすることが許されないことがある点で差異が生じるのである。

(22) 団藤重光・新刑事訴訟法綱要七訂版五七二頁(昭四二)、平野・注(8)三三五頁、戸田①二六六五頁。

(23) 自判については、なお、小林⑩七〇頁、八五頁参照。

七　結　論

抗告審の構造は、上訴審の一形態として課せられた役割、原審の対象事件が根拠法令の多様性の故に帯びている性質上の多様性、及びそれらの事件が決定、命令、処分という簡易手続で処理されるという特性の三つの基本的要因によって規定されていると考えられる。

まず、抗告審は、事件自体ではなく、原裁判中の瑕疵の有無を審判の対象とするものである。したがって、また、抗告審は、抗告の理由と無関係に事件に対し心証を形成して原裁判の当否を判断すべきものではない。

抗告審における判断の基準時及び参酌すべき資料の範囲は、原審の対象事件についての根拠規定により決定づけられており、一様ではない。すなわち、当該事件の解決課題について、原審当時の資料からみた要件事実の存否である場合、原審当時の事実からみた要件事実の存否である場合、原審、抗告審を通じる事実からみた要件事実の存否である場合の三つがあるので、これに応じて右の基準時と資料の範囲にも三様の場合があるのである。しかし、いずれにしても、抗告審の審判対象が原裁判の瑕疵である以上、控訴審における量刑の審査の場合と同様、抗告審の構造は、いわゆる事後審査審であるといってよい。

抗告の理由、職権調査の範囲、及び自判の限度については、原審でも抗告審でも自由な証明による認定が許されること、原裁判の形式、内容が判決とは著しく異なることなどを反映し、各事件を通じ、控訴審ほどの厳格な制約が課されていないものと解されるが、審査対象と裁量規定の面から抗告審の判断方法に制約を受けることをも無視すべきではない。

29　勾留請求の却下と身柄の釈放

一　問題の所在

勾留請求が却下されて準抗告があった場合、却下の裁判を執行停止して身柄の拘束を継続することができるか。勾留請求が却下されてから、その執行停止がなされるまでの間、身柄の拘束を継続することができるか。検討する主な問題はこの二つである（これらの問題については、一般に、解釈運用・上一八六頁以下参照）。

二　身柄拘束の根拠と執行停止の可否

1　論　点

勾留請求が却下されて準抗告があった場合、却下の裁判を執行停止して身柄の拘束を継続することができるか。この問題の論点は二つある。第一は、勾留請求却下の裁判があったこと自体により、身柄を拘束する根拠が確定的に消滅するか否かであり、第二は、勾留請求の却下に伴う身柄の釈放は、却下の裁判の執行として行なわれるのか否かである。以下、この二つの論点を順次検討する。

2　身柄拘束の根拠

勾留請求があるとその効果として身柄の拘束は継続する（刑訴二〇四条二項・二〇五条四項・二〇七条二項但書）。この拘束の効力は、勾留請求に対し却下の裁判があると、裁判があったこと自体により確定的に消滅し、却下の裁判を執行停止して効力を継続することはできないのであろうか。それとも、却下の裁判が執行停止されると効力が存続するのであろうか。

却下の裁判により確定的に身柄拘束の根拠が消滅するという第一の見解は、拘束の暫定的性格を強調する。勾留請求後の身柄の拘束は、裁判官が勾留請求の許否を判断するため、暫定的に認められているにすぎないから、勾留請求に対し裁判があると、裁判の内容が請求認容か却下かを問わず、裁判があったこと自体により、その目的を達して完全かつ確定的に効力を失うという。裁判の存在により拘束の根拠の消滅という効果を認める点で、無罪判決などによる勾留の失効（刑訴三四五条）と同様の関係に立つとみるのである（青木英五郎＝下村幸雄「勾留請求の却下と被疑者の釈放」法学セミナー七三号五三頁・生きている刑事訴訟法所収、実例刑訴〔青木英五郎＝下村幸雄〕二二二頁、菊池信男「勾留請求却下の裁判に対する準抗告と執行停止の許否」司法研修所報二八号一一一頁、富川秀秋「勾留実務の反省」判タ一三二号二八頁、刑訴講座㈠〔横山晃一郎〕一五五頁、井戸田侃・刑事訴訟法要説㈠九三頁、野間礼二「勾留請求却下の裁判に対する準抗告と執行停止」判タ二一五号五一頁・実務ノート㈢所収、竹田稔「勾留請求却下の裁判と勾留状を発しない裁判に関する手続上の諸問題」司法研修所創立二〇周年記念論文集三巻四五一頁、令状基本問題〔小林充〕一四二頁）。①金沢地決昭和三七・一〇・一七（下刑集四巻九・一〇号九七〇頁）はこの見解をとる。すなわち、勾留請求却下の裁判の告知を受けてから約一時間一〇分後に準抗告および執行停止の申立書を提出し、さらに約二時間後に執行停止決定がなされるまでの間身柄を拘束したとし、検察官の付審判を請求した事件において、

「逮捕状本来の効力による被疑者の拘禁は検察官において被疑者に対し勾留請求をなす迄の間のものに限られ、その後の拘禁は形式的には逮捕状に基くものであっても、その本質は裁判官が勾留請求に対する審査判断をなすために、それまでの間に限り認められた暫定的な拘禁であり、したがって勾留請求の審査判断を終って、裁判官がいずれかの判断を示した以上、勾留状が発せられた場合であると勾留請求が却下された場合であるとを問わず逮捕状に基く拘禁の効力は直ちに完

全かつ確定的に消滅するものと解すべきである。そして、勾留状が発せられた場合には以後それにより被疑者の拘禁を継続しうることは勿論であるが、勾留請求が却下された場合には最早やその後においては被疑者を拘禁しておく根拠となるべき何物も存在しなくなるのであるから、勾留請求却下の裁判の告知を受けた検察官は右裁判に不服であっても直ちに被疑者を釈放すべき責務を負うに至るものといわざるをえない」

としたのである。

これに対し、勾留請求却下の裁判の執行として身柄が釈放されると解する第二の見解は、却下の裁判の執行が停止されると、身柄の拘束が継続すると主張する。却下の裁判の執行により釈放されるまでは、勾留請求の効果として拘束を続けることが前記条項の趣旨であるから、却下の裁判が執行停止されると拘束がつづくのは当然であるというのである(通達質疑追(3)三三三頁、実務講座(三)〔出射義夫〕六二一頁、浦辺衛・刑事実務上の諸問題一八四頁、平野一〇四頁、岸三九〇頁、青柳二七二頁、田宮裕「捜査総説」総合判研刑訴(六)一九六頁、伊藤栄樹・刑事訴訟法の実際問題一二五頁、清水勇男「勾留に関する準抗告制度の理論と実務上の問題点」司法研修所創立二〇周年記念論文集三巻四六七頁)。高知地判昭和四二・一一・一七(後記④)はこの見解を前提としている。

勾留請求後の身柄の拘束に関する規定をみよう。刑訴二〇四条二項・二〇五条二項は、逮捕による拘束時間の制限内に勾留の請求をしないときは、ただちに被疑者を釈放しなければならないと規定している。したがって、勾留の請求をしたときには身柄の拘束をつづけうることは明らかである。そして刑訴二〇七条二項は、裁判官が勾留の理由がないと認めるときは、「勾留状を発しないで、直ちに被疑者の釈放を命じなければならない」と規定する。二〇三条ないし二〇五条・二〇八条と同様に、被疑者を釈放すべき場合とその時期を定めた右規定が、このように、勾留状を発しない場合についてのみ釈放を命ずることとし、勾留状を発した場合に釈放を命ずることとしていないのは、ことの性質上当然のことながら、後の場合には拘束をつづけることを規定したものと解するほかない。勾留状が発せられた場合も、検察官の執行指揮により、監獄職員等が勾留状を執行するまでは(刑訴七〇条)、勾留状による拘束状態は生じないから、右規定が勾留の裁判からその執行までの拘束を根拠づけているのである。このことは、勾留請求後の拘束が、単に勾留請求の許否を判断するためのものではなく、まさに、勾留に備え身柄を確保するためのものであることを意味している。勾留請求後の拘束の暫定的性格を強調する第一の見解は、勾留請求に対し許否いずれかの裁判があると、拘束の根拠が終局的に消滅し、勾留の場合には勾留状による確定的拘束に移るという。しかし、勾留状を執行するまでは確定的拘束状態は生じないから、この見解では、勾留の認容から執行までの拘束の根拠を説明できず、勾留状の執行手続をとる一方では、勾留請求後の拘束について釈放手続を進めるという、明らかに不当で法の建前に反する結論となるのである。このようにして、却下の裁判の内容とは無関係に、その存在的効果として拘束の根拠が消滅すると解するのは妥当でない。また勾留請求後の拘束が勾留請求の許否を審査するために認められた暫定的なものとしても、原裁判に対し不服申立の途がある以上、これに対し判断がなされてはじめて勾留の許否が終局的にきまるのであるから、不服申立の期間を含めて暫定的な期間と解して何ら不都合はない。取り消される可能性をもった原裁判があっただけで、絶対的に拘束の根拠が消滅するとし、準抗告審の判断まで拘束する余地を一切否定するのは、結論先取りの批判を免がれない。さらに、却下の裁判の場合に限り、勾留が失効する場合(刑訴三四五条)と同視して、裁判の存在的効果として拘束の根拠が消滅すると解することも許されない。無罪等の裁判により勾留が失効するのは、裁判の内容に基づく効果ではなく、裁判の存在に基づく効果である。すなわち、これらの裁判は、勾留の効力を失わせることを意思表示の内容としておらず、勾留の理由もしくは必要性に重大な影響のある裁判がなされた事実に対し、法が政策的に勾留の失効という効果を付与したにすぎないからである。このことは、もし右の現定がなければ当然に勾留が失効するとはいえないこと、および同条が、刑訴三三八条四号により公訴棄却する場合を除外していることからも明らかである。勾留請求却下の裁判については、このような特別規定はないし、そう解すべき根拠もないから、却下の裁判に限りその存在的効果として拘束の根拠の確定的消滅を認めるわけにはいかない。結局、第二の見解が正当である。

3 勾留請求却下の裁判の執行と執行停止

勾留請求却下の裁判に執行がありうるか。身柄の釈放は却下の裁判としてなされるのか。却下の裁判の執行停止の可否は、この点からも論じられている。

第一の見解は、勾留請求却下のような消極的な判断を内容とする裁判には執行ということはありえないとする（青木＝下村・前掲論文五七頁、横山・前掲書一五五頁）。

これに対し第二の見解は、刑訴四二九条が準用する四二四条における裁判の執行は、裁判の内容の実現という広義の執行であり、勾留請求却下の裁判も、勾留請求を拒否する面とあわせて、身柄の釈放を命ずる面をもつ以上、後者の面につき釈放という広義の執行があるのはいうまでもなく、却下の裁判の執行停止もなしうると主張する（前記2の第二の見解をとる論稿参照。ただし狭義の執行と解するものがあることにつき後述。2の第一の見解をとる論者の多くはこの点に触れていないが、菊池・前掲論文一一六頁は広義の執行を肯定する）。

第二の見解が正当と思う。刑訴法上、執行という語は広狭二義に用いられている。第七編裁判の執行において用いられているのが狭義の執行であり、ここでは、裁判所（官）以外の第三者の行為を内容とする裁判につき、その内容を強制的に実現する必要のある場合に用いられ、その執行については原則として検察官が執行指揮をするものとされている（刑訴四七二条）。これに対し、刑訴四二四条・四二五条の執行は、広く、裁判の内容に適合する状態を実現することを意味している。勾留請求後の拘束は、すでに述べたように、勾留請求の効果として認められるものであり、拘束の主体は、勾留請求時と同様、検察官である。したがって、勾留請求が却下された場合、釈放の義務は検察官に生じ、検察官がその義務を履行すれば足りるから、狭義の執行のように、検察官が執行指揮をして、執行機関に強制的に裁判の内容を実現させる余地はない。しかし、却下の裁判は、勾留請求を拒否するとともに、釈放をすべきであるという意思を表示するものであるから、その裁判により身柄を釈放するのは、まさしく裁判の内容を実現することであり、広義の執行である。却下の裁判についても裁判の執行停止の途を定めているのもそのためであり（刑訴四二九条一項二号・四三二条・四二四条二項）、執行停止により拘束状態を継続することは許されるというべきである。また、請求を却下するという消極的な形でなされる裁判であっても執行を考えうることは、忌避申立を却下する裁判をみれば明らかである。この裁判に対しては即時抗告が認められ（刑訴二五条）、簡易却下の場合などを除き（規一一条・一〇条二号三号）、即時抗告の申立期間と申立があったときは、裁判の執行は停止される（刑訴四二五条）。忌避の申立があると、申立の効力で訴訟手続は停止されるが（規一一条）、申立を却下する裁判により、その内容に即して申立の対象となった裁判官が審判に関与できることになる。そこで却下の裁判の執行を停止して、当該裁判官を関与させないようにするため、忌避申立却下の裁判につき執行停止を認めるのである。法が、釈放を命ずると規定し、却下と規定していないのは、おそらく、これで請求を拒否する趣旨が明らかであるし（公訴に対し理由がないときは無罪という裁判をするのである）、刑訴二〇三条三項・二〇四条二項・二〇五条四項・二八〇条などにおいて釈放という表現を用いているのと平仄をあわせ、釈放命令が裁判の内容に含まれることを明確に現定するほうがよいと判断したためであろう。

執行停止を認める見解に対しては別の角度からの批判もある。被疑者は、勾留請求が認容されると確定的な拘束に移され、その執行停止は無意義として許されない上、請求が却下されてもその執行停止により拘束が継続されることになり、あまりにも不利な地位に置かれるというのである（菊池・前掲論文一一八頁、前掲〔小林〕一四七頁）。しかしこの対比は適当でない。在宅求令状で起訴された場合には、勾留の裁判がなされないときはもちろん、なされたときもその執行停止により、身柄の不拘束状態がつづくのであり、これと対比すれば、右の結論が不当に被疑者を不利な立場におくものでないことは明らかである。執行停止により裁判の不存在の状態に戻るから、従前の状態が拘束であれば拘束、不拘束であれば不拘束の状態がつづくのは当然のことである。

4 執行停止権者

執行停止は準抗告裁判所だけが行なえるとする見解は、申立書が原裁判官を経由せずに直接準抗告裁判所に提出され、したがって原裁判官による再度の考案の機会もないこと(刑訴四三一条)を理由とする。抗告の場合の原裁判官による執行停止は、明らかに抗告の存在を前提とし、したがって抗告申立書が原裁判所を経由することと密接な関係がある。準抗告につき法が原裁判官を経由することとしていないのは、原裁判の性質と内容上、原裁判官による執行停止は不必要でもあり不適法でもあると考えたものとみなければならないというのである(実務講座(二)〔戸田弘〕二六八二頁、実例刑訴〔戸田弘〕五三頁、高田五二九頁など)。

これに対し、原裁判官も執行停止ができるとする見解は、準抗告には刑訴四二四条が準用されており、原裁判官は検察官からの通知などにより準抗告を知るときは執行停止をすることができるし、迅速を要する執行停止の判断は事情に通じている原裁判官のほうが適切に行える、と主張する(通達質疑追(2)三三四頁、岸三九〇頁など)。

再度の考案による原決定の更正は、抗告を理由があるものと認めるときに行うものであり、当然に、申立書に記載された理由を審査することを前提としている。再度の考案のある抗告においては、申立書を原裁判所に提出すべきものとし、再度の考案のない準抗告においては、請求書を準抗告裁判所に提出すべきものとしているのはこのためである。しかしながら、原裁判の執行停止は、(準)抗告の申立理由の審査を前提とするものではなく、また裁量事項であるから、申立書を審査しない原裁判所(官)も行えるし、行なえることとしても少しもさしつかえはない

（民訴四一六条・四一八条参照）。執行停止の相当性の判断には、原裁判の取消の可能性も関係するであろうが、それは原裁判官なら申立書を見るまでもなく考慮できることである。準抗告があったときは、準抗告裁判所により国の有権的判断が示されるのであるから、身柄の釈放というような決定的効果をもつ原裁判については、準抗告裁判所による取消の可能性がきわめて乏しい場合を除き、原裁判官が原則として自ら原裁判の執行を停止すべきものと解しても、何ら不当でないと思う。

三　執行停止までの身柄の拘束と釈放

1　論　点

勾留請求が却下されてから、その執行停止がなされるまでの間、身柄の拘束を継続することができるか。勾留請求却下の裁判が身柄の釈放を内容とし、その執行として釈放を行うものとすれば、準抗告をしたときも、検察官はただちに釈放をしなければならないのか、それとも執行停止につき判断のあるまでは釈放すべきでないのかがここでの論点である。準抗告をしない場合の釈放の手続を概観した上で、この問題を検討する。

2　勾留請求却下の裁判による釈放の手続

勾留請求却下の裁判の告知は、裁判官が、勾留請求書に勾留の請求を却下する旨を記載し、記名押印して検察官に交付して行なう（規一四〇条、刑訴三四条但書）。勾留の請求は、令状の請求ではなく、勾留自体の請求であるから規則一四〇条の適用がないとする見解があるが（団藤・条解三九三頁、ポケット註釈三八一頁）、規則一三九条ないし一四一条における「令状の請求」とは、それら規定の総則的な位置、内容、および請求を認容する場合には「令状を発」するものと規定している（規一四一条）ところからみれば、勾留の請求を含む趣旨であると解される。法も、勾留の裁判は、必ず勾留状を発してこれを行なうものとし(刑訴二〇七条二項本文・六二条)、勾留の失効を勾留状の失効と現定しているから(同法三四五条)、「勾留の請求」を「令状の発付を求める請求」とみて、規則一四〇条を適用してよいと思う(実務につき、解釈運用・上一七九頁以下参照)。

検察官は、却下の裁判の告知があり、準抗告をしないときは、身柄を釈放しなければならない(却下の裁判の執行力発生の時期については3参照)。この場合の手続は、逮捕中に公訴の提起または勾留の請求をしない場合における釈放の手続と同様である。釈放指揮(刑訴四七二条・四七三条)を要しないことは前述した。法務大臣訓令「事件事務規程」も、この釈放手続につき、勾留請求前の釈放に関する規程を準用し、身柄を監獄に留置しているときは監獄の長に対して釈放すべき旨の通知をし、その他の場合には釈放した旨を身柄を送致した司法警察官に対して通知することとしている(これに対し釈放指揮を要するとするものに青柳二七二頁などがある)。②名古屋高判昭和四一・六・三〇(判時五九二号七六頁)は、身柄を留置する警察署の警察官が、勾留請求却下後、手錠をかけて身柄を署まで護送し、検察官から釈放するよう指示されるまで留置したことが違法であるとして国家賠償請求がなされた事案につき、

「一審原告武雄は逮捕後身柄と共にいわゆる送検されたのであり、従って、その身柄は検察官の指揮下に這入ったのであって、それ故、一審被告大谷は検察官の指揮により勾留尋問のため山口係長をして武雄の身柄を名古屋地方裁判所に護送し、そして、右勾留請求が却下された後は、検察官の釈放命令があるまでの間その身柄を留置したにすぎないことが認められるのである。右の如き場合、被疑者護送の任にある司法警察職員は、たとえ勾留請求が却下されても、検察官の指揮をまたずして被疑者を釈放すべきではないと解せられるから、大谷が検察官の釈放命令があるまで武雄の身柄を拘束しておいたのは相当であり、又その間の身柄の拘束について、必要な場合被疑者に手錠をかけることは許されるものと解すべき」

であると判示している。③札幌地決昭和三六・一〇・二(下刑集三巻九・一〇号九七四頁)は、勾留請求を却下された被疑者に対し釈放する旨を口頭で告げた直後に逮捕状を示して再逮捕手続をとったことの適法性に関し、「検察官は、手錠をはずされた状態にあった申立人に対し口頭で釈放する旨告知しているのであるから、申立人は右告知後いつでも任意行動に出る可能性を与えられたものというべきであって、たとえその場所が検察庁構内であったとするも、本件のごとき事案においては、申立人の身体の自由は一応回復されたものと認めるのを相当とする」とした。②は、検察官が勾留請求却下後、準抗告をしないことを決し釈放を指示するまでの間、身柄を拘束させたことの適否は別個に問題となろうが(**3**参照)、身柄を拘束し、釈放義務を負うのは検察官であるとする点は妥当であろう。

3　準抗告した場合の身柄の拘束

準抗告をしたときには、執行停止の判断があるまで、身柄の拘束を継続できるか。

第一の見解は、却下の裁判があると身柄を釈放しなければならないが、その手続が終了するまでに執行が停止されると、身柄の拘束は継続するという(平野一〇四頁、伊藤・前掲書一三一頁。執行停止ができるとの仮定の下に野間・前掲論文二八九頁も同旨)。準抗告の申立には原裁判の執行を停止する効力がない点(刑訴四二四条一項本文・四三二条)を重視するのである。

第二の見解は、執行停止につき判断が示されるまでは、釈放すべきでないという(青柳二七二頁、浦辺・前掲書一八四頁、解釈運用・上一九九・二〇四頁。執行停止が可能であると仮定した上で前掲〔小林〕一五一頁)。準抗告に基づく執行停止の制度を認め、かつ準抗告裁判所もこれをなしうるとする以上、準抗告があったときは、執行停止につき判断をするに必要と考えられる合理的時間は、執行停止の決定がなくても、身柄の拘束を継続できる。この関係は、勾留取消や保釈の裁判に対し準抗告があった場合と同じであるというのである。④高知地判昭和四二・一一・一七（判時五〇三号二四頁）は、この見解をとる。すなわち、午前一一時四〇分頃勾留請求が却下され、執行停止のないまま、翌日午後一時二五分に準抗告裁判所が原裁判を取り消して勾留状を発付するまで違法に拘束したとし、国家賠償を請求した事案につき、

「この制度の実効性を確保するためには、検察官が右裁判に対して準抗告の申立をするべきか否かを検討するのに合理的に必要とされる時間内および更に準抗告の申立をした場合には、準抗告裁判所が構成されて一件記録を検討し、その上で執行停止の許否について一応の判断をなしうる状態に達するまでの合理的に必要とされる時間内は、いずれも、右裁判の執行を停止する裁判なくして、適法に被疑者の身柄拘束を継続することができ、更に進んで準抗告裁判所が執行停止の裁判をした場合には、それ以後、準抗告の申立に対する裁判がなされるまでの間は、勾留請求却下の裁判がなかった当時の身柄拘束の状態に復元して、適法に被疑者の身柄拘束を継続することができるものと解すべきである」

とし、準抗告の日の午後七時頃に準抗告裁判所の構成が困難であることがわかったときには釈放すべきであったとした。

この問題の中心は、勾留請求却下の裁判の執行力がいつ生ずるかという点にあると思う。第一の見解は、決定・命令の執行力はその告知によってただちに生ずるという一般原則を前提とし、勾留請求却下の裁判にもこの一般原則が適用される以上、準抗告をしたときにも、ただちに釈放手続を進めなければならないと説くのに対し、第二の見解は、実質的には、勾留請求却下に対し準抗告をしたときは、執行停止につき判断がなされるまで、却下の裁判の執行力は生じないと説くのである。

決定・命令の執行力がその告知により生ずるとされるのは、抗告には即時抗告を除き裁判の執行を停止する効力がなく（刑訴四二四条）、準抗告にも、特別の場合を除き執行停止の効力がない（同法四二九条四項五項・四三二条）と

規定されているからである。しかしながら、これらの規定は、抗告または準抗告裁判所の裁判があるまでの抗告または準抗告による執行停止の効力を否定したにとどまり、決定・命令の執行力が告知により、つねにただちに生ずると解する絶対の根拠にはならない。また刑訴四二九条一項四号五号の準抗告につき、即時抗告と同旨の執行停止の特別規定が設けられていることも(四項五項)、勾留請求却下の裁判が告知と同時に執行力をもつことの絶対の根拠ではない。これは、即時抗告と同様、確定をまって執行するのが適当な裁判についての規定であり、その他の裁判の執行力発生の時期に直接関しないばかりでなく、勾留請求却下につき同じ規定を置くと、準抗告をしないときも請求期間内は身柄が釈放されないことになり、不当である。他方、勾留請求却下につき準抗告が認められ、かつ原裁判官および抗告裁判所に執行停止の権限が与えられている(刑訴四二四条)ところから、執行停止につき判断があるまでは当然に却下の裁判の執行力が生じないというわけにはいかない。執行停止は、明らかに準抗告がなされたことを前提としており、準抗告は、原裁判の取消・変更を求める実益がある限りいつでもなしうるのであるから、むしろ一般には、第一の見解が説くように、命令の告知によりただちに執行力が生ずると解すべきである。ところが、勾留請求却下の裁判が、告知により執行力を生じ、告知と同時に釈放しなければならないと解すると、ただちに準抗告があり執行停止をしようとしても、多くの場合、それ以前に釈放がすんでしまうために執行停止が不可能となるばかりでなく、後に原裁判を取り消して勾留状が発付されても、勾留の目的が損われる危険が大きい(保釈や勾留取消の裁判についても同様である)。執行停止をすることは裁判所(官)の権限であるから、この権限の行使を不可能にするような右の結論は、法の趣旨と合致しない。執行停止の規定は、執行停止によりその目的が達せられることを当然の前提としているから、目的の達成が不可能となるような場合は、執行停止が可能となるまでは、裁判の執行力は生じないものと解さなければならない。決定・命令が原則として告知により執行力をもつとされるのは、先に述べたように、抗告・準抗告は、原則として裁判の執行を停止する効力を有しないとの規定(刑訴四二四条・四三二条）があるからであった。しかしながら、この規定は、これとあわせて、裁量により裁判の執行を停止できる旨を定めており、執行停止の可能性を前提としているのであるから、告知によりただちに執行力が生ずると執行停止が不可能となるような裁判については、執行停止が不可能である間は、執行力が生じないと解するのが自然である。執行停止が裁量であることはこの結論の支障とはならない。準抗告により当然に執行が停止されるとするか、執行停止の裁判を必要的なものとするか、裁量とするかは、いずれも執行停止が可能であることを前提としている点で差異はないのである。仮に、勾留請求却下に引き続き準抗告をしたときはその請求の効力として執行停止につき裁判があるまでは執行が停止される旨の特別規定を設けたとしよう。この場合、却下から準抗告に必要な時点までの間は、その規定の効力として、当然に執行力は生じないこととなろう。現行法のように、裁量により、執行を停止できることとしている場合にも、これと同様に、執行停止までの手続に要する時間は、原裁判の執行力は生じないと解さなければならない。

右のように解するとすれば、勾留請求却下の裁判の執行力は、執行停止が可能となった時点で生ずることになる。具体的には、まず準抗告の要否を審査し、準抗告をなしうる時間が経過した時点で執行力を生ずる。準抗告を不要と判断したときはもちろんその時点で執行力が生ずるが、必要であると判断しながら手続を遅らせて後刻準抗告したときも、右の時点で執行力が生ずるというべきである。ただちに準抗告をして執行を停止することが可能だからである。次に、右の時間内に準抗告をしたときは、原裁判官または準抗告裁判所が執行停止につき判断を行なういう時点で執行力を生ずる。原裁判官のときは、準抗告につき通知を受け、執行停止の要否につき判断をするに必要な時間、準抗告裁判所のときは、準抗告の請求を受けて執行停止の要否につき判断するに必要な時間は、執行力を生じない。そのいずれかが、執行停止をしないと判断した場合、およびどちらかの判断に必要な時間が経過しても判断がなされないときは、執行力を生じ、身柄を釈放しなければならない。原裁判官が執行停止をしないと判断したときでも、準抗告裁判所は執行停止をなしうるが、原裁判の執行力は、原裁判官の判断が示された時点で生じ、身柄の釈放手続がすむ以前に準抗告裁判所が執行を停止したときに限り、身柄の拘束を継続することができると解すべきである。

30　保釈保証金の機能に関する最高裁判例

〔決　定〕

昭和五〇年三月二八日最高裁第三小法廷決定（昭和五〇年(す)第一二号保証金没取請求事件）、刑集二九巻三号五九頁

〔判示事項〕

刑訴規則九一条二項により前に納付された保証金があらたな保証金の一部として納付されたものとみなされる場合と刑訴法九六条三項

〔決定要旨〕

刑訴法三四三条の規定により保釈が効力を失った後、あらたに保釈の決定があり、刑訴規則九一条二項の規定により前に納付された保証金があらたな保証金の一部として納付されたものとみなされる場合であっても、残額が納付されないままに刑訴法九六条三項に定める事由が生じたときは、同条項により、前の保釈の保証金として、その全部又は一部を没取しなければならない。

一　事件の概要と経過

Fは、一審で懲役の実刑判決を言渡され、保釈の失効により収監されたが、控訴し、昭和四九年六月二九日、二審の名古屋高裁で保証金六〇万円で再保釈する旨の決定を受け、弁護人からの保証金の納付により釈放された。同年一〇月一五日、同裁判所で一審判決を破棄し懲役の実刑を科す旨の判決を言渡されたため、再び保釈は失効したが、収監される前の一〇月一七日、同裁判所から、保証金を一〇〇万円とするあらたな保釈の決定を受けた。そし

て、刑訴規則九一条二項により、前に納付した六〇万円の保証金があらたな保証金の一部として納付されたものとみなされたのであるが、残額の四〇万円を納付しないまま、一〇月三〇日右判決が自然確定したため、あらたな保釈の決定により保釈されるには至らなかった。

Ｆは、刑の執行をのがれるため逃亡したので、刑訴法九六条三項により、検察官は、共犯の審理のために記録を保管していた最高裁に対し、保釈保証金没取の請求をした。(1)

二　本決定の判示

本決定は、「被告人Ｆに対し昭和四九年六月二九日名古屋高等裁判所がした保釈許可決定に基づき、弁護人Ｓが納付した保釈保証金六〇万円は、全部没取する。」とし、その理由の中で、次のとおり判示した。

「保釈が効力を失った後、あらたに保釈の決定があり、前に納付された保証金があらたな保証金の一部として納付されたものとみなされる場合であっても、残額が納付されないままに刑訴法九六条三項に定める事由が生じたときは、同条項により、前の保釈の保証金として、その全部又は一部を没取しなければならないものと解するのが相当である。」

三　説　明

あらたな保釈決定は、一〇〇万円の保証金が一部しか納付されていないので、執行力を生じておらず(刑訴法九四条一項)、Ｆは、この決定により「保釈された者」にはあたらない。したがって、前の保釈における六〇万円の保証金について没取を考えるほかはないが、この保証金は、刑訴規則九六条三項により、あらたな保釈の保証金の一部として納付されたものとみなされるところから、これを没取することが許されるか否かが問題となったのである。本決定は、これを積極的に解したものである。以下、その根拠と関連する問題とを検討したい。

(一)　保釈は実刑判決の言渡しにより失効するが（刑訴法三四三条）、保証金の役割は、保釈の失効とともに消滅するわけではなく、保証金は、保釈の失効の後直ちには還付されない。刑訴法九六条三項は、実刑判決が確定した後刑の執行に応じない被告人に関し保証金の没取を義務づけた規定であって、保証金に収監の担保の役割を担わせていることが明らかである。最高裁昭和二五年三月三〇日一小決（刑集四巻三号四五七頁）も、この理を認め、刑訴法三四三条による保釈の失効で被告人は保証金の返還請求権を取得するからその後にこれを没取する余地はないとの主張を斥けて、「刑訴九六条三項には「保釈された者が刑の言渡を受けその判決が確定した後、執行のため呼出を受け正当な理由がなく出頭しないとき、又は逃亡したときは、検察官の請求により、決定で保証金の全部又は一部を没取しなければならない。」と規定されているから、被告人が禁錮以上の刑の言渡を受け、従って刑訴三四三条の規定により保釈の効力を失っても、勾留状の効力は消滅しないから保釈保証金は直ちに納付者にこれを返還すべきものではなく、同条末段、九八条の規定により被告人が収監された後又はその原判決確定後執行のため呼出を受け出頭した後でなければこれが返還請求権がないものといわなければならない。蓋し「勾留」の目的は審判のためにのみ被告人の身柄を保全するものではなく、判決の効力すなわちその執行確保の目的をも有するものであるから、保釈保証金は勾留状を執行された被告人が禁錮以上の刑の言渡を受けた場合においては確実にその刑の執行に着手せられるべきことをも担保するものと解すべきであるからである。」と判示した。判決の確定後も勾留の効力が続くとみるべきか否かは、旧刑訴法の当時から論議があるが[(2)]、保証金の役割が判決の確定により消滅するものでないことには、異論がない。

(二)　実刑判決の言渡しにより保釈が失効した後は、保釈されている状態にはないが、「保釈された者」（刑訴法九六条三項）にあたると解すべきである。この点も前記の判例により明らかにされたところである。刑訴法九六条三項は、旧刑訴法一一九条三項をそのまま引継いだものであり、旧刑訴法にはなかった三四三条を規定したことに伴い右の文言に修正を加えた方がよかったと考えられるが、現在の文言のままで右のように解しても不当とまではいえないであろう。(3)(4)

㈢　以上のように考えると、実刑判決の言渡しにより保釈が失効した場合でも、勾留状により収監され、又は刑の執行のため収監するまでは保証金の役割は消滅せず、右の目的を達成して刑訴法九六条三項を適用する余地が無くなるまでは保証金はこれを還付すべきでないことになる（刑訴規則九一条一項二号参照）。しかしながら、実刑判決の言渡しにより保釈が失効し、収監前に再保釈の決定があって保釈金が納付されたときは（刑訴法三四三条後段、九四条一項）、前の保証金はその役割を果し、これを還付すべきことはいうまでもない（刑訴規則九一条一項三号参照）。ただ、再保釈の保証金を全額納付して再保釈が効力を生じた後に初めて前の保証金を還付することにすると、保証金の納付者に二重の負担をかけることとなり、実際上保釈を制限する結果ともなりかねない。そこで刑訴規則九一条二項は、収監前に再保釈決定があったときは、前に納付された保証金はあらたな保証金の全部又は一部として納付されたものとみなす旨を規定して、被告人の利益を図ったのである。すなわち、同条項は、再保釈が効力を生ずるまで前の保証金の役割は続くものとする法の趣旨を変更するものではなく、再保釈の保証金が全額納付されるまでは前の保釈の保証金としての性質を保持することを前提としたうえでの規定であり、いいかえると、あらたな保証金の残額を納付したときには前の保証金をあらたな保証金として納付したものとみなす趣旨の規定であると解すべきである。このように解するときは、本決定が、あらたな保釈の決定後に前の保釈の保証金として没取をしたのは、相当として支持されると考える。(5)

（1）　昭和三二年一〇月二三日三小判（刑集一一巻一〇号二六九四頁）は、「刑訴九六条三項による保釈保証金没取の請求をなすべき裁判所について、法律に別段定めるところはないが、同請求に基く裁判が最も正当に且つ適切になされる為には現に当該本案記録の存する検察庁に対応する裁判所にその請求がなされるべきものと解するのが相当である。」と判示する。

（2）　安村和雄「保釈及び勾留の執行停止等」刑事訴訟法実務講座二巻二六〇頁参照。

英米法の勾留（commitment, securing order, hold など）の制度のもとでは、保証金は、公判手続への出頭を確保するためばかりでなく、刑の執行を確保するためのものであり、その目的を達するまでの間は勾留は当然に続くものとされている。わが国の法制のもとでも、刑訴法九六条三項を根拠として、刑の執行のための収監まで勾留が続くと解することはもとより可能であり、右の論争は、説明上の差異にすぎないように思われる。もっとも、この問題は、判決の確定後執行に着手するまでの身柄の拘束の根拠に関しても論じられるが、この点も説明上の差異に帰するように思われる。

なお、刑訴法三四三条は、実刑判決があれば、執行停止がない限り、判決の確定をまたずに執行に入るという英米法の制度を前提とすると、最も意味が明白となるが、わが国の法制のもとでは、安村判事が前掲論文で説かれるように、執行の確保をねらった規定ということになるであろう。

（3）　前記判例を評釈した伊達秋雄「保釈中の被告人に対し禁錮以上の裁判言渡のあった場合と保釈保証金返還の要否」刑事判例評釈集一六巻七〇頁参照。

（4）　刑訴法三四三条が挿入されたのに九六条三項に手当がされなかった結果として、このほかにもいくつかの問題を生じた。例えば、三四三条前段により保釈が失効し、同条後段、九八条により被告人を収監する場合に、被告人が逃亡しても、判決確定前であれば保証金を没取することができないこととなった（保釈が失効しているため九六条一項の適用はなく、判決の確定前であるため同条三項の適用もない。判決の確定後に同条三項の適用を問題とするほかはない）。また、九六条三項は、「判決が確定した後」逃亡したときに適用がある旨規定されていて、確定前に執行を逃れるため逃亡した場合には適用されないかにみえる。旧刑訴法のように三四三条の規定がない場合には、判決の確定前は九六条一、二項、確定後は三項を適用することにより、すべての時点における逃亡につき保証金の没取が可能であるが、三四三条が入った場合には、保釈の執行後判決の確定前までの間の逃亡につき規定を欠くこととなり、特別の手当をする必要があったのである。もっとも、判決の確定前に執行をのがれるために逃亡した場合には、「逃亡した」という文言を「逃亡している」という意に解し、判決の確定後に逃亡していることを理由として九六条三項を適用するのが、法の趣旨に合致するであろう（前出の判例の事案は、判文によると「被告人は右判決の言渡を受けるや直に所在をくらまし、検察当局が捜索しても行方が判明せず、その間同年五月六日右判決は確定し、同年九月一五日に至って大阪市警視庁掏摸犯係員に逮捕された」というのであり、この場合に没取を認めたのは、右の解釈を前提としているものと解される。本件決定の事案も、判文には示されていないが、判決の確定前に逃亡したものである）。

（5）　本件没取決定がでたのは、逃走していた被告人が捕えられて収監された後である。前出の判例の事案でも同様であった。なお、収監後における没取の可否については、横井大三・刑訴法ノート㈠一六二頁、一八二頁、坂本武志・捜査法大系Ⅱ二六二頁、須田贇・判例タイムズ二九六号三七〇頁参照。

31　逮捕の裁判に対する準抗告に関する最高裁判例

〔決　定〕

最高裁昭和五七年八月二七日第一小法廷決定、抗告棄却（昭和五七年(し)第一〇一号、逮捕状及びそれに基づく処分に対する準抗告棄却決定に対する特別抗告事件）

刑集三六巻六号七二六頁、判タ四七七号九四頁、判時一〇五一号一五八頁

一　本決定の要点

本決定は、逮捕に関する裁判およびこれに基づく処分に対しては、刑訴法四二九条に基づく準抗告（裁判官の裁判に対する準抗告）が許されないことを明らかにしたものである。同法四三〇条に基づく準抗告（検察官等の処分に対する準抗告）も許されないから、これらの裁判および処分に対しては、直接の不服申立の途がないことになる。

二　事実関係と判示

電汽車往来危険、威力業務妨害の被疑事実で逮捕された被疑者が、「逮捕状及びそれに基づく処分」に対し準抗告の申立をしたが、原審の広島地裁は、「逮捕状の発付及び逮捕の処分は、刑訴法四二九条一項各号が規定する準抗告の対象となる裁判に該当しない」として申立てを棄却し、あわせて、「因に、法が逮捕について準抗告による不服申立の方法を認めていない理由は、逮捕に続く勾留において逮捕前置主義を採用しており、逮捕から勾留請求手続に移るまでの時間が比較的接着しているから、勾留の手続において裁判官の司法審査を受けるうえ、この勾留

の裁判に対して準抗告が許されている以上、さらにそれ以前の逮捕段階で準抗告を認める必要性に乏しいからであり、逮捕について準抗告が許されないとしても、憲法に規定する刑事手続上の人権保障の趣旨に反するものではない」と判示した。

これに対し、被疑者は、特別抗告を申し立て、趣意として、右決定は「憲法の文理する令状処分主義の精神を根底より覆すべき誤解釈にてなされたものである」と主張した。

本決定は、右の申立てを不適法として棄却し、理由として、「逮捕に関する裁判及びこれに基づく処分は、刑訴法四二九条一項各号所定の準抗告の対象となる裁判に含まれないと解するのが相当であるから、本件準抗告棄却決定に対する特別抗告は、不適法である」と判示した。

三　従来の判例・学説

本決定の以前にも、これと同旨の最高裁決定があり（最決昭四八・八・七、同五四・二・一三——三井・後掲参考文献①九八頁参照）、実務上その結論は当然と考えられていたし、通説も同じ見解を採っていた（平野龍一・刑事訴訟法九八頁、松尾浩也＝田宮裕・刑事訴訟法の基礎知識五〇頁、横井大三・刑訴裁判例ノート(1)一二六頁、注解刑事訴訟法(下)〔改訂版〕二九五頁〈高田卓爾〉、註釈刑事訴訟法(四)三六三頁〈河上和雄〉など）。

しかし、逮捕に関する裁判は、刑訴法四二九条一項二号にいう「勾留に関する裁判」に含まれ、これに対しても準抗告が許される旨の反対説があった（田宮裕・捜査の構造一六八頁、渥美東洋・刑事訴訟法要諦九六頁）。

四　本決定の意義

本決定は、学説上争いのあった問題に明確な結論を下し、初めて判例集に登載された点で、意義を有している。

本決定自体には、その結論を導いた根拠は示されていないが、従来から指摘されていた根拠には、(イ)刑訴法は逮捕と勾留という語を明確に使い分けているから、同法四二九条一項二号にいう「勾留に関する裁判」も「逮捕に関する裁判」を含まないと理解するのが自然であること、(ロ)逮捕による身柄拘束期間は、最大限七二時間で勾留に比較して短いので、逮捕に対して準抗告を認めなくても人権の保障にさほど重大な障害を与えず、これを認めるとかえって手続を煩瑣とし捜査に支障を生じさせるおそれがあるなど、立法政策として逮捕に対する準抗告を否定したと理解するのに十分な裏付けがあること、(ハ)積極説を採っても、「裁判」のない現行犯逮捕については準抗告が許されないことになり、かえって均衡を失する結果となること、(ニ)逮捕の適否に関しては、勾留請求に対する司法審査の段階で相当程度審査がされるので、実質上それほど不都合が生じないことなどがあり(三井・後掲参考文献①、木谷・後掲参考文献②④、西村好順「勾留・保釈に関する準抗告の研究」法務研究報告書五九集六号一三頁以下参照)、これらは本決定の基礎をなしているものと解される。

五　関連する問題

本決定に関連し、逮捕状または逮捕をめぐる運用により受ける不利益の救済方法等について触れておきたい。

1　逮捕状請求の却下に対する不服申立て

本決定が準抗告の対象とならないとしている「逮捕に関する裁判」の中には、当然、逮捕状請求却下の裁判も含まれるから、却下の裁判に対しては準抗告は許されないことになる(本決定以前の註釈刑事訴訟法(二)九三頁〈吉田諄一〉は「逮捕状の発付およびその請求の却下については、準抗告の適用はない」としており、前記通説も同様の解釈を前提としていた)。逮捕状の請求が却下された場合、同じ疎明資料で再度逮捕状を請求することは許されないが、逮捕の要件または必要性（刑訴法一九九条参照）を疎明する新たな資料を追加して再度請求することは許される。実務上、疎明資料の不備などで逮捕状を発付することができない場合でも、直ちに請求を却下せず、請求を「撤回」させて改めて請求させるという運用がかなり広く行われているが（この点の実情と問題については、木谷・後掲参考文献④四二頁以下、佐藤久夫・判タ二九六号八六頁以下、加藤晶・別冊判タ七号四一頁参照）、請求を維持したままで疎明資料などを補正させる途もあろう。

2　逮捕状発付後、逮捕以前に逮捕の要件が消滅した場合の措置

逮捕状が発付された後、逮捕が行われる前に、被疑者の無実が明らかになったり、逮捕の必要性がなくなったような場合には、捜査官は、逮捕を行うことができず、裁判官に逮捕状を返還する義務を負うものと解すべきである（同旨、注解刑事訴訟法(中)〔改訂版〕六四頁〈高田卓爾〉）。もともと逮捕状は許可状たる性質をもつにとどまり、逮捕を行うか否かの判断は、捜査官に委ねられている。また、逮捕状を発付するために必要と定められている要件（刑訴法一一九条二項）は、単に逮捕状の発付時に存在すれば足りるものではなく、当然逮捕状により逮捕するまで継続して存在することを要するものであり、現に、「被疑者が罪を犯したことを疑うに足りる相当な理由があるとき」などの要件は、捜査官が逮捕を行う場合の要件としても定められているのである（同条一項）。

3　逮捕後、勾留請求前に逮捕の要件が消滅した場合の措置

逮捕が行われた後、勾留請求が行われる前に、逮捕の要件を欠く事情が判明した場合、たとえば、被疑者が人違いで無実であることが判明した場合には、捜査官は、被疑者を直ちに釈放すべきである。**2**で述べたとおり、逮捕の要件（刑訴法一九九条一項）は、逮捕状発付の時点から逮捕の時点まで継続して存在しなければならないが、さらに、逮捕の時点から勾留請求の時点まで継続して存在しなければならないと解されるからである。すなわち、逮捕の要件は、逮捕行為を行うための要件であるばかりでなく、逮捕の効果として認められている身柄の拘束の全体を適法とするための前提要件であり、現に、その間に「留置の必要がないと思料するときは直ちにこれを釈放し」なければならないと定められているのである（刑訴法二〇三条一項、二〇四条一項、二〇五条一項）。

4　逮捕手続に瑕疵がある場合の措置

3で述べたところは、逮捕手続に瑕疵があって、身柄の拘束を継続する適法要件が失われたと認められる場合にも、妥当する。いかなる手続的瑕疵がこれに当たるかについて詳論する余裕はないが、逮捕状の記載に瑕疵があってこれが無効となる場合、逮捕にあたり逮捕状を所持しながらこれを被疑者に示さなかった場合、指定された引致すべき場所以外の場所に被疑者を引致した場合などがこれに当たるであろう。捜査官がこうした逮捕手続の瑕疵に気づいたときは、瑕疵の補正ないし治癒が認められる場合を除き、直ちに被疑者を釈放すべきである。

5　勾留請求に対する審査における逮捕の適法性の審査

逮捕に重大な違法がある場合、これを前提とする勾留請求を却下すべきであるとする見解が、実務上も学説上も支配的になっている。しかし、その根拠や却下すべき場合の範囲については、未だ定説と目すべきものがない（この問題については、例題解説刑事訴訟法㈣〔改訂版〕一三〇頁以下の簡明な紹介を参照）。

2ないし**4**で述べた見解に立つときは、捜査官が被疑者を勾留請求の前に釈放すべきであったと認められる場合には、裁判官は、勾留請求を却下すべきである、という結論になる。すなわち、捜査官は、逮捕状により被疑者を逮捕から勾留請求までの間において、逮捕の要件が消滅するなどの理由でこれが存在しなくなったことを知り、または逮捕手続に重大な瑕疵があって身柄の拘束を継続する要件が失われたことを知ったときは、直ちに被疑者を釈放すべきであるから、それ以後は勾留請求をする権限を失うものというほかなく、かりにそのような場合に勾留請求をしても、適法な請求といえないため、裁判官は、勾留状を発付することができないことになるのである。このように解するときは、刑訴法二〇七条二項が、勾留請求を却下すべき場合として、勾留の理由がないと認められる場合および勾留請求に遅延があり、それがやむを得ない事由に基づく正当なものと認められない場合の二つだけを挙げ、逮捕段階に瑕疵がある場合の請求却下については明示していないことと、勾留請求審査の際に逮捕の段階の瑕疵を審査しうることとを、矛盾なく説明することが可能となるであろう。

〈参考文献〉

（本決定の研究）

① 三井誠・法学教室二九巻九七頁
② 木谷明・曹時三五巻三号一三一頁
③ 黒田直行「違法な逮捕を前提とする勾留請求の許否」刑事実務ノート三巻一二一頁
④ 木谷明「違法な逮捕を前提とする勾留請求に対する措置」令状基本問題七五問一二一頁

32　押収請求却下に対する準抗告に関する最高裁判例

〔決　定〕

最高裁昭和五五年一一月一八日第二小法廷決定、抗告棄却（昭和五五年(し)第一三八号、証拠保全の請求却下の裁判に対する準抗告棄却決定に対する特別抗告事件）

刑集三四巻六号四二一頁、判タ四二九号一〇二頁、判時九八五号一二七頁

一　本決定の要点

本決定は、刑訴法一七九条（証拠保全請求）に基づく押収請求を却下する裁判が、同法四二九条（裁判官の裁判に対する準抗告）一項二号にいう「押収に関する裁判」に含まれ、準抗告の対象となることを明らかにしたものである。請求を認容して押収をする旨の裁判が「押収に関する裁判」に当たることは、本決定の当然の前提である。同法二一八条に基づく捜査官の押収令状請求を却下する裁判が「押収に関する裁判」に含まれるか否かについては、従来から争いがあるが、本決定は、この点に関する積極説に有力な手掛りを与えるものである。

二　事実関係と判示

業務上過失傷害被告事件の弁護人は、第一回公判期日前、事故原因に関する被告人の弁解を支持するための証拠を保全する目的で、刑訴法一七九条に基づき、相手方事故車両の押収を請求したが、原原審裁判官は、証拠保全の必要性の疎明がないとして、これを却下した。この裁判に対し、弁護人が同法四二九条に基づき準抗告を申し立て

たところ、原審の名古屋地裁は、同条一項二号にいう「押収に関する裁判」とは裁判官のなした差押え、提出命令、領置を指し、その前段階としてこれら処分を求めた証拠保全請求を却下した裁判を含まないから、右準抗告は不適法であるとして、これを棄却した。弁護人は、この棄却決定に対し法令解釈の誤りを主張して特別抗告を申し立てた。

本決定は、抗告の趣意は同法四三三条の抗告理由に当たらないとした後、職権で判断を示し、「なお、同法一七九条に基づく押収の請求を却下する裁判は、同法四二九条一項二号にいう『押収に関する裁判』に含まれると解するのが相当であるから、これと異り、右却下の裁判が『押収に関する裁判』に含まれないとした原決定は、同号の解釈を誤ったものというべきであるが、記録を検討しても、申立人が押収を求める物件については、その検証の必要性があるかどうかは別として、これを押収するのでなければ証拠保全の目的を達することができないとまでは認められないから、本件押収請求却下の裁判に対する準抗告を棄却した原決定は、その結論において正当である」と判示し、特別抗告を棄却した。

三　従来の判例・学説

刑訴法一七九条に基づく押収請求を許可しまたは却下する裁判が、同法四二九条一項二号にいう「押収に関する裁判」に含まれるか否かについては、これまで判例がなかったが、学説上は、許可の裁判(押収令状発付の裁判)は含まれるが却下の裁判は含まれないとするのが一般であり(田宮裕・注釈刑事訴訟法一九三頁、註釈刑訴法〔増補版〕㈠六四二頁〈佐藤道夫〉)、最高裁刑事局の回答(刑裁資料二二一号二〇四頁)でも、これと同じ結論が示されていた。

四　本決定の意義

本決定は、従来の学説および行政解釈を否定し、刑訴法一七九条に基づく押収請求を却下する裁判も同法四二九条一項二号にいう「押収に関する裁判」に含まれ、これに対し準抗告が許されることを明らかにした点で、先例としての価値が高い。押収請求を許可する裁判に対しては、当然、準抗告が許されることになる。

右の押収請求却下の裁判に対しては準抗告が許されないとする学説は、おそらくは、第一回公判期日後の法律関係との対比を根拠とするのであろう。すなわち、刑訴法四二〇条二項は、第一回公判期日後における「押収に関する決定」に対して抗告を認めているが、この決定は、押収の決定のみを指し、証拠調べのためにした押収請求を却下する決定を含まないと解されるので、これとの対比上、証拠保全請求手続における押収請求却下の裁判に対しても準抗告を認めるのは妥当でないと解するのであろう（島・後掲参考文献②七〇頁以下参照）。しかし、同条項は、控訴において審査が可能な訴訟手続中の決定については抗告を認めないという同条一項の原則の例外として、強制処分により不当に不利益を受けた者を早期に救済する趣旨でその者に対しとくに抗告を許した規定であるため、そこにいう「押収に関する決定」の中に押収請求却下の決定を含めない解釈が妥当となるにとどまるのであるから、控訴における審査が不可能な証拠保全請求手続中の押収請求却下決定についてまで右の解釈を採るのは適切でないと思われる。そうすると、「勾留、保釈に関する裁判」の中に請求許可と却下の双方の裁判が含まれると解するのと同様、「押収に関する裁判」の中にも請求許可と却下の双方の裁判が含まれると解するのが正当となる。

五　捜査官の押収請求に対する却下の裁判と準抗告

捜査官が犯罪捜査のために押収令状を請求し（刑訴法二一八条）、これが却下された場合、刑訴法四二九条一項二号により準抗告を申し立てることが許されるであろうか。判例、学説の大勢はこれを許す立場を採るが、一部の判例・学説は、右の押収令状請求の許可（押収令状の発付）自体が同号にいう「押収に関する裁判」に当たらず、請求の却下も当然これに当たらないとの立場を採っている（押収許可の裁判に対し準抗告を認める多数の下級審決定、この準抗告を適法として取り扱った最高大法廷決昭三三・七・二九刑集一二巻一二号二七七六頁、平野龍一・刑事訴訟法三三八頁、注解刑訴法(上)〔増補版〕二八七頁〔高田卓爾〕などが前者の立場に立ち、大阪地決昭五四・五・二九判タ三九一号一四五頁、大久保・後掲参考文献④四三七頁以下などが後者の立場に立つ。判例・学説の詳細については、木谷、島の各後掲参考文献①、②参照。なお、後者の立場によると、被押収者のみ押収処分後に刑訴法四三〇条に基づき準抗告の申立ができる結果となる）。

そこで、問題は、捜査官からの押収令状請求に対する許可が刑訴法四二九条一項二号にいう「押収に関する裁判」に当たるか否かに帰することになる。消極説によると、右の「押収に関する裁判」とは、押収に関してなした裁判官の許否の判断のうち、訴訟関係人や被押収者に対し直接に効力を及ぼすもの（すなわち「裁判」）をいい、受命裁判官・受託裁判官（刑訴法一二五条）または証拠保全請求を受けた裁判官（同法一七九条）がする押収に関する許否の判断はこれに当たるが、捜査官の請求により裁判官がする押収許否の判断はこれに当たらないというのであり、同様の考えが適用された先例として、国税犯則取締法二条により裁判官がなした差押え等の許可に対しては準抗告その他独立の不服申立ては許されないと判示した判例（最高大法廷決昭四四・一二・三刑集二三巻一二号一五四六頁）が指摘されているのである。そして、右判例によると、「この裁判官の許可は、往々、許可の裁判または許可状発付の裁判と称されるが、しかし、裁判所または裁判官が訴訟の当事者に宛てて行なう訴訟法上の通常の意義における裁判ではなく、職務上の独立を有する裁判官が、公正な立場において、収税官史の請求に基づき、収税官史が右の強制処分を実施することが適法であるかどうか等を事前に審査したうえ、これを肯認するときは、許可状を交付することによってその強制処分を適法に行なうことを得しめるものにほかならない。すなわち、それは、収税官史に対して強制処分の実施を命ずるものではなく、また、一連の徴税手続の一環としてなされる国家機関相互間の内部的行為にすぎないのであって、強制処分を受けるべき者に対して直接に効力を及ぼすものではないのである。このような行為については、不服申立に関する明文の規定がないかぎり、独立の不服申立を認めない趣旨と解すべきであり、したがって、刑訴法四二九条の規定の準用を認めるのは相当でなく、その許可の取消を求める準抗告は不適法というべきである」というのである。

検討すべき論点は二つある。

第一は、右決定が正当に判示するとおり、一般に強制処分を受けるべき者に対し直接に効力を及ぼさない行為については、特別の規定がない限り不服申立ての途はないと解すべきであるが、刑訴法には、四二九条という特別の不服申立ての途が設けられているのではないかである。そうとすれば、国犯法の場合には、こうした特別の規定が存在しないため、強制処分が実施された段階で初めて行政訴訟により救済を求めることができると解すべきであるが、刑訴法の場合には、四三〇条による準抗告が許される以前に四二九条による準抗告の申立てをすることが許されることになろう。

第二は、指摘のとおり、捜査官の請求により裁判官がする強制処分の許否は、本来の裁判機関として行う行為でなく、一個の国家機関として行う特別の審査行為であるが、そのような行為も、刑訴法上は「裁判」と考えられているのではないかである。たとえば、付審判請求に対する判断は、本来の裁判機関たる裁判所が行う行為ではないが、裁判たる「決定」と定められているし(刑訴法二六六条)、捜査段階の強制処分に関して裁判官が行う身体検査の拒否に対する過料の制裁処分(同法二二二条・一三七条)も、明文で「決定」「裁判」と定められている(同法四二九条一項五号も参照)。そうすると、刑訴法は、裁判所または裁判官が同法上の権限に基づいて行う意思表示的行為を広く裁判(決定または命令)として取り扱っていると考えられるのである。結局、消極説および右決定の説くところは、国犯法の押収に関してはまったく正当であるが、刑訴法上捜査官が行う強制処分にまでこれを推及するのは正当ではないと考えられる。

捜査官の押収請求を許可して押収許可状を発付する裁判が「押収に関する裁判」に含まれるとすれば、請求却下の裁判も同様これに含まれると解するのが相当である。捜査官の請求を却下した裁判に限り、片面的に、準抗告が許されないと説く見解もあるが（能勢・後掲参考文献③）、許されるとする通説の方が法文に忠実と思われる。

なお、押収の処分が行われた後は、刑訴法四三〇条の準抗告で処理することができる限り、同法四二九条の準抗告は許されないと解すべきであろう。

〈参考文献〉

① 木谷明・昭和五五最高裁判所判例解説（刑）二六八頁
② 島伸一・警察研究五四巻五号六五頁
③ 能勢弘之・判例時報一〇〇七号二〇一頁
④ 大久保太郎・昭和四四最高裁判所判例解説（刑）四二六頁
⑤ 横井大三・刑訴裁判例ノート⑹三四三頁
⑥ 佐藤文哉・警察研究四三巻八号一一三頁
⑦ 芝原邦爾・刑事訴訟法判例百選〔第四版〕二三八頁

33　逃亡犯罪人引渡決定に対する不服申立に関する最高裁判例

〔決　定〕

平成二年四月二四日最高裁第一小法廷決定、刑集四四巻三号三〇一頁

〔判示事項〕

逃亡犯罪人引渡法一〇条一項三号の決定に対する不服申立の許否

〔決定要旨〕

逃亡犯罪人引渡法一〇条一項三号の決定に対しては、不服申立は許されない。

一　事件の概要と経過

中国人犯人は、平成元年一二月一六日、北京発ニューヨーク行きの中国民航機内において、航空機を爆破する気勢を示して機長らを抵抗不能に陥れ、福岡空港に緊急着陸させていわゆるハイジャックをした。中国の北京市公安局は、同月二三日、右の罪により逮捕状を発付し、中国は、わが国に対し、犯人をこの罪について仮拘禁するよう請求した（逃亡犯罪人引渡法二五条二項、一項）。東京高検検察官は、法務大臣から命を受けた東京高検検事長の命令により、東京高裁裁判官に対し仮拘禁許可状の発付を求め、同月三〇日に発付された許可状により翌三一日に犯人を仮拘禁した（同法二四条、二五条）。

中国は、平成二年二月二二日、右の犯人がハイジャックを犯して日本国内に逃亡した逃亡犯罪人であるとして、わが国に対し、同人の引渡を請求した。東京高検検察官は、法務大臣の命を受けた東京高検検事長の命令により、

翌二三日、東京高裁に対し、逃亡犯罪人を引き渡すべき場合に該当するかどうかについて審査の請求をした（同法三条、四条、八条）。

東京高裁は、審査を行い（同法九条）、平成二一年四月二〇日、「逃亡犯罪人を引き渡すことができる場合に該当する」との決定をした（同法一〇条一項三号）。

犯人を補佐する弁護士は、右の決定を不服とし、直ちに最高裁に対し、刑訴法に準拠した特別抗告が許されるべきであるとしてこれを申し立てた。最高裁は、同月二四日、右の申立は不適法であるとしてこれを棄却した。これが本件決定である。

なお、東京高裁の決定を受けた後、法務大臣は、同月二三日、逃亡犯罪人を引き渡すことが相当であると認めて、東京高検検事長に対し、犯人の引渡を命じ（同法一四条一項）、犯人は、所定の手続を経て同月二八日に中国官憲に引き渡された（同法二〇条）。右の引渡命令に対しては、執行停止の申立があったが、同月二五日に申立却下となり、同月二七日抗告棄却、五月一日再抗告棄却となっている。

二　本決定の判示

本件決定は、主文において、「本件抗告を棄却する」とし、その理由を次のとおり判示した。

「本件抗告の趣意は、東京高等裁判所がした逃亡犯罪人引渡法一〇条一項三号の決定は憲法三一条、七六条三項、九八条二項に違反しているというのであり、その前提として、右決定は刑訴法上の決定であって、これに対しては刑訴法の特別抗告が許されると解すべきであり、そう解さないときは憲法八一条の趣旨に反することになると主張する。

しかしながら、右決定は、逃亡犯罪人引渡法に基づき東京高等裁判所が行った特別の決定であって、刑訴法上の決定でないばかりか、逃亡犯罪人引渡法には、これに対し不服申立を認める規定が置かれていないのであるから、右決定に対しては不服申立をすることは許されないと解すべきであり、したがって、本件申立は不適法である。また、右決定の性質にかんがみると、このように解しても憲法八一条に違反するものでないことは、当裁判所大法廷判例（昭和二二年(れ)第四三号同二三年三月一〇日判決・刑集二巻三号一七五頁、昭和二六年(ク)第一〇九号同三五年七月六日決定・民集一四巻九号一六五七頁、昭和三六年(ク)第四一九号同四〇年六月三〇日決定・民集一九巻四号一〇八九頁、昭和三七年(ク)第二四三号同四〇年六月三〇日決定・民集一九巻四号一一一四頁、昭和三九年(ク)第一一四号同四一年三月二日決定・民集二〇巻三号三六〇頁、昭和三七年(ク)第六四号同四一年一二月二七日決定・民集二〇巻一〇号二二七九頁、昭和四二年(し)第七八号同四四年一二月三日決定・刑集二三巻一二号一五二五頁、昭和四一年(ク)第四〇二号同四五年六月二四日決定・民集二四巻六号六一〇頁、昭和四〇年(ク)第四六四号同四五年一二月一六日決定・民集二四巻一三号二〇九九頁）の趣旨に徴して明らかである。」

三　説　明

1　問題の所在

一般に、高裁がした決定に対し最高裁に不服申立が許されるのは、①　その決定が訴訟法上の決定に当たり、これに対する抗告が訴訟法において特に許されている場合（裁判所法七条二号）、②　その決定に対する不服申立を審判しうる最高裁の権限が法律によって特に与えられている場合（裁判所法八条）、③　最高裁に対する不服申立を認めなければ憲法に違反することになるため、無名の不服申立が例外的に許されると解される場合であろう。

ところで、逃亡犯罪人引渡法には、東京高裁がした同法一〇条一項三号の決定に対し不服申立を認める規定が置かれていないので（一号、二号の決定に対しても同様である）、右の②を根拠として最高裁に不服申立をすることは許されない。そこで、申立人は、①を根拠とし、右決定が実質上刑訴法上の決定に当たるとして同法に準拠した特別抗告を申し立て、あわせて右の③を根拠とし、特別抗告を認めなければ憲法八一条に違反することになると主張したものと思われる。

これに対し、本件最高裁決定は、①②③のすべての観点から検討し、右の決定に対してはおよそ不服申立は許されないとしたのである。

右のうち、②について、本件最高裁決定は、「逃亡犯罪人引渡法には、これに対し不服申立を認める規定が置かれていない」と判示している。このことは、法文上明らかであって、本件申立人も争っていない。そこで、以下①と③について検討をしておこう。

2　逃亡犯罪人引渡法一〇条一項三号の決定と訴訟法上の決定

⑴　本件最高裁決定は、前記①の点については、「右決定は、逃亡犯罪人引渡法に基づき東京高等裁判所が行った特別の決定であって、刑訴法上の決定でない」と判示している。

もともと、東京高裁がする右の決定は、性質上、裁判所がこれを行う必要があるものではなく、例えば法務大臣その他の行政機関がこれを行うこととしても差し支えのないものであるが、事柄が国際間の信義や引渡犯罪人の人権にかかわるところから、公正感を保ちうる裁判所にこれを行わせるのが適当であるという立法的判断により、東京高裁に委ねられているものである。すなわち、右の決定は、刑訴法上の決定でもなければ、民訴法上の決定でもなく、逃亡犯罪人引渡法上の特別の決定であり、本質上、非訟事件の決定なのである。したがって、これに対しては、特別の規定がない限り訴訟法上の抗告が許されないことは明らかであろう。

⑵　ちなみに、刑訴法上の特別抗告が許されるためには、原決定が「裁判所のした決定」に当たることが必要で

ある（刑訴法四一九条、四二〇条、四三三条）。この決定には、二つの場合があると考えられる。

その一は、刑訴法上、決定という形で裁判所の意思表示を行うものと定められている場合であって、この場合には、たとえその決定が固有の司法権の作用に含まれないものであっても（例えば、二六六条の準起訴手続における決定、一八八条の二の費用補償に関する決定）、「裁判所のした決定」に当たる。広く、非公開の手続で行う付随手続上の決定も、本案の訴訟に伴う決定ではあるが、本質的には、右の固有の司法権の作用に含まれない決定であると解される。

その二は、刑訴法上、決定という形で裁判所の意思表示を行うものと定められているわけではないが、刑事の審理裁判所の行う決定であって、訴訟関係人の刑訴法上の権利義務に影響を及ぼすものである。例えば、公開停止の決定は、憲法八二条二項、裁判所法七〇条に基づく決定であって、刑訴法に定められた決定ではないが、この意味での決定に当たると解される（大審院昭和七年五月一二日決定・刑集一一巻六一九頁）。現に、刑訴法三七七条三号には、「公開に関する規定に違反したとき」が絶対的控訴理由に当たると定められており、大審院昭和七年五月一二日決定（刑集一一巻六一九頁）は、公開停止の決定は旧刑訴法にいう訴訟手続に関し判決前にした決定に当たるとしている。

本件決定が右の一、二のいずれの意味でも「裁判所のした決定」に当たらないことは、いうまでもない。

(3)　最高裁の判例のうち、刑訴法上の決定でないことを理由として同法に準拠する不服申立が許されないとしたものには、(イ)　地裁の本庁と支部間、あるいは支部相互間における事件の回付の措置（最高裁昭和四四年三月二五日第三小法廷決定・刑集二三巻三号二一二頁）、(ロ)　国税犯則取締法二条に基づき収税官吏の請求により裁判官がした差押等の許可（最高裁昭和四四年一二月三日大法廷決定・刑集二三巻一二号一五二五頁）、(ハ)　裁判所法二六条二項一号の裁定合議決定を取り消す決定（最高裁昭和六〇年二月八日第三小法廷決定・刑集三九巻一号一五頁）、(ニ)　刑事訴訟費用等に関する法律八条二項に関する法律八条二項に基づいて行う国選弁護人に支給すべき報酬額の支給決定（最高裁

昭和六三年一一月二九日第三小法廷決定・刑集四二巻九号一三八九頁）がある。

ところで、最高裁は、右の(ロ)の判例において、国税犯則取締法二条に基づき収税官吏の請求により裁判官がした差押等の許可に対しては準抗告その他刑訴法に準拠する不服申立が許されないとする一方、刑訴法二一八条に基づき司法警察職員等の請求により裁判官がした許可又は不許可に対しては刑訴法上の準抗告が許されるとしている（許可につき最高裁昭和三三年七月二九日大法廷決定・刑集一二巻一二号二七七六頁、不許可につき最高裁昭和五五年一一月一八日第二小法廷決定・刑集三四巻六号四二一頁）。そして、前記(ロ)の判例は、その理由として、「この裁判官の許可は、往々、許可の裁判または許可状発付の裁判と称されるが、しかし、裁判所または裁判官が訴訟の当事者に宛てて行なう訴訟法上の通常の意義における裁判ではなく、職務上の独立を有する裁判官が、公正な立場において、収税官吏の請求に基づき、収税官吏が右の強制処分を実施することが適法であるかどうか等を事前に審査したうえ、これを肯認するときは、許可状を交付することによってその強制処分を適法に行なうことを得しめるものにほかならない。すなわち、それは、収税官吏に対して強制処分の実施を命ずるものではなく、また、一連の徴税手続の一環としてなされる国家機関相互間の内部的行為にすぎないのであって、強制処分を受けるべき者に対して直接に効力を及ぼすものではないのである。このような行為については、不服申立に関する明文の規定がないかぎり、独立の不服申立を認めない趣旨と解すべきであり、したがって、刑訴法四二九条の規定の準用を認めるのは相当でなく、その許可の取消を求める準抗告は不適法というべきである」と判示している。この点については、次のような考え方が基礎にあるものと解される。

第一は、一般に強制処分を受けるべき者に対し直接に効力を及ぼさない行為については、特別の規定がない限り不服申立の途はないと解すべきであるが、刑訴法には、四二九条という特別の不服申立の途が設けられている点である。そこで、こうした特別の規定が存在しない国税犯則取締法の場合には、強制処分が実施された段階で初めて行政訴訟により救済を求めることができると解すべきであるが、特別の規定のある刑訴法の場合には、四三〇条による準抗告が許される以前に四二九条による準抗告の申立が許されることになる。

第二は、司法警察職員等の請求により裁判官がする強制処分の許否は、本来の裁判機関として行う行為でなく、一個の国家機関として行う特別の審査行為であるが、そのような行為も、刑訴法上は「裁判」と考えられている点である。たとえば、付審判請求に対する判断は、本来の裁判機関たる裁判所が行う行為ではないが、裁判たる「決定」と定められているし（刑訴法二六六条）、捜査段階の強制処分に関して裁判官が行う身体検査の拒否に対する過料の制裁処分（同法二二二条、一三七条）も、明文で「決定」「裁判」と定められている（同法四二九条一項五号も参照）。そうすると、刑訴法は、裁判所又は裁判官が同法上の権限に基づいて行う意思表示的行為を広く裁判（決定又は命令）として取り扱っているものと考えられる。これに対し、国税犯則取締法の裁判の場合には、これを刑訴法の裁判と取り扱っていると解すべき根拠は存在しない。

3　逃亡犯罪人引渡法一〇条一項三号の決定と憲法上の裁判

(1)　逃亡犯罪人引渡法一〇条一項三号の決定に対し抗告が許されないとした場合に生じうる憲法上の問題点を検討しておきたい。

裁判所は、様々な法律に基づいて裁判を行うが、その裁判の手続については、審理を公開対審の手続で行うとされているものと、非公開又は一方的な手続で行うとされているものとがあり、また、その裁判に対する上訴については、これを認める規定が置かれているものと、置かれていないものとがある。そのため、非公開又は一方的な手続で行うとされているものについては、憲法八二条（裁判の公開）、三七条一項（裁判の公開）、三二条（裁判を受ける権利）に違反しないか、また、上訴の規定が置かれていないものについては、三二条（裁判を受ける権利）、八一条（違憲審査権）に違反しないかが争われてきた。さらに、このようなことから、上訴の規定が置かれていない場合には訴訟法の抗告手続等の準用を認めるべきではないかという主張もあった（この問題に関する憲法論については、芦部信喜編・憲法Ⅲ人権⑵（有斐閣大学双書）三〇二頁以下（編者担当）、佐藤幸治・現代国家と司法権一二七頁以下、四三五頁以下、中野次雄・最高裁判所判例解説（民事篇）昭和四一年度五七六頁以下参照）。

逃亡犯罪人引渡法の審査については、公開、対審の権利が保障されている（同法規則一九条等）。しかし、その結論が決定で示されることとされているため、公開の法廷で判決を受ける権利は保障されていない。また、決定に対する不服申立の手続も設けられていない。そこで、本件では、右の決定に対して刑訴法に準拠する不服申立を認めなければ、最高裁の最終的な違憲審査権を否定する結果になり、憲法八一条に違反するという前記③の主張が生じたのである。

⑵　最高裁は、上記の憲法問題については、これまで次のような見解に立ってこれを処理してきたものと考えられる。

すなわち、まず、問題となる裁判が、「性質上純然たる訴訟事件」つまりは「法律上の実体的権利義務自体を確定する純然たる訴訟事件」の裁判であるか、「本質的に非訟事件」の裁判であるかを判断する。そして、前者は、「固有の司法権の作用」であるところから、これに対しては、憲法上、公開対審の手続と最高裁への上訴を保障する必要があるが、後者は、性質上は行政機関等に判断させることもできる事柄であって、立法裁量により非訟事件として裁判所に判断を委ねているものであるから（裁判所法三条一項の「法律において特に定める権限」）、これについては、公開対審の手続にするか否か、上訴を認めるか否かについても立法裁量に委ねられていることになる。また、非訟事件の中には、裁量事項と羈束事項とがあるが、後者の場合でも、法律がこれを非訟事件として扱い、羈束の基準を裁判所の判断を羈束するための基準とするにとどめる趣旨であるときには、そのような立法裁量に違憲の点がない限り、憲法上の問題は生じない、というものである。

もっとも、このような考え方には、検討すべき重要な論点がある。その第一は、訴訟事件と非訟事件とは何によって区別されるのかである。

判例は、所与の権利義務（刑罰権を含む）を確定するため裁判をする場合が訴訟事件であり、権利義務その他の法律関係を形成するため裁判をする場合が非訟事件であると解している。この区別については、実体法が権利義務の発生変更をどのように規定するかにより憲法上の裁判を受ける権利に差異が生じるのは不当であるという批判があるが、それは当たらないと考えられる。

即ち、いかなる権利義務を所与のものとして定めるかは、憲法上の制約に従う限り、立法府の権限である。したがって、法律が、ある種の権利義務を所与のものとして定めず、行政上の処分によって権利義務が形成されるものと定めることも、立法府の権限の範囲内である。また、行政上の処分にかわり、裁判所の裁判という形式によって権利義務が形成されるものと定めることも、立法府の権限である。この後の場合の事件が非訟事件となる。右の憲法上の制約として最も重要なものは、憲法がある種の権利を所与のものとして定めている場合には、法律がその権利性を否定し、これを非訟事件として処理することは許されないという制約である。判例（最高裁昭和三五年七月六日大法廷決定・民集一四巻九号一六五七頁）が、「調停に代わる裁判」につき、これを違憲としたのは、右の憲法上の制約に抵触すると解したからである。このような抵触は、憲法上所与のものとしている財産権を内在的な制約を超えて外在的に制約する場合に多く生ずるであろう。

このように考えると、訴訟事件か非訟事件かは、まずもって、実定法がある種の権利義務を所与のものとして定めているか否かにより決せられることになる。そして、訴訟事件か非訟事件かを判別するには、裁判所の裁判により決するほかない性質の事件か、それとも行政上の処分により決することとしてもよい性質の事件かという角度から判別するのが実際的であり、その判別に疑念があるときは、裁判所の裁判があって初めて権利義務が生じることとされている場合（例えば、最高裁昭和六三年一一月二九日第三小法廷決定・刑集四二巻九号一三八九頁は、このような観点から、国選弁護人に対し支給すべき報酬額の決定につき非訟事件であると解した）又は裁判所の裁判を処理する手続等についての実定法の定めからみて実定法がその事件を非訟事件と定めていると解される場合（例えば、最高裁平成元年三月二四日第三小法廷決定・裁判集刑事二五一号四一一頁は、このような観点から、司法警察職員の請求によりした捜索許可の裁判につき非訟事件と解したものと考えられる）には、非訟事件と考えるべきである。次いで、実定法がある事件を非訟事件としていると考えられる場合に、その定めが違憲となるか否かを検討することになる。

検討すべき第二の論点は、同じ事件（例えば過料を課すること）が行政上の処分により処理される場合には、行政事件訴訟の手続において審査を受けることになるため、本質上訴訟に属する事件につき保障される公開等の憲法上の原則が等しく適用されるのに対し、裁判所において非訟事件として裁判の形式で処理される場合には、その憲法上の原則が保障されないことになるのはなぜかである。

この点についてはいくつかの説明があるが（中野・前掲五八三頁以下参照）、私見によると次のとおりである。すなわち、非訟事件の裁判においても、これにより義務を課されるような場合には、法律上の争訟により不利益の救済を図るべき事態が起こり得る。しかし、いかなる形態の争訟により不利益の救済を図るべきかは、原則として立法裁量に委ねられており、必ずしも処分の取消、変更という形態の争訟によらなければならないわけではない。そして、非訟事件の裁判については、その裁判の取消、変更という形態の争訟は認められていないが、このような場合でも、国家賠償、民事訴訟その他の形態の争訟が成立するときには、当然その争訟を提起することができる。したがって、違憲の問題は生じない。

検討すべき第三の論点は、非訟事件の裁判に対し最高裁まで上訴の途が開かれていない場合、最高裁の最終的な違憲審査権との関係をどう理解すべきかである。

憲法八一条の違憲審査権は、法律上の争訟が成立する場合において、その判断に必要な限度で認められた権限であるから、非訟事件の裁判に関して違憲を争う途は、これに対する直接の上訴である必要はなく、国家賠償、民事訴訟、刑事訴訟などが成立しうるときに争うことが可能であれば、与えられているものと考えられる。そうすると、非訟事件の裁判に関して憲法八一条違反の問題は生じないと考えられる。

(3)　本件最高裁決定は、前記③の点につき「このように解しても憲法八一条に違反するものでないことは、当裁判所大法廷判例……の趣旨に徴し明らかである」と判示し、昭和二三年三月一〇日判決(刑訴応急措置法が事実審を第二審限りとし、重大な事実誤認、量刑不当等を上告理由としている旧刑訴法の規定を排除する旨定めても憲法八一条に違反しないとしたもの)、昭和三五年七月六日決定(純然たる訴訟事件についてなされた調停に代わる裁判は、憲法八二条、三二条に照らして違憲であるとしたもの)、昭和四〇年六月三〇日決定(家事審判法の夫婦の同居等に関する処分の審判についての規定は、憲法八二条、三二条に違反しないとしたもの)などの大法廷判例を引用している。

東京高裁がする逃亡犯罪人引渡法上の決定は、前述のとおり、その性質上、純然たる司法権の行使として行う裁判ではなく、立法裁量に基づく非訟事件についての裁判である。このことが、本件最高裁決定の判断を支える根本的な理由であろう。そして、その背後において考慮されているのは、いかなる条件、手続で逃亡犯罪人を引き渡すこととするかは、本質的にみて、引渡国が自由に決定しうる事柄であり、かつ、立法裁量事項であって、権利義務事項ではなく、したがって、逃亡犯罪人の所与の権利とみてそれらを定める必要はないということであろう。

(4)　従来の学説をみると、東京高裁が逃亡犯罪人を引き渡すことができる場合に該当するか否かについて逃亡犯罪人引渡法一〇条一項各号の決定をしたときは、その決定に対して不服申立をすることができないとしていた。しかし、同条項三号の犯罪人を引き渡すことができる旨の決定が法務大臣を拘束し、引渡命令(同法一四条一項)の発付の際これと異なる判断をすることが許されないことになるのか否か、また、法務大臣の引渡命令に対する取消訴訟において右の決定でした法的判断が審理対象に含まれるか否かについては、見解の分れがあった。

すなわち、右の三号の引渡を可とする決定は引渡しを決定するものではないので、これに対しては不服申立を認めないこととしたとする見解（辻辰三郎「逃亡犯罪人引渡法逐条解説㈢」警察研究二四巻一二号三五頁、伊藤栄樹「逃亡犯罪人引渡法解説」法曹時報一六巻六号四四頁。なお、後注の評釈も同じ）と、犯罪人引渡事件の重大性、困難性及び引渡手続においては特に迅速性が要請されることから、引渡しの要件の存否の判断を専ら東京高裁に委ね、これに対しては不服申立を認めないこととしたとする見解（大野恒太郎「犯罪人引渡しの現況と実務上の諸問題」法律のひろば三七巻七号三四〜三五頁）とがあった。前説によると、法務大臣の引渡命令に対する不服申立の手続において、引渡しの要件の存否についても争うことができることになるが、後説によると、右の手続においても引渡の要件の存否は争うことができないことになる。

本件における法務大臣の引渡命令に関する執行停止申立事件に対し、東京地裁平成二年四月二五日決定は、右の後説の見解を採り、その抗告審である東京高裁平成二年四月二七日決定も、これを支持した。

本件最高裁決定の判旨は、右のいずれの見解を前提としても、成り立つものであることは、すでに説明したところにより明らかというべきであろう。

（後注）　本件最高裁決定を含む評釈として、芹田健太郎「中国民航機ハイジャック事件」判例評論三八四号二二二頁がある。

（補注）　本件最高裁決定に対する評釈として、松本一郎・警察研究六二巻一二号五二頁が発表された。

一二　法廷警察権

34　傍聴人の地位

一　問題の所在と検討方法

本稿は、審理裁判所（裁判長、裁判官を含む）が傍聴人（報道関係者を含む）の行動に対して加える規制につき、その許される範囲、妥当な範囲、義務的な範囲を明らかにすることを目標としている。

この目標に対応して、まず規制を受けない傍聴人の権利および規制を義務的にする被告人らの権利と裁判運営上の価値をそれぞれ検討する。前者は、憲法上の公開裁判の原則と表現・報道の自由が傍聴人の行動の自由を保障する範囲の問題であり、後者は、被告人の人格権等と適正な裁判の実現の要請が傍聴人の行動の制約を必然的にする範囲の問題である。この両面の権利にはさまれた部分が、裁判所の裁量に委ねられている領域である。裁量を行うにあたっては、規制をすることにより得られる利益とそれにより失われる利益を適正に調和することが必要であるから、本稿の検討も、権利の範囲に続いて、この対立する利益の明確化と調和の方法に向けられることになる。

右のような検討方法をとる場合、傍聴人の行動の規制は、次の四つの類型に区分するのが適当である。第一はテレビ・ラジオ放送、録画、録音、写真撮影の規制、第二はメモ（ノート）、速記の規制、第三は服装、所持品の規制、第四は傍聴自体の規制である。各類型ごとにほぼ共通した権利・利益の対立関係が含まれているからである。

許される規制の限界を考えるにあたっては、裁判所に認められている実定法規上の規制権限特に法廷警察権の法律上の要件と効果にも留意する必要がある。一般的に法廷警察権の内容とされている権限には、刑罰制裁権限（英米法系のコンテンプト、大陸法系の拘禁・罰金の科刑権限）、非刑罰的制裁権限（法廷秩序維持法の過科、監置など）、強制措置権限（退廷など）、非強制措置権限（傍聴券の交付、警備など）の四種類があり、わが国の現行法にも、刑罰制裁権限を除く三類型の定めがあるが、それぞれに適法要件と効果が違っているのである。ただしこの点の立ち入った検討は、本稿では割愛する。

二　公開裁判の原則と傍聴人の権利・利益

公開裁判の原則に基づき主張することのできる傍聴人の権利と利益から検討を始めよう。

1　公開裁判の原則の本質

憲法は、三七条一項において、「すべて刑事事件においては、被告人は……公開裁判を受ける権利を有する」と規定し、被告人の公開裁判を受ける権利を保障するとともに、八二条一項において、「裁判の対審及び判決は、公開法廷でこれを行ふ」と規定し、公開裁判を国民の権利として保障している。この八二条一項の規定が、裁判手続を一般に公開し審判が公正に行なわれることを保障する趣旨のものであること、言いかえると密室裁判を禁止する趣旨のものであることは、判例（最判（大）昭和三三・二・一七刑集一二巻二号二五三頁）、通説（後記参考文献②一二四〇頁、④六九五頁、㉜三六一頁など）の一致して認めるところであり、この原則に関する諸外国の見解とも合致している（例えばアメリカにつきIn re Oliver, 333 U.S. 257, 270（1948）; Estes v. Texas, 381 U.S. 532, 538 9（1965）西ドイツにつきRGSt. 70, 112 ; BGHSt. 9, 280. 公開裁判の原則の歴史的・比較法的研究として①一二四五頁以下、E.Schmidt, Lehrkommentar 2. Auf. I Nr. 333（1964）; G. O. W. Mueller et al.（eds）, Comparative Criminal Procedure, pp.175 et seq.（1969）参照）。また公開裁判の権利が、被告人および国民全体に与えられたものであり、特定の国民または報道関係者に対し、法廷への立入権等の具体的な権利を保障するものでないことも、広く承認されている（ABA Standards, The Function of the Trial Judge §6.10(Approved Draft, 1972)はこれを明言する。諸外国では、被告人の権利として規定されているのが通例であるが、そのことは国民全体の権利であることを否定するものではない)。公開裁判の原則の本質を以上のように理解するならば、この原則に基づいて傍聴人が主張することのできるのは、国民全体に与えられた権利の効果として裁判を傍聴するということであり、かつそれにとどまることになる。以下この点をいくつかの側面に分けて詳しく考察する。

2　傍聴の自由

公開裁判の原則が傍聴の自由を内容として含んでいることには異論がない。公開とは、正確には、不特定かつ相当数の者が自由に傍聴しうる状態におくことである(⑩一六五頁)。特定の者に限って傍聴を許すことは、たとえ報道関係者に限った場合であっても、公開の原則に反するものというべきである。しかし、報道関係者、被告人の親族等に傍聴席を留保するなどの特別の便宜をはかることは、一般公衆の傍聴の機会を著しく制約しない限り公開の原則に反するものではなく、裁判長の裁量によって行いうる(⑩一六二―一六六頁参照。ABA Standards, op. cit. §6.11の後段は、審理裁判官は一般公衆の傍聴の機会を著しく損なわない限度で報道関係者の傍聴のために適当な措置を講じなければならない旨を規定する)。相当数の者が傍聴できるならば、設備の関係等で一定数を超える傍聴を許さないことにしたり、法廷の秩序を維持するために傍聴券を発行し、その所持者に限り傍聴を許すことにしても(裁判所傍聴規則一条一号)、公開の原則に反しない。傍聴人の被服または所持品を検査し、危険物その他法廷において所持するのを相当でないと思料する物の持込を禁じさせること(同条二号)、これらの処置に従わない者、児童、相当な衣服を着用しない者、または裁判所の職務の執行を妨げもしくは不当な行状をすることを疑うに足りる顕著な事情が認められる者の入廷を禁ずること(同条三号)が、公開の原則に反しないことも当然である(②一一四〇頁、④

六九三―六九四頁、⑩一六五頁、㉜三六一頁、西ドイツにつき T. Kleinknecht, Strafprozessordnung 30. Auf. 1173 ff.(1971)参照。ABA Standards, op. cit. §6.10は、「傍聴人その他の者の不当な行動」と題し、「被告人の公開裁判の権利は、個々の公衆または報道機関に対し、入廷または在廷の権利を保障するものではない。秩序ある審理手続を妨げる者は、これに警告を発しまたは退廷させることができ、かつ、その行動が意図的であるときは、裁判所侮辱罪として処罰することができる。刑事手続における被告人、弁護人、証人、陪審員、裁判所職員または裁判官を威迫するような行動をする者は、退廷させることができる」と規定する)。

3　間接公開

公開の原則は、法廷内での傍聴すなわちいわゆる直接公開にとどまらず、テレビ・ラジオ放送などを通して法廷外の公衆に手続を伝達することすなわちいわゆる間接公開をも保障したものであるとの主張が、かつて西ドイツの一部の論者によってなされたが、今日では、その通説・判例によって否定され、一九六四年にテレビ・ラジオ放送を全面的に禁止する法改正がなされた（この論争の概要と文献については⑰㉔、Lowe-Rosenberg, StPO 22. Auf. I 166 ff.(1971)；E. Schmidt, a. a. O. I Nr. 333,(1964), II 223 ff.(1960)；Henkel, Strafverfahrensrecht 2. Auf. 324(1968)を参照。スイスの同様の論議につき㉙の紹介がある）。わが国においても、最近同様の主張がみられるが(㉞㊲)、通説・判例は西ドイツと同様直接公開に限るとしている(③⑦⑨⑩⑭⑱⑲参照)。アメリカでもそう解することにほとんど異論がない(**四2**参照)。公開の原則の歴史的意味からいっても、法廷内での取材行為が表現・報道の自由の内容とは認められないこと(**三1**)との対比からいっても、右の主張は相当でないと考えられる。テレビ・ラジオ放送のほか、同様の理由で、録画、録音、スチール写真撮影、速記、メモ(ノート)をすることも、公開裁判の原則の内容とみることは困難である。

4　裁判手続の報道と公開裁判の原則との関係

裁判手続が公開される以上、これにつき言語を用いて報道することも、一般には許される。ただそれは、表現・報道の自由の原則の適用として許されるのであり(⑩一六六頁)、公開の原則の適用として許されるわけではないことに注意したい(ただし①二四八頁以下、④六九六頁は、公開裁判の原則には傍聴の自由のほか報道の自由が含まれると説明する)。この点は、裁判が公開されても、その内容を報道することが許されない場合があることをみれば、明らかである。例えば一九六七年の英国刑事裁判法三条は、予備審問が公開されたときでも、法定の特定事項のほかは、出版または放送によりその内容を報道することは許されない旨を規定している。これが、被告人の公正な裁判を受ける権利を保護するため表現・報道の自由に対して加えた制約であり、公開裁判の原則の制約でないことは明らかである。公開による効果と報道による効果に差異があることが両者の保障の範囲にくい違いを認める根拠なのである(㉕二六頁以下参照)。また大判昭和八・九・二七(法律新聞三六二六号)は、公開裁判での弁論を記事に掲載したことが朝憲紊乱の罪にあたるとして新聞紙法四二条違反に問われた事件につき、安寧秩序を害するおそれがないとして公開しながらその内容を報道したことが朝憲紊乱にあたるというのは矛盾撞着であると主張した上告趣意を斥け、公開裁判の原則は「一般人民に裁判傍聴の機会を与え以て裁判の公正を保障せむとするに在り。敢て弁論の内容を聞知せしむることを以て目的とするものに非ず。然れば傍聴者の如きも自ら法廷の収容し得る少数の者に限られ、其の員数の如き之を新聞雑誌等の公刊物の読者の無数なるに到底比すべくもあらざるなり。随て訴訟における弁論にして弁論としては未だ以て安寧秩序又は風俗を害する虞ありとして公開を停むるの要なかりしものと雖、新聞雑誌に掲載するときは此くの如き虞ありとして之を禁ぜざるべからざる場合あるべく」と判示した。これも公開の原則と報道の自由の原則の範囲が必ずしも一致しないことを示した例ということができる(①二四三頁以下参照)。さらに少年の裁判について少年の同一性を推認させる事実の報道が禁止されているのも(少年法六一条)、同様の例とみることができる。

三　表現・報道の自由と傍聴人の権利・利益

憲法二一条の表現の自由と傍聴人の地位との関係を検討する。

1　報道の自由と取材行為

報道の自由が表現の自由に含まれることについては今日異論がない。問題は、法廷内での取材行為特に写真撮影が報道の自由の行使として当然に許されるか否かである。通説・判例は、説明方法に差異はあるが、これを否定し、裁判所が法廷内での取材行為を禁止しても憲法二一条に違反しないとしている。権利と利益とを区別し、法廷内での取材行為が権利であることを否定する見解はこう説く。報道の自由が正確な内容をもつためには、その前提として広く取材の自由が確立されていることが望ましいが、本来の報道の自由は、取材された事実を報道する自由を意味し、当然には取材の権利を含むとみるべきではない。したがって、公開の法廷でどの範囲で写真の撮影を許すかは、報道の自由の問題ではなく、写真撮影を裁判長の許可にかからしめている刑訴規則二一五条も、表現の自由に対する制限とみるべきではない(⑪新版三六三頁)。これに対し、自由な取材行為は正確な報道を確保する不可欠の手段であるから、一般には憲法上の表現の自由の保護を受けるとしつつ、それは第三者の権利や公共の利益に牴触する可能性がきわめて大きく、しかも報道のための準備行為であるため、普通に表現の自由に認められている憲法上の高次の価値が認められず、むしろそれに対立して保護される利益との較量から、これを制限する合理的な理由のある限り合憲と判断すべきであるとし、法廷内での写真撮影、放送の禁止を合憲とみる見解がある(⑭四一頁、㉝一三頁)。判例の立場は、右のいずれの見解によるのか、必ずしも明らかではないが、表現上は後の見解に近い。

すなわち、最判(大)昭和三三・二・一七(刑集一二巻二号二五三頁)は、新聞社の写真班員が公開の法廷で裁判所の許可なく裁判長の制止も聞かずに、裁判官席のある壇上から被告人に向けて写真撮影し、法廷秩序維持法により過料の制裁を課され、特別抗告をした事件につき、刑訴規則二一五条が憲法二一条に違反しない理由をこう判示する。「およそ、新聞が真実を報道することは、憲法二一条の認める表現の自由に属し、またそのための取材活動も認められなければならないことはいうまでもない。しかし……憲法が裁判の対審及び判決を公開法廷で行うことを規定しているのは、手続を一般に公開してその審判が公正に行われることを保障する趣旨にほかならないのであるから、たとえ公判廷の状況を一般に報道するための取材活動であっても、その活動が公判廷における審判の秩序を乱し被告人その他訴訟関係人の正当な利益を不当に害するごときものは、もとより許されないところであるといわなければならない」(⑫⑭⑳㉘㉝はこの判例の賛成評釈である)。また最判(大)昭和四四・一一・二六(刑集二三巻一一号一四九〇頁)は、報道機関の取材フィルムの提出命令が憲法二一条に違反するか否かが争われた事件につき、「思想の表明の自由とならんで、事実の報道の自由は、表現の自由を規定した憲法二一条の保障のもとにあることはいうまでもない。また、このような報道機関の報道が正しい内容をもつためには、報道の自由とともに、報道のための取材の自由も、憲法二一条の精神に照らし、十分尊重に値いする」としつつ、「取材の自由といっても、もとより何らの制約を受けないものではなく、たとえば、公正な裁判の実現というような憲法上の要請があるときは、ある程度の制約を受けることのあることも否定することができない」と判示している。

一般に取材行為の自由が一つの法的な利益であることは疑いない。しかしながら、それを法廷内においても当然に取材を行いうる権利であるというのは無理である。取材行為を権利と認めることは取材に応じない行為を権利侵害とみることであり、到底正当な論議といえないからである。ことに法廷で放送、写真撮影などの取材行為を行うときは、公正な裁判の実現を妨げ、被告人の権利等を侵害する危険性があるから(**四2**参照)、公開の場であってもそれを当然の権利として行いうるものと認めることができないのは明らかである。取材行為の不当な制限が報道の自由の侵害という効果を伴う点で違憲と判断されることがあり、その意味で取材行為の自由も報道の自由により保護されるといってもよいが、そのことと取材行為を権利と認めることとは同じではない。そして、法廷内の放送、写真撮影、録音などの取材行為については、一般的にこれを制限する十分の理由があり、その制限が報道の自由の侵害という効果を伴うこともないと解されるから、これを違憲とする余地はないものというべきである。

報道機関による公正な報道が、今日の社会においていかに重要な役割を果たしているかは、多言を要しない。言論による公正な報道が適正な裁判制度の維持にとってきわめて大きな機能を果たしていることも、否定すべくもない。裁判所が、この点に留意し、報道機関に対し一定数の傍聴席を留保するなどの特別の便宜をはかっているのは、もとより妥当な措置というべきである。

2　裁判の報道

公正な裁判報道は、報道の自由の原則の適用として、通常は自由に行うことができる。ただし、報道の自由を制約するに足りる特別の理由があるときは、裁判報道も規制を受けることがある(二**4**参照)。わが国の現行法令には存在しないが、諸外国には、公正な裁判の実現を妨げる一定の報道を裁判所侮辱罪として処罰する例がかなり広範に存在するのである(その近況についてはABA Standards, Fair Trial and Free Press (Approved Draft, 1968); R.L. Goldfarb, The Contempt Power (Anchor Books, 1971); G.J.Borrie et al., The Law of Contempt (1973); P.O.W. Mueller et al., op. cit. 参照)。

3　法廷内での発言

法廷は裁判の場であって公開討論の場ではない。したがって傍聴人の法廷内での発言を禁止し、発言を続ける者を退廷させても、表現の自由の侵害とならないことはいうまでもない。

四　傍聴人の行動を規制する権利・利益

ひるがえって傍聴人の行動を規制することの権利・利益について考察する。

1　被告人の人格権等

被告人は、一定の場合のほかその意思に反して写真を撮影されない権利(いわゆる肖像権)をもっている(⑩一六七頁、㉗三三七頁)。肖像権のほかにも、その意思に反してテレビ・ラジオ放送などの対象とされない人格権を一定の限度で保障されていると解すべきである。意思に反しても写真撮影や放送が許されるのは、被告人の同意がある場合のほかは、肖像権・人格権に優越するだけの公共的利益がある場合に限られ、こうした例外にあたる場合でないのに、裁判所が放送や写真撮影を許すことは、その裁量の範囲を超え、違法となるものというべきである。肖像権・人格権は、程度の差こそあれ、証人その他の訴訟関係人についても認められなければならない。また、権利の侵害となるか否かは別として、不必要に被告人その他の訴訟関係人の利益を侵害するような行動は、規制するのが当然である。

2　公正な裁判の実現

たとえ被告人その他の訴訟関係人の同意があっても、公正な裁判の実現という見地から、傍聴人の行動特に報道関係者による取材行為を制限しなければならない場合がある。法廷内での放送、写真撮影の禁止をめぐり日本のほかアメリカ、西ドイツ、イギリスなど各国で論争が行われたが、その中心の論点はいずれも右の問題であり、その帰着した結論も根拠も完全に一致していることがきわめて注目される。

まず、わが国の立場を示す次の二つの指導的見解を引用しておこう。その一は、「これらの行為は、審判の妨害となり、法廷の秩序維持の見地から禁止せらるべきであるのみならず、被告人の名誉保護のためにも許すべきではない。なお、この問題は、表現の自由と公正な裁判との衝突という重要な問題を含んでいるが、被告人の公正な裁判をうける権利を保障するためにこれらの行為を禁止することは、決して表現の自由を侵害することにはならず、とくに、今日のわが国の現状では、報道陣側の自省と裁判所側の毅然とした態度とを必要とするものと考える」とする見解である⑶一〇四九頁以下。同所引用の同じ筆者による先駆的業績も参照)。その二は、「視覚と聴覚に訴える諸手段が法廷における経過を対象とする場合においては、裁判の見地からする要点よりもとかく見たり聞いたりして面白い場面、センセーショナルな光景や、雄弁、はげしい論争などをとくにとり上げる傾向に陥らないとはかぎらない」「真実が犠牲にされることは、往々事案に関して公衆の間に偏見を植えつける結果を招来し、後に公衆の期待と反するような裁判がなされる場合に裁判に対する不信頼の気持を起こさせることになる」「真実性が高度に担保されたとして次に問題となるのは、報道陣の存在が訴訟関係者の心理にどういう影響を及ぼすか、およびそれが裁判の威信と法廷内の礼節と両立するかどうかということである」「法廷に写真班、ラディオ、テレヴィ、ニュース映画等の報道人が入りみだれて活動するにおいては、訴訟当事者その他の関係者の心理状態に微妙な影響を及ぼすことがないとはいえない。一方、報道陣の存在は関係者を刺戟昂奮させ劇中の人物のように行動させる傾向がある」「かような雰囲気は裁判官の心理にも影響を及ぼさないとはかぎらない。少くとも裁判官は法廷内における報道班の活動に気をとられて、大切な弁論や証言の内容をききもらすことがないとはいえない」「もし、撮影、映写、録音等に関する技術が高度に発達し、訴訟関係者や裁判官にほとんど気がつかれないでその目的を達することができ、従って法廷の静謐を害うようなことがないにしても、やはり上に述べたような懸念つまり法廷の劇場化、演説会場化を助長する弊害は存在するのである」「法廷の劇場化や演説会場化は極力これを防止しなければならない。それは真実と正義の探求の場所であるから、厳粛でなければならないと同時に、探求の目的を達成するに都合のよい雰囲気を保たなければならない」と説く見解である（⑨七―八頁）。これらに代表される立場は、大方の支持を得て、実務においても定着していると評してよい（放送、写真撮影の問題を取り扱ったもののうち⑤〜⑩⑫⑬⑭⑯⑰⑱⑳㉓㉗㉘㉝はニュアンスはあるがこの立場を支持し、限定的に写真撮影を許すべきであるとする㉛も右の基本的立場に立っており、異なる立場は、報道機関の側からする㉚を除くと㉞㊲のみである）。

アメリカのEstes v. Texas, 381 U.S. 532(1965)（⑱㉘はこの紹介）は、法廷内でテレビ放送を許したことが憲法上のデュー・プロセス違反とされた事例である。「当裁判所は、修正六条が『被告人』に保障しているのは『公開の裁判』であるという前提から出発する。公開の裁判を保障するのは、被告人を公正に取り扱い、不当にその罪責を問うことがないようにするためである。修正一条は報道機関に対し法廷の状況をテレビ放送する権利を与えているから、これを否定するのは新聞とテレビとを差別するものだとの主張があるが、これは報道の自由を誤解したものである。司法機構の主要な機能は真実を明らかにすることである。テレビの使用はこの目的に実質的な寄与をするとはいえない。むしろ、それは裁判手続に無関係な要素を注入し、裁判の絶対的公正を維持する上で障害となる」旨を判示したのである。アメリカにおいては、同様の理由から、ラジオ放送、写真撮影、録音が全面的に禁止されている。

連邦刑事訴訟規則五三条は、「裁判所は、裁判手続の進行中の法廷内での写真撮影または法廷内からの裁判手続のラジオ放送を許してはならない」と規定する。

アメリカ法曹協会の一九七二年裁判官行動典範の Canon 3A(7)も次のように規定する。

「裁判官は、開廷中または開廷途中の休憩中、法廷およびこれに直接隣接する場所においてラジオ放送、テレビ放送、録音・録画および写真撮影を禁止しなければならない。ただし、裁判官は、次の事項を許可することができる。

(a) 証拠の提出、記録の保存その他の裁判運営上の目的のための電気装置または写真装置の使用

(b) 就任式、儀式または帰化手続のラジオ放送、テレビ放送、録音・録画または写真撮影

(c) 適当な裁判手続についての次の条件による写真撮影または電気装置による録音・録画およびその再生

i 録取の方法が関係人の注意をそがず、また裁判手続の尊厳を損なわないこと。

ii 当事者が同意をし、かつ録取および再生に現われる各証人が撮影または録取に同意をしていること。

iii 再生は、その裁判手続が終了し、かつ、すべての直接の不服手続が終了するまで行わないこと。

iv 再生は、専ら教育施設において教育の目的のために行うこと」

右の条項に附された註釈によると、「裁判手続の節度ある進行は、公正な裁判の運営にとって不可欠である。手続の録取や再生は、手続を歪めたり、これを劇的にするようなものであってはならない」というのである。

西ドイツでは、一九六四年の裁判所構成法一六九条の改正により、公開の原則を定めた規定の後に、「公開または内容の公表を目的とするラジオ放送用の録音またはテレビ撮影および有声、無声の映画撮影はこれを禁止する」という文言が追加された。それは、これらの行為により裁判手続が劇化し、公正な裁判の実現が損なわれるおそれを防止するためである。したがってたとえ被告人が希望した場合であっても絶対的にこれらの行為は禁止される(文献は**二3**参照)。スチール写真の撮影は、同法一七六条による裁判長の法廷警察権の対象とされている。

イギリスでは、一九二五年の刑事裁判法四一条が写真撮影を広く禁止している(この規定の解釈については G.J. Borrie et al., op. cit. 18 ff.(1973)を参照)。

「何人も次に規定する行為をしてはならない。本条の禁止に違反する行為をした者は、略式手続により、各行為ごとに五〇ポンド以下の罰金刑に処される。

(a)　裁判所において、裁判官、陪審員もしくは民事、刑事を問わず裁判所の面前で行われるすべて手続における証人もしくは当事者を写真撮影し、または裁判所において、公表する意図をもって、これらの者の肖像画もしくは写生図を描くこと。

(b)　前号の規定に違反して撮影されまたは描かれた写真、肖像画もしくは写生図またはそれらの複製を公表すること」

五　傍聴人に対する類型別規制の限界と運用

以上の検討を基礎に、四つの規制の類型別に、規制が許される範囲、妥当な範囲、義務的な範囲を簡単に考察し、まとめとする。

1　テレビ・ラジオ放送、録画、録音、写真撮影の規制

特別の公共的目的がある場合を除き、法廷内においてこれらの行為を禁止することは、もはや世界の常識であり、慣行である(各国の裁判所の実情を報告したものに㉑㉟がある)。

公開裁判の原則が一般傍聴の自由を保障したにとどまり、テレビ・ラジオ放送等を通してのいわゆる間接公開を保障したものでなく、他面これらの行為が、被告人の肖像権その他の人格権を侵害するばかりでなく、法廷を劇場化することにより公正な裁判の実現を損なうおそれがあることが、全面的に禁止することの共通した理由である。

わが刑訴規則二一五条は、「公判廷における写真の撮影、録音又は放送は、裁判所の許可を得なければ、これをすることができない。但し、特別の定のある場合は、この限りでない」と規定する(民訴規則一一条も同旨)。この

規定の根拠も、右と同じであって、昭和三一年一二月一三日最高裁事務総長通知は、公判廷において写真撮影等を無制限に許容するときは、被告人の基本的人権を害するおそれがあるばかりでなく、事件の性質、法廷の構造などによっては、法廷の静粛を乱すおそれや、被告人、証人などの心理に微妙な影響を及ぼすおそれがあるからであると説明している。

実務では、録音、放送および開廷中の写真撮影は例外なく全面的に禁止しており、裁判所によって開廷前の二、三分間のスチール写真の撮影に限り許可する場合があるにすぎない。この場合の許可も、裁判所において相当と認め、かつ、被告人に異議がなく、かつ、身体拘束中の被告人についてはその手錠および捕縄等をはずし身体の拘束を受けていない状態において撮影させるよう留意されている（昭和二六年七月二七日最高裁刑事局長通達参照）。もとより妥当な措置というべきである。

このような実務に対し、開廷前と判決宣告の際には、被告人の同意のある限り原則として写真撮影を認めてよいとの提案があるが(31)、開廷前でも程度の差こそあれ、開廷中の写真撮影の場合と同様の影響があることは否定できず、ことに判決宣告時は、公判の途中であり訴訟行為が予想されるから、他の公判段階と区別して写真撮影を認めるのは相当でない。後者については西ドイツの論争の結論も同様であり、これが立法に反映したのである。

2　メモ（ノート）、速記の規制

メモ、速記は、写真撮影などとは違って裁判に与える悪影響が必ずしも明瞭でなく、また公開されていることの当然の効果として許されるとも解されるところから、その規制については論議が多い。民訴規則一一条は、速記を裁判長の許可にかからしめているが、刑訴規則には規定を欠いているので、刑事裁判では速記、メモは、裁判長の法廷警察権（裁判所法七一条）の対象となり、その裁量によって規制されることになる。

メモ、速記を公開裁判の原則に基づく権利であると解することは困難であろう。しかし言論・報道の自由との関係では問題が残る。この点につき、「裁判が公開される以上、言語による報道は報道の自由の原則の適用として当然に許され、裁判所は、これを禁止することはできない。その報道の準備活動も、法廷の秩序を乱さないかぎり、これを禁ずることはできない。報道関係者だけでなく一般の傍聴人についても同様で、裁判長は、法廷の秩序を乱さないかぎり傍聴人がノートをとることを禁止できない（不正確にノートされるおそれがあるという理由で禁止するのは不当である）」という有力説がある（⑩一六六頁、同旨─㉖、㊱三六二頁）。しかしながら、前述したとおり（二4）、報道の準備活動は、報道の自由に基づく当然の権利行為ではなく、一つの利益であるにとどまると解するのが相当であるから、報道の自由を著しく制約する効果を伴う特別の場合のほかは、規制の必要性がある限り法廷警察権により禁止することも許されるものというべきである。問題は、速記、メモを禁止する理由と必要性である。これには次のような点が通常考慮されているようである。

第一に、速記、メモは、程度の差こそあれ、録音する場合と同様の影響を訴訟関係者に及ぼすことである。証人、被告人等の関係人が、その供述等を傍聴人特に敵対関係にある傍聴人に記録されることを意識し、その供述をためらうなど心理的に動揺することがある。メモを許している法廷において、こうした理由で、弁護人、証人等からその禁止が要請されることも稀ではないのである。

第二に、録音の場合と同様、速記、メモされた記録が訴訟外で公表されて被告人、証人等の関係人が不当な不利益を受け、ひいては裁判の公正な進行が妨げられるおそれがあることも無視できない。法廷外で詳しい証言の速記録等の証拠が公表され、敵対関係にある者から被告人、証人らが糾弾された事例もなしとはしないのである。

第三に、傍聴人が一斉にメモをとることにより静穏が害されることも考慮してよいであろう。

他方、報道関係者その他特別の関係者を除くと、速記、メモを許すべき正当な理由のあることはまれである。こうした点をあわせて考えると、一般的に速記、メモを禁止した上でこれを許すべき特別の理由のある場合に限りこれを認めることとしても不都合ではない。裁判が公開されている以上、傍聴人が記憶に基づいて報道することを禁止できないことは明らかであるが、この場合と、速記、メモに基づく詳細な報道がなされる場合とでは、そのもたらす効果に大きな差異がある。訴訟記録の閲覧が被告事件の終結後に限られていること(刑訴五三条)、およびこの点についても被告人の保護の見地から立法論として有力な疑問が出されていることが(団藤四四一頁)、参照されてよいと思う。

実務上は、報道機関によるメモは例外なく許しているが、その他の傍聴人については、裁判長の許可にかからせており、原則として禁止する場合、特別の事情があるときに限り禁止し原則として許可する場合、全く禁止しない場合の三つの方式のいずれかによっている。

3　服装、所持品の規制

服装、所持品については、裁判所傍聴規則の規定がある(**二2**参照)。これらの規制は、公開裁判の原則に反するものではなく、規制に従わない者に対し傍聴を拒否し、または特に必要のある場合に実力で所持品検査をすることも違法ではないと解すべきである(**二2**参照)。

4　傍聴自体の規制

非公開にできる要件についてはここで詳細に論ずる余裕はない(②④など参照)。公開する場合、収容能力を超える傍聴人が予想される場合に、傍聴券を発行し、その所持人に限り傍聴を許すことも(前記傍聴規則一条一号)、傍聴人の不特定性を害さない限り、公開の原則に違反せず、むしろ実務上きわめて望ましい措置であると考えられる。

報道機関に対し一定数の傍聴席を留保することも、実務上一般に行われているところであり、相当な措置というべきである。ただしアメリカ法曹協会の基準(ABA Standards, The Function of the Trial Judge §6.11)が「報道機関に対する措置」と題し次のように規定していることにも注意したい。

「報道機関は、公衆に対し報道するための情報を得る目的で刑事裁判の公判を傍聴することができるが、審理裁判官は、報道機関の代表者に対しその行動により法廷の秩序と静穏が損われることのないように要請しなければならない。裁判官は、右の代表者を傍聴させるための相当な措置と他の公衆が公判を傍聴する機会とを調和させるようにしなければならない。」

刑訴規則二〇二条は、「裁判長は、被告人、証人、鑑定人、通訳人又は翻訳人が特定の傍聴人の面前で充分な供述をすることができないと思料するときは、その供述をする間、その傍聴人を退廷させることができる」と規定している。この規定は、公正な審理の必要上傍聴人を退廷させることができるとしたものであって、公開裁判の原則に違反するものでないことは明らかである(この規定をめぐる問題点については⑮参照)。

〈参考文献〉

①宮沢俊義・公開の裁判と報道の自由(警察研究五巻二号、昭九、憲法と裁判に再録)　②註解日本国憲法下巻(昭二八)　③岸盛一・訴訟指揮と法廷警察(実務講座㈤、昭二九)　④宮沢俊義・日本国憲法コンメンタール(昭三〇)　⑤河原畯一郎・基本的人権の研究(昭三二)　⑥内田力蔵・法廷での写真撮影と裁判所侮辱(判時一五五号、昭三三)　⑦座談会・法廷における写真撮影と録音放送の可否(ジュリスト一一五号、昭三二)　⑧法廷における写真撮影および放送について(法曹時報九巻四号、昭三二)　⑨田中耕太郎・裁判と報道の自由(ジュリスト一四五号、昭三三)　⑩平野一六五頁以下(昭三三)　⑪宮沢俊義・憲法Ⅱ(昭三四)、同新版(昭四六)　⑫小野清一郎(警察研究三〇巻八号、昭三四)　⑬ダグラス・公開裁判と報道の自由(法曹時報一二巻一一号、昭三五)　⑭伊藤正己・憲法判例百選旧版(昭三八)　⑮筧栄一・傍聴人を退廷させることと裁判公開の原則(実例刑訴、昭三八)　⑯樋口勝・法廷写真等の制限について(実例刑訴、昭三八)　⑰中野次雄・西ドイツ刑事訴訟法一部改正案(法曹時報一五巻七号、昭三八)　⑱団藤重光・法廷とテレビ放送(ジュリスト三三一号、昭四〇)　⑲奥平康弘・表現の自由(日本国憲法大系㈦、昭四〇)　⑳時国康夫・刑事訴訟法判例百選(昭四〇)　㉑田中勇・刑事裁判の開廷中の法廷内における写真撮影、録音、放送等の取扱に関する西欧各国の

実情（在外研究報告一四号、昭四一）㉒伊藤正己・Estes v. Texas（アメリカ法一九六六年二号、昭四一）㉓山田作之助・裁判公開論（ジュリスト三六二号、昭四二）㉔光藤景皎・西ドイツ刑事訴訟法一九六四年改正の位置㈣完（甲南法学八巻三・四合併号、昭四三）㉕島田仁郎・英国刑事裁判法・一九六七年（在外研究報告一八号、昭四三）㉖千葉裕・法廷における傍聴人のメモ作成について（判タ二二八号、昭四三）㉗五十嵐清＝田宮裕・名誉とプライバシー（昭四三）㉘小堀憲助・新憲法判例百選（昭四四）㉙庭山英雄・紹介・ヴェットシュタイン『刑事訴訟における公開原則』（判タ二三八号、昭四四）㉚渥美克彦・裁判と報道（ジュリスト四六九号、昭四六）㉛泉山禎治・法廷における写真撮影（法律時報四三巻三号、昭四六）㉜清宮四郎・憲法Ⅰ新版（昭四六）㉝久保田きぬ子・マスコミ判例百選（昭四六）㉞庭山英雄・刑事裁判とテレビ放送（植松還暦祝賀・刑法と科学法律編、昭四六）㉟角敬・裁判所構内における秩序についての欧米各国の実情（在外研究報告二一号、昭四六）㊱高田三六二頁（昭四六）㊲小田中聰樹・法廷の秩序維持（井戸田侃編・判例演習講座刑事訴訟法、昭四七）

刑事訴訟法の構造　香城敏麿著作集 II

初出一覧

刑事訴訟法の構造

一　刑事訴訟法の法原理と判例

1　刑事訴訟法の構造の概要……「刑事訴訟法の構造素描」『河上和雄先生古稀祝賀記念論文集』一二三七頁（二〇〇三年、青林書院）

2　刑事訴訟法の展開と最高裁判例の役割……佐々木史朗・河上和雄・加藤晶編『刑事訴訟法の理論と実務』（別冊判例タイムズ第七号）二五頁（一九八〇年、判例タイムズ社）

3　刑事訴訟法判例の機能……松尾浩也・井上正仁編『別冊ジュリスト・刑事訴訟法の争点〈第三版〉』一四頁（二〇〇二年、有斐閣）

二　実体的真実主義

4　裁判と事実認定……法曹時報五五巻八号一頁（二〇〇三年、法曹会）

三　適正手続主義

5　刑事裁判と英米法……伊藤正己編『ジュリスト臨時増刊六〇〇号・英米法と日本法』三三二頁（一九七五年、有斐閣）

6　刑事裁判の活性化のために……『大分県弁護士会・当番弁護士制度四周年記念講演録』（一九九四年、大分県弁護士会刑事弁護センター）

四　当事者追行主義と補正的職権主義

7　刑事訴訟における職権主義の機能……司法研修所論集九九号（創立五十周年記念特集号　第三巻刑事編）一七七頁（一九九七年、司法研修所）

五　当事者処分権主義

8　刑事訴訟法における処分権主義……研修六六四号三頁（二〇〇三年、法務総合研究所）

9　控訴審の職権調査権限に関する最高裁新島ミサイル事件判決……「審判の対象」『別冊ジュリスト・刑事訴訟法判例百選〈第五版〉』二三二頁（一九八六年、有斐閣）

六　強制処分法定主義と令状主義

10　強制処分法定主義、令状主義、任意処分の構造骨子……（書下ろし）

11　強制処分の意義と任意処分の限界に関する最高裁判例……法曹時報三一巻六号一四六頁（一九七九年、法曹会）、『最高裁判所判例解説　刑事篇』昭和五一年度六四頁（一九八〇年、法曹会）

12　警察権限法の判例理論……河上和雄・国松孝次・香城敏麿・田宮裕編『講座　日本の警察　第二巻刑事警察』二四七頁（一九九三年、立花書房）

13　強制採尿令状の法形式……廣瀬健二・多田辰也編『田宮裕博士追悼論集　下巻』二三三頁（二〇〇三年、信山社）

14　強制処分と必要な処分……『刑事法の理論と実践―佐々木史朗先生喜寿祝賀』六九一頁（二〇〇二年、第一法規）

15　現行犯逮捕のための実力行使と刑法三五条に関する最高裁判例……法曹時報二九巻九号一二五頁（一九七七年）、『最高裁判所判例解説　刑事篇〈昭和五〇年度〉』五九頁（一九七九年、法曹会）

七　検察官起訴独占主義

16　公訴の提起と犯罪の嫌疑に関する最高裁判例……『別冊ジュリスト・刑事訴訟法判例百選〈第六版〉』六八頁（一九九二年、有斐閣）

17　付審判請求の審理……判例時報六七八号三頁（一九七二年、判例時報社）

八　訴因制度

18　訴因制度の構造……判例時報一二三六号、一二三八号、一二四〇号（一九八七年、判例時報社）

19　公訴事実の同一性（枉法収賄と贈賄）に関する最高裁判例……法曹時報三三巻三号一四一頁（一九八〇年、法曹会）、『最高裁判所判例解説　刑事篇〈昭和五三年度〉』七三頁（一九八二年、法曹会）

20　罰条の変更に関する最高裁判例……法曹時報三一巻三号一六三頁（一九七九年、法曹会）、『最高裁判所判例解説　刑事篇〈昭和五三年度〉』一一三頁（一九八二年、法曹会）

九　自白法則と伝聞法則

21　共犯者二名以上の自白に関する最高裁判例……法曹時報二九巻一〇号一六五頁（一九七七年、法曹会）、『最高裁判所判例解説　刑事篇〈昭和五一年度〉』二九三頁（一九八〇年、法曹会）

22　現場写真の証拠能力に関する高裁判例……初出題名は「写真」、『別冊ジュリスト・刑事訴訟法判例百選〈第五版〉』二三二頁（一九八六年、有斐閣）

一〇　判決と上訴

23　判決の成立と言直しに関する最高裁判例……法曹時報三一巻七号一五一頁（一九七九年、法曹会）、『最高

裁判所判例解説　刑事篇〈昭和五三年度〉』一三三頁（一九八二年、法曹会）
24　訴訟手続の法令違反と判決への影響……原題は「訴訟手続の法令違反」、判例タイムズ三六八号三一頁（一九七八年、判例タイムズ社）
25　控訴審における事実誤認の審査……『松尾浩也先生古稀祝賀論文集　下巻』六二一頁（一九九七年、有斐閣）
26　上告理由としての憲法違反……松尾浩也・井上正仁編『別冊ジュリスト・刑事訴訟法の争点〈第三版〉』一四頁（二〇〇二年、有斐閣）
27　他事件で法定通算された未決勾留の重複算入に関する最高裁判例……法曹時報三〇巻五号一二六頁（一九七八年、法曹会）、『最高裁判所判例解説　刑事篇〈昭和五三年度〉』一三三頁（一九八二年、法曹会）

一一　決定と上訴

28　刑事抗告審の構造……司法研修所論集六四号四七頁（一九七九年、司法研修所）
29　勾留請求の却下と身柄の釈放……熊谷弘・松尾浩也・田宮裕編『捜査法大系Ⅱ』一四九頁（一九七二年、日本評論社）
30　保釈保証金の機能に関する最高裁判例……法曹時報二七巻九号三〇四頁（一九七五年、法曹会）、『最高裁判所判例解説　刑事篇〈昭和五三年度〉』一三三頁（一九八二年、法曹会）
31　逮捕の裁判に対する準抗告に関する最高裁判例……佐々木史朗・田宮裕・河上和雄編『別冊判例タイムズ　警察関係基本判例解説一〇〇』一七九頁（一九八五年、判例タイムズ社）
32　押収請求却下に対する準抗告に関する最高裁判例……前掲31一八一頁
33　逃亡犯罪人引渡決定に対する不服申立に関する最高裁判例……法曹時報四三巻三号二二九頁（一九九一年、

法曹会）、『最高裁判所判例解説　刑事篇〈平成二年度〉』四六頁（一九九二年、法曹会）

一二　法廷警察権

34　傍聴人の地位……熊谷弘・佐々木史朗・松尾浩也・田宮裕編『公判法大系Ⅱ』三三四頁（一九七五年、日本評論社）

［著者紹介］

香城敏麿（こうじょう・としまろ）

1935（昭和10）年生まれ、1958年東京大学法学部卒業、同年司法修習生（12期）、1960年東京地裁判事補、以後法務省刑事局付検事、最高裁調査官、大阪高裁判事、東京高裁判事、東京地裁部総括、最高裁調査官、大分地裁兼家裁所長、静岡地裁所長、東京高裁部総括、福岡高裁長官を経て2000年８月定年退官。2001年獨協大学法学部教授・兼大学院法学研究科教授、2004年同大学法科大学院教授・兼大学院法学研究科教授。総務省電気通信紛争処理委員会委員長、法務省司法試験考査委員（憲法）を歴任。

（主要著作、本著作集に全部収録したものを除く）
『量刑の実証的研究』（中利太郎と共著、1966年、司法研修所、法曹会）、『判例公安労働刑事法』（村上尚文・藤永幸治と共著、1960年、警察時報社）、『行政罰則と経営者の責任―労働者保護法規を中心に―』（1971年、帝国地方行政学会）、『覚せい剤取締法』『あへん法』（平野龍一・佐々木史朗・藤永幸治編『注解特別刑法５―Ⅱ　医事・薬事法編(2)［第２版］』、1983年、青林書院所収）、『刑事事実認定―裁判例の総合的研究―』上下巻（小林充と共編、1992年、判例タイムズ社）、『講座　日本の警察』全４巻（田宮裕・河上和雄と共編、1992―1993年、立花書房）、『注解刑事訴訟法［新版］』全７巻（伊藤栄樹・亀山継夫・小林充・佐々木史朗・増井清彦と共著、著者代表、1996―2000年、立花書房）

刑事訴訟法の構造　　香城敏麿著作集 Ⅱ

2005年６月30日　第１版第１刷発行

著　者　香　城　敏　麿
発行者　今　井　　貴
発行所　株式会社 信　山　社
〒113-0033 東京都文京区本郷6-2-9-102
電　話 03（3818）1019
ＦＡＸ 03（3818）0344
出版編集　信山社出版株式会社
販売所　信山社販売株式会社
Printed in Japan

印刷・製本／松澤印刷・大三製本

ISBN 4-7972-3227-7　C3332
1936-012-050-010
NDC 分類 328.501